吴式颖　李明德

丛书总主编

外国教育通史

第八卷

18 世纪的教育

（上）

朱旭东　郭　芳

本卷主编

GENERAL HISTORY OF
FOREIGN EDUCATION

北京师范大学出版集团
BEIJING NORMAL UNIVERSITY PUBLISHING GROUP
北京师范大学出版社

图书在版编目（CIP）数据

外国教育通史：全二十一卷：套装／吴式颖，李
明德总主编． -- 北京：北京师范大学出版社，2025.1.
ISBN 978-7-303-30486-8

Ⅰ．G519
中国国家版本馆 CIP 数据核字第 20251WL437

WAIGUO JIAOYU TONGSHI：QUAN ERSHIYI JUAN：TAOZHUANG
出版发行：北京师范大学出版社 https://www.bnupg.com
　　　　　北京市西城区新街口外大街 12-3 号
　　　　　邮政编码：100088
印　　刷：北京盛通印刷股份有限公司
经　　销：全国新华书店
开　　本：787mm×1092mm　1/16
印　　张：684
字　　数：9000 千字
版　　次：2025 年 1 月第 1 版
印　　次：2025 年 1 月第 1 次印刷
定　　价：4988.00 元（全二十一卷）

策划编辑：陈红艳　鲍红玉　　　　责任编辑：岳　蕾
美术编辑：焦　丽　　　　　　　　装帧设计：焦　丽
责任校对：张亚丽　　　　　　　　责任印制：马　洁

编委会

总主编

吴式颖　李明德

副总主编

王保星　郭法奇　朱旭东　单中惠　史静寰　张斌贤

编　委

（按姓氏笔画顺序排列）

王　立　王　晨　王者鹤　王保星　史静寰　乐先莲
朱旭东　刘淑华　许建美　孙　进　孙　益　李子江
李立国　李先军　李明德　李福春　杨　捷　杨孔炽
杨汉麟　吴式颖　吴明海　何振海　张　宛　张　弢
张斌贤　陈如平　陈露茜　易红郡　岳　龙　周　采
郑　崧　单中惠　赵卫平　姜星海　姜晓燕　洪　明
姚运标　贺国庆　徐小洲　高迎爽　郭　芳　郭　健
郭志明　郭法奇　傅　林　褚宏启

目　录 | Contents

导　言

　　18 世纪延续 17 世纪已经开始的科学革命，使天文学、数学、化学、物理学、植物学诸门科学得到进一步发展。在观念形态上，科学主义使人的思维方式和社会外观发生了根本性变化，科学革命直接使技术得到变革，因此 18 世纪的工业革命才会以机器的应用和工厂制的产生为起点。严格意义上说，科学还应包括社会科学，18 世纪的社会科学已经自觉地用科学的方法与原则去研究人性、道德、伦理、历史、经济和教育问题，尤其是使哲学科学化。科学革命对教育产生了多重影响，其中最大的影响是儿童成为令人感兴趣的研究对象，受到密切关注。18 世纪是一个震撼世界的启蒙运动时代。启蒙运动中涌现的思想潮流，如理性主义、浪漫主义、自然主义、唯物主义等直接影响启蒙思想家思考教育问题的思维。18 世纪也是一个资产阶级革命蓬勃兴盛的时代，1775 年的美国独立战争和 1789 年的法国大革命改变了世界历史的进程。资产阶级革命建立的民族国家使世俗主义，无论是自然神教主义还是无神论主义，都得到彰显。这样，在 18 世纪欧洲启蒙思想的影响下，在民族国家的形成和工业化蓬勃发展的进程中，教育实践的共同特征就是教育突破宗教垄断逐步走向世俗化。教育思想也从此改变了方向，它不仅世俗化了，而且愈益依赖民族主义、民主主义、自由主义的社会思潮，其中，教育与民族主义构成了最为紧密的联系，至今还在现实当中有所反映。现代化理论把 18 世纪描述为"双元革命"的时代，因为与资产阶级革命同时代的另一场革命，即工业革命更具有革命性。但本书认为，在18世纪，工业革命还只是初露端倪。尽管如此，工业革命所表现的自由资本主义、工业主义的思想意识无疑触及了教育问题，18世纪的教育思想在某种意义上说也具有这个特征。正当英、法、美等国进行工业革命、资产阶级革命的时候，德意志却独树一帜地进行着一场同样对历史产生深远影响的、启迪心灵的古典哲学革命。这场革命预示着"科学的"教育学时代即将到来。

由此看来，18世纪的教育思想是在科学革命、启蒙运动、资产阶级革命、工业革命和哲学革命的背景下产生的。但是，18世纪的教育思想是民族国家建立过程的产物，它成为构建现代国家教育制度的理论基础。由于民族国家在18世纪出现了从绝对专制主义国家向现代资产阶级国家的转型，因此，18世纪的教育思想还受制于民族国家的建立过程。当然，18世纪的教育实践也是教育思想的源泉。实际上，18世纪众多的教育家既是那个时代的教育思想家，也是那个时代的教育实践家。

18世纪法国教育世俗化表现为天主教等教会团体逐步撤出过去控制和影响的教育领域，从教会垄断教育转向国家控制教育，教育逐步摆脱教会的权威，从而为19世纪法国建立完整的国家公共教育体系奠定基础。1789年之后的法国处于革命爆发、社会激烈动荡的阶段，许多新的教育改革法案接二连三地被提出，但由于政府频繁更替，并没有哪一个法案能够真正得到确切的落实。无论如何，这些法案带来了教育世俗化的肇始，彻底摧毁了天主教在教育领域独尊的局面，同时也为拿破仑建立完整的国家教育体制奠定了坚实的基础。

本书认为，18世纪教育思想的起点在于法国的启蒙教育思想。伏尔泰提出了"健全理性的自由人"的教育思想，高举反宗教和自由平等的伟大旗帜，以知识学习和唯物主义感觉论为基础，强调科学知识对于培养"健全理性的自由人"的重要性。不过伏尔泰受到明君政治思想的影响，他的等级制教育思想具有鲜明的时代特征。孔狄亚克从感觉主义、经验主义、知识学角度，提出了人才培养途径的思想。孟德斯鸠的启蒙教育思想颇有特色，他从三种形式的政体理论提出了政体教育思想的基础，即政体原则，并认为共和政体的原则是品德，君主政体的原则是荣誉，专制政体的原则是恐怖，与政体相适应的是三种形式的政体教育。爱尔维修从教育批判入手，阐述了感觉、经验主义的智力平等思想，并提出生活之和的教育万能思想，指出人是教育的产物，教育即生活之和；论述了国家制度的生态教育功能，立法是社会环境中最具影响力的生态教育功能，最终把教育引入了道德功利主义的视野中。与爱尔维修一样，狄德罗也提出了教育批判思想，并从发展教育的角度阐明了教育与国家和政府、教育与人的个性、教育与人的自然素质之间的关系。他的《百科全书》的知识观、实用主义科学知识教育观、唯物主义的科学知识认识论对于理解启蒙教育思想具有特殊的意义。霍尔巴赫在教育思想史上不太引人注目，但作为一位在启蒙运动中具有独特地位的思想家，他对教育的思索应当受到关注。他也是一位具有教育批判精神的思想家，从人学思想和理性与教育的关系出发，提出了人是环境的产物，认识到了政府的教育作用。难能可贵的是，他还提及了普及教育思想。孔多塞也是一位启蒙思想家，他提出了国民教育思想，认为国民教育是一种普及教育，探讨了国民教育的具体组织与实施，还提出了女子教育的主张。

在18世纪的教育思想家中，卢梭的地位在教育思想史上是不可动摇的。本卷首先从卢梭的生平和主要著作入手，在他的人性善和社会恶思想的基础上，探讨他的自由、平等主义的教育思想，并重点研究他的儿童自然发展和教育思想。卢梭认为，儿童自然发展和教育思想的前提是二重教育说。卢梭的儿童自然发展涉及野蛮人和自然人的概念，以及卢梭对文明社会的诘难。重要的是，卢梭提出了儿童自然发展的内在自然规定和外在自然规定，即儿童发展的自然法则和自然权利，儿童的教育环境自然化。卢梭指出了儿童自然发展的状态和途径，以及自然状态学说、自然状态向社会状态过渡、自然科学的发展与经验主义哲学、感觉主义的经验论、自然神论等具有的教育意义。卢梭被称为"民族主义的先知"，他还提出了民族主义教育思想。他从祖国观念、公民观念、公民和爱国者、爱国思想观念出发，提出了教育对于民族认同有重要意义的思想。卢梭思想中的国家教育论与道德理想国是联系在一起的。卢梭是那个时代的"父权制"妇女观的代表，他的女性主义教育思想带有一定的保守主义特点。

法国可以说是18世纪的教育思想库，法国空想社会主义的教育思想也成为这个世纪一道亮丽的风景线。让·梅叶、摩莱里、巴贝夫等空想社会主义者注重教育的作用，将教育作为社会改革和实现理想社会的重要手段。

18世纪的英国随着经济的发展和工业革命，学校等级变得更加泾渭分明，贵族和上流社会的子弟可以进少数的"公学"，目的是把上层子弟培养成"绅士"。中等阶级上语法学校，目的是把中等阶级子弟培养成工业社会有用的人。而劳动人民和贫穷人家的孩子则进慈善学校和主日学校，目的是培养工人阶级。此外，随着社会发展的需要，18世纪的英国发展了职业教育，科学知识的普及和大众阅读也得到了较大的发展。从整体上说，18世纪英国的教育思想没有17世纪那样辉煌，但古典经济学家亚当·斯密等以经济学理论来阐述国民教育思想，也具有鲜明的特征。需要提及的是，葛德文的教育思想也渗透了国民教育理论的精神。

18世纪的瑞士保持基本平稳，有自己独特的发展情境，但平稳的社会表面下却是暗潮汹涌。法国大革命引发海尔维第革命，瑞士从传统邦联形式的松散联盟转变为现代国家形式，标志着瑞士从传统走向现代，教育领域也完成从神学化到世俗化的转变。神学、贵族教育转向世俗、平民教育，特别是青少年进入社会的职业技能教育得到发展，高等教育的学科也从神学逐步扩展到法学教育，继而走向更大范围的综合化。

裴斯泰洛齐是生活于 18 至 19 世纪的跨世纪的教育思想家和实践家，特别是在瑞士海尔维第革命前后在教育变革方面起到了至关重要的推动作用。他传承了卢梭的自然主义教育思想，其民众教育思想、政府教育思想、家庭教育思想、要素教育思想、全面和谐发展教育思想是建立在他的教育改革和实践以及对人的研究和人的观念基础上的。他还是最早提出教育心理化问题的教育家。他的教育思想对后世教育思想和西方各国教育改革产生了极其深刻的影响。

18 世纪，普鲁士的几任"开明君主"通过颁布法令的方式，将初等教育纳入国家的管理范畴之内，初步建立了国民教育制度。初等学校的教学内容与方法也在渐渐发生着改变。受卢梭启蒙思想的影响，教育家巴西多及其追随者在德国德绍（Dessau）等地掀起了一场轰轰烈烈的泛爱主义教育运动。在中等教育领域，作为德国中等教育典型的文科中学仍然墨守成规，但也出现了以实科中学和骑士学院为代表的新型中等教育机构。在高等教育领域，在时代新精神的引领下，德国出现了新大学运动，哈勒大学和哥廷根大学分别于 1694 年和 1737 年创设并引领大学发展，耶拿大学、特里尔大学等大学也进行了改革，为 19 世纪德国大学发展奠定了基础。

18 世纪德意志的教育思想是那个时代的产物，启蒙运动精神贯穿着整个 18 世纪的德国社会。在古典人文主义的大潮下，一大批启蒙思想家通过启蒙运动、狂飙突进运动和古典主义运动涌现出来。通过泛爱主义教育运动和开明君主专制国家教育改革，在法国启蒙教育的影响下，康德、歌德、席勒等启蒙思想家对人为什么受教育、人为什么能够接受教育、人怎样接受教育等问题进行了回答。席勒还对美育进行了思考，体现了 18 世纪德意志教育思想的独特性和创新性，为 19 世纪德国教育思想的世界性影响奠定了基础。

在 18 世纪的意大利，昔日文艺复兴圣地的光环业已褪去，民族分裂，宗教黑暗，经济落后，社会矛盾与冲突频发。但就教育而言，在一片支离破碎的山河中，诞生于中世纪的大学依然光彩夺目；中等教育彰显出变革的趋向；基础教育的体系与架构萌生；职业教育则嵌入些许现代的元素。关于18世纪的意大利教育思想，本书主要研究了启蒙思想家维柯。维柯从知识论出发，阐述了人性、心智发展和教育的关系，提出了智慧发展价值。

18世纪，为尽快摆脱俄国社会经济与文化教育发展的落后局面，自彼得一世开始，先后执掌俄罗斯最高权力的伊丽莎白·彼得罗芙娜女皇、叶卡捷琳娜二世等俄罗斯君主们，相继开展了包括教育改革在内的一系列社会改革。就教育改革而言，在初等教育领域，先后创设了算术学校、初级主教学校、俄语学校、初级国民学校、中心国民学校等，俄罗斯民众获得了接受一般的阅读、写作与计算教育的机会。在中等教育领域，以俄罗斯科学院附属文科中学、喀山文科中学等为代表的中等学校注重向就读者提供拉丁语、希腊语、德语、法语、修辞学、逻辑学、算术、历史、地理、绘画等知识教育，注重为学生接受高级专门教育提供必要的学术基础教育，中心国民学校也为就读者提供一定的学术准备教育。在高级专业教育领域，既设立了以莫斯科炮兵学校、莫斯科数学与航海学校、彼得堡海军学院、主教学校与神学校为代表的实科专门学校，注重为俄罗斯军事和社会经济发展培养军事和专业技术类人才；同时也设立了莫斯科大学和彼得堡科学院等高等教育和科学研究机构，注重通过设立预备学校、附设中学和指派教师的方式，实现教育教学、科学研究以及指导、参与初等教育和中等教育实践事务的整体结合。

俄国在18世纪经历了重新欧化和启蒙思想的传入过程，而彼得一世改革时期是其欧化的重要阶段。受启蒙思想的影响，普罗科波维奇、塔季谢夫、波索什科夫围绕着如何使俄国社会得到更快发展的问题，强调了教育的作用，主张扩大教育的范围，指出为国家培养有用人才的重要性。18世纪中后期，罗蒙诺索夫、别茨科伊、诺维科夫、拉吉舍夫等先进的社会思想家强调本民族语言的教学地位和民族文化科学的发展，提出了通过教育培养祖国的儿子和公民问题。

18 世纪早期的美国教育，承接前一历史时期宗教教育的传统，带有较强的宗教动机和较浓的救赎色彩。随着北美殖民地社会政治、经济、文化的发展，教育领域在保留宗教元素的同时，社会、世俗、民主、实用等元素在不断发展。特别是随着美国独立战争的爆发与美利坚合众国的成立，美国教育在沿承欧洲教育文化的基础上，因应美国社会的实况，通过借鉴、改造、创造，初步形成了自己的一些精神文化特色，后来逐步走上了独立发展的道路。这一时期美国的中等教育领域主要有三种类型的学校：拉丁文法学校、私立学校和文实学校。殖民地学院也不断涌现，先后出现了七所学院，与之前的哈佛学院和威廉玛丽学院并称为殖民地九大学院，奏响了美国高校院校多样化的前奏。同时，这些殖民地学院因应美国社会政治、经济的发展，广泛借鉴他国高等教育经验，为美国高等教育形成自己的特色奠定了坚实的历史基础。家庭教育与社会教育也是 18 世纪美国教育的重要组成部分。

18 世纪美国的教育思想是在北美从英属 13 个殖民地的最后建立到美利坚合众国的成立这样一个具有世界历史意义的转折过程中形成的，同时经历了启蒙运动。其中，爱德华兹和富兰克林是两位著名的启蒙思想家。富兰克林代表美国新兴中产阶级的利益，因此其启蒙教育思想带有强烈的中产阶级的功利主义性质，他的理性道德观直接决定了他的清教伦理精神和教育思想。他对学校制度的阐释反映了他对美国现代教育制度的建构。重要的是，他从民族主义的立场出发，提出了民族性格的培养和美国化的教育思想。这种思想在美国建国早期的教育思想中非常普遍，如韦伯斯特敦促拼音改革，强调美国语言的重要性，反对美国青年的欧洲教育；杰斐逊也反对美国青年在国外学习；华盛顿提出通过教育培养美国人的民族主义意识。杰斐逊以道德制度的理想社会理论、政治社会理论和道德意识论的"人性"学说为基础，提出了现代化的公共教育体系及国家性、法制性、世俗性、免费性、优异性和均等性等现代性思想，以及奖学金制度思想。华盛顿以联邦主义政治哲学为基础，提出建立传播知识的国立大学计划，并充分认识到教育的发展价值。

从18世纪开始，日本江户时期的教育走出缓慢、沉闷的发展阶段。从18世纪初的享保改革、洋书弛禁，到18世纪后期的"宽政异学之禁"，近百年间形成了江户教育的第一个发展高潮。这一时期，"兰学"拓展、"国学"诞生，各学派学术成长较为自由，教育机构数量有了明显增加，教育新观念、新内容也开始传播。幕府和各藩对学校教育机构的重视程度也在不断加强。这是17世纪末期以来日本社会经济发展、商业繁荣带来的直接结果，也与幕藩体制下固有的社会矛盾走向表面化和尖锐化有着密切的联系。18世纪日本的教育思想中确然出现了近乎近代教育思想观念的萌芽，尤其是关于庶士教育平等的观点、关于儿童天性及相应教育的主张、注重实学的要求、对学校教育体系的设想，以及教育研究思想方法的转变等，显得格外突出。重要的是，这些思想具有一定的启蒙倾向。

18世纪，欧洲新兴资本主义从一种包含对世俗生活的向往、对财富的贪婪、对海外进行扩张的思想理念和具体的政治经济活动，逐渐发展成为一种深刻影响世界历史发展进程的社会制度。以履行"文明使命"职责的名义，英国殖民者在印度扮演着征服者、殖民者、统治者和开化者等多重角色。英国殖民统治对印度的政治体制、经济结构、教育制度和社会观念产生了深远影响。就教育而言，东方教育和西方教育在不同办学理念下逐步向前推进，英国殖民教育的体制、目标、对象、规模、内容、教学形式与方法对印度教育产生了巨大的影响。东西方教育博弈的过程中，涌现出一大批东方学家以及致力于印度民主主义教育改革的人士，如罗姆·摩罕·罗易和威廉·琼斯等一些有识之士，深感解除传统宗教教义束缚的必要性，呼吁革除那些不符合时代要求的宗教信条和沉浮陋习，以适应社会发展的需要。

第一章

18 世纪的社会与教育

　　18 世纪的西方社会处于一个风流人物辈出的时代，是一个思想表现形态异彩纷呈的社会。"……十八世纪是中产阶级与绅士的时代，是博学的与轻佻的时代，是科学的与浮华的时代，是欧洲的尤其是法国的全盛时代，是古典的而已染着浪漫色彩的时代……"①"那是一个拥有原理和世界观的时代……它力图理解并阐明人类生活——诸如国家、宗教、道德、语言——和整个宇宙。那是一个拥有哲学信条的时代，那是一个有勇气写作……的时代。那是一个自由和独立思考的时代……"②"十八世纪被冠之以各种名称：'理性时代''启蒙时代''批判时代''哲学世纪'。……它最贴切的名称或许是'人文主义时代'。"③然而，确切地说，它是一个西方现代化进程中精神和物质现代性表现共生的时代，尤其是精神现代性达到了奠定现代化社会最核心、最基本观念的境界。首先，它继承了自文艺复兴和宗教改革以来的人文主义的内核，彻底抛弃了束缚人性的宗教神学，走向了浪漫主义追求人的自我完善和价值实现的人性解放道路。其次，它秉承了自 17 世纪以来科学革命的理性底蕴而

---

①　《傅译传记五种·服尔德传》，傅雷译，711 页，北京，生活·读书·新知三联书店，1983。

②　[英]梯利：《西方哲学史》，葛力译，421 页，北京，商务印书馆，1995。

③　[英]亚·沃尔夫：《十八世纪科学、技术和哲学史》上册，周昌忠、苗以顺、毛荣运译，3 页，北京，商务印书馆，1991。

达到了社会发展过程中理性的进步和知识的增长以及经济增长过程的理性主义巅峰，浪漫主义和理性主义凝聚成启蒙运动的思想核心。再次，15至17世纪，西欧出现了高举民族独立、平等旗帜的近代主权国家，它们通过资产阶级的政治革命废除中世纪的封建特权和教皇权威，使世俗主义、民族主义和民主主义的旗帜高扬。最后，哥伦布发现新大陆以后滋长了资本主义张扬下由市场自由主义经济所推动的产业革命的勃兴。无疑，18世纪是一个经验（唯物）主义、自然（浪漫）主义、理性主义、世俗主义、民族主义、民主主义和自由资本主义与工业主义共生的时代。作为人类认识自身的组成部分之一和构筑人类自己未来命运的组成部分之一的教育思想，在这一时代所激扬的现代性张力下，无疑会展现出西方教育现代性的诸种形态。

第一节　18世纪的社会与教育思想

一、承前启后的科学革命与教育思想

按现代意义理解，科学的内容很广泛，既包括自然科学，也包括社会科学和思维科学等。这里研究的是自然科学的发展及其对社会科学和思维科学发展的影响以及这些发展与教育的自然科学是否直接与教育发生关系，而在本书看来，在18世纪，自然科学的发展对哲学认识的影响导致了人们对人类社会认识的改变，进而改变了人们对教育的认识，因此自然科学与教育的关系是通过哲学这个中介建立的。18世纪的科学家们对科学的认识和研究，继承了16、17世纪以来的科学研究成果，整体上推进了自17世纪以来的科学革命。这里理解的科学革命既包括作为实践形态的科学革命，就是回答18世纪的历史上实际发生了什么样的科学变革；也包括作为观念形态的科学主义，即科学家对科学的认识。而这种观念形态的科学主义对社会科学和哲学所产

生的作用直接影响了人们对教育的认识。

（一）诸形态的科学革命

18 世纪的科学革命在整体上没有 17 世纪那样辉煌，因为 17 世纪，在天文学上所发生的哥白尼（Nicolaus Copernicus，1473—1543）革命是一次"天文学基本概念的革新"，是人类对大自然的理解的一次根本性的变更，是"西方人价值观转变的一部分"。① 它不仅是科学的一场革命，而且是人的思想发展和价值体系的一场革命。

17 世纪的科学革命使"18 世纪'显著地'成了一个'信仰科学的时代'"②，同时，18 世纪也作出了自己的科学贡献。在数学上，代数学扩展并得到系统化，三角学推广成为数学分析的一个分支。伯努利（James Bernouilli）在牛顿和莱布尼茨（Gottfried W. Leibniz，1646—1716）发明的微分学基础上发展了微积分学，在实验中测定了地面重力和万有引力常数。牛顿的思想传到法国，达朗贝尔（Jean Le Rond d'Alembert，1717—1783）承担了狄德罗（Denis Diderot，1713—1784）任总主编的《百科全书》的数学部分的编纂工作。泰勒（Taylor，1685—1731）和马克洛林（Maclaurin，1698—1746）进行了级数的研究，并应用到振荡弦的理论和天文学上。布莱德雷（James Bradley，1693—1762）根据恒星光引差的观测结果求得光线传播的速度。欧拉（Leonhard Euler，1707—1783）创立了分析数学。拉格朗日（Joseph-Louis Lagrange，1736—1813）创立了变分学，并把微分方程式问题系统化了，可以用于物理学，提出了天文学上三体相互吸引力的计算处理方法；他的《分析力学》通过虚速度和最小作用原理把全部力学建立在能量不灭的原理上。莫佩屠斯（Pierre-Louis Moreau de Maupertuis，1698—1759）把空间（或长度）和速度的乘积的总和叫作"作用"。拉普拉

① ［美］科恩：《科学中的革命》，鲁旭东、赵培杰、宋振山译，132 页，北京，商务印书馆，1998。

② 同上书，220 页。

斯（Pierre-Simon de Laplace，1749—1827）修改了拉格朗日的位函数的方法，改进了引力问题的处理，证明了星际的运动是稳定的，星际的相互影响和彗星等外来物体所造成的摄动只是暂时的现象。1796 年，他发表了《宇宙体系论》一文，提出了星云假说，认为太阳系是从一堆旋转着的白热气体演化而来的；他的《天体力学》用微分学诠释了牛顿的《原理》（全名是《自然哲学的数学原理》）的内容，总结了有关概率论的研究成果。

从 17 世纪后半叶到 18 世纪末是近代化学的孕育时期。荷伯格（W. Homberg，1652—1715。又译洪贝格）研究了碱和酸在各种比例下的化合，为酸和碱化合而成为盐的理论提供了有力的证据。黑尔斯（Stephen Hales，1677—1761）研究了许多气体，如氢、碳的两种氧化物，二氧化硫，沼气等。18 世纪上半叶，普鲁士化学家斯塔耳（Georg Ernst Stahl，1660—1734）提出了"燃素"理论，解释了火焰和燃烧的现象。布莱克（Joseph Black，1728—1799）发现了二氧化碳和碳酸。舍勒（Carl Wilhelm Scheele，1742—1786）发现了氯气。普利斯特莱（Joseph Priestley，1733—1804）于加热氧化中制出氧气，并且发现它有维持燃烧的独特性能，证明氧是动物呼吸必需的气体。卡文迪许（Henry Cavendish，1731—1810）证明了水的复合性。18 世纪最富传奇色彩的科学家当数拉瓦锡（Antoine-Laurent de Lavoisier，1743—1794），他掀起了一场化学革命，批判了燃素说，建立了科学的氧化燃烧理论。

在植物学方面，林奈（Carl von Linné，1707—1778）根据植物的生殖器官创立了驰名的分类体系，1735 年出版了《自然系统》一书，系统阐述了植物分类的原则，描述了 1.8 万种植物。德国的科学家沃尔夫（Caspar-Friedrich Wolff，1733—1794）用小鸡的实验材料说明在胚胎发育过程中小鸡的肠子是逐渐形成的，后来他被誉为"近代胚胎学的创始人"。在动物学领域，布丰（Georges Louis Leclere de Buffon，1707—1788）的百科全书式巨著《动物自然史》出版，标志着现代动物科学第一阶段的结束。斯帕兰扎尼（Lazzaro Spallanzani, 1729—1799)证明，煎液经大火煎之后不和空气接触，任何微小的生命也不会出现，他成为现代微生物学的先驱。生理学上，斯塔耳提出了生物体中的变化为弥漫于体内的一个"有感觉的灵魂"所支配，它直接控制着身体内的化学过程和其他过程。在他看来，人体不是为一般物理和化学定律所支配的，当它活着时，为一个有感觉的灵魂所管理，灵魂和身体之间的桥梁在于运动。他是现代活力论的创始人。波尔哈夫(Hermann Boerhaave, 1668—1738)在《医学组织》一书里提出消化的性质是近于溶解而不近于发酵。德·列奥弥尔(de Reaumur, 1683—1757)与斯帕兰扎尼用狗等动物进行实验，对消化有了新的认识。黑尔斯测量了马的血压。哈勒(Albrecht von Haller, 1708—1777)的《生理学纲要》第 1 卷出版，标志着现代生理学的建立。他叙述身体各部分的生理知识，在呼吸机制、胚胎发育和肌肉的易受刺激性研究上作出了重要贡献。

整体上，18 世纪的科学成就之一与其说是取得了重要的新发现，还不如说是把已经发现的知识扩展到比以前更大的范围。比如说，到 18 世纪中叶，牛顿的原理实际上已在法国取得完全的胜利，牛顿的科学从英国和法国传播到欧洲的其他各地。受过教育的普通人不需要专家就能弄懂科学技术，甚至大学也受到了当时思想运动的影响，"在 1702 年至 1750 年之间，剑桥大学设立了解剖学、天文学、植物学、化学、地质学、几何学以及实验哲学的教授职位"[1]。

(二)观念形态的科学主义

"要总结十八世纪的科学思想，我们不但需要考虑大物理学家、大化学家和大生物学家的工作，而且需要考虑某些主要是哲学家和著作家的工作。"[2]

---

[1] [英]J. O. 林赛编：《新编剑桥世界近代史第 7 卷：旧制度，1713—1763》，中国社会科学院世界历史研究所组译，112 页，北京，中国社会科学出版社，1999。

[2] [英]W. C. 丹皮尔：《科学史及其与哲学和宗教的关系》上册，李珩译，270 页，北京，商务印书馆，1975。

科学非常深远地影响着哲学、政治、宗教、艺术等一切方面的观念。科学作为一种知识，是人类实现自己目的的工具。牛顿所描述的世界图景，同时也反映了在宗教上转向自然神论、在政治上转向自由主义和在经济上转向放任主义的趋向，正如以后达尔文的自然淘汰和生存竞争理论本质上反映了资本主义时代的自由竞争一样。

从 17 世纪以来发生的科学革命，经现代实验科学的建立，其间尤经弗朗西斯·培根（Francis Bacon，1561—1626）提出"知识就是力量"，强调科学的真正目的是用新发明来丰富人类生活的影响，科学逐渐被认为是一种力量。人们乐观地采用科学知识，越来越多的人相信，通过观察、试验和合理思考，可以使之获得发展。这种新的科学观念的确立，极大地促进了科学的发展及应用。

自然成为人们明确要加以征服的对象，成为人类财富取之不尽、用之不竭的源泉。在对自然的征服中，生产力迅速发展起来，而为了更好地征服自然，自然科学也更加兴旺发达起来。自然与人的现实关系的改变是观念形态发生根本性变革的基础。

自然哲学和科学实验天然地结合起来。到 18 世纪，自然研究经过许多世纪的苦苦探索，已经跃入了科学的稳妥途径，实验科学已成为人类探索自然、发展自然科学的唯一有效门径，而且也只有通过实验科学，才能把理性从神学的迷雾中解放出来归还给人，人才有可能使 18 世纪成为发明的世纪并走向改变整个社会的"工业革命"。各门科学在 18 世纪已经具有了科学形式，科学和哲学结合的成果表现为唯物主义、启蒙运动和法国的政治革命。科学主义在 18 世纪获得发展，使人的思维方式和社会状况发生根本性的变化。

但是，尽管自哥白尼以来，自然科学开始力图摆脱神学的桎梏，从培根、笛卡尔（René Descartes，1596—1650。又译笛卡儿）到莱布尼茨都力图发展科学的思维，但始终不能突破自然界是上帝安排的目的论。"在这个僵化的自然观上打开第一个缺口的，不是一个自然科学家，而是一个哲学家。1755年出现了**康德**的《自然通史和天体论》。关于第一次推动的问题被取消了；地球和整个太阳系表现为某种在时间的进程中**逐渐生成**的东西。"①

18世纪，科学思想最重要的新发展是把科学分析运用到人本身，首先运用于心理学，然后运用到社会生活。用休谟(David Hume，1711—1776)的话说，启蒙运动认为，对人的研究必须建立在观察和实验的基础上。达朗贝尔在《百科全书》的"实验"条目中指出，对作为社会动物的人的研究，包括对人的道德和历史的研究，是实验哲学的一个课题。

更为重要的是，"启蒙运动的思想家们信心十足地辩称，假如人类能发展出科学而且理解自然界的定律，那么也能改造社会、政治以及人类生活的其他各种领域"②。于是，在逻辑上，我们可以认为，科学的定律在启蒙思想家们看来同样可以用来认识人类的教育领域。事实上，在18世纪，教育已成为思想家们思索的重要领域之一。

(三)社会科学

18世纪的启蒙运动极大地推动了西方思想的世俗化进程，其中最突出的表现就是思想家关注人的生活，用科学的方法与原则去研究人性问题、道德问题、伦理问题、历史问题、教育问题。由于启蒙思想的特点在于以科学证明哲学或使哲学科学化，所以在理性面前，人、自然、国家与社会都成了理性可以加以分析、研究，从而找出其规律与准则的认识客体或对象。在启蒙思想家看来，世界上的事物都按照牛顿力学的方式运动，人的灵魂、肉体和国家、社会都可以通过理性所发现的原则和原理而达到尽善尽美的状态。他们提出社会所必须遵循的自然法及其赖以生存的条件，并设计出合乎理性的

---

① 《马克思恩格斯全集》第20卷，366页，北京，人民出版社，1973。

② [美]乔伊斯·阿普尔比等：《历史的真相》，刘北成、薛绚译，48页，北京，中央编译出版社，1999。

方法，建立社会的新秩序，以实现人在自然状态中与生俱来的平等与自由。在理解社会方面，孔狄亚克（Étienne Bonnot de Condillac，1715—1780）指出，在社会中存在"人为共同体"，按照理性的法则，在此共同体中的每一等级的公民都不可用自己的特权扰乱整体的平衡与和谐。孟德斯鸠（Charles-Louis de Secondat Montesquieu，1689—1755）力图通过三权分立说来造就一种能够实现人最大限度自由的国家制度，因为按照理性要求，只有相反力量的相互制衡才能实现最大限度的自由。卢梭（Jean-Jacques Rousseau，1712—1778）提出了人民主权说，为人民推翻专制制度，建立民主、自由社会提供理性根据。在理解人方面，伏尔泰（Voltaire，1694—1778）说灵魂是物质的一种属性；拉美特利（Julien Offroy de La Mettrie，1709—1751）说人是机器或植物，服从于机械的自然法则；爱尔维修（Claude Adrien Helvétius，1715—1771）认为自爱是人的本性，所以道德必须以承认人的自爱为前提，而社会也应以维护人的自爱为目的。18世纪的启蒙思想家通过对人的科学法则的全面研究，找出合乎理性的法则，并以此为标准，批判现存秩序，以推动社会的全面进步。

（四）科学的物质形态——技术

在18世纪，科学和技术之间的关系非常密切：一方面，科学家对实际问题的兴趣很浓厚；另一方面，实际工匠或技师对自己工作的科学方面表现出新的兴趣。

　　化学家马格拉夫把他的化学知识应用于用甜菜根制造糖；富兰克林发明了避雷器，对家用炉作了一些改进；地质学家赫顿发明了硇砂制造；勒布朗用盐和硫制备苏打；贝尔托莱采用氯来漂白纺织品；马凯、贝尔托莱和其他化学家发明了纺织品染色新方法；米欣布罗克、马里奥特、库伦和其他科学家做了一些同建筑和工程有关的实验；法国地质学家德马雷斯任法国工业总监，提出了许多关于布匹、纸张、乳酪等制造的报告；夏普、罗伊泽尔、萨尔瓦尔和其他人发明了电报系统；巴黎科学院出版了二十卷书，完备地说明有关工艺品的问题，并配有插图。①

　　18 世纪的技术变革表现在多个方面：在农业方面，如家具、农业工序改进；在纺织发明方面，如辊纺纱方法、水力纺纱机、珍妮纺纱机、第一台动力织机、织物漂白工艺用稀释的硫酸和氯气作为漂白剂；在建筑方面，如材料强度、挡土墙、住宅房屋、家庭火炉；在运输方面，如道路和车辆、桥梁、运河、轮船、港口和灯塔、气球和降落伞，发明了利用蒸汽推动的火车和牵引车、蒸汽车等；在动力设备和机械方面，如泵抽设备和水轮、风车、机床；在蒸汽机方面，如纽可门（Thomas Newcomen，1663—1729）的空气蒸汽机、瓦特（James Watt，1736—1819）的单独凝汽器和旋转蒸汽机；在矿业和冶金方面，引入和推广应用蒸汽动力，尤其是瓦特的蒸汽机；在工业化学方面，兴起了工业化学、硫酸和碱的生产。此外，还有透镜和反射镜的制造，机械计算器（如计算尺、计算机器），通信等方面的发明和创造，尤其是伴随 18 世纪 70 年代在英国开始的产业革命，出现了近代以来的第一次技术革命。它开始于纺织工业的机械化，以蒸汽机的广泛使用为主要标志，继而扩展到其他轻工业、重工业等各工业行业。

（五）科学革命对教育的影响

　　科学革命对教育的影响是两方面的：一方面，18 世纪的思想家把牛顿的力学原则运用于人文和社会科学，甚至认为自然界的一切现象乃至人们的生活都服从于机械的因果律、惯性规律、引力与斥力规律，从而使整个教育内容带有科学主义倾向。教育学"作为一个与科学有关的主题是在革命时期充分

---

　　①　[英]亚·沃尔夫：《十八世纪科学、技术和哲学史》下册，周昌忠、苗以顺、毛荣运译，583 页，北京，商务印书馆，1991。

发展成熟起来的"。"18世纪使'一切'都受到严格的检验。这是'使教育首先成为一个问题,然后成为一门科学,最后成为一门艺术因而形成教育学'的时期。"①另一方面,它使教育思想家们把自然科学知识作为人类知识的典范,让学生掌握可算可测的知识、技能、技巧,传授自然科学的知识与法则,提供快速有效的实用知识,以期培养学生的理性精神能力和逻辑思维能力,这种科学主义的教育目的,反映了科学主义社会发展观对人才培养规格的要求。科学主义教育思想强调科学知识在社会和人的发展中的作用,尤其强调科学知识在社会发展中的作用,以满足社会对功利性追求的需要。"这是一个自然科学的发明时代和机械发明的时代,这也是拉瓦锡和拉普拉斯的时代。尽管英国科学依然是富有的业余爱好者的天地,尽管科学教学工作(除数学外)大部分仍掌握在医学教授或不信国教的科学院的导师或博物学的巡回讲师手中。"②科学革命和技术发明同时直接为现代学校制度的建立奠定了基础,如贝利多(Bernard Forest de Belidor,1693—1761)撰写了最早的工程学教科书③,在法国建立了交通工程学校、高等理工学院;1751年,英国出版的一本数学教科书成为持续半个世纪之久的畅销书④。

　　到18世纪后半期,教育思想中体现出的科学精神确实是显而易见的。"关注教育的大科学家普遍敌视传统的教学方式,特别是敌视从以神为中心的文化所承袭下来的宗教问答式的教学方法,这当然就影响到对教育的态度。"⑤教育实验的部分背景是科学思想得到更广泛的传播和科学方法日益得

---

① [英]A.古德温编:《新编剑桥世界近代史第8卷:美国革命与法国革命,1763—1793》,中国社会科学院世界历史研究所组译,182页,北京,中国社会科学出版社,1999。

② 同上书,179~180页。

③ [英]亚·沃尔夫:《十八世纪科学、技术和哲学史》下册,周昌忠、苗以顺、毛荣运译,606页,北京,商务印书馆,1991。

④ 王章辉、孙娴主编:《工业社会的勃兴:欧美五国工业革命比较研究》,286页,北京,人民出版社,1995。

⑤ [英]A.古德温编:《新编剑桥世界近代史第8卷:美国革命与法国革命,1763—1793》,中国社会科学院世界历史研究所组译,184页,北京,中国社会科学出版社,1999。

到人们的尊重。科学最大的影响是改变和提高了人类的认识能力。例如，对人类生理基础的知识、人的神经系统与动物界现象之间的相似性、人体活动和动物行为的化学作用的研究，对肌肉—神经动力与物理学理论的关系、生理行为现象与思维现象之间的关系等的认识。尤其是儿童成为令人感兴趣的自然现象，儿童受到密切注意，被当作实验的对象。例如，博物学家布丰就表现出了对人类学的兴趣，"布丰提示，每一个人可以说都有自己的一部自然史，由此而产生了卢梭关于教育要按照自然阶段来进行的概念"①。

二、震撼世界的启蒙运动与教育思想

启蒙运动既是贯穿于17至18世纪欧洲的一次思想运动，也是欧洲社会、精神、文化领域的一次批判运动。在这里，启蒙运动是指18世纪以法国为中心的欧洲资产阶级思想和文化运动，它在近代科学与哲学的基础上，用源于自然法的理性原则、宗教宽容、政治平等、经济自由和进步观念，打破了人们对上帝的迷信和对"高贵"血统的敬畏。"启蒙运动是欧洲文化和历史的现代时期的开端和基础，它与迄至当时占支配地位的教会式和神学式文化截然对立。……启蒙运动绝非一个纯粹的科学运动或主要是科学运动，而是对一切文化领域中的文化的全面颠覆，带来了世界关系的根本性移位和欧洲政治的完全更改。……启蒙运动的基础在十七世纪以及更往前的文艺复兴，其繁盛期在十八世纪，衰落于十九世纪。"②康德（Immanuel Kant，1724—1804）曾经说："如果现在有人问：'我们目前是不是生活在一个启蒙了的时代?'那么，回答就是：'并不是，但确实是在一个启蒙运动的时代。'"③言下之意是：在康德看来，18世纪的社会并不是具有启蒙的结果的时代，而是一个正在发生

① ［英］A. 古德温编：《新编剑桥世界近代史第8卷：美国革命与法国革命，1763—1793》，中国社会科学院世界历史研究所组译，189页，北京，中国社会科学出版社，1999。

② 转引自刘小枫：《现代性社会理论绪论》，175页，上海，上海三联书店，1998。

③ ［德］康德：《历史理性批判文集》，何兆武译，28页，北京，商务印书馆，1991。

启蒙的时代，也就是启蒙运动的时代，而所谓"启蒙运动就是人类脱离自己所加之于自己的不成熟状态。不成熟状态就是不经别人的引导，就对运用自己的理智无能为力。当其原因不在于缺乏理智，而在于不经别人的引导就缺乏勇气与决心去加以运用时，那么这种不成熟状态就是自己所加之于自己的了。Sapere aude！要有勇气运用你自己的理智！这就是启蒙运动的口号"①。看来，启蒙运动时代是一个理性的时代，也就是人们运用自己的理智去摆脱思想枷锁的时代。康德进一步说，启蒙运动除了自由而外并不需要任何别的东西，而且是一切可以称之为自由的东西之中最无害的东西，"那就是在一切事情上都有公开运用自己理性的自由"②。这里的自由即指言论自由。但同时，康德指出："我把启蒙运动的重点，亦即人类摆脱他们所加之于其自身的不成熟状态，主要是放在宗教事务方面，因为我们的统治者在艺术和科学方面并没有向他们的臣民尽监护之责的兴趣；何况这一不成熟状态既是一切之中最有害的而又是最可耻的一种。"③

在时间上，欧洲的启蒙运动实际上发源于17世纪的英国，从英国传播到法国，又从法国传播到德国和其他国家。在法国的启蒙运动中，那些在法国为即将到来的革命启发过人们头脑的启蒙思想家们，以其磅礴的气势，向法国的封建专制制度以及维护这种制度的宗教神学的信仰主义、蒙昧主义发动了猛烈的攻击。这场启蒙运动经历了从孟德斯鸠、伏尔泰到狄德罗为代表的三代思想家的苦心经营，一度执法国思想界乃至欧洲思想界之牛耳。英国的启蒙运动不像法国那样蔚为大观，但所有遵循启蒙思想家洛克（John Locke，1632—1704）的原则的哲学家都可以称为启蒙者，包括自然神论者、道德学家和哲学家、政治学家，如休谟、普利斯特莱、伊腊斯穆斯·达尔文（Erasmus

---

① ［德］康德：《历史理性批判文集》，何兆武译，22页，北京，商务印书馆，1991。
② 吴松、卢云昆编：《西方思想家政论文选》，112页，昆明，云南大学出版社，1997。
③ 同上书，117页。

Darwin，1731—1802)、《政治正义》(1793 年) 的作者威廉·葛德文(William Godwin，1756—1836)、《人权》(1791—1792 年) 和《理性时代》(1794 年) 的作者托马斯·潘恩(Thomas Paine，1737—1809)等。德国的启蒙思想属于传播型。英、法启蒙思想传到德国，使启蒙运动精神同样贯穿于 18 世纪的整个德国社会，它主要表现在德国的哲学、文学和教育等领域的思想界，经历的时间从 18 世纪 20 年代到 70 年代末，其主要代表人物有早期启蒙哲学家托马修斯(Christian Thomasius，1655—1728)、莱布尼茨和沃尔夫(Christian von Wolff，1679—1754)，以及启蒙运动鼎盛时期的哲学家康德、启蒙文学家莱辛(Gotthold Ephraim Lessing，1729—1781)、启蒙教育家巴西多(Johann Bernhard Basedow，1724—1790)。

在空间上，巴黎是 18 世纪 70 年代启蒙运动的中心。从角色身份上看，启蒙思想家们创造了一种崭新的写作思想：文章简明易懂，有时还不乏娱乐性。所以 18 世纪的教育思想家中有的是记者、宣传家，有的是杰出的文体学家，他们的语言在文学界以外受到了大众特别是妇女们的欣赏。从文化上看，启蒙文化是依靠印刷出版业作为宣传媒介的，在当时的欧洲主要城市拥有越来越多的读者，这使得他们可以在知识界和普通民众中倡导改良运动。他们抨击 18 世纪社会的种种弊端，包括宗教狂热和宗教迫害、贵族的腐败、酷刑、恶劣的监狱条件、奴隶制、贵族特权等。他们对教会和教士们的抨击极其大胆，启蒙哲学家们谴责了中世纪文化的各个方面，指出："没有任何一条纽带能像基督教那样有力地将西方文化连为一体。"①这场启蒙运动在政治上无意于破坏政治秩序，因为作为自由的文化运动，启蒙运动的宗旨在于逐渐地改变人类的生存条件；但这个世纪的激进派思想家希望在政治上立即看到传统君主体制、贵族阶层和教会的崩溃。

---

① [美]马文·佩里主编：《西方文明史》上卷，胡万里等译，539 页，北京，商务印书馆，1993。

启蒙运动还是欧洲17世纪思想的传播运动。一方面，18世纪的启蒙精神来自17世纪的科学革命；另一方面，"启蒙精神发扬和普及了培根和笛卡儿的思想。它发扬和普及了培尔和斯宾诺莎的思想，特别是发扬和普及了洛克和牛顿的思想。它发扬了自然法则哲学和天赋权利哲学"①。像伏尔泰撰写的两部著作《哲学通信》(1737年)和《牛顿哲学原理》(1738年)，不仅使欧洲其他地方的人越来越多地了解英国，而且还普及了新颖的科学思想：培根的归纳哲学、牛顿的物理学和洛克的感觉心理学。

启蒙运动不仅是思想创造和传播的运动，而且还是思想的辐射运动。它所具有的思想感染力不仅惠及法国本土，而且还远播整个欧洲。因此，法国当代思想家利奥塔(Jean-François Lyotard，1924—1998)指出："启蒙运动促使科学求真与自由解放齐头并进，造成两套堂皇的合法化叙事：一是以法国革命为代表的关于自由解放的'堂皇叙事'(grand narrative)，富于激进的政治性，注重人文独立解放的思考模式；二是以德国黑格尔传统为代表的关于思辨真理的'堂皇叙事'，注重同一性、整体性价值的思维模式。"②与文艺复兴和宗教改革相比，启蒙运动的重要性首先在于：它不是欧洲历史的一个短暂性插曲，而是划时代地全面更改生活世界，"它给一切可称之为现代思想和社会生活之问题盖上了日戳"③。这就是说，到了启蒙时代，种种现代性问题才被不断提出。按这种逻辑，启蒙运动也是教育现代性表现强烈的时期，但与教育思想之间构成密切关系的是浪漫主义、自然主义、理性主义和唯物主义。

(一)浪漫主义与教育思想

"从十八世纪后期到今天，艺术、文学和哲学，甚至于政治，都受到了广

① [美]帕尔默、[美]科尔顿：《近现代世界史》上册，孙福生等译，394~395页，北京，商务印书馆，1988。

② 转引自王岳川：《后现代主义文化研究》，187页，北京，北京大学出版社，1992。

③ 刘小枫：《现代性社会理论绪论》，175页，上海，上海三联书店，1998。

义上所谓的浪漫主义运动特有的一种情感方式积极的或消极的影响。"①浪漫主义作为一种思潮虽由卢梭所开创，但它与理性主义强调人的理性至上、经验主义倡导感觉为根本一样，强调的是人的激情和意志，反抗外在世界施加在人身上的束缚。牛顿的科学思想不仅为启蒙学者提供了理论依据，他揭示的井然有序的、永恒不变的宇宙秩序也成了法国等级森严的政治统治制度的根据和象征。这种沉闷的政治状况与资本主义的发展要求不相容，因此，资产阶级便鼓吹激情至上，反对理性和制度的束缚。这种激情是一种与封建等级制度相对立的争取人人平等的激情。卢梭的理论强烈地表达了这种浪漫主义的社会思潮。卢梭的浪漫主义思想深刻地影响文化领域，它演变成文学艺术领域的浪漫主义运动，歌德（Johann Wolfgang von Goethe，1749—1832）、席勒（Friedrich Schiller，1759—1805）、雨果（Victor Hugo，1802—1885）、拜伦（George Gordon Byron，1788—1824）这群文坛巨星，是这场运动的领袖人物。

这种浪漫主义思潮明显地在教育思想中反映出来，有学者甚至认为，卢梭的教育思想是浪漫主义的教育思想；席勒则因其《美育书简》而被尊崇为现代美育的始祖。②

(二)自然主义与教育思想

这种自然主义思想是建立在形而上学机械唯物主义自然观基础之上的，其中心思想是自然界绝对不变。"然而，这个时代的特征是一个特殊的总观点的形成，这个总观点的中心是**自然界绝对不变**这样一个见解。……在这个自然界中，今天的一切都和一开始的时候一样，而且直到世界末日或万古永世，一切都将和一开始的时候一样。"③自然一词原文为 nature，凡是由自然而来的东西都是自然的；人是自然的一部分，所以人的权利就是自然的。"自然主义

---

①　[英]罗素：《西方哲学史》下卷，何兆武、李约瑟译，213 页，北京，商务印书馆，1976。

②　John Willinsky, ed., *The Educational Legacy of Romanticism*, Waterloo, Wilfrid Laurier University Press, 1998.

③　《马克思恩格斯全集》第 20 卷，364~365 页，北京，人民出版社，1973。

是在这样意义上使用的：相信事物和事件的'自然秩序'，或者说，相信自然过程有其固有的秩序，而不存在神奇的或超自然的干预。"①因此，在18世纪的思想家的人权学说中，无论是卢梭的天赋人权，还是柏克(Edmund Burke，1729—1797)②的人赋人权，都强调自己是自然的。天赋人权强调其天然的成分，人赋人权则强调其传统的成分。资产阶级政治经济学中的一个最重要的前提就是"自然"规定，这个自然是启蒙思想以来全部意识形态的本质。它假定在摆脱了封建专制的"人为"强制之后，人类社会所进入的生存状况是最符合人的天性的天然存在形式。但是，这种所谓"自然"不过是资本主义市场经济运动自发性的表现。启蒙思想首先体现在政治哲学方面：以自然状态论为基础，提出了国家主权至上论；国家建构不再是上帝授权的行为，而是人的自然理性的成品，社会秩序摆脱了此岸与彼岸的关联。以国家理性的理念为基础的社会契约论，是"启蒙时代的真正开路先锋"，它为经济生活和社会秩序的世俗化铺平了道路。商业活动的扩张、技术工业的发展都是世俗政治建构的后果。世俗政治建构打破了封建制经济，全面促进了自由市场经济，使经济活动从宗教生活秩序的关联中分离出来。随着自由经济的扩张，市民阶层才日趋结集。政治上的国家主权论与经济上的重商论携手，世俗政治—法权的自主与劳动—资本的自由互相补充。这一切基于一场关于自然理念的革命，新的自然观念使社会生活的变迁方向正当化了，这才是启蒙运动的实质意义之所在。

启蒙时代最重要的思想革命是确立自然之神的地位。自然概念在中世纪希腊和基督教的思想中的定位与这一概念在启蒙时代思想中的转位，是理解启蒙时代现代原则的关键。

---

① [英]亚·沃尔夫：《十八世纪科学、技术和哲学史》上册，周昌忠、苗以顺、毛荣运译，10页，北京，商务印书馆，1991。

② 柏克是18世纪下半叶英国享有盛名的政治理论家，《法国革命论》(*Reflections on the Revolution in Frane*)是他最享盛名的一部作品。

启蒙时代的"自然宗教论"和"自然道德论"所具有的批判意义不可低估，尽管自然宗教论本身是从神学的传统主题上发展出来的，自然道德论在传统神学体系中也有牢固的根基。把启蒙运动视为反宗教、反神学教条和权威运动的论点应当重新认识，因为无视启蒙时代自然神论的历史作用，会妨碍对现代性问题的深度把握。自然宗教论和自然道德论的深远意义在于：以超自然为根据和支撑的传统教义思想被削弱，教义神学分化为宗教哲学和宗教伦理学，基督教理论失去了超自然的、教会认准的启示规约，成为自然真理的一种神性绪言。从政治秩序和社会生活秩序方面来看，"自然权利论"更换了传统的、与神性秩序相关的自然法理论，反映出与自然神论更换启示神论相同的内在逻辑。自启蒙时代以来，诸多革命性诉求和主义论说无不以"自然权利"为基础（在美国革命和法国大革命之前，"自然权利论"已经确立）。

18 世纪的自然主义还体现在宗教的自然主义哲学上。宗教哲学也打出理性主义旗帜，但其更深层、更本质的东西却是自然主义。"Deism"这词译作"自然神论"，指人们单靠理性就能认识上帝凭理性法则创造的自然，从而认识以理性法则创造自然的上帝，但它更深层的含义则在于"神即自然"。近代的宗教哲学所信仰的是理性化了的自然，而不是人格化的神。这种对理性主义和自然主义的标榜，对批判中世纪以神为中心的信仰主义和启示主义无疑有十分积极的作用。但是，它既然恪守自然主义和以自然主义为基础的理性主义，就势必不能彻底消除信仰主义而只能以对自然、自然物、自然力的信仰取代对神的信仰。

自然主义思潮对 18 世纪乃至整个 19 世纪的教育思想所产生的影响是巨大的，可以说，自然主义教育思想构成了 18 世纪教育思想的主旋律之一。卢梭、巴西多、裴斯泰洛齐（Johann Heinrich Pestalozzi，1746—1827）等人的教育思想中包含的深刻的自然主义成分是这个世纪的教育思想最重要的特征。

（三）理性主义与教育思想

18 世纪是理性的时代，但它有两种表现形态：一种是从帕斯卡（Blaise

Pascal，1623—1662)到笛卡尔的法国本土的先验理性；另一种是从培根到洛克的英国经验理性。① 从现代角度看，其真正的思想启动点在于笛卡尔的先验理性主义，"我思故我在"为人类奠定了一个全新的自我确证基础，不再是冥冥中的上帝或任何不可知的神秘之物，而是人自身的"自我意识"，是一种内视、演绎、否定性理性。经验理性高喊的"知识就是力量"，是一种外视、归纳、肯定性理性。"18世纪被称为启蒙时代，或理性的时代。"②"'理性'成了18世纪的汇聚点和中心，它表达了该世纪所追求并为之奋斗的一切，表达了该世纪所取得的一切成就。"③启蒙或理性意味着，知识界表现出对理性力量的极大信任，知识人竭力对欧洲的制度和信仰作出理性的分析，强调个人应该独立地进行理性思维，而不依附于任何学派、教会和学院权威。从价值观上，使个人的宗教自由、思想自由和人身自由、拥护人道主义的价值观与对科学和理性的信仰、对人类进步的信仰结合起来。

以启蒙运动为代表的新理性是一种科学理性、革命理性。从某种意义上说，这种理性又是道德理性、情感理性(它反映在艺术领域即理性的浪漫主义或浪漫的理性主义)。

对理性的热衷产生于17世纪的科学革命，像伽利略、波义耳、牛顿等人创造的实验方法，以及牛顿的机械论宇宙观，对启蒙运动都有着极大的影响。因为科学革命表明：宇宙间的秩序和可用数学加以证明的法则在自然界中起着作用。而更重要的在于，启蒙运动的思想家们认为，用类似的法则和理性来审视人类社会，也是可能的。

理性在批判传统宗教神学的同时，也要对现存事物，如习俗、道德、社

---

① 朱学勤：《道德理想国的覆灭——从卢梭到罗伯斯庇尔》，25页，上海，上海三联书店，1994。

② [美]马文·佩里主编：《西方文明史》上卷，胡万里等译，538页，北京，商务印书馆，1993。

③ [德]E.卡西勒：《启蒙哲学》，顾韦铭、杨光仲、郑楚宣译，3~4页，济南，山东人民出版社，1988。

会状况、政治权威的腐化变质状态作出反映，还要攻击各种偏见，揭露社会中存在的腐化、丑恶与下流的事实，嘲笑、蔑视并憎恨一切的不义与伪善。这体现了理性本身所固有的批判精神。也就是说，启蒙思想家不但要通过理性去研究自然，而且要通过它去认识人性、道德与社会，并为人的幸福未来设计出种种绚丽诱人的蓝图。理性深入知识的各个领域，以理性为最高权威，一切必须服从理性。18 世纪的理性体现了能力和力量。启蒙时代是一个人们敢于运用自己的理智的时代，是一个把理性和科学推崇为人的最高感官境界的时代，而这一切都是以理性作为一种能力和力量的前提。18 世纪的启蒙哲学家一方面从笛卡尔那里学到了批判、怀疑、崇尚理智、相信原则和原理的精神，另一方面又从洛克那里学到了重视经验和应用自然科学原理与方法解决哲学问题的传统。与 17 世纪的理性主义者不同的是，他们强烈反对从原理、原则、公理演绎出现象和事实，而主张从现象和事实上升到原理和原则。

18 世纪的教育思想中的理性主义主要体现在通过对人的自然性的认识来揭示人的教育规律，从而科学地建构现代教育制度。

（四）唯物主义与教育思想

"18 世纪真正的倾向是经验主义。"①法国的唯物主义哲学代表了当时哲学发展的最高水平。这种唯物主义哲学继承和发展了 17 世纪经验派和理性派哲学中的合理思想成果，特别是继承和发展了以洛克为代表的唯物经验主义的成果。唯物主义哲学的代表人物是以狄德罗为首的百科全书派唯物主义哲学家，他们是狄德罗、拉美特利、爱尔维修、霍尔巴赫（Paul Henri d'Holbach，1723—1789）等人。他们公开宣扬唯物论和无神论。唯物主义哲学是一种符合时代潮流、反映时代精神的"真正哲学"。由拉美特利和霍尔巴赫创造的唯物主义是 18 世纪的法国哲学乃至整个欧洲启蒙哲学的主流、基石和支柱，代表

① ［英］J. O. 林赛编：《新编剑桥世界近代史第 7 卷：旧制度，1713—1763》，中国社会科学院世界历史研究所组译，114 页，北京，中国社会科学出版社，1999。

着唯物主义发展过程的一个新阶段。唯物主义哲学把理性和信仰彻底划开，并使理性占据了绝对地位，信仰彻底失势。而在培根那里，理性和信仰平分秋色；在洛克那里，理性是有限度的，容忍来自神启的信仰。恩格斯高度评价了18世纪的法国唯物主义："18世纪科学的最高峰是唯物主义，它是第一个自然哲学体系……"①

但18世纪的唯物主义是机械唯物主义的典型形态。在自然观上，它贯彻了彻底的机械唯物主义原则，运用战斗的无神论，给宗教神学以沉重打击；在认识论上，坚持唯物主义的感觉论，认为感觉是认识的唯一来源，感觉的基础是客观物质世界；在社会历史观上，从抽象的人性论出发，强调"人是环境的产物"，提出"意见支配世界"的命题；在世界观上，认为世界是物质的，物质是永恒的，物质是世界上唯一的存在物，是构成自然界的唯一资料。整个世界是一架机器，能够自己进行有规律的运动，动物和人乃至整个宇宙都是一架机器。

18世纪的法国唯物主义具有两个明显的特点：一是彻底的无神论，把神从自然界中彻底地驱逐出去，把无神论和唯物论结合起来，成为战斗的唯物论；二是把机械论推向顶峰，建立了一套较为完整的机械唯物主义理论。

唯物主义对教育思想的意义在于：掌握知识过程中坚持感觉论基础，教育也是建立在感觉论基础上的，提出了"教育万能论"的命题，摆脱了神学时代教育的信仰性质。

三、蓬勃开展的资产阶级革命与教育思想

"18世纪以两场大规模的政治革命而著称。……这就是1776年的美国革命(北美独立战争)和1789年的法国大革命"，这两场革命"导致产生一个全新

---

① 《马克思恩格斯全集》第1卷，657页，北京，人民出版社，1956。

的并且与过去根本不同的社会制度或政治组织形式的激烈的社会或政治剧变"①。

在西方，从 16 世纪到 19 世纪，政治性革命频仍。16 世纪的尼德兰革命，17 世纪英国的"光荣革命"，18 世纪的法国大革命和美国革命，真可谓连绵不断。1775—1781 年的美国独立战争，1789—1799 年的法国大革命，这两次革命产生了两个资产阶级民主国家：1781 年诞生了美利坚合众国，1792 年建立了法兰西第一共和国。在美国发生的政治革命，成功地建立了一种独特的社会秩序。它给出了一条道路，允许人们通过政治安排反映他们的利益；它提供了保护个人权利的基础，使得社会在自由的基础上维持了延续和一致，从而达到了社会的稳定。对于当代美国著名的学者丹尼尔·贝尔（Daniel Bell，1919—2011）而言，使美国学者自豪的美国社会之"独特（exceptionalism）"品性，不是美国的军事设施，也不是美国的经济发展和文化样式，更不是美国"三权分立"的政治体制——因为每个国家在这些方面都有或多或少的差异，真正能够标识美国的独一无二的东西，是"公民社会"的长期实践。"它是指，这个社会建立在个体的权利基础之上，而不是建立在无所不在的国家组织基础之上。"②他认为，保证美国社会政治秩序稳定的原因是一种特殊结构，用黑格尔的概念可以称之为：一个十足的公民社会结构。

法国哲学家皮埃尔·勒鲁（Pierre Leroux，1797—1871）在总结法国资产阶级革命的意义时指出："法国革命把政治归结为这三个神圣的词：自由、平等、博爱。"③

在关于法国大革命的问题上，当时和之后的历史学家们各抒己见，赞颂

① ［美］科恩：《科学中的革命》，鲁旭东、赵培杰、宋振山译，248 页，北京，商务印书馆，1998。

② Daniel Bell，"American Exceptionalism Revisited：The Role of Civil Society，"*The Public Interest*，1989(95)，pp.9-14.

③ 吴松、卢云昆编：《西方思想家政论文选》，219 页，昆明，云南大学出版社，1997。

者有之，贬抑者也不少。当时出现过与一般观点大相径庭的看法，它就是英国的思想家柏克的"法国革命论"①。柏克把法国大革命看成人类罪恶的渊薮，是骄傲、野心、贪婪和阴谋诡计之集大成的表现，因此，他成为西方思想界反对法国大革命的保守派首席代表人物。而法国历史学家托克维尔(Alexis de Tocqueville，1805—1859)在《旧制度与大革命》中认为，1789年的法国大革命是迄今为止最伟大、最激烈的革命，它代表了法国的"青春、热情、自豪、慷慨、真诚的时代"②。

然而，两次资产阶级革命所表现出来的民主主义、民族主义、自由主义和世俗主义的社会特征深刻地影响了这个世纪的教育思想。

(一)民主主义与教育思想

杜威(John Dewey，1859—1952)在《民主主义与教育》中全面阐述了西方民主制社会中的教育问题，同时他把民主主义与教育的关系追溯到18世纪。显然，18世纪的教育思想与民主主义存在着密切的关系。孟德斯鸠在《论法的精神》中指出，政体有三种，即共和政体、君主政体和专制政体，而在这三种政体下存在着各自的教育内容和形式。在共和政体中，全体人民握有最高权力时就是民主政治。孟德斯鸠研究了共和政体中的教育问题。在1754年出版的《百科全书》第4卷中，他对"民主"进行了界定。该定义出自《论法的精神》："任何主权掌握在人民手中的共和国都是民主制……民主为公民们打开了荣誉和光荣的道路；为了维护民主，需要品德，也就是需要对法律、对祖国的爱，对平等、对节俭的爱。"③

卢梭在《社会契约论》中阐述了在何种国家形式中能够实现民主的观点。他认为民主即人民意志，认为体现民主共和制国家特点的是人民主权。如果

---

① 参见[英]柏克：《法国革命论》，何兆武、许振洲、彭刚译，北京，商务印书馆，1998。

② [法]托克维尔：《旧制度与大革命》，冯棠译，32页，北京，商务印书馆，2009。

③ [意]萨尔沃·马斯泰罗内：《欧洲民主史：从孟德斯鸠到凯尔森》，黄华光译，7页，北京，社会科学文献出版社，1994。

人民是自由的，那么这个国家便是共和国；如果人民被奴役，屈从于一个人的意志，那便是专制主义。在卢梭看来，民主是人民主权。他所指的民主是公民表决式的民主，而不是代议制民主。一个真正的共和国只能是民主共和国。为此，民主共和国中的教育培养目标应该是培养民主共和国的公民，这是卢梭在《爱弥儿》中明确提出的。杜威说过："民主政治热心教育，这是众所周知的事实。根据表面的解释，一个民主的政府，除非选举人和受统治的人都受过教育，否则这种政府就是不能成功的。"①在布鲁姆看来，"每一种教育制度都有其道德目标，它总是试图占据并影响教育的全部课程，它要创造出一种特定的人"②，但制度不同，其教育目的也不同。贵族政治和民主政治条件下的教育是不一样的。贵族政治需要绅士，需要崇尚金钱的寡头，而民主政治需要追求平等的民主主义者。因此，民主教育需要培养一批欣赏民主、具有民主知识，并且支持民主政权的男男女女。这种思想其实早在美国第一次资产阶级革命建立民主共和国及其制度的时期，托马斯·潘恩和托马斯·杰斐逊就已提出过。潘恩认为民主的共和政体需要制度化的教育，杰斐逊构筑的一体化教育制度的目标在于培养民主社会精英。在法国的资产阶级革命中，从塔列兰（Charles Maurice de Talleyrand-Périgord，1754—1838）到孔多塞（Marie Jean Antoine Condorcet，1743—1794）建构的民主政府下的公共教育制度是实现民主社会的根本保证。

（二）民族主义与教育思想

民族主义是现代世界发展进程中最重要、最引人注目的动力之一。按照这种逻辑，我们也可以把民族主义理解为现代教育发展中最重要、最受人瞩目的动力之一。西欧的民族主义在中世纪基督教普世主义的背景下，是以确

---

① ［美］约翰·杜威：《民主主义与教育》，王承绪译，92 页，北京，人民教育出版社，1990。

② ［美］艾伦·布鲁姆：《走向封闭的美国精神》，缪青、宋丽娜等译，18 页，北京，中国社会科学出版社，1994。

立本民族的文化为突破口的。到16世纪初，现代政治思想的鼻祖马基雅维利（Niccolò Machiavelli，1469—1527）明确地表现了民族主义情绪，用政治史学家萨拜因（George H. Sabine，1880—1961）的话说，那是一种"民族爱国主义，渴望意大利的统一，防止她断送于内部混乱和外部入侵"①的情绪。17、18世纪的欧洲专制王朝国家作为现代民族国家的最初形态，为民族主义思想的兴起准备了一系列条件。专制王朝确立了与语言、种族和文化分野基本相符的较为固定的国家疆界，建立起比较集权的中央官僚军事机器并促进了国内市场的统一，从而在很大程度上打击了阻碍民族主义酝酿的封建主义和地方主义。然而，民族主义的真正兴起是从18世纪末和19世纪初开始的。民族主义形成气势的直接原因在于：第一，法国大革命，特别是在这场革命中出现的人民主权论；第二，作为对启蒙运动及其世界主义思想之反映的德意志浪漫主义和历史主义；第三，工业革命及其引起的社会大转型。从思想上，卢梭在《社会契约论》中提出的否定狭隘封建关系的"普遍意志"思想，体现为民族主义和民主革命的实践纲领——人民主权论，被他信奉为最高美德和所有美德的源泉的爱国主义，这样从抽象的原则转化为实际推动一场大革命的全民族信念。由于法国启蒙运动及其世界主义思想的影响，加上法国督政府和拿破仑在"自由、平等、博爱"旗号下将民族热情变成了民族征服的动力和工具，法国民族主义无论在理论表述上还是在实践方式上都自相矛盾。以赫尔德（Johann Gottfried von Herder，1744—1803）、费希特（Johann Gottlieb Fichte，1762—1814）和黑格尔为主要哲学代表的德意志浪漫主义和历史主义就是针对这两者发展起来的，其本质是崇奉民族文化和追求民族统一的德意志民族主义。

民族主义在18世纪的主要功能是强有力地促进并创建现代民族国家以及

---

① George H. Sabine and Thomas L. Thorson, *A History of Political Theory*, Chicago, Wadsworth Publishing Co. Inc., 1973.

加强民族国家政权。

因此，"从英国革命开始，特别是在法国革命期间，越来越多的欧洲人使自己的忠心服从于新的民族事业。民族教会的兴起、民族王朝的兴起、民族军队的兴起、民族教育制度的兴起，所有这一切结合起来，把从前公爵的臣民、封建农奴和城市市民改变成包括一切的民族"①。

民族主义重视适应本民族文化传统，也就是主张文化本土主义的立场，强调个体对民族利益的服从和牺牲，从而使社会结为一体。

民族主义还表现在：在 18 世纪，拉丁语迅速为国语所取代。在德国，狂飙突进运动所表现出的民族主义情结尤为突出；法国和美国是通过资产阶级革命来表现其民族主义情结的。

这里需要说明的是：民族主义思想、意识虽然普遍地存在于 18 世纪思想家的头脑中，但由于"人本主义和博爱主义之在时代精神中处于主导地位，自然地导致这个时代倾向于国际主义即世界主义"②。伏尔泰公开反对狭隘爱国主义的自私和种种有害倾向。他认为理性的作用应当团结一切人，达致四海之内皆兄弟，并把所有国家联邦成为一个伟大的"博爱的祖国"。包括康德、赫尔德和歌德在内的许多思想家都抱有这个理想，但没有人因之便认为他们不爱国。③

18 世纪是一个转型的时期，这种转型首先表现在人们在淡化宗教感情、从宗教感情转向民族感情。之后，又把民族感情的归属对象从忠君爱国的旧传统中解放出来，变成忠于宪法的近代民族主义，使君权至上的专制国家变成人权至上的近代国家，即资产阶级民主和法治国家，显然，教育在这种转

① [美]斯塔夫里阿诺斯：《全球通史——1500 年以后的世界》，吴象婴、梁赤民译，324 页，上海，上海社会科学院出版社，1999。

② [英]亚·沃尔夫：《十八世纪科学、技术和哲学史》上册，周昌忠、苗以顺、毛荣运译，12 页，北京，商务印书馆，1991。

③ 同上书，12~13 页。

型过程中也不得不作出调整，教育在培养宗教感情向民族感情转型中起到十分重要的作用，教育制度成为民族主义意识的主要培养制度。

(三)古典自由主义与教育思想

自由主义形成于17、18世纪，经历了传统自由主义和现代自由主义两个历史时期。自由主义思想的始祖是英国哲学家洛克，而美国的《独立宣言》《美利坚合众国宪法》《权利法案》、法国的《人权与公民权宣言》等历史性文件，则以政纲形式和法律形式阐述并确立了洛克所提出的自由主义原则。无独有偶的是，所有这些文件都诞生于18世纪。自由主义在18世纪是资本主义反对封建制度的有力武器，它也成为西方民族国家制定政策的理论基础。当代著名的经济学家米尔顿·弗里德曼(Milton Friedmann，1912—2006)认为："美国的历史是一部经济奇迹和政治奇迹同时发生的历史。之所以能够发生奇迹，是因为美国人把两套思想付诸了实践——说来也巧，这两套思想都是在1776年公之于世的。"①这两套思想体现在亚当·斯密(Adam Smith，1723—1790)的《国民财富的性质和原因的研究》(一般简称《国富论》，1776年)和托马斯·杰斐逊起草的美国《独立宣言》中，它们分别是经济自由和思想自由的思想。实际上，自由主义的思想开始影响整个西方现代化的进程，同样，教育现代化受制于这种自由主义的理论。丰泰涅编辑和翻译的《18世纪法国自由主义和教育》②和汉森编辑的《18世纪的自由主义和美国教育》③为我们理解自由主义与教育之间的关系提供了丰富的材料，也表明了自由主义理论对教育所具有的影响。

---

① [美]米尔顿·弗里德曼、[美]罗斯·弗里德曼：《自由选择：个人声明》，胡骑等译，7页，北京，商务印书馆，1982。

② François de La Fontainerie，(ed. and trans.)，*French Liberalism and Education in the Eighteenth Century*，New York and London，McGraw-Hill Book Company，1932.

③ Allen Oscar Hansen，*Liberalism and American Education in the Eighteenth Century*，New York，The Macmillan Company，1926.

1. 法国重农学派的经济自由主义

重农主义是 18 世纪下半叶法国社会中的一个十分引人注目和很有影响的思潮和学派，其宗旨在于倡导发展农业资本主义，以振兴法国经济；其主要代表人物是早期的魁奈（François Quesnay，1694—1774）和后期的杜尔阁（Anne Robert Jacques Turgot，1727—1781）。重农主义的自由经济主义学说的核心是纯产品学说。所谓纯产品是指生产物的价值超过生产费用的余额。魁奈制定了有名的《经济表》。魁奈的这种思想对拉夏洛泰（Louis-René de Caradeuc de La Chalotais，1701—1785）的国民教育理论产生了重大影响。杜尔阁明确赞扬自由主义原则，呼吁贸易自由和企业经营自由，反对国家过分干预，认为国家的主要职责在于以立法、司法、税收和利率等措施保护私有制财产和支持自由经营。他相信最了解自身利益的莫过于每个人自己，也认为不加限制的商业不会不与公众利益相吻合。在教育理论上，杜尔阁提出了国家教育论。

2. 市场经济自由主义理论

这种理论的最主要代表人物是英国古典经济学的伟大代表者之一、近代经济学的奠基人亚当·斯密，他的《国富论》是一部具有划时代意义的不朽巨著。他的主要论点是发展资本主义的商品生产和市场经济，增长国民财富。斯密分别研究了分工、交换、市场和价格机制，在市场经济条件下的工资、利润和地租、资财的性质、积累和用途，同时对重商主义和重农主义进行了批判。斯密正是在《国富论》中阐述了他的国民教育思想，而这种思想如同其市场经济自由主义思想一样对后世产生了深远的影响。当代美国新自由主义经济理论提出的学券制理论的根源就可以追溯到斯密的思想。他的《道德情操论》对后世的道德伦理教育思想同样产生了深刻影响。

3. 政治自由主义理论

托马斯·杰斐逊起草的《独立宣言》表达了当时美国人的普遍情绪，它宣告了一个新国家的诞生，这是历史上按照人人有权追求自己价值的原则建立的第一个国家："我们认为以下真理是不言自明的,即所有的人天生平等,上帝赋予了他们一些不可剥夺的权利,其中有生活、自由和对幸福的追求。"

无论是经济自由还是政治自由,都会涉及一个问题,那就是政府在经济和政治生活中的作用。无论是亚当·斯密还是托马斯·杰斐逊,抑或是赫伯特·斯宾塞(Herbert Spencer,1820—1903)①,还是当代的米尔顿·弗里德曼,或者是哈耶克(Friedrich A. von Hayek,1899—1992)②,都必须回答政府在自由经济和自由政治中的作用是什么的问题。而恰恰在回答这个问题的过程中,他们都用自由主义的理论来解释政府在教育中的作用。看来,自由主义理论与教育的关系要通过政府的作用这个中介来加以联系,并得到解释。

(四)世俗主义与教育思想:自然神教主义和无神论主义

从严格意义上来讲,世界从来都没有彻底世俗化过,因为宗教精神始终伴随人类社会的发展,并且在某一时空中出现彰扬的机会。同样,在 18 世纪的人们的思想观念中,宗教思想与世俗主义思想是共存的。由于受到思想的自然神论和自然道德论的支配,世俗化社会被深深地烙上宗教的痕迹。"对于这种社会来说,崇拜抽象人的基督教,特别是资产阶级发展阶段的基督教,如新教、自然神教等等,是最适当的宗教形式。"③言下之意,就是新教、自然神教成为资产阶级的适当的宗教形式,资产阶级依然受到宗教意识形态的支配。这里研究的世俗化社会,主要是当时出现的市民社会。但宗教精神的依然存在具有历史原因。14 世纪之后,西方社会日趋世俗化,人们越来越注意现世的生活,基督教提供的意义世界与现实世界之间逐渐出现了裂痕,然而一场新教改革运动却创造性地转换了基督教的价值观。路德(Martin Luther,1483—1546)和加尔文(Jean Calvin,1509—1564)提倡的新教虽然其终极指向

---

① [英]赫伯特·斯宾塞:《社会静力学》,张雄武译,149 页,北京,商务印书馆,1996。

② [英]弗里德利希·冯·哈耶克:《自由秩序原理》下册,邓正来译,159 页,北京,生活·读书·新知三联书店,1997。

③ [意]加尔维诺·德拉-沃尔佩:《卢梭和马克思》,赵培杰译,8 页,重庆,重庆出版社,1993。

仍是彼岸的上帝，却充分肯定人的现世生活。人们只有在现世努力工作，才能证明自己是上帝的子民，与上帝最为接近。这种新的基督价值观为资本主义的发展提供了充分的合法性，使人们在从事工商业活动、积累财富、追逐利润时仍然不失其生命的超验意义。另外，新教的"因信称义"学说取消了教会的中介，使教徒与上帝直接沟通，一切取决于个人真实的信仰，不再凭借外在的权威，因而人就获得了宗教意义上的内心自由，它与世俗化的个人自由仅一步之遥。这种转化了的基督教精神与现代化的发展趋向是如此一致，以至于进入现代民族国家之后，它仍然主宰着西方人的灵魂，发挥着社会整合功能。托克维尔认为，宗教精神与自由精神在美国"是紧密配合，共同统治着同一国家的"。"基督教不只是作为一门经过论证而被接受的哲学在发生支配作用，而且是作为一种无需论证就被信仰的宗教在发生支配作用。"①事实上，在 18 世纪的西方教育思想家中，这种世俗的教育思想与基督教的教育思想是混杂在一起的，尤其在道德教育的价值取向上，上帝的观念根本就是一个无法抹去的幽灵。因此，清教伦理成为美国的富兰克林（Benjamin Franklin，1706—1790）中产阶级功利主义道德教育的核心，也就可想而知了。韦伯认为："富兰克林所有的道德观念都带有功利主义的色彩。""所谓清教道德指的是有条理地理性化了的伦理行为。"②

启蒙思想家对宗教神学的批判经历了三个阶段，即怀疑论阶段、自然神论阶段和无神论阶段。怀疑论阶段的主要代表是法国启蒙运动的先驱者培尔，他对强迫人们盲目信仰的传统宗教表示怀疑。他认为怀疑是认识世界的方法，这继承了笛卡尔的思想。自然神论时期的代表人物是伏尔泰、孟德斯鸠与卢梭。伏尔泰一方面批判当时的世俗教会机构，抨击教皇及修道院院长只顾搜

① ［法］托克维尔：《论美国的民主》，董果良译，342、522 页，北京，商务印书馆，1988。
② ［德］马克斯·韦伯：《新教伦理与资本主义精神》，于晓、陈维纲等译，36、96 页，北京，生活·读书·新知三联书店，1987。

刮钱财;另一方面把矛头直接对准了排斥异端的天主教本身,提出了宗教宽
容的思想。如果犹太教徒、天主教徒、路德教徒、希腊正教徒、加尔文教徒、
再洗礼教徒等能像兄弟般相处,并以相同的方式为社会造福,那就是哲学的
最大胜利。伏尔泰一方面把对上帝存在的信仰建立在理性证明和内心的体验
上,从而驱逐天启宗教中的神秘,用知识之光照耀了宗教;另一方面又承认
人的有限性,从而否认天启宗教关于上帝本质的种种学说——人格化的上帝。
孟德斯鸠尖锐地批判了宗教神学,并把批判的矛头直接指向天主教。他认为,
宗教神学与科学是格格不入的,因为科学研究自然及其规律,而宗教神学却
只想念上帝和宗教信条。他坚决主张政教分离,反对神职人员干预政治。他
坚决主张宗教信仰自由,反对采取强迫手段要人们信教,提倡宗教宽容,主
张各种宗教都应互相尊重。但在他的眼里,上帝首先是一个无为而治的立宪
君主的形象,决定造物的权利。他对上帝的权能进行了限制,提出上帝也不
能任意妄为,上帝的行动也应严格遵循不变的法则。如果上帝创造世界也遵
循不变法则,那么,上帝就成为理性和秩序的象征。如果说伏尔泰、孟德斯
鸠着重通过理性推出上帝的存在,那么,对卢梭而言,上帝的存在则是我们
对神奇的世界充满惊异而又找不到其他解释的结果。卢梭认为一切清楚明白
的东西不是基于理性的推理,而是基于人内心无法抗拒的体验的印证,这是
卢梭的自然神论的哲学基础。

无神论阶段的主要代表人物是霍尔巴赫。他批判宗教神学,认为它是经
验和理性的天生大敌,是阻挡自然科学进步的一种无法克服的障碍,它使人
们远离自然,也远离自身。他是一个无神论者,他要把人们引回到自然、经
验与理性,使他们能摆脱荒谬的神学。

从怀疑论到自然神论再到无神论,18世纪的法国启蒙思想家对传统宗教
的批判经历了曲折的历史。

四、初露端倪的工业革命与教育思想

从严格意义上说,18世纪是工业革命初露端倪的时期。工业革命作为人

类社会经济发展史的一个重要阶段，首先开始于英国。历史学家霍布斯鲍姆（Eric Hobsbawm，1917—2012）"把 1789 年的法国大革命和同时期发生的（英国）工业革命称为'双元革命'（dual revolution）"①。也就是说，工业革命主要发生在英国，然后向西欧、北美扩散，其具体的时间大约在 1780 年到 19 世纪 60 年代。在这个具体时间内，西欧地区及北美发生了不同于渐进的、缓慢的工业革命的暴风雨般的政治革命：1775 年在北美发生第一次资产阶级革命；1789 年在法国发生资产阶级大革命；然后是 19 世纪席卷拉丁美洲的殖民地革命与 19 世纪 40 年代风靡欧洲的革命。"这些革命前后联成一气，构成一个整整的'大西洋革命'时代。"②这就是所谓在人类历史上史无前例的"双元革命"，即经济大革命和政治大革命。"产业革命对英国的意义，就像政治革命对于法国，哲学革命对于德国一样。"③而它以工业生产技术和生产体制的变革为起点，进而引起全面的社会变革。经济大革命带来了自由资本主义和工业主义，它们同样与教育构成了紧密的联系，同时对教育思想产生了极其深远的影响。

从严格意义上说，18 世纪只是工业革命的最初阶段，因为第一次工业革命的时间是从 18 世纪的后半叶到 19 世纪的中叶，"英国工业革命始于 18 世纪 70 年代"④。工业革命作为一个经济变革时期，是以蒸汽机为动力的机械普遍应用于各个工业部门，结束了单纯用手工操纵工具和简单机械的中古生产方式，产生出由机器的应用导致生产工具的技术进步和工厂制度的产生之结果。

工业革命的双重效应对教育提出了双重需求：一是由于工业革命的动力来自生产技术的变革，教育无疑要满足科学技术的变革需要，原有的人力素

---

① ［英］艾瑞克·霍布斯鲍姆：《革命的年代：1789~1848》，王章辉等译，序言，1 页，南京，江苏人民出版社，1999。
② 罗荣渠：《现代化新论——世界与中国的现代化进程》，141 页，北京，商务印书馆，2004。
③ 《马克思恩格斯全集》第 2 卷，296 页，北京，人民出版社，1957。
④ 王觉非主编：《近代英国史》，230 页，南京，南京大学出版社，1997。

质远远不能满足这种需要，于是培养适应这种需要的劳动力便成为紧迫的任务；二是由于工业革命促进了工业城市的发展，工业中心的迅速形成，客观上造成了严重的社会问题，诸如道德水平下降、犯罪增多、儿童无人照顾等，因此教育成为解决这些问题的重要手段。按当代的功能主义教育史学观，教育成为资产阶级的一种重要的控制手段。但是当时的思想家们如何认识工业革命与教育的关系是值得研究的。更何况 18 世纪的社会，工业革命刚刚起步，人们在教育与工业问题上的认识水平也需要研究。

西方的资本主义经历了重商主义的农业资本主义、重商主义的资本主义、工业资本主义和网络资本主义几个阶段。18 世纪是由重商主义的资本主义向工业资本主义转型的时期。商业的发展是工业化的前提，欧洲是先有"商业革命"，商业带动了工业的进步，才有所谓"工业革命"。"商业经济对成文账目和书面契约的依赖日益加深，这意味着有更多的人需要学习书写和运用算术。""现在看来，识文断字和算术的发展似乎主要归因于商业革命，反过来，拥有这些技能的人也在这场革命中获得了报偿。"①

工业资本主义建立了新的政治和经济秩序，形成了工厂制度，一方面，出现了农村人口向城市流动，甚至出现了跨国的人口流动；另一方面，工厂制度带来的劳动力浪潮使资本家和商人感到恐慌，他们迫使新的工人阶级默认已建立的政治和经济秩序。工业资本主义对教育所蕴含的意义，不仅在于工厂制度提出培养新型劳动力的需求，而且对人们认识教育现象、开拓教育思想范围具有重大意义。

"工业主义的阴影已经开始移向欧洲，虽然过去只是笼罩着英国。贝尔-兰开斯特的方法(即贝尔-兰卡斯特导生制——引者注)已经带有一些工业文明的烙印。互助制本身就是一种在教育领域的大批生产。事实上，当时无论在

---

① [美]埃里克·方纳等：《新美国历史》，齐文颖、林江等译，177 页，北京，北京师范大学出版社，1998。

工业中还是在教育中，都竭力强调劳动分工和工厂机械化之间的联系。"①

五、启迪心灵的哲学革命与教育思想

按照恩格斯的说法，"法国发生了政治革命，随同发生的是德国的哲学革命"②。科学史家科恩详尽地列举了关于"康德的所谓哥白尼革命"③。这两次革命的区别在于：一个发生在社会生活中；一个则发生在人的心灵深处。但两次革命都对人类历史的发展进程产生了巨大的影响。德国古典哲学是"一种世界历史性的文化现象"④，显然，在逻辑上，哲学革命无疑在教育的变革中发挥了巨大的推动作用。

这场哲学革命之所以发生在德国，有它的政治、经济和文化原因，革命的最主要表现形态即形成了德国哲学最辉煌的篇章——古典哲学。在这种哲学中，核心是"人"。德国古典哲学的开山鼻祖——康德首先把哲学的根本问题归结为"人是什么"，并试图以人为核心重建形而上学体系。而他的后继者费希特、谢林和黑格尔也都沿袭了这一主题，基于"自我意识"来描述人，强调人的主体能动性。这种以人为核心的哲学观不仅形成了"古典教育哲学"，也就是说教育思想成为哲学革命的一部分，而且对西方教育思想的发展产生了极其深远的影响。

---

① [英]C. W. 克劳利等编：《新编剑桥世界近代史第 9 卷：动乱年代的战争与和平，1793—1830》，中国社会科学院世界历史研究所组译，278 页，北京，中国社会科学出版社，1999。

② 《马克思恩格斯全集》第 3 卷，489 页，北京，人民出版社，2002。

③ [美]科恩：《科学中的革命》，鲁旭东、赵培杰、宋振山译，298 页，北京，商务印书馆，1998。

④ [俄]A. B. 古雷加：《德国古典哲学新论》，沈真、侯鸿勋译，2 页，北京，中国社会科学出版社，1993。

第二节 18世纪民族国家教育制度的建立与教育实践

一、18世纪教育思想与现代国家教育制度的建构

18世纪的教育思想一方面是民族国家建立过程的产物，另一方面成为构建现代国家教育制度的理论基础。由于民族国家在18世纪出现了从绝对专制主义国家向现代资产阶级国家的转型，因此，18世纪的教育思想无疑也受制于民族国家的建立过程。

1770—1900年，绝大多数国家建立了国民教育制度，但它们并不是以相同的速度或以相同的模式建立的。第一种模式建立于18世纪的绝对主义君主制国家，像弗里德里希大王（Friedrich der Große，1712—1786。旧译腓特烈大帝）时期的普鲁士和玛丽亚·特利莎（Maria Theresia，1717—1780）时期的奥地利，它们在18世纪的前30年便得到了巩固，而同时德国的其他邦国和法国、荷兰、瑞典以及美国等国家在19世纪三四十年代也巩固了公共教育制度；而其他国家却发展缓慢。信奉天主教的地中海国家发展公共教育更晚，意大利在1870年统一之后才率先建立了地区性的公共教育制度；日本在1868年开始的明治维新的改革中作为其一部分而奠定了公共教育制度的基础；美国南方也只有到内战之后的几十年才开始建立公共教育制度。英国直到1870年才建立初等学校制度，到1902年，中等学校的国民制度才开始构建，差不多晚于拿破仑创建法国国家学院一个世纪。

国家教育制度为什么会形成？它们的形成为什么在一些国家比另一些国家既快又全面？长期以来这是一个争论不休的问题。许多传统教育变革理论无法解释这种制度的不均衡发展。第一，用教育发展与工业化和城市化相关的理论无法解释为什么国家教育制度首先在普鲁士和法国这样的国家发展，而这些国家偏偏主要是处在前工业和农村社会时期，工业化和城市化程度最

高的国家——英国却相对较晚地形成国家教育制度。第二，辉格派历史理论把教育发展与清教主义相联系，与理性和民主的稳定进步相关联，却无法解释教育在像普鲁士和奥地利这样的更加集权的国家比在自由的英国发展得更快，也无法解释为什么会有与新教控制教育的一般原则相抵牾的特例。

问题还在于，有什么较合理的理论来解释这种国家教育制度产生不均衡的历史现象呢？在英国教育史学家格林（Andy Green）看来，国家形成理论可以较合理地说明这种不均衡现象，因为教育发展是国家形成总进程中的一个不可分割的组成部分，大革命后的法国和普鲁士以及美国早期共和国期间的北方是在这个进程中最彻底、最迅速的。①

对欧洲而言，在15世纪末前后，各个国家纷纷进入专制君主制时代，其建立的专制君主国家是一种拥有独立、完整主权的国家，是现代民族国家的雏形。它应具备相对的民族单一化、高度的中央集权化和具有充分的政权世俗化的特征，它应当彻底解除国家政权对宗教神权的传统依附，以王权至上的观念取代神权至上的观念。相对的民族单一化是高度中央集权化的重要基础，而中央集权化和政权世俗化两方面则是相辅相成的。民族国家作为一个整体有权力摆脱另一个民族国家的统治，这一思想渊源始于16、17世纪。布丹（Jean Bodin，1530—1596）和莱布尼茨从哲学的角度论证了君主专制的合法性。当时的民族国家面临两方面的敌人，一是封建秩序，二是帝国体制；它们阻碍着近代民族国家的形成，但这两种制度在王朝战争或宗教战争中不堪一击。随着封建和帝国体制的解体，出现了地域国家（territorial state），其政治形式表现为王朝主权（dynastic sovereignty），君主掌握了国家最高的世俗权力。与封建制度和帝国制度相比，王朝国家更有能力保卫其所控制的领土，维持国内秩序，防范外来的侵略，这种能力是王朝国家统治的道德基础。但

① Andy Green, *Education*, *Globalization and the Nation State*, London, Macmillan Press Ltd., 1997, pp.33-34.

到 18 世纪末,君主王朝已经不能保卫自己的民族国家了。在欧洲,一些国王为了自身的私利,勾结外国力量而反对自己的国家,国王自己的利益被置于民族利益之上。在整个 18 世纪,使普鲁士在 19 世纪实现强大的目标应当归功于三位君主,他们几乎统治了普鲁士一个世纪。他们是像法国国王一样的绝对君主,但与法国国王不同的是,他们热衷于人民的利益和国家的福祉,渴望增加国家的利益,容忍宗教,认同新的科学研究。他们就是:①弗里德里希·威廉一世(Friedrich Wilhelm Ⅰ, 1688—1740。1713—1740 年在位)。他致力于发展国家的资源,培养一支庞大的军队,命令实行强迫初等教育,开始了在皇家省份的学校从教会控制向国家控制的变革。②他的儿子弗里德里希大王(1740—1786 年在位)。他继续致力于先帝的事业,改善其臣民的生活状况。③弗里德里希·威廉二世(Friedrich Wilhelm Ⅱ, 1744—1797。1786—1797年在位),弗里德里希大王的侄儿。他很大程度上继承了他叔叔的开明政策,改革了税收制度,减轻臣民的负担,鼓励贸易,重视德国语言,鼓舞民族精神,积极鼓励开办学校,开始了对发展中的教育制度管理的集权化,这种教育制度导致普鲁士创建了欧洲的第一种现代国家学校制度。这三位普鲁士国王在教育事业上起到了重要的作用。

在奥地利,有两位著名的开明统治者控制奥地利的王位将近半个世纪,并且在改善奥地利人民的生活状况方面做了许多的工作。一位是非常引人注目的妇女——玛丽亚·特利莎,她于 1740 年登上王位,执政至 1780 年;另一位是她的儿子约瑟夫二世(Joseph Ⅱ, 1741—1790),从 1780 年统治到1790 年。

西班牙从费利佩五世(Felipe Ⅴ, 1683—1746。1700—1746 年在位)到卡洛斯三世(Carlos Ⅲ, 1716—1788。1759—1788 年在位)经历了差不多 90 年的统治时间,在政治上取得了令人瞩目的进步,教会的权力受到了多方面的限制,宗教法庭被取缔,耶稣教派被驱逐出王国。

俄国开明君主专制统治者是从 1689 年统治到 1725 年的彼得大帝（Peter the Great，1672—1725），从 1762 年统治到 1796 年的叶卡捷琳娜二世（Catherine Ⅱ，1729—1796）。捕捉到 18 世纪西方的新精神之后，这两位统治者试图把西方一些开明的启蒙思想引进到贫穷落后的俄国，努力提高其臣民的生活水平，开始了文明化和学习化的现代化之路。他们通过一系列的谕令，全面推行启蒙思想。彼得大帝把西方世界的文明引进自己的国家。他带来了大量的熟练手工艺人、医生、商人、教师、印刷商和战士，引入了西方许多的技术，鼓励开展贸易，在城市建立了德国类型的文科中学（gymnasium）。叶卡捷琳娜二世让法国哲学家狄德罗起草了构建国家教育制度的"大学计划"。

法国的专制主义统治经历了一个很长的历史时期，即路易十四（Louis ⅩⅣ，1638—1715。1643—1715 年在位）到路易十五（Louis ⅩⅤ，1710—1774。1715—1774 年在位）的统治。

18 世纪绝对主义专制国家在教育改革方面最引人注目的是普鲁士、奥地利和俄国。"18 世纪的哲学家相信'文明的君主制'的可能性。"[1]他们与开明君主之间的关系表明了该世纪社会生活的一个重要侧面。在教育上，正是开明君主的教育改革构成了自上而下的体现现代教育改革的模式。18 世纪在强迫学校教育方面进行了改革的两个领先国家是中欧的普鲁士和奥地利。

普遍认可的是，强迫教育是现代社会的产物，它作为文化民主化或资产阶级扩张的一种象征，与工业化、城市化和大众交往相互联系，它们是工业社会与前工业或农村社会相区别的主要表现。然而，问题在于，中欧强迫学校教育方面的措施却在工业时代之前很久就出台了。[2] 若就强迫教育本身而言，早在 16 世纪，新教和天主教皇、主教或教长、贵族和官员就力图使其庶

---

① 维尔茨曼：《激情和美德的小说》，见［法］卢梭：《新爱洛漪丝》第 5、6 卷，伊信译，293 页，北京，商务印书馆，1994。

② Mary Jo Mayens, *Schooling in Western Europe: A Social History*, Albany, State University of New York Press, 1985, p.60.

民接受强迫的宗教教育。到 17 世纪，其措施产生的结果是在整个中欧建立起一个教区学校的网络。到 17 世纪的后半叶，虔敬派的崛起产生了强迫学校运动的新动力，首先在普鲁士的哈勒(Halle)建立了 18 世纪中欧强迫学校教育运动背后的唯一最强有力的虔敬学校(Pietists' School)。这个时期的统治者在建立虔敬学校模式时采取了许多措施。这些措施的结果是建立了新的制度，进行了在中欧乃至在西方公共教育形成中起到了决定性作用的教育学实践。① 18世纪"是国家权威范围扩大"的世纪，也是"从那种权威中取得更大自由的需求"②的时代。学校成为国家政策的中心目标，就是因为它们提供了一种以非强迫性方式逼使庶民顺从的工具。提高识文断字能力成为发掘庶民的道德自主性的重要手段。③ 玛丽亚·特利莎"把国民教育事业置于国家的基础上；1770 年，维也纳创办了第一所培养教师的正规学校；1774 年，颁布了从西里西亚请来的费尔比格尔制定的普通学校规章，到处建立了初级学校，要求儿童上此类学校"④。"正如宽容即'在罗马和日内瓦之间的中立'一样，国家利益至上原则和启蒙运动也一致要求发展教育。如果把弗里德里希对教育的关怀说成是他年迈时的爱好，那么他在这方面的举措却是不完的。以颁布由柏林中学校长赫克尔为福音新教学校拟定的规章和由西里西亚修道院院长费尔比格尔为天主教学校拟定的规章为开端的国家教育改革，部分由于教师缺乏培训和薪金短缺而没有取得完全成功。"⑤

如果说 18 世纪是一个革命的、充分显示民众意志的时期，那么，它也是国家权力日益增长的时期。反映在教育上，一方面"进行文化教育和培养未来

---

① James van Horn Melton, *Absolutism and the Eighteenth-century Origins of Compulsory Schooling in Prussia and Austria*, Cambridge, Cambridge University Press, 1988, p.14.

② *Ibid.*, p.15.

③ *Ibid.*, p.22.

④ [德]马克斯·布劳巴赫等：《德意志史》第 2 卷上册，陆世澄、王昭仁译，416 页，北京，商务印书馆，1998。

⑤ 同上书，414~415 页。

的律师、教士、官吏的大学和文法学校"的教育体系建立起来了；另一方面提出了教育人民的大问题。法国革命及其所带来的社会变革的重要后果是形成统一的国家权力，"教育本来是教会关注的对象，它愈来愈成为政府关注的对象了"。① 政府之所以注重教育，首先是想要为它自身训练一些未来的雇员，并创造一种有利于使它的权力维持下去的精神气质，而这种气质在各国所表现的方式却不一样。德国强调文化民族主义意识，认为提倡民族文化对国家有利，而拿破仑则强调功利主义意识，也就是在功利主义基础上创建教育机构。总之，每个国家的政府都把教育体系当作维护自己权力的主要堡垒之一。欧洲大陆各国的所有教育机构日益由政府控制起来，要去完成政府给它们规定的任务。但是在 18 世纪的英国政府还没有正式过问这件事，法国革命者们"空话倒是说了不少"。无论是 18 世纪的思想家们，或是革命时期的政治家们，都认为教育是国家的一种主要职能，而革命的议会只不过是提出了一系列有趣的方案而已。政府狠抓教育并且取得成功的另外两个国家是荷兰和丹麦。荷兰在 1789 年以前的年代里，通过私人办学对改进人民教育做了相当多的努力。1798 年，在巴达维亚共和国设立了教育部。

二、18 世纪的教育实践

18 世纪的教育实践尽管没有 19、20 世纪的教育实践那样规范化、制度化，但它们无疑体现了那个时代最活跃的教育活动。首先值得一提的是教育家罗林(Charles Rollin，1661—1741)。在其所著的《论学习》(*A Treatise on Studies*)一书中，他总结了那个时期以前的最好的教育理论和实践。这本著作出版于 1726 年到 1728 年。他热衷于詹森派的原则，一生致力于教学。他执掌法国皇家学院的逻辑学教席多年，后来成为博韦(Beauvais)学院的院长，两

---

① ［英］C. W. 克劳利等编：《新编剑桥世界近代史第 9 卷：动乱年代的战争与和平，1793—1830》，中国社会科学院世界历史研究所组译，243 页，北京，中国社会科学出版社，1999。

次当选为巴黎大学的校长。"在校长任期内重新调整了大学的学习课程,并使它们现代化。"①在《论学习》中,他强调母语、唯实主义和历史学习。为了熟练掌握母语,他建议注重发音,培养准确用词的能力,学习语法、文学,翻译其他语言和作文。他宣称早期的拉丁文教学应当让位于法语,他把历史视为形成年轻人思想的途径。另外,他主张学习植物学和动物学。《论学习》一书最显著的特征之一是管理儿童的原则和方法体现出智慧和人道主义精神。此书在法国影响非常大,很早就被译成英语。

18世纪绝大多数的实科学校(the Real Schools)和教师培养学校可以追溯到弗兰克(August Hermann Francke,1663—1727)。实科学校是一种新型的中等学校,它强调数学、绘画、地理、历史、自然科学和农业。通过直接观察来学习,是这种学校的最显著特征。它在迈向新的教育革命的道路上取得了成功的一步。"实科"(Real)一词首先是由席姆勒(C. Zemmler,1669—1740)于1739年在哈勒学校做报告时使用的。他与弗兰克关系密切。第一所最著名的实科学校是由约翰·赫克尔(John Hecker,1707—1768)在1747年于柏林建立的,不久就出现了许多的模仿学校。令人感兴趣的是,普鲁士的弗里德里希·威廉一世在1735年于斯特汀(Stettin)创办了第一个国家师资训练班,他还是弗兰克的支持者之一。赫克尔也于1748年在柏林开办了与他的实科学校相联系的师资训练班。它被弗里德里希大王采纳为国家的措施。第一所知名的师范学校于1771年在维也纳建立。这所学校与美国师范学校极其相似,其目的不仅在于培养教师,还在于起到一种示范作用。它是初等学校、实科学校和师资训练班的混合体。它成为奥地利普通教育计划的一个组成部分。到18世纪末,奥地利已有15所、德国已有30所培养教师的学校。

值得注意的是,1738年开始了大学的教育学(Pedagogy)教学。这一年,

---

① Sita Ram Vashisht and Ran P. Sharma, *History of Education in Eighteenth Century*, New Delhi, Radha Publications, 1997, p.36.

格斯纳（J. M. Gesner，1691—1761）在新创办的哥廷根大学建立了一个教育学训练班。9 名神学学生组成了第一期师资训练班。他们为教学做准备，除了神学课程以外，还必须学习所有的哲学研究、数学、物理学、历史和地理。指导者每天进行两小时的教学，一星期一次用拉丁文进行哲学问题的讨论。学生必须在城镇学校中进行实习。继哥廷根大学之后，其他大学也把教育学的讲座增加到了哲学的课程中。

当然，这个世纪最引人注目的教育实践是泛爱主义教育运动，巴西多与他那独特的个性一起在全欧洲掀起了一个高潮。随着他的《初级读本》的出版，他接受了来自奥地利的约瑟夫二世、俄国的叶卡捷琳娜二世、丹麦的克里斯蒂安七世等皇帝的慷慨捐赠。巴西多在学校里开设了体育锻炼、语言学习、社会学习、宗教等课程。

18 世纪是一个慈善教育的时代，以捐赠和捐款为基础的"慈善学校"纷纷建立，如基督教知识促进会建立的慈善学校、海外福音宣传会在美洲殖民地建立的慈善学校、英国的罗伯特·雷克斯（Robert Raikes，1735—1811）和星期日学校运动、美国的星期日学校运动、英国的贝尔-兰卡斯特（Bell-Lancaster）导生制学校、罗伯特·欧文（Robert Owen，1771—1858）的幼儿学校等。教会慈善学校是一种独具特色的英国的学校，最早在 1680 年于伦敦建立。1699 年基督教知识促进会成立的目的就是建立宗教慈善学校，它为穷人的子女建立了教义问答学校，传授国教的原理。1701 年，海外福音宣传会的建立是为了延伸安立甘宗在国外的工作，提供校长和牧师，建立学校，培养儿童读写能力，帮助人们理解教义问答、掌握教会的教条。贝尔-兰卡斯特导生制学校却具有很强的现代性意蕴①，教室中充满着竞争性个人主义，教室组织与教育学具有很强的一致性。教室中尽管注意到了个体的灵活性、原创性和创造性，

---

① David Hogan, "The Market Revolution and Disciplinary Power: Joseph Lancaster and the Psychology of the Early Classroom System," *History of Education Quarterly*, Vol. 29, No. 3, 1989.

但总是强调相似的教学。教师控制教室中的"正面教学（frontal teaching）"、竞争、个体行为和成绩，听读课本、完成作业、参加测验，寻找正确答案，复制已知的东西。教室制度的社会关系、组织和心理学是相互依存的，教室中渗透着18世纪和19世纪的市场和"纪律或规训"革命。英国慈善学校改革家约瑟夫·兰卡斯特（Joseph Lancaster，1778—1838）的教育实践提供了将市场和"纪律或规训"革命引入现代教育学中的一个极其重要的视角。

从学校制度的建立上来看，在18世纪的各级教育事业的发展中，德国领先一步。德国各邦之中，普鲁士在初等教育方面发展最快。在弗里德里希大王统治时期，建立了大约1700所初等学校，只有奥地利可以与之相比。18世纪，丹麦开始建设公共学校，挪威开始实施强迫教育。法国基督教兄弟会学校也迅速发展。大革命导致了许多谕令的颁布，在国家管制的基础上建立师范学校，但实际价值不高。在课程设置方面，初等本国语学校的学习在整个18世纪仍然是阅读、书写和算术，也包括拼写、宗教和音乐。在法国的天主教本国语学校，用法语进行教学，也用拉丁文，每天进行一个半小时的教义问答。在洛克时代的英国的学校，课本是角贴书①、初级读本（小祷告书）②、分印诗篇、圣约书和圣经。这只是表明一种宗教的本国语学校。英国国教的慈善学校所提出的目的同样表明了宗教的本国语学校性质。1763年，弗里德里希大王发布的《普通学校规章》（School Regulations）确定了使用的课本，表明普鲁士的教学仍然限定为阅读、书写、宗教、唱歌和数学。在殖民地美国，诺亚·韦伯斯特（Noah Webster，1758—1843）描写了他于1764—1770年就读于康涅狄格的学校的学习和课本"主要或全部是迪尔沃斯（Thomas Dilworth）的

①　角贴书可以追溯到15世纪末，到16世纪末在全英国普遍使用，类似于字母板，没有柄。它也在荷兰、法国和德国各邦使用。

②　最初儿童是通过它而转到教义问答和圣经，但大约在17世纪中叶它才真正出现。它包括谕令、贵族祈祷和十书，还有一些经常使用的祈祷文和教义诗篇。它所表现出的思想可以追溯到夸美纽斯（John Amos Comenius，1592—1670）的《图画世界》（Orbis Pictus，1654年）。

拼写书、分印诗篇、圣约书和圣经",还有一些书写和算术。本国语学校的发展缓慢不仅是因为学校受到宗教目的的控制,还受学校教师教学质量低劣的制约。18 世纪,无论哪儿的初等学校,均表现为教师数量少、质量差、社会地位低。初等学校领域还出现一种妇妪学校(the Dame School)。这种学校首先是在宗教改革之后的英国产生的,是一种初等学校,设在厨房或大厅里,由若干位在年轻时受过基础知识教育的妇女主持教学。这种学校类型很早就传到了新英格兰。美国的初等学校的前身就是这种学校。在教育方法方面,18 世纪的本国语学校中普遍使用的教学方法是个体法,教师参与听背诵、测验记忆,维持秩序。学生一个一个来到老师的桌子前,背诵他们记忆的东西,除了加强纪律,教学是一件容易的事情,学生只学习布置的课,背诵学习的内容,毫无教学技巧可言。个体法太浪费时间,加之校舍缺乏,根本没有什么教学设备。从现在的角度来看,18 世纪的学校效率太低下,在学时间又太长。

具有现代特征的是学校经费来自基金。在欧洲,拉丁文法学校是由旧"基金"和学生的学费收入来支持的。1660—1730 年,905 所捐赠的初等学校在英国建立起来,在 18 世纪,这个数字还在扩大,到 1842 年已达到 2194 所。[1] 18 世纪,不同的教会教区开始为教区的穷人儿童创建教区初等学校。这些新的教区学校对初等教育的法律化起到了作用,也标志着教会"自愿学校"的开始,这是 19 世纪英国教育最显著的特征。因此,在英国,初等学校、教区学校、妇妪学校、私营学校和慈善学校等不同类型的学校的经费均来自捐赠基金、教区税收、教会什一税、募捐和学费。英国的教育早就被视为国家没有责任支持的一种慈善事业。在荷兰和德国,教会基金、城镇基金和学费是学校经费的主要来源。弗里德里希大王在 1763 年命令普遍建立学校,发布谕令

---

[1] Sita Ram Vashisht and Ran P. Sharma, *History of Education in Eighteenth Century*, New Delhi, Radha Publications, 1997, p.85.

强迫儿童入学，但他主要依赖于教会基金和学费。在苏格兰，教会的教区学校是通行的学校类型；在法国，宗教协会几乎提供所有的初等本国语宗教教育。倒是在荷兰的一些省区和新英格兰殖民地以及在一些小的德国邦国，有一些国家控制和维护的初等学校，到19世纪才取代教会学校，并一直由国家维持着功能。普鲁士国王很早就采用土地捐赠和基金捐赠以支持学校。1774年，奥地利的特利莎命令为学校提供国家援助。在新英格兰，殖民地学校与教会的分离，国家支持和控制教育的开始也许可以算得上是较早的典型例子。

值得重视的是，在所有的欧洲土地上，坚持初等本国语教学的现象持续到了18世纪中期，尽管在德国各邦和美洲殖民地，教育目的出现了明显的转向，从单纯的宗教目的转变为一种新的教育观念，即为现世做准备。人们学会阅读，主要是学习一些正统的教义问答，阅读《新约全书》，知道上帝的意愿。正如康涅狄格殖民地的法律中所说的，理解宗教救赎的基础和原则。1763年弗里德里希大王命令为普鲁士建立的一体化的公共学校制度并不排除宗教学校，既是为了教会，也是为了国家。他说："我们发现，在学校，为了敬畏上帝和其他有价值的目的进行一种对年轻人的理性和基督教育来奠定一个良好的基础，是必需而有益的。"在信奉天主教的法国，初等本国语教育领域中的最著名是拉萨尔神父（Jean Baptiste de La Salle，1651—1719。又称 Father La Salle）创办的学校，其目标仍然是"教导他们诚实而正直地生活，对他们进行我们神圣宗教的原则教育，对他们进行基督认知教学"。①

到18世纪中叶，在绝大多数新教地区的学校中，信奉旧宗教理论的力量明显减弱了。在英国，从1670—1701年的一系列决策来看，英国法院打破了主教对初等学校校长管理学校事务的垄断。根据1713年和1714年的法律，异教徒再次被允许管理自己的学校，也就是出现了一种宗教宽容的思潮。但

---

① Sita Ram Vashisht and Ran P. Sharma, *History of Education in Eighteenth Century*, New Delhi, Radha Publications, 1997, p.68.

随着宗教宽容意识的增长，英国国教加强了建设教区学校措施，创建了一个庞大的慈善宗教学校制度。在德国，单纯的宗教目的明显地出现了转向，强调了政府的作用。到18世纪末，政府关于办学的目的更明确了。美洲殖民地旧的宗教利益的减弱是最明显的。

18世纪，在教育上取得的巨大进步应当在初等教育方面，而中等学校和大学的进步是很有限的。在该世纪，除了德国的一些地方，中等学校基本上没有什么变化，它的教学古板而无生气。英格兰和法国的中等学校则被宗教一体性立法所摧毁，英格兰的拉丁文法学校和法国保留的学院实际上已经对国民生活产生不了任何影响。耶稣会学校曾经在欧洲提供了最好的中等教育，但在该世纪也衰退了。1662年，国教法律给了英格兰文法学校一个沉重的打击，到18世纪，它们已基本荒废。在德国，拉丁文法学校直到18世纪中叶还没有什么变化，直到弗里德里希大王在1740年登基，普鲁士拉丁文法学校才得到了重组，并获得新生。受霍尔的弗兰克学校的影响，新教学方式开始出现。德语、法语和数学开始被认可，还引入了一定的科学内容。在18世纪，德国开始发展中等学校。这个世纪，中等教育在美国的发展主要是学园的兴起。英国的拉丁文法学校早在1635年就传到新英格兰并在各殖民地建立起来，到17世纪末受到了挑战，尤其在中部和南部殖民地，商业的需求要求教授更实用的科目。这种趋向导致了18世纪中叶演化出的独具特色的"美国学园"（American Academy），它强调更实际的课程。到该世纪末，它迅速取代了旧拉丁文法学校，底特律的富兰克林学园于1751年开始教学，后来演化为宾夕法尼亚大学，这是第一所"美国学园"。1761年，马萨诸塞州创办了本州第一所学园，到1800年发展到了17所。学园的大发展时期是在19世纪的上半叶。

在高等教育领域，18世纪的大学也受到了前一个世纪的笛卡尔、莱布尼茨和牛顿的伟大科学发现和数学成就，培根、笛卡尔、莱布尼茨和洛克等的哲学理论的深刻影响。大学开始经历一场巨大的变革。新的人文主义影响了大学，拉丁文不再被视为学术用途所必需的。教授通常不用它而用母语进行演讲。哲学系最大的变化是哲学家康德在哥尼斯堡大学开设了教育学讲座，热心于对教育改革的理论和实验探讨，并在教育学讲座上发表了许多重要而有影响的演讲。18世纪的俄国也开始了真正的思想觉醒，对高等教育作出了有效的贡献，创建了帝国科学院和帝国俄语学院。而在美国殖民地和邦联时期，对法战争、印第安战争和独立战争都给教育带来了不利影响。但令人惊奇的是，它仍创办了许多的学院，18世纪大约有22所学院，最著名的是哈佛大学、耶鲁大学、普林斯顿大学、宾夕法尼亚大学和哥伦比亚大学。

18世纪最引人注目的事件是国家政府的教育行为，即关于国民学校的立法。教育的国家组织显然在那个时代还是十分遥远的事，但美国通过西北土地法的颁布，表明了国家从物质上对初等教育和高等教育的发展作出了贡献。

第二章

18 世纪英国的教育实践

就英国的历史而言，18 世纪通常是指始于 1688 年的"光荣革命"到 1815 年的反法战争结束这一时期。有学者将 18 世纪界定为英国历史的转型时期，这是因为英国在 18 世纪经历了从传统社会向现代社会的转型，并迅速崛起而迈向世界霸主地位。[①] 然而，英国从传统社会向现代社会的初步转型，无论是政治、经济还是文化教育等方面，都在传统与现代之间经历着相对较为平稳的变化。这种平稳与英国特有的社会发展方式不无关系。可以说，在其历史发展的过程中，"英国是一个稳重的民族，它注重实际而不耽于空想……在世界历史的长剧中，属于英国的惊心动魄的场面着实不多见"[②]。

宗教改革、光荣革命、议会改革等都对英国 18 世纪的社会结构产生了影响，最终在 18 世纪形成了三层式的现代社会结构，即以贵族为主体的社会上层，以乡绅、工商金融业者、各种专业人士为主体的中间阶层，以及以工人

---

① 刘金源等：《英国通史第 4 卷：转型时期——18 世纪》，前言，3~4 页，南京，江苏人民出版社，2016。

② 钱乘旦、陈晓律：《在传统与变革之间——英国文化模式溯源》，卷首语，1 页，杭州，浙江人民出版社，1996。

和农民等为主体的社会下层。① 这样层次分明的社会结构也在教育领域形成了具有时代特色的初等、中等和高等教育。随着经济发展和工业革命的到来，18世纪的英国学校等级变得更加分明，贵族和上流社会的子弟可以进入少数的"公学"。中等阶级上文法学校，而劳动人民和贫穷人家的孩子则进入慈善学校和主日学校。"公学"以拉丁文及古典知识的学习为主要内容，其目的是把上层子弟培养成"绅士"。文法学校重视应用科学，目的是把中等阶级子弟培养成工业社会"有用的人"。而慈善学校、主日学校等面向贫穷子弟的学校却在有意无意中培养着工人阶级。② 此外，随着社会发展的需要，18世纪的英国发展了职业教育，科学知识的普及和大众阅读也得到了较大的发展。本章节将主要基于对18世纪英国社会变迁与文化发展的考察，综述英国当时在初等教育、中等教育和高等教育方面的主要发展。

第一节　18世纪的英国社会变迁与文化发展

在政治方面，1688年的"光荣革命"及1689年的《权利法案》确立了"英国式君主立宪制"③，在此过程中，国王与议会之间的权力斗争异常激烈。君主专制日渐削弱，议会地位则不断上升。与此同时，内阁会议逐渐发展成为国王与议会共同行使权力的核心机构。④ 在此过程中，辉格党和托利党的分庭抗礼也是当时英国政治历史的一个重要特征。

---

① 许洁明、秦元旭：《近代英国社会结构变迁中的文化牵引作用》，载《四川大学学报(哲学社会科学版)》，2012(3)。

② 钱乘旦：《第一个工业化社会》，381页，成都，四川人民出版社，1988。

③ Eveline Cruickshanks, *The Glorious Revolution*, London, Macmillan, 2000, p.36.

④ 刘金源等：《英国通史第4卷：转型时期——18世纪》，9页，南京，江苏人民出版社，2016。

英国社会本质上是一个贵族统治的社会，其历史可以追溯到盎格鲁-撒克逊时代。18世纪又被称为"贵族的世纪"。① 这是因为光荣革命并没有让英国从国王专制走向民主政治，而是走向了贵族寡头制，政府的权力实际上被贵族垄断了。"当时的议会，实际上是贵族会议的代名词：上院是全体贵族的聚会所，下院则塞满他们的兄弟、子侄、朋友或仆从。"②贵族对国家政权的控制主要通过对土地的占有实现。大土地贵族之下是乡绅，乡绅是中小土地所有者；乡绅之下是大量的小土地所有者和富裕的租地农场主。议会中绝大多数议员是土地利益的代表者，这些议员有的本身就是大地主，有的则是地主利益的代言人。③

在经济方面，18世纪的英国总体上仍是农业社会，但农业革命和工业革命相继爆发，加速了工业化的发展。18世纪上半叶，英国经历了"农业革命"。议会圈地运动带来了社会的进一步发展。16世纪的宗教改革没收了大量寺院土地，这些土地造就了一大批在地方上有雄厚实力的地主，一般称之为乡绅。当时乡绅的财富及在地方上的威势，主要来自政府所不得侵犯的田产。因此，这些乡绅不但不受中央权力的限制，而且有限制中央权力的可能，是一种真正的寡头政治。④ 当时在"价格革命"中形成了一批富裕的农民——约曼农（yeomanry）。这些约曼农既包括名义上从国王那里得到土地的"自由持有农"，也包括从地主那里租用土地的"农场主"，以及拥有长期使用土地权的其他农民。这部分富裕的农民成为16—18世纪英国社会特有的一个中等阶级。

但到了18世纪上半叶，英国人口急速增长，对粮食的需求随之增加。英

---

① 刘金源等：《英国通史第4卷：转型时期——18世纪》，16页，南京，江苏人民出版社，2016。

② 钱乘旦：《第一个工业化社会》，29页，成都，四川人民出版社，1988。

③ 钱乘旦、许洁明：《英国通史（珍藏本）》，208～209页，上海，上海社会科学院出版社，2017。

④ ［英］屈勒味林：《英国史》下册，钱端升译，450页，北京，红旗出版社，2017。

国的"农业革命"从大规模进行农业改良开始。此外，圈地运动消灭了自有土地持有人，少数人成为租地农场主，而多数人成为农业工人，这促使英国农业发展成为一个包括地主—租地农场主—农业工人的新结构。① 一方面，圈地运动中，英国的土地被集中到大土地所有者手中，他们进行集约经营，促进了农场规模的扩大；另一方面，圈地运动所建立的大农场，无论是掌握雄厚资金的大土地所有者还是那些成为租地农场主的中小约曼农，通过增加投入等方式，提高了土地的使用率，增加了土地的产出，推动了农业现代化进程。② 而当时英国开辟了庞大的海外市场，因此农业和商品经济得以联系起来。此外，当时的一些政治家也热衷于农业改革，农业的发展又进一步培植了贵族和乡绅的经营意识，使他们以市场为目标进行生产，并努力赚取利润。③

可以说18世纪英国初步完成了从传统农业社会向现代工业社会的过渡。④ 受圈地运动和资本主义农场制的影响，英国农业开始出现商品化。科技及机械制造加工方面的发明创造极大地促进了生产力的发展，如瓦特改良的蒸汽机，阿克莱特发明的水力驱动纺线机，这些发展的实际运用大大提高了英国的生产能力，为19世纪英国工业革命的发展奠定了基础。随着生产方式的变化和经济的发展，工厂主、商人、银行家、职员及工人等构成了新兴的市民阶层。这就打破了传统英国社会贵族与农民的阶层固化，新兴中产阶层开始逐步发展。⑤ 18世纪下半叶，随着城市人口的涌入与商业的发展，城市格局开始形成。英国的经济实力随着其海上霸主地位的确立而迅速增强。

宗教在英国历史中一直占有相当重要的位置。教会控制教育是英国历史

---

① 钱乘旦、许洁明：《英国通史(珍藏本)》，210页，上海，上海社会科学院出版社，2017。

② 刘金源：《圈地运动与18世纪英国社会变迁》，载《英国研究》，2012(00)。

③ 钱乘旦、许洁明：《英国通史(珍藏本)》，214页，上海，上海社会科学院出版社，2017。

④ 刘金源等：《英国通史第4卷：转型时期——18世纪》，118页，南京，江苏人民出版社，2016。

⑤ 韩忆娟、周小粒：《18世纪英国成人教育活动探析》，载《中国成人教育》，2018(16)。

的一个基本特点。从16世纪起，英国圣公会统治了英国的大学和文法学校，并一直延续到19世纪下半叶。① 国教会是英格兰"最大且最富有"的国家机构②，而与国教会相对的是新教"不服从国教派"(dissenters)。政府、高级职业以及与之相关的机构都掌握在国教会的手里。18世纪英国初等教育、中等教育和高等教育的发展过程中，无不渗透着教会的力量。

在社会发展方面，社会分化日益加剧。深入政权的贵族作为社会顶层，统治着中间阶层和社会底层的社会民众，而处于中间阶层的队伍不断壮大。随着经济的发展，人民物质生活水平的提高，中间阶层对社会变革和参与政治的意愿表现得越来越强烈，这些都成为社会分化日益加剧的重要因素。与此同时，经济发展过程中贫困、犯罪、劳资冲突等社会问题也加剧了社会分化。

在对外方面，由于国内相对稳定的政局与工业化发展的支撑，英国在英法冲突中获胜，在全球各地赢得了一场又一场殖民战争，从而改变了整个世界的格局。③ 尤其是1815年拿破仑战败后，英国确立了其海上霸权地位，"日不落帝国"不断得以形塑。但随着美国独立战争的爆发，英国的殖民事业遭到严重挫折。④

---

① [英]奥尔德里奇：《简明英国教育史》，诸惠芳等译，38页，北京，人民教育出版社，1987。

② Roy Potter, *English Society in the Eighteenth Century*, London, Penguin Books Ltd., 1982, p.188.

③ 刘金源等：《英国通史第4卷：转型时期——18世纪》，前言，4页，南京，江苏人民出版社，2016。

④ 钱乘旦、许洁明：《英国通史(珍藏本)》，203页，上海，上海社会科学院出版社，2017。

第二节 初等教育

英国初等学校的最初形式是由教区学校发展而来的。16世纪宗教改革初期，英国脱离罗马教皇自立教派，称为英国国教。国王作为国教的首领，下令关闭所有的天主教会学习场所，改而实行由各教区的国教会负责，教授贫苦儿童阅读圣经，传播宗教思想。所以，当时英国的初等教育，主要是为劳动人民的子女设立的。① 英国的初等教育主要是在各种私立学校、教区学校和小规模的学校中进行，内容主要涉及宗教知识、阅读、书写等。主持这些学校的有主要从事其他职业的男子和妇女——店主、纺绩女、织布工、皮匠等，副牧师和教区牧师，或者甚至是地方文法学校的助理教师或教师。②

一、慈善学校——英国教育史上的重大发展

慈善学校主要是由国教会的基督教知识促进会(Society for Promoting Christian Knowledge)和海外福音宣传会(Society for the Propagation of the Gospel in Foreign Parts)两个宗教团体创办的，分别成立于1699年和1701年。这两个宗教团体最初是为了在国内外广泛开展传教活动，在此过程中它们开办了许多招收贫苦儿童的慈善学校。此后，各地纷纷效仿，出现了乞儿学校(Ragged School)、劳动学校(Industrial School)、贫民日校(Charity Day School)，以及收容犯罪儿童的劳动感化学校(Reformation School)等不同形式的学校，这些学校统称为慈善学校(Charity School)。③ 教学内容除了宗教知识灌输以外，也教一

① 任钟印、李文奎主编：《外国教育通史》第3卷，1~2页，济南，山东教育出版社，1990。

② [英]奥尔德里奇：《简明英国教育史》，诸惠芳等译，69页，北京，人民教育出版社，1987。

③ 刘金源等：《英国通史第4卷：转型时期——18世纪》，246页，南京，江苏人民出版社，2016。

些初步的读、写、算知识，教女孩缝纫，并进行道德习惯的训练与说教，让儿童勤于劳动和安于卑微的社会地位。① 除了这些由国教会创办的慈善学校，非国教派教会在当时也创办了一些慈善学校。

总体上，慈善学校在此后的一段时间内获得较大发展，有些学校有足够的资金改善师生的工作和生活。但对于基督教知识促进会在提供慈善教育方面的作用却存在争议。有些人质疑对贫苦劳动人民的孩子教授读写算术是否具有意义，认为"十八世纪的慈善学校只是简单地重复十六和十七世纪创办过多的学校的错误"。底层儿童应该尽早去工作。上学与工作相比，不利于底层儿童长大后从事真正的劳动。另一些人则肯定了慈善学校的教育，认为对下层社会的儿童进行初等教育是就业前的一个合理且必要阶段，指出这样的教育可以使男孩更适应未来的学徒身份和其他职业，使女孩更好地接受家务方面的教育。这种慈善学校提供的教育不仅是一种基督徒的、有用的教育，而且灌输了一种虔诚、善、服从的秉性。② 虽然对于慈善教育充满了争议，但慈善学校仍是英国教育史上的重大发展。虽然这些学校大多条件简陋、规模较小，教学水平较低，但至少给当时的贫苦儿童提供了学习的机会。

二、主日学校——日常初等教育的重要补充

18 世纪后期，随着圈地运动带来的城市人口的迅速增长、工业革命带来的经济发展和城市发展，英国社会对初等教育的需求与日俱增，主日学校（Sunday School）作为一种新的初等教育形式开始出现。主日学校主要是指在星期日用一部分时间，由兼课教师对儿童以及没有机会受到正规教育的成人，进行适当的文化教育、宗教和道德教育。③ 许多主日学校是在教堂的基础上建

---

① 任钟印、李文奎主编：《外国教育通史》第 3 卷，3 页，济南，山东教育出版社，1990。

② ［英］奥尔德里奇：《简明英国教育史》，诸惠芳等译，72 页，北京，人民教育出版社，1987。

③ 夏之莲主编：《外国教育发展史料选粹》上册，275 页，北京，北京师范大学出版社，2001。

立起来的，由牧师及其妻子、女儿负责组织，把宗教和道德教育置于首位。当时的主日学校受到了人们的极大欢迎。通过主日学校，使人们"在早期形成关于义务和纪律的概念"，从而改造社会，被视为 18 世纪宗教改革中很典型的做法之一。①

三、其他类型的初等教育形式

除了慈善学校和主日学校之外，18 世纪后期也出现了一些其他类型的初等教育形式。

其一，由私人创办的私立学校，以妇女学校(Dame School)和普通私立学校(Common Private School)为代表。妇女学校是由老年妇女向女生教授基本的读写知识和缝纫技艺。这些妇女学校还兼有托儿所的性质，可以招收 5 岁以下的幼儿。而普通私立学校中，男生的比例更大些，以教授读、写、算和文法为主，但也教授女子缝纫。②

其二，导生制学校(Monitorial System of School)。这类学校最初是由非国教传教士创办的，后因国教会牧师安德鲁·贝尔(Andrew Bell，1753—1832)在英属印度殖民地的施行，又被称为"兰卡斯特-贝尔制"或"贝尔-兰卡斯特制"。最开始，由于经费和师资的短缺，学生中年龄较大、年级较高、成绩优秀者被选为导生(Monitor)。教师先对导生进行教授，再让导生对其他学生进行转授。导生共分三种：导生、助理导生、互助导生。导生和助理导生由教师从高年级优秀生中挑选，也可由各班学生民主选举。每班学生分为成绩较好的互助导生和成绩较差的一般学生，互助导生和一般学生将被分配到一起就座，而互助导生的确定也是依学生成绩随时调整。这种方法对学生的学习

① [英]奥尔德里奇：《简明英国教育史》，诸惠芳等译，74 页，北京，人民教育出版社，1987。

② Roy Potter, *English Society in the Eighteenth Century*, London, Penguin Books Ltd., 1982, p.180.

提高大有裨益，在当时受到了欢迎。

其三，幼儿学校。该种学校由罗伯特·欧文创办，他首先在自己经营的纺织厂内设立托儿所、幼儿园等"幼儿学校"，解决纺织厂内工人子女的早期教育问题。欧文的"幼儿学校"的实施获得良好的效果，在社会上获得很大赞誉，许多慈善家、工厂主纷纷效仿，在当时形成了"幼儿学校"运动，对后来学前教育的发展也带来了积极影响。①

第三节　中等教育

在英国教育的发展中，公学和文法学校是中等教育的典型代表。这些学校主要招收贵族子弟，其办学理念主要是培养社会精英阶层。当时，乡绅一般把子弟送到文法学校接受教育，贵族子弟则一般去贵族学校，如伊顿、哈罗等公学。贵族子弟在公学主要接受典型的古典教育，准备承担治国重任。②

一、文法学校

文法学校大约出现在 7 世纪前后，最早是由天主教会和传教士创办的。文法学校强调古典语言和文法的教学，使用拉丁语教学。因为当时的宗教仪式是用拉丁语进行的，所以传教士们需要向人们传授宗教仪式所使用的拉丁语。同时，上层社会的职业如医师、法官、律师以及一般乡绅秘书等也需要学习拉丁语和文法知识。③ 文法学校成为上层社会进入教会的必经之路。因此，当时的文法学校的发展受到贵族阶层和中产阶层的大力支持。到了 18 世

①　参见王天一等：《外国教育史》上册，151~154 页，北京，北京师范大学出版社，2005。
②　钱乘旦、许洁明：《英国通史（珍藏本）》，211 页，上海，上海社会科学院出版社，2017。
③　任钟印、李文奎主编：《外国教育通史》第 3 卷，3 页，济南，山东教育出版社，1990。

纪，文法学校仍旧获得了可观的捐款，包括富商、乡绅、贵族、牧师及行政当局等在内，都为这些学校提供奖学金以资助学生进入大学深造。①

与慈善学校不同，文法学校的师资力量较雄厚，学制也更为严格。贵族和有财产家庭的子弟才能就读，毕业后可进入牛津大学、剑桥大学继续学习，或成为普通官吏、医师、法官等。② 很多文法学校一般教授基本的读写知识、文学、历史、拉丁文等。宗教改革后，国教会接管文法学校，课本也开始使用英文。17—18世纪时的文法学校，学生中既包括爵士、骑士和绅士的子弟，也包括小店主和工匠的孩子，甚至孤儿也可能成为其中一员。③ 然而，有资料显示，在18世纪的英国，能够坚持不懈地履行职能，向出身较卑微的儿童提供正规系统教育的文法学校其实很少。多数捐款要么不足以维持开支，要么无法逃避掌管者的贪婪。④

二、公学

公学在英国国民教育制度中自成系统。⑤ 其历史悠久，产生于14世纪末期，最初由私人捐助或公众集资创办，免费招收贫寒子弟，培养一般神职人员。⑥ 由于公学毕业生可以获得社会地位较高的宗教职务，公学地位不断攀升。为了限制人数，17世纪末开始，公学实行学费制，这将贫寒子弟挡在了公学之外。一部分办得较好的文法学校，由于得到上流社会的支持和可观的

---

① 易红郡:《英国教育的文化阐释》，28页，上海，华东师范大学出版社，2009。
② 刘金源等:《英国通史第4卷: 转型时期——18世纪》，247页，南京，江苏人民出版社，2016。
③ 谢晨璐:《迈向巅峰——17—18世纪英国高等教育发展研究》，硕士学位论文，浙江师范大学，2016。
④ [英] 保罗·兰福德:《日不落帝国兴衰史——十八世纪英国》，刘意青、康勤译，92页，北京，外语教学与研究出版社，2015。
⑤ 夏之莲主编:《外国教育发展史料选粹》上册，294页，北京，北京师范大学出版社，2001。
⑥ 易红郡:《英国教育的文化阐释》，104页，上海，华东师范大学出版社，2009。

捐款，逐渐发展成为纯贵族化的寄宿制学校。从 19 世纪初开始，这些较好的纯贵族化文法学校称为"公学"，具备了大学预科的性质，即为牛津、剑桥等著名大学输送新生，所以公学对英国教育发挥的作用是独一无二的。对于整个社会而言，公学传递出积极的道德观念和价值观；对于教育的发展而言，其逐步形成的寄宿学费制也被后来的高等教育应用。由于受到可观的资助，并且有教会的支持，因此，相比于文法学校，公学条件好，师资水平高，对学生的身份要求也极为严格。最开始，公学注重古典文科的教学，到了 19 世纪初，自然科学和数学的比重有所增加。此外，公学特别注意培养学生的绅士风度，教学中重视宗教课程和宗教仪式活动。[①] 贵族子弟不仅要接受古典教育，而且要参加各种体育活动。对学生人格的培养、品德的训练以及自我约束力的培养是公学的特点。[②] 公学毕业后，贵族子弟可进入牛津大学、剑桥大学接受高等教育，也可以从事法官等工作。公学与牛津大学、剑桥大学建立了一种牢固的特殊关系。

三、私立学校

到了 16—18 世纪，在王室的教育以外，仍然存在着一些自主的教师和教学。这些教育机构的管理情况多种多样，被称为"私立"学校，用以区别"公立"文法学校或以捐款设立的学校。有学者将 18 世纪英国优等私立学校分为两大类：古典学校和现代学校。私立古典学校通常由英国国教牧师管理。学校设在牧师或私人住所，负责教育男孩。而现代学校或中学，通常由那些未获得学位的世俗人士举办和执教，为富家子弟和上流人士的孩子提供文学艺术和科学教育。[③] 还有一些中学会为学生将来从事工作的实用性做准备。

① 任钟印、李文奎主编：《外国教育通史》第 3 卷，8 页，济南，山东教育出版社，1990。
② 易红郡：《英国教育的文化阐释》，108 页，上海，华东师范大学出版社，2009。
③ [英]奥尔德里奇：《简明英国教育史》，诸惠芳等译，102~103 页，北京，人民教育出版社，1987。

此外，从 16 世纪开始，私立教育机构为上流社会阶层的女子提供教育。上流社会阶层或是聘请家庭女教师和私人教师，或是将女孩子送到私立的日间学校或私立寄宿学校进行教育。与当时的男孩教育不同的是，女子教育的目的是造就好女儿，因而其内容主要包括德行和才艺方面，尤其以法语、音乐、舞蹈、绘画和缝纫技术作为基础课程。[①] 但是到了 18 世纪末，女子教育的课程内容有了更多的发展，开始类似于现代的中学教育。

第四节　高等教育

18 世纪的英国高等教育普及率较高。但 18 世纪总体而言，高等教育经历了一个由盛转衰的过程，人数逐渐减少。

一、牛津大学和剑桥大学

牛津和剑桥两所大学一直是英国大学中的翘楚。分别创建于 1168 年和 1209 年的牛津大学和剑桥大学，在 18 世纪的发展并非其辉煌时刻，到 17 世纪末，两所大学开始失去其吸引力。一方面，当时英国国会通过《教会统一条例》，将天主教、犹太教以及各种不信奉国教的教徒驱逐出大学。在牛津大学，每个学生在入学时，必须宣读遵守国教的《三十九条信纲》；剑桥大学也照此执行，不同信仰者可以在剑桥大学学习，但是拿不到学位。另一方面，高昂的学费把大多数贫寒子弟挡在了门外。18 世纪时，大学主要是作为神学院使用，其目的是培养牧师，因此其教育的内容与英国当时科技社会的发展

---

① ［英］奥尔德里奇：《简明英国教育史》，诸惠芳等译，104 页，北京，人民教育出版社，1987。

相脱节，其教育水平也遭到了怀疑。① 17 和 18 世纪，牛津大学和剑桥大学坚持的传统目标是：虔诚地学习，保存知识和训练理智。② 但当时英国社会政治、经济的发展对教育提出了新的要求，尤其是中产阶级对未来职业准备实用性的需求越来越大。当时新的自然科学对剑桥大学产生的影响也真正体现在了广泛的科学课程中。1707 年出版的剑桥大学《修学计划》，建议剑桥大学除了开设拉丁语、希腊语、古代史、四福音、宗教训诫、宗教史、书法练习等课程外，还开设新的自然科学课程，牛顿等自然科学领域的学者的名字也出现在了剑桥大学本科生的四年课程学习计划中。③ 在此背景下，一些非国教徒开始创办非国教学院。

二、非国教学院(Dissenting Academies)

当时的大学已无法满足中产阶级的需要，因为缺少文法学校和大学，中产阶级采用捐款和收取学费的方式，创办了大量适用于中产阶级孩子的实用而进步的教育机构④，培养符合不同职业需求的人才。可以说，这些非国教学院响应了当时社会变革的需要，开设的课程贴近现实需求，成为 18 世纪英国高等教育领域的一种革新。

这些非国教学院最开始是私人创办，甚至是秘密创办的，学院中的导师便是由受驱逐的清教徒指导教师和新教牧师组成。通常规模不大，数量也不多，只有一个导师在自己家中教一些学生，建立的最初目的是为新教牧师提供职业训练，对俗人进行高等教育。到了 18 世纪，这些非国教学院开始相对

① 易红郡：《英国教育的文化阐释》，104 页，上海，华东师范大学出版社，2009。

② ［英］奥尔德里奇：《简明英国教育史》，诸惠芳等译，153 页，北京，人民教育出版社，1987。

③ 夏之莲主编：《外国教育发展史料选粹》上册，315 页，北京，北京师范大学出版社，2001。

④ ［英］保罗·兰福德：《日不落帝国兴衰史——十八世纪英国》，刘意青、康勤译，93 页，北京，外语教学与研究出版社，2015。

公开，并且有些学校达到了大学的教学标准。与大学相比，这些学院教授的课程包括诸如现代史、商业、科学等一些与社会发展、工业发展更相契合的课程，因此这些学院受到了社会的欢迎。许多国教徒宁可进这些"不信国教学院"，也不进大学。① 但在18世纪末，这些非国教学院逐渐消失。这些学校虽然存在的时间不长，但是为中产阶级提供了实用的教育，并在此过程中逐渐形成一种具有实用主义色彩的中产阶级文化。

三、律师会馆

早在中世纪，很多立志从事法律行业的年轻人，会选择律师会馆进行学习。林肯会馆(Lincoln's Inn)、内殿会馆(the Inner Temple)、中殿会馆(the Middle Temple)、格雷会馆(Gray's Inn)已经是15世纪法律教育中最出名的机构，参加学习的学员既包括学习法律的学员，也包括已经毕业成为律师的学员。② 进入16—17世纪，法律行业中的律师、法官、公证员成为英国新兴中产阶级，律师会馆被誉为英国的"第三大学"，发展迅速。但由于学费昂贵，学员多是贵族子弟。可是到了18世纪初，律师会馆逐渐衰落。学生得不到系统的教育，一些教授法律知识的律师则进入大学中成为教授，因此，律师会馆慢慢被社会淘汰。

第五节 职业教育与成人教育

一、职业教育——学徒制

英国职业教育的发展，得益于学徒制的出现。当时随着英国经济的发展，

---

① 李斌：《科学成为"公众知识"——18世纪英国的科学与文化》，载《自然辩证法通讯》，2012(6)。
② 谢晨璐：《迈向巅峰——17—18世纪英国高等教育发展研究》，硕士学位论文，浙江师范大学，2016。

劳动力的工资水平被抬高。英国人备受鼓舞，希望通过教育或技能的学习为将来打下基础。但当时中等教育、高等教育中向平民阶层提供教育的通道并不系统、完善，很多人打算从当学徒开始。这些学徒并非全然是城市贫民或失去土地的农民，有一部分来自社会中产阶级，其中甚至有一部分来自巨富、商人家庭。所以，学徒制可以视为当时高等职业教育的一部分。

学徒制大概从 13 世纪初见端倪。当时的男孩从 14 岁左右开始，便要接受 7 年左右的训练。他们要不仅要学习本行业的手艺，还要接受行会教育，并学习社交和宗教方面的技能和职责。即便是那些准备过修道院生活的男孩与年轻人，也要在修道院内接受新生活的训练，并学习拉丁语。①

二、成人教育——科学文化知识的传播

随着人口的大量涌入，城镇化进程快速发展。图书馆、期刊报纸数量增加，文字消费成为日常生活的一部分。科学文化知识通过学会、讲座等多种方式得到更大范围的传播，由此形成的成人教育活动和内容也日渐丰富。

首先，科学知识在 18 世纪英国的广泛传播是当时英国社会成人教育发展不可忽视的组成部分。随着慈善学校、文法学校及一些高等院校不断涌现，人们对书籍、杂志、报纸等出版物的需求随之增加。当时英国出现了流行较广的出版物，如《闲谈者》(The Tatler)、《旁观者》(The Spectator)、《卫报》(The Guardian)等，这些期刊主要都是由当时著名的文学家创办的，如《闲谈者》和《旁观者》是由理查德·斯蒂尔(Richard Steele，1672—1729)和约瑟夫·艾迪生(Joseph Addison，1672—1719)合办的，是当时影响最大、最受欢迎的刊物，成为英国女王每天早上必读的刊物。② 还有《自由思想家》(The Free-

① [英]奥尔德里奇：《简明英国教育史》，诸惠芳等译，95～96 页，北京，人民教育出版社，1987。

② 颜红菲：《论 18 世纪英国报刊文学与公共领域间的建构性互动》，载《译林(学术版)》，2012 (1)。

thinker)、《哲学杂志》(*Philosophical Magazine*)等期刊。此外,百科全书的出版也是当时科学传播的重要途径,如《百科全书,或艺术和科学百科词典》(*Cyclopaedia, or an Universal Dictionary of Arts and Sciences*)、《不列颠百科全书》(*Encyclopedia Britannica*)、《技术百科全书》(*Lexicon Technicum*)等。这些出版物将哲学、科学从图书馆、大学带到了咖啡馆和人们的日常生活中。公众讲座或巡回讲座也成为科学知识传播的重要方式。曼彻斯特、伯明翰等是举办这些讲座的重要城市。① 此外,当时的著名小说家出版的小说也成为大众读物,如笛福(Daniel Defoe,1660—1731)的《鲁滨孙漂流记》、斯威夫特(Jonathan Swift,1667—1745)的《格列佛游记》、理查森(Samuel Richardson,1689—1761)的《帕梅拉》和菲尔丁(Henry Fielding,1707—1754)的《汤姆·琼斯》等都是脍炙人口的小说。可以说中产阶级是大众阅读的主力。在18世纪中叶,很多小说在期刊上连载,这促进了小说成为下层大众的读物,使得英国小说迎来第一次发展高峰。

其次,科学知识的传播不仅经由出版读物传播,科学与文化方面的学会的发展也对促进科学文化的发展发挥了作用,如早期的皇家学会(Royal Society)、伦敦的皇家艺术、制造和商业促进会(Royal Society for the Encouragement of Arts, Manufactures and Commerce),即皇家工艺学会(Royal Society of Arts, RSA),以及18世纪末成立的不列颠皇家研究院(Royal Institution),等等。皇家学会的出现与当时英国高等教育的发展不无关系。最开始,这个组织只是高等教育领域的学者们自发聚在一起讨论研究成果,但到了1662年,英国皇家学会成立,其目的是促进艺术与科学的繁荣。在成立初期,学会就拥有当时一些著名的科学家,如约翰·威尔金斯(John Wilkins,1614—1672)、罗伯特·波义耳等人。到了1703年,牛顿担任会长,更是将学会发展成为英国的

---

① 李斌:《科学成为"公众知识"——18世纪英国的科学与文化》,载《自然辩证法通讯》,2012(6)。

科学中心。18世纪下半叶成立的"伯明翰新月会"和"曼彻斯特文哲会"等学术团体①，也发挥了学术交流与技术进步的促进作用。同时，18世纪也是文化创造的时代，诗歌、绘画、文学作品等都不乏代表作。

再次，对于大众阅读和科学知识的普及而言，18世纪出现的商业流通图书馆也发挥了其应有的作用。英国很早就有公共图书馆，包括教堂阅览室、大学图书馆等，这些场所一般都会向读者开放，但这些图书馆的局限性在于其主要用于科学研究和宗教文化的传播。商业流通图书馆最初是为了处理滞销出版物，但随着大众阅读的兴起，普通民众的阅读需求显著增加，书商和出版商敏锐地嗅到了商机，于是在伦敦建立一些报刊阅览室，民众只要付少量的钱便可阅读报纸和杂志，并且还允许外借。最早的省级商业流通图书馆始于1718年，到了18世纪末，伦敦已拥有超过100个这样的流通图书馆。②此外，还有通过使人募捐图书组成的读书俱乐部。

最后，咖啡馆成为成人教育与科学知识传播的重要场所。18世纪，英国人以"政治民族"著称③，民众有很强的政治意识。随着圈地运动的进行，大量人口流入城市，人员聚集的公共场所增多，俱乐部、共济会等各种志愿社团纷纷成立。从律师、牧师、知识分子、中产地主等中产阶级，到后来意识较强的农民、商人等，都汇集到各种民间社团、俱乐部或咖啡馆中，讨论思想启蒙、时事政治、社会改革以及生活福利等各方面问题。④当时英国各种咖啡馆是"新闻、政治和时尚"的中心，是英国公共交往空间演化的重要路径。绅士们定期在这里聚会讨论各种政治问题。而从18世纪下半叶起，劳动群众也开始仿效上层阶级的做法，以咖啡馆为中心，参与公共生活。"在那里只要

① 易红郡：《英国教育的文化阐释》，前言，19页，上海，华东师范大学出版社，2009。

② 王洪斌：《17世纪末期到18世纪中后期英国消费社会的兴起研究》，博士学位论文，华中师范大学，2014。

③ 钱乘旦：《第一个工业化社会》，164页，成都，四川人民出版社，1988。

④ 颜红菲：《论18世纪英国报刊文学与公共领域间的建构性互动》，载《译林(学术版)》，2012 (1)。

付上一便士，任何人就可以品尝咖啡、读报和其他人聊天等，咖啡馆为人们提供了一个新闻和信息交流空间。"①因此有人称当时伦敦的咖啡馆为"一便士大学"。

此外，值得一提的是，18世纪还出现了专门针对女性的成人教育活动，其代表人物是汉娜·莫尔(Hannah More)和玛萨·莫尔(Martha More)姐妹。她们到乡下传经送教、开办学校、组织俱乐部等，为当时提高穷苦女性的教育水平作出了极大贡献。②

综上所述，18世纪的英国教育形式广泛。但总体上，18世纪的英国教育尚未建立起全国统一的国民教育体系，各个学段、各类学校之间也缺乏有效的衔接。宗教和教会在教育中的影响，圈地运动和工业革命的推动下的社会结构和阶层固化，科学文化知识的多途径传播，这些构成了18世纪英国教育实践的多种形态。

---

① Steve Pincus, "Coffee Politicians does Create: Coffeehouses and Restoration Political Culture," *The Journal of Modern History*, Vol.67, No.4, 1995, pp.41-67.

② 韩忆娟、周小粒:《18世纪英国成人教育活动探析》，载《中国成人教育》，2018(16)。

第三章

18 世纪英国的教育思想

　　18 世纪后半期，在英国首先爆发了以蒸汽动力的普遍推广与应用、机器大生产和工厂制度的确立为主要标志的工业革命。这次主要发生在经济领域内的经济变革与法国大革命一起促成了被后人称为"双元革命"的新时代的来临，并促使整个世界的面貌发生了根本性的变化。就其对经济发展的直接作用来看，工业革命结束了单纯用手工操作工具和简单、机械的传统生产方式，取而代之的是以蒸汽为动力的机械在各主要的工业生产部门中的普遍使用。

　　工业革命之所以成为一个极其伟大的历史事件，主要不在于它在生产设备和商品领域所发挥的影响，而在于"它通过物质东西的媒介，即人类的需要、筹划和活动等具体表现，便对人发生了影响。它已用自己的标记把近代社会——首先在英国，其后在一切文明国家——烙上了印记"①。工业革命首先导致人口的增加。据英国学者里克曼的统计数字，1600 年英格兰和威尔士可能有 500 万居民，1650 年左右有 550 万，1700 年有 600 万，1750 年有 650万。150 年内大致增加了 150 万人，而在此后的 50 年中，即从 1750 年至 1801

---

　　① ［法］保尔·芒图：《十八世纪产业革命——英国近代大工业初期的概况》，杨人楩等译，273页，北京，商务印书馆，1983。

年，人口则增加了 250 万。① 除对人口产生影响之外，工业革命促使曼彻斯特、利兹、哈利法克斯等一批工业城市出现，人口分布呈现出集中的趋势。资产阶级与工人阶级的出现可以视为由工业革命对社会关系所促成的最具影响力的变化。"大工业制度所特有的东西就是资本用于商品生产以及资本在这种生产过程中的形成本身：这就是资本家阶级的存在，资本家阶级本质上就是工业上的一个阶级。"②从此以后，资本家与工人阶级的矛盾与斗争便成为促使资本主义社会前进与发展的主要动因。

英国工业革命对英国社会产生的影响是全方位的。"工业革命的结果，可以归结为三个比例的变化，即工农业比例、手工业和大工业比例，以及城乡比例。其中工业压倒农业，农业国成为工业国是最深最根本的变化。"③而这一系列的变化总要在教育理论与教育实践中表现出来。机器大生产对从业者提出了一定的文化及技术要求。"做某些工作，几乎包括工业中的一切工作在内，都需要有相当的文化程度。因此，即使为了资产阶级本身的利益，在这种情况下工资也必须达到一定的高度，使工人能保持这种水平。"④恩格斯认为："由于现代英国工业很复杂，工人在需要和文化方面的平均水平很难确定，而且我们已经知道，不同种类的工人的平均水平也是各不相同的。但是工业中的大多数工作都需要一定的技能和常规性，而要达到这一点就要求工人具有一定的文化水平……"⑤为适应这一社会现实要求，包括斯密在内的英国古典政治经济学家们提出，英国政府应该承担起发展国民教育的职责；主张以社会公共教育取代英国传统的家庭教育。当然，英国在确立现代国民教

① ［法］保尔·芒图：《十八世纪产业革命——英国近代大工业初期的概况》，杨人楩等译，280页，北京，商务印书馆，1983。
② 同上书，296 页。
③ 钱乘旦：《论工业革命造成的英国社会结构变化》，见中国英国史研究会编：《英国史论文集》，102 页，北京，生活·读书·新知三联书店，1982。
④ 《马克思恩格斯全集》第 2 卷，361 页，北京，人民出版社，1957。
⑤ 同上书，363 页。

育体制的时候，也有人从社会正义的角度提出异议。如著名的自由主义思想家、无政府主义的代言人威廉·葛德文，即对国家实施国民教育持反对态度。贝尔-兰卡斯特的导生制教学则可以视为这一时期在国家尚未真正意识到国民教育的意义之前的慈善性教育的探索与行动。以1798年的《人口原理》一书的发表而成名的马尔萨斯（Thomas Robert Malthus，1766—1834）则对工业革命所导致的英国人口增长问题表示了强烈的关注，主张以教育作为解决社会贫困的主要手段之一。

第一节　亚当·斯密的国民教育思想

18世纪的英国，政治上实行的是建立在资产阶级与贵族阶层相妥协基础上的君主立宪式的体制，而在中期又开始实现其经济上的从工场手工业向资本主义机器大生产的过渡，经济与政治生活领域所发生的变化与更迭在文化与思想领域也得到明确的体现。这一时期，英国既产生了为资产阶级革命运动提供理论基础的政治理论及革命学说，同时在经济领域，林林总总的旨在为新时期资本主义工业经济发展进行理论诠释的各种经济学说及流派也纷纷出现。以亚当·斯密为主要代表人物的英国古典政治经济学派便是在这一大社会背景之下产生的。与此同时，在教育实践及理论领域，英国还在一定程度上接受了欧洲大陆国民教育思潮的影响，一些学者开始把国民教育的推行与提高国民素质、发展国家经济紧密地联系在一起。这一国民经济与教育发展互相影响的痕迹在亚当·斯密的经济学理论体系中有着鲜明的体现。

亚当·斯密是18世纪英国杰出的古典政治经济学家。早年就读于格拉斯哥大学，1740年转至牛津大学接受教育。从1751年起，他先后在爱丁堡大学、格拉斯哥大学系统讲授逻辑学、政治学、修辞学和道德哲学。1764年，他开始旅居法国,其间加入了著名的"经济学家"学会,结识了魁奈、杜尔阁等一批主张"农业是财富的唯一源泉"的重农学派代表人。此时正致力于《国民财富的性质和原因的研究》写作的斯密,深受法国重农学派的影响,与重农学派同样持有反对重商主义的立场。他回国后继续致力于该书的撰写工作,并于1776年出版了令其享誉世界经济学领域的《国民财富的性质和原因的研究》一书。

在斯密看来,财富不在于那些金、银之类的贵金属,而是人们使用或消费的货物,财富的源泉在于劳动。就一个国家而言,一个国家每年的劳动就是向这个国家提供它每年消费的生活必需品及便利设施的原始基金。一个国家所创造的财富总量与该国国民的整体劳动能力成正比关系。就个人而言,其所创造的财富量则与其劳动能力存在着内在的联系。熟练的劳动技能往往是花费时间与学费接受教育的结果。在此意义上,斯密提出:"一国的教育设施及宗教设施,分明是对社会有利益的,其费用由社会的一般收入开支并无不当。可是,这费用如由那直接受到教育利益、宗教利益的人支付,或者由自以为有受教育利益或宗教利益的必要的人自发地出资开支,恐怕是同样妥当,说不定还带有若干利益。"[1]

一、大学教育观

(一)大学教师的职业特征

大学教师作为一种职业,具有职业的一般特征。即从事教师职业的人在教育教学工作中所付出的努力的大小,往往与他们不得不作出此类努力的必要性大小相对应。也就是说,教师的职业报酬应该至少能够补偿其职位的"负面特征",因为人们在作工作决策时,总是在全面考虑职位的有利因素和不利

---

① [英]亚当·斯密:《国民财富的性质和原因的研究》下卷,郭大力、王亚南译,384页,北京,商务印书馆,2011。

因素的基础上，选择"净收益"最大的职位。

（二）大学教育经费观

在大学教育经费问题上，斯密运用经济学分析的方法进行了详细的探讨。就当时欧洲大学的教育经费负担情况而言，普通大学与专门大学的基金主要来自地方收入、地产租金及君主拨付或私人捐助的专款的利息；来自社会一般收入的部分则微乎其微。

大学教育经费的不同来源，非但直接影响大学的发展，而且还对大学教师的工作积极性与努力程度产生直接的影响。如果大学教师的收入全部或大部分靠学生的学费供给，并且大学教师的职务竞争是自由的，就能使他重视教师的名望而勤勉地工作。如果大学教师的收入完全靠财政拨款，以固定月薪的形式供应，与其教学成绩和名望没有关系，那么他就很可能会为了追求安逸生活而放弃自己的职责或敷衍了事。

（三）大学教师的管辖权

为较好地促使大学教师履行自己的教学义务，需对教师作出较为明确的管辖权的划分。教师在实际教学工作中需要服从的权力来自两大方面，一种来自具有法人资格的专门学校或大学。在这种情况下，教师本人亦为专门学校或大学的一员。教师所可能服从的权力还有可能来自一些外部人的手中，如主教、州长或阁员之手。在此情况下，教师便难以完全忽略自己的义务。他们在一年的一定时间内上一定时间的课，举办一定次数的演讲。但是由于行使监督权力的人往往对教师任教的学科难有真正的理解，且很少亲往教室聆听教师的讲演，加之他们的傲慢，往往对教师进行无正当理由的谴责、开除，"这一来，必然要减低教师的品格，教师原来是社会上最受尊敬的人，现在却成为最卑贱、最可轻侮的人了"①。这正是当时英国大学教师境遇的真实

---

① ［英］亚当·斯密：《国民财富的性质和原因的研究》下卷，郭大力、王亚南译，330~331页，北京，商务印书馆，2011。

写照。

(四)大学课程观

斯密认为,现代的欧洲大学绝大部分是出于培养、教育僧侣的目的而设立的,所以在教学内容的安排上便以神学课程的学习为主,并辅以必要的为神学课程的学习奠定基础的课程。

在大学课程中,拉丁语的学习居于极为重要的地位。教会举行礼拜活动使用拉丁语,教堂中诵读的圣经文本亦为拉丁语,僧侣们所从事的一系列活动也离不开拉丁语。此种情势遂使拉丁语的教育与学习成为大学教育的一个重要组成部分。教会组织及大学的双向推动,使得"在欧洲,行使着两种不同的语言,即僧侣的语言和人民的语言,神圣者的语言和凡俗人的语言,有学问者的语言和无学问者的语言。僧侣在执行祭务当中,既必须知道几分这神圣的、有学问的语言,所以拉丁语自始就成了大学教育的一个重要部分"[1]。

至于希腊语与希伯来语的学习,虽在大学课程体系中未获得与拉丁语学习的同等地位,但基于宗教原因也成为学生修习的一部分内容。由于"最初的宗教改革者们,发现新约全书的希腊语原书,甚至旧约全书的希伯来语原书,比拉丁语圣经对他们的主张更有利"[2],他们便纷纷主张加强对希腊语与希伯来语的学习。另外,罗马天主教僧侣们在维护、捍卫拉丁语圣经的权威性及不可动摇地位的过程中,也逐步意识到希腊语与希伯来语的重要性。如此一来,希腊语与希伯来语的学习进入拥护宗教改革教理和反对宗教改革教理的大学,便成为情理之中的事情了。除语言的学习之外,在大学的课程中,古代希腊哲学的学习也受到重视。最初,欧洲大学在学习古希腊哲学时将其分为自然哲学、道德哲学和伦理学。而现代欧洲大学对哲学教育进行了修改,

---

[1] [英]亚当·斯密:《国民财富的性质和原因的研究》下卷,郭大力、王亚南译,334页,北京,商务印书馆,2011。

[2] 同上书,335页。

其实行程序在一部分大学中往往表现为：首先学习伦理学，继而修习本体学，接着学习精神学，最后以道德哲学与物理学的学习结束哲学课程的学习。

斯密对当时大部分欧洲大学的哲学课程学习提出了批判。他认为，在那些最富裕、拥有最多捐赠基金的大学中，教师对讲授此类课程的勤勉将大打折扣，往往以讲授变质的课程的零星片段而满足，且常常是以一种非常马虎肤浅的态度来对待讲学，缺乏必要的敬业精神。反过来，倒是那些比较贫困的大学注意随世界时代思潮的更新而改善此类课程的学习。由于大学教育的不力及与社会现实生活的脱节，许多家庭纷纷选送子女出国留学。留学的结果往往使青年变得更为散漫、放荡，即便获得一两门外国语知识，也很少达到说得流利、写得通顺的程度。

二、论古希腊、古罗马的国民教育

斯密认为，在古希腊、古罗马时期，曾经缔造了系统的国民教育体系。在古希腊，全体自由市民须在国家官吏的统一指导下，接受系统的体操训练与音乐教育。体操训练的目的"在于强健肉体，尖锐勇气，并养成堪耐战时疲劳和危险的能力"；而音乐教育则在于"使人通人情，使人的性情柔和，并使人有履行社会生活及个人生活上一切社会义务、道德义务的倾向"。[①] 音乐、舞蹈及体操教育成为古希腊时期诸小共和国公共教育与普通教育的一部分。

在古罗马，与古希腊开展体操训练相同的是开展了设于演武场的体操教育，但不具备类似于古希腊音乐教育之类的教育形式。

除音乐及体操教育外，古希腊、古罗马时期的教育内容还有阅读、写作与算术。当然，不同社会阶层成员是以不同的方式接受此类教育的。富裕阶层的学子往往通过聘请家庭教师在家庭中接受阅读、写作与计算的教育，而

---

① ［英］亚当·斯密：《国民财富的性质和原因的研究》下卷，郭大力、王亚南译，341页，北京，商务印书馆，2011。

一般贫穷市民则到那些由识字的奴隶或解放了的奴隶即自由人所开设的读写学校接受此类教育。当然，对于此类学校，国家未曾给予任何监督与指导。

国家对于那些由哲学家或修辞学家创办的学校，也只是表现出默认的态度，或者是拨给一定的场所以作建校之用。不过，在任何情况下，教师均不曾从国家领取薪俸。

对于古希腊、古罗马时期教师的教学艺术及能力，斯密也进行了必要的分析。相对于当时教师的教学情况而言，"古代哲学家似乎比近代的教师更能诱发听讲者的注意，控制听讲者的意见和心机，并对听讲者的行动、言论，予以一定的格调和风格"[1]。之所以出现如此大的差别，根本原因在于现代大学获得了捐赠基金，教师们勤奋工作的必要性与学生的谢礼或学费无涉而大大降低。"这样，普通学校及专门大学的捐赠基金，不但使公家教师的勤勉精神堕落了，并且使优良的私人教师也不容易找到。"[2]

三、国民教育论

作为一位古典经济学家，斯密最关注的问题莫过于经济发展以及与之相伴生的财富积累问题。斯密认为，社会财富源于劳动；社会财富总量的增长，不单单源于参加生产的劳动量，而更重要的是取决于更高的劳动生产率。

斯密在撰写、出版其成名之作《国民财富的性质和原因的研究》时，英国资本主义正处在成长上升的时期。资本主义生产还在事实上饱受封建制度残余及盛极一时的重商主义限制政策的束缚，客观上迫切需要一个自由的经济学说为其进一步发展提供强有力的辩护。英国经济发展的实践证明，斯密在《国民财富的性质和原因的研究》一书中所表述的自由资本主义发展的经济学

---

① [英]亚当·斯密:《国民财富的性质和原因的研究》下卷，郭大力、王亚南译，345~346页，北京，商务印书馆，2011。

② 同上书，346页。

说正承担了这一辩护职责。

就其基本经济立场来说，斯密反对国家干预经济，反对国家或社会组织为资本主义社会经济发展设置任何形式的障碍或束缚。不过，这一立场并不是绝对的。关键在于国家必须明确自己在经济以及社会发展过程中所应承担的基本职能。关于国家的职能，斯密提出以下三个方面的内容。

"君主的义务，首在保护本国社会的安全，使之不受其他独立社会的暴行与侵略"[1]，因而，国家应承担国防费用。国家对于国防军备的设施，一般采取这样两种策略：一是以一种极严厉的法令，实施强迫军事训练。凡是处于兵役年龄内的一切市民，或其中的一定人数，不管他们从事何种职业，务必在一定程度上与兵士的职业结合起来进行。二是维护并雇用一部分公民，施以军事训练，使兵士职业脱离其他职业而独立。若采取第一种兵役策略，则这个国家的兵力就是民兵，军事训练只是临时性工作；而假若采取第二种兵役策略，则这个国家的兵力就是常备军，国家须向其提供生活费或军饷。

君主或国家的第二项职能在于"保护人民不使社会中任何人受其他人的欺侮或压迫"[2]，即须为设立一个严正的司法行政机构提供经费。不过，这类费用往往因社会各个时期的不同情况而表现出差异。

君主或国家的第三项职能就是建立并维持某些公共机构和公共工程。这类机关和工程往往给社会带来利益，但其性质又决定了难以期望由个人或少数人来维持。社会中那些为方便社会商业、促进人民教育的公共设施和工程即属此类。

在经费开支上，斯密主张针对社会各阶层从国家承担的不同职能中的获益情形的不同而遵循不同的经费开支原则。国家防务及安全关系到全体国民

---

① ［英］亚当·斯密：《国民财富的性质和原因的研究》下卷，郭大力、王亚南译，263页，北京，商务印书馆，2011。

② 同上书，280页。

的切身利益，其费用自当由全社会来负担；为保护个人安全的司法费用，则从法院诉讼费及手续费中支出；至于为方便社会商业的公共工程和保护特殊商业的费用，可由受益的工商业者负担；而关于创设青年教育设施及公共教育设施的费用，则由受教育者和教会负担。

如果说斯密的以上论述主要是从国家承担的社会职能角度为国家所应承担的教育职责及教育职能的论述做铺垫的话，那么接下来斯密则主要是从社会分工出发详细论述国民教育实施的必要性。

对于分工，斯密极言其经济意义。斯密认为："劳动生产力上最大的增进，以及运用劳动时所表现的更大的熟练、技巧和判断力，似乎都是分工的结果。"①具体来说，社会分工在实际经济活动中显现出这样三个方面的经济意义：

> 第一，劳动者的技巧因业专而日进；第二，由一种工作转到另一种工作，通常须损失不少时间，有了分工，就可以免除这种损失；第三，许多简化劳动和缩减劳动的机械的发明，使一个人能够做许多人的工作。②

斯密的这些认识主要源于他对工场手工业生产时代的生产技术发展原因考察的结果。人类出于一种"互通有无，物物交换，互相交易"的天性倾向，一种为人类所具有、所特有的倾向，进行了社会分工。这种分工促成"在一个政治修明的社会里，造成普及到最下层人民的那种普遍富裕情况的，是各行各业的产量由于分工而大增"状况的出现。分工所追求或实现的结果是"别人

---

① ［英］亚当·斯密：《国民财富的性质和原因的研究》上卷，郭大力、王亚南译，3页，北京，商务印书馆，2011。

② 同上书，6页。

所需的物品，他能与以充分供给；他自身所需的，别人亦能与以充分供给"。①

从斯密的一系列论述中我们不难发现，所谓分工，一共有两种类型：工场手工业内部的分工；社会各个企业和各个部门的生产者之间的分工。这两种类型的分工在促使经济进步、社会财富积累的同时，还对人的发展尤其是对人的智力发展产生了极大的伤害。斯密肯定性地提出人类大部分智力的形成依赖其日常职业。如果一个人一生的劳动仅仅局限于少量的、简单的操作，那么他将永远没有机会来发挥他的智力或运用他的发明才能来探求解决问题的办法，从而逐步丧失努力思考的习惯，最终蜕变为愚蠢无知的人。其结果是"对于许多私人日常生活上的平常义务，他也没有能力来作适当的判断。至于国家的重大和广泛的利益，他更是全然辨认不了的"②。

由此观之，个人基于分工而对自己从事职业所需掌握的技巧的熟练，实在是以牺牲他的智能、交际能力、尚武品德为代价而取得的。为国家发展及长治久安计，政府必须采取切实措施以避免大多数人陷入这种可怖的智力颓废状态。而广泛开展实施国民教育运动便是国家可以采取的旨在发挥国民多方面智力的一项重要措施。

具体来说，斯密认为国家应在下述几方面承担起实施国民教育的职责。

重视普通人民的教育。对于不同社会中一般民众的智力发展状况，斯密进行了对比与分析。他认为，在猎人社会、牧人社会以及农夫社会中，普通社会成员所从事的职业种类十分繁杂，个人不得不竭尽全力来克服工作中所出现的困难，以至于发明创造层见叠出，个人的心理总是处于活跃奋发的状态，无须国家施教以免其陷于智力荒废状态。而在文明社会中，普通人民终

---

① ［英］亚当·斯密：《国民财富的性质和原因的研究》上卷，郭大力、王亚南译，9 页，北京，商务印书馆，2011。

② 同上书，348 页。

其一生几乎没有接受教育的时间。幼年时期，双亲几乎无力养育他们，难以为其提供适时的教育。就业后所从事的职业大都单调乏味，无须运用多少智力，个人心智发展遂面临陷入荒废的危险境遇。与此形成鲜明对比的是，有产阶层子弟往往在十八九岁之后才从事他们赖以扬名的特定职业。此前，他们拥有极为宽裕的时间和良好的条件来掌握那些博得世人仰慕或尊敬的一切知识。更为重要的是，有产阶层子弟日后所从事的职业几乎全部是极其复杂的，基本上是用手的时候少，用脑的时候多。即便此时，他们仍有充沛的空闲时间"来对他们在早年已打有相当基础，或已养成多少嗜好的各种有用的或作为装饰用的知识作进一步的钻研，从而完全掌握"①。

基于上述一般民众与有产阶层子弟在接受教育方面所存在的实际差异，斯密主张"在文明的商业社会，普通人民的教育，恐怕比有身份有财产者的教育，更需要国家的注意"②。

在教育内容上，一般普通民众所应接受的最重要的教育是诵读、书写及算术。而此类教育对大部分民众来说是不难达到适应职业要求的程度的。事实上，他们往往在从事具体职业之前拥有足够的时间学习诵读、书写及算术课程。国家的职责在于拨付极少量的费用，使全体人民得受教育之便利，并鼓励全体人民，强制全体人民获得这种最基本的教育。③

为实现这一国民教育的培养目标，斯密主张国家须在各教区、各地方设立实施儿童教育的小学校，在学习费用的确定上应把握这样一个原则，即务必使一个最普通的劳动者也能负担得起。执教于这类学校的教师的报酬，国家只应负担一部分。如果全部由国家负担，则教师的教学工作便很容易陷入懈怠和懒惰。根据英国的现实情况，斯密提出小学校的教学内容务求实用，

① ［英］亚当·斯密：《国民财富的性质和原因的研究》下卷，郭大力、王亚南译，350页，北京，商务印书馆，2011。

② 同上书，349页。

③ 同上书，350~351页。

应与普通人的日常生活相联系。"假使这些小学校所教的儿童读物，比现在普通所用的，更有教育意义一点；假使普通人民的儿童有时在学校学习的但于他们全无用处的一知半解的拉丁语取消不教，而代以几何学及机械学的初步知识，那么，这一阶级人民的文化教育，也许就会达到所可能达到的最完善程度。"①此外，对于那些学业优良但家庭贫困的儿童，斯密主张由国家以提供小奖赏或授予小荣誉奖章的形式来鼓励其完成小学教育的学习任务。

斯密的国民教育思想中较有特色的部分，是其对国家强制性地开展国民教育的认识。他明确提出，任何人在加入某种职业团体或获得某种职业资格之前，必须接受国家的考试或鉴定。如此一来，国家便可以强制全体人民接受最基本部分的教育。

斯密的这一认识源于他对希腊、罗马共和国时期教育的考察与分析。为维持国民的尚武精神，希腊、罗马共和国采取了各种措施，强制性要求人民接受军事及体操训练。国家设立公共体育馆或演武场以供国民训练之用。对学习成绩优秀的青年，给予一定的奖赏。

对于国民教育中的尚武精神，斯密给予了充分的肯定。他说："各个社会的安全，总多少依赖大多数人民的尚武精神。"②倘若全体国民尚武精神强烈，尚武意识浓厚，那么，一旦遇有战事发生，便可御敌于国门之外，并可在国内出现有违宪政的事件时，及时且富有成效地制止。为此目的，斯密主张教育改进与军事训练所需费用便须由国家负担。否则，大多数人民的尚武精神便可能日渐松懈与衰退。军事训练与教育不仅表现出关乎国家安全与人民生活安定的现实价值，而且还关系到个人的人性是否能得到和谐完美的发展。因为倘若一个人不能保护自己或具备复仇的能力，那么他便缺乏了人类资性

---

① ［英］亚当·斯密：《国民财富的性质和原因的研究》上卷，郭大力、王亚南译，351 页，北京，商务印书馆，2011。

② 同上书，352 页。

中最重要的一部分。精神方面的残废或畸形无异于一种最严重的肢体毁损或畸形，而且前者更不幸，更可怜。这是由于"苦乐的感觉，全生于心，其受影响于肉体的健全或不健全即残废或完全的少，而受影响于精神的健全或不健全即残废或完全的多"①。

智力的荒废与智能的缺陷是全部人性中最为可怕的残废与畸形，它将使人民的理解力失去作用，从而沦为一种大愚蠢。执政者须对这类残废与畸形时刻保持高度警惕。即便是国家从下级人民的教育那儿得不到任何利益，国家仍需对这一部分教育高度注意，避免使下级人民陷入疏于教育的状态。事实上，国家绝不可能从下级人民的教育那儿得不到任何收益。对一个国家而言，头脑中充满了狂热和迷信的无知的国民，往往是最可怕的社会动乱的根源。而有知识的人较不易于受到无知与迷信的侵袭。他们更知礼节，更守秩序。"在自由国家中，政府的安全，大大依存于人民对政府行动所持的友好意见，人民倾向于不轻率地、不任性地判断政府的行动，对政府确是一件非常重要的事。"②

18 世纪英国教育的发展在继承此前教育发展传统的同时，还强烈表现出这一时期所特有的色彩。18 世纪初期，英国教育领域较多地体现了斯图亚特王朝复辟所承袭的传统势力的影响，但教育领域中还激荡着源于饱受英国"光荣革命"洗礼的充满激情与理性教育改革的思潮。为避免遭受英国保王党势力的冲击与破坏，培根的信徒及清教徒思想家们遂移居传统势力影响较小的地区兴办学校，并发展成为英国教育现代化的主要力量。洛克的教育观念与思想以经验哲学与心理学为基础，成为那个时代众多教育改革家所凭依的法宝，并直接成为启蒙运动时代强调教育的社会作用的理论启示。

---

① ［英］亚当·斯密：《国民财富的性质和原因的研究》下卷，郭大力、王亚南译，353 页，北京，商务印书馆，2011。

② 同上书，354 页。

　　洛克等人的思想并未在18世纪前期英国的教育领域获得任何直接迅速的反应，然而，另外一种代表教育的世俗的、实用的、国家资助的教育浪潮却日渐高涨。这一浪潮在英格兰中部、北部以及英格兰其他工业化及城市化发展水平较高的地区不断涌现。这一呼声获得了文学家、哲学家、经济学家及一些文化学术团体的响应。伯明翰的月社成为科学家、工艺家与工业家集会的场所。位于曼彻斯特的莱特与菲尔社也致力于此项工作。当然，这类团体及当时社会上热衷教育的人士大都主张为中等阶层提供一种较为实用的教育，只有极少数的人主张提供一种由国家支持、面向全体国民的教育——斯密是其中的一员。斯密主张国家支持教育的扩展，而且这种扩展应遍及全体民众。就此意义而言，斯密的主张触及了近代国民教育的精髓与真谛。不过，值得引起注意的是，斯密在论述此类教育普及问题时最感兴趣的是把教育作为保护社会等级地位、免于造成财产损害并减少社会犯罪的工具。他的全部逻辑是：人民缺乏教育及陷入无知的境地，往往导致错误的见解及盲目的行动；工厂工作的分工是工业化赖以实现的基础，但却导致了智力活动的窒息。为此，在每一社区须设立学校，实施针对性的教育以与专业化的沉闷气氛相对抗。①

　　把斯密有关国民教育的论述与同一时期对国民教育问题发表见解的其他哲学家或教育家相比较，可以发现斯密在《国民财富的性质和原因的研究》中所表述的教育见解与卢梭、拉夏洛泰、爱尔维修的有关主张存在着内在的联系。在论述教育职能及国家承担的教育职责问题时，斯密提出了与拉夏洛泰相同的主张；在关于社会与经济发展的机制问题的解说中，斯密著作的字里行间不时闪现出"自由天赋学说"的光芒；在论述个人品性的形成问题时，斯密则达到了爱尔维修性格形成学说的高度。我们很难准确界定斯密究竟在多大程度上受到了同一时期其他学者的影响，但我们至少可以说斯密有关国民

① ［美］R. Freeman Butts：《西洋教育史》，徐宗林译，623页，台北，台湾编译馆，1969。

教育问题的论述达到了他所生活的那个时代所可能达到的顶峰。

第二节　葛德文的国民教育思想

威廉·葛德文是18世纪享誉英国的著名政治哲学家与作家。他出身于宗教家庭，并在早期接受了严格的宗教训练，曾经出任牧师之职。后来在18世纪法国唯物主义思想家及英、法等国启蒙学者的影响与熏陶下，他渐渐放弃了新教信仰而成为一名无神论者。

葛德文一生笔耕不辍，著述宏富，在政治理论、历史及文学创作等领域均有不凡的建树。除《论政治正义及其对道德和幸福的影响》这一代表作之外，葛德文的其他著作也产生了极大的影响，如《法国哲学》《英联邦历史》《凯勒布·威廉轶事》等书。

就其哲学观而言，葛德文属于法国唯理主义的信徒。在他看来，人是一种理性的动物，个人所拥有的理性应当成为世界万物的主宰。而个人所拥有的理性与智能并非天外来物，不是个人所拥有的先天素质的自然显露与生长的结果，而主要是由精神环境(法律、制度及教育)产生的结果。葛德文同时还认为："人类祖先的智慧，并未发展到不能再发展的地步，所以人类还可以继续发展，达到完善的境界。"①

一、政体教育论

在政体以及政权问题上，葛德文基本上是一个无政府主义者。他将政权视为一种强权机构、一种正规的强力，是一种弊害，只是基于少数人的错误和邪恶才得以存在。他还声称无论何种形式的政权总是要侵犯个人的独立见

---

① [美]威廉·葛德文：《政治正义论》第1卷，何慕李译，2页，北京，商务印书馆，2009。

解与良知，而且"政治制度具有比一般认为它所具有的更为有力的和更为广泛的影响"①。基于这种认识，葛德文分别对君主政体、贵族政体以及民主政体的教育功能及实施教育的状况进行了分析。

葛德文对君主政体进行了深入的分析。葛德文认为，君主政体的实质在于全社会的公民将个人事务及幸福委托给一个人——国王管理。这一社会统治方式既是一种十分大胆的冒险，又违反了平等原则。因为事实上，一个人在一般情况下仅仅适合管理个人私事和偶然帮助别人，而不适合接受正式委托去管理千百万人的事务和维护千百万人的幸福。"如果我们想到人类体质和精神上的平等，那么，把一个人安置在跟他的同类距离如此悬殊的地位上，那就未免粗暴地违反了这一平等的原则。"②从国王所接受的教育情况来看，他是难以承担起这一关涉全社会民众幸福的委托的。国王既缺乏治理国家的才能，又缺乏治国者所必须具备的美德，而这些不足全部是国王所接受的教育使然。

人类接受教育、获得知识的方式及来源大致有这样两个方面：从书本或与别人的交谈中获得；从对事物的直接观察活动中获得。而王子的教育情况显然有悖于教育发展的正常状态。首先，王子接受的教育是一种极端温和的教育。王子的日常生活，包括起居饮食、穿衣戴帽都有人专门操持。王子的身心难以受到一点操累。同时，王子周围的人从不在他面前坦率而自然地表述自己的真实想法。其次，王子听不到朴素纯粹的真理。他长期与真实相隔离，以致不习惯真实的东西而宁愿生活在虚幻之中。"他越是长期习惯于谎言谄媚，改变爱好、离开亲佞就越觉得可怕。他绝不是对一切人都盲目相信，就是在发现他最喜欢的人对他并不真实以后，断定一切人都心术不正、阴险

---

① [美]威廉·葛德文：《政治正义论》第 1 卷，何慕李译，19 页，北京，商务印书馆，2009。

② [美]威廉·葛德文：《政治正义论》第 2、3 卷，何慕李译，316~317 页，北京，商务印书馆，2009。

诡诈。"①总之，王子所处的环境与所接受的教育都是不自然的、不真实的。即便最富有教育机智与教育才能的教师对此也无能为力。因为"最有才智的教师在这种环境中，也必然在无法克服的困难情形下进行工作。任何一种处境也不会像一个王子的处境那样不自然，那样不容易为有这种处境的人所理解，那样不可抗拒地推着他走向错误"②。

在君主政体中，君主所接受的教育及其成长的环境决定了他将永远不能成为一个称职的统治者。所以，葛德文进一步提出国王有权享受他所获得的优越地位是错误的，国王能够成功地履行国王的职权同样也是不可能的。那么，国王又是采用一种什么样的措施行使职权呢？君主政体统治的全部秘密在于欺骗，而推行一种虚假的教育便是实施欺骗的主要方式。在君主政体社会中所推行实施的有限的教育也就只能是一种虚假空疏的教育，是一种华而不实的教育，其最终目的在于造就一大批温顺无知的"良民"。

在葛德文的心目中，贵族政体是不可容忍的，原因在于这种政体的最终目的在于凭借政治制度的干预而使人类的不平等永久化、固定化。这一政体得以运行的润滑剂在于权术和欺诈以及使广大的普通民众永远陷于无知与愚昧的境地之中。贵族阶层垄断了普通教育和培养智力的机会，因而使得学术上的光辉人物不是贵族就是属于骑士阶级或者他们的直系亲属。与此形成鲜明对照的是，拥有忠实、勇敢、热爱正义及热爱公共事务美德的平民百姓却很少能为人类增添光彩。贵族政体的统治是建立在违反社会的原则之上的，是主要依靠大棒和高压政策来维持社会安定的。在某些方面，这类政体较之君主政体更令人难以容忍。譬如在文化及教育领域，生活于君主政体社会中的民众尚可参与零星的僧侣式的学习活动，而在贵族政体的社会中，旧制度

---

① ［美］威廉·葛德文：《政治正义论》第 2、3 卷，何慕李译，321 页，北京，商务印书馆，2009。

② 同上书，322 页。

的拥护者将知识的传播视为全部社会变革中最为可怕的事情，他们全部统治的诀窍在于竭力使人类保持永久的堕落状态。贵族政体的这种文化教育统治政策事实上垄断了普通教育和培养智力的机会。这种垄断遂造成了这样一种社会假象：似乎最杰出的人才全部出自贵族阶层。事实上，这种人才分布的不平等却源于接受教育机会的不平等。

基于对君主政体与贵族政体的批判，葛德文表述了他对民主政体的态度。他首先批驳了时人对民主政体所存在的一些错误认识。民主政体一般被人们想象为这样一种政体，即无知的人居于社会的统治地位，狡猾的人掌握了社会的管理权。对此，葛德文承认民主政体的确存在一些问题。例如，在民主政体的社会中，普通民众容易受到政治煽动家的欺骗而使社会陷于动荡不安之中；民主社会还容易表现出动荡不定的特点，一般群众易于受偶然冲动的支配而表现出随社会潮流变化的特点。这违背了人类社会保持幸福与稳定的基本原则，因为"人类幸福最丰富的源泉之一就在于稳健而始终如一地运用某些固定的原则。而动摇不定则是民主政体的特点"①。动摇不定是同政治正义相对立的；在一般人看来，民主政体还往往容易赋予个人以不受限制的自由，就如同放之于人类感情大海里的一艘没有装载压舱底货的笨重的大船，随时都有翻船之虞；处于民主政体的人们意识到自己所存在的上述弱点而变得更加疑虑不安，以致出现这样一种可悲的结果："人类思想在进步到最高阶段时所能想到的一切，不论多么开明和优美，都会时常为不受拘束的激情和野蛮愚蠢的粗暴意图所压倒。"②

因此，葛德文主张在人们寻找到一种不含有君主政体、贵族政体以及民主政体的统治形式之前，相对于君主政体与贵族政体，民主政体仍是必要的

---

① ［美］威廉·葛德文：《政治正义论》第 2、3 卷，何慕李译，389 页，北京，商务印书馆，2009。

② 同上书，390 页。

选择。葛德文明确提出："假定我们不能不采取具有人们加之于其上的一切缺点的民主政体，又不能找到对待任何这种缺点的对策，它也还是要比清一色的其他形式为可取。"①纵观世界历史的演进过程，实行民主政体的国家，如雅典曾出现了比曾经存在过的一切君主制度和贵族制度的国家更为光辉和更值得羡慕的景象。雅典国民崇奉独立精神，有敏锐的心思、灵活的辨识力和热烈的感情；雅典国民创造了非凡的文化成就，雅典涌现了世界上最伟大的诗人、最崇高的艺术家、最完美的演说家与最公正的思想家。之所以围绕民主政体会出现诸多误解，原因在于世人对自身的评价存在误区，如把人类理解为君主政体和贵族政体所造就的那样，并据此判断他们在管理自身事务上所表现出的适应程度。历史发展已经证明：轻信、盲从、怯懦、畏缩以及对自身的力量缺乏信任都是人类进步的主要障碍。而民主政体相对于贵族政体与君主政体的最重要区别在于，在实施该政体的社会中，个人重新获得了进步的勇气与动力。"民主政体使人类重新意识到自己的价值，通过消除权威和压迫来教导他们只听从理性的指示，使他们敢于坦率、质朴地对待一切其他的人，诱导他们不再把别人看成是应当防范的敌人，而要看成是应当加以帮助的弟兄。"②

二、国民教育观

在国民教育问题上，葛德文的主张不同于他所处的那个时代大多数人的观点。出于对个人权利的重视以及对国家强权的反对，他对国民教育进行了批判。对于国民教育，葛德文将其视为国家以及政府为影响民意所经常采取的一种干涉方式与介入途径。

---

① [美]威廉·葛德文：《政治正义论》第 2、3 卷，何慕李译，390 页，北京，商务印书馆，2009。

② 同上书，392 页。

　　葛德文所生活的时代正是国民教育受到重视的时代。许多人认为那些出任国家行政官吏并为人民谋求福利的人应重视幼儿的教育问题；早期道德教育是培养国民具有爱国情感以及热爱、尊重他人品格的最有效的途径；年青一代的教育不可委托给家长、个人以及社会团体来完成，而必须由国家承担。针对这种情况，葛德文全面提出了他对国民教育的认识问题。欲对国民教育问题有一个全面的认识，必须对实施国民教育的结果进行全面的衡量，即对其利弊进行全方位的衡量。

　　在葛德文看来，国家实施统一的国民教育制度至少有这样几个方面的害处。首先，一切公共教育制度本身都包含了永久不变的观念，而公共教育机构所努力传播和巩固的是其所掌握的有利于社会的一切知识或技能，它往往立足于人类所已经熟悉和通晓的领域，但现实情况往往是人类对世界的认识还是十分有限的。公共教育机构把全部精力投入对已知领域知识的传授与巩固，则必然忽略对未知领域的探索与认识。此类国民教育的实施只能束缚人民的思想自由，把人民的思想固定在那些已经过时的观念或者已经破产的错误的信仰之上。"我们经常看到在大学以及广泛的教育机构里所讲授的知识比同一个政治社会里的不受拘束、没有偏见的成员所具有的知识落后一个世纪。"①人类思想的进步客观上要求智力以一种协调的步骤获得发展，并达到社会一般成员所实际拥有的知识总量与高度，以此为起点去追求新的发展。"但是公共教育却一直在极力支持偏见；它教导学生们的不是要使一切主张都经过探讨的坚毅精神，而是替可能偶然被建立起来的教义做辩护的技巧。"②在这里，教育目的已经背离了正常的轨道，教育机构成为向学生灌输错误与偏见的组织。就英国的情况来说，一切种类的公共教育机构都体现了这一特

---

　　①　[美]威廉·葛德文：《政治正义论》第2、3卷，何慕李译，506页，北京，商务印书馆，2009。

　　②　同上书，506页。

点。譬如，在主要学校里所教授的课程仅仅是对英国国教的迷信与崇拜，以及对一切衣冠楚楚的人的鞠躬礼仪，与人类的真实利益南辕北辙。接受这种教育的人实际上放弃了探讨的精神，其智力发展也就随之陷入枯竭的境遇。葛德文的结论是："没有任何现在被认为正确的命题是如此地有价值，以至于应该设立一个机构来把它向人类谆谆教导。让人们去读书、去交谈、去思考；但是既不要教给他们教义问答，不论是道德上的或者是政治上的。"①

其次，国民教育的实施往往是以忽视人类的天性为基础的。在葛德文看来，人类天性导致这样一种结果的出现：个人从自己的天性出发，选择了具体的学习与发展目标并付诸实际行动，往往能够取得好的结果；而由别人或国家越俎代庖，代为个人作出的一些决定或发展计划，实施起来往往不能保证取得预期的结果。实践证明："因为想要学习才去学习的人会听从他所受到的教诲并且理解这些教诲的意义。想要教学才去教学的人会带着热情和干劲去从事他的业务。"②英国的大学以及其他类型的大型教育机构所具体推行的实际上就是一种形式呆板、浪费国家大量教育经费的机构。教育管理者以及其他参与教育教学工作的人均以因循苟安和漠不关心的姿态对待他们的工作。而从接受国民教育的一方——学生来说，他们往往不能较为准确地衡量自己所接受的知识的价值，更谈不上以这些知识为基础去追求更大的进步。总之，国民教育的实施建立在这样一个假设的基础之上，即认为不受保护的真理是不足以启发人类的觉悟的。这一假设的推行又是以违背个人的学习与发展天性为代价的。

最后，国民教育计划的性质决定了其实施必须与国家政权结合起来，而这一联盟是以忽略甚至伤害个人全部发展的可能性为代价的。国家政权作为

---

① [美]威廉·葛德文：《政治正义论》第 2、3 卷，何慕李译，507 页，北京，商务印书馆，2009。

② 同上书，508 页。

教会制度的建立者，其对教育所持有的主张与其政治主张往往有着内在的必然的联系。政治家们为自己的政治行为所做的一系列辩护的论据总是成为教导别人的基础。作为个人，唯一可以尊重的只是那些真理。与对真理的尊重相比，宪法还远远不能成为人们尊重的对象。"宪法不论多么完善，要说应该教导我们的青年去尊崇它总是不正确的；应该引导他们去尊重真理，而只有在宪法符合他们从真理得出来的不受影响的推论时，才去尊重宪法。"①

葛德文认为，国民教育的全面实施有可能暂时影响真理的传播，但它绝不可能永远窒息真理的声音。不过，国民教育的确是我们所能够想象得到的最可怕和最有深远影响的阴谋。这是因为："就是在自由占主要优势的国家里，我们也有理由认为那里存在着一些严重的缺点，而国民教育的一种最直接的趋势就是把那些缺点固定下来并且按照一个模子来塑造人类的思想。"②

对于国民教育，葛德文表现出非常极端的态度与立场。他疾呼："你要是愿意的话就杀了我们吧；别想用国民教育来消灭我们明辨是非的能力。如果政权和法律从未打算武断地把无罪变成有罪，这种国民教育的想法，乃至认为必须有一套成文法的想法原是永远不会产生的。"③

第三节　马尔萨斯的国民人口教育思想

马尔萨斯，英国教士、人口学家和经济学家，曾任英国东印度学院历史和政治经济学教授，1798 年匿名出版《人口原理》一书。1803 年，马尔萨斯再以《人口原理，或人口在过去或现在对人类幸福的影响的理论；并探究消除或

---

① [美]威廉·葛德文：《政治正义论》第 2、3 卷，何慕李译，509 页，北京，商务印书馆，2009。
② 同上书，509 页。
③ 同上书，510 页。

减轻因人口问题而产生的罪恶前景》(简称《人口原理》)为名,公开出版了该书第二版。马尔萨斯在《人口原理》中提出的人口主张为其国民人口教育思想的形成提供了理论基础。

一、马尔萨斯《人口原理》的基本主张

在18世纪末英国农业歉收、工厂无产阶级正在出现以及亚当·斯密、孔多塞和葛德文著述的影响下,马尔萨斯对各民族、各文明状态下的人口法则进行了探讨。① 1798年匿名出版的《人口原理》,即这一探讨的结果。马尔萨斯在《人口原理》中,提出如下基本主张。

(一)"两条公理"或"两条法则"

马尔萨斯认为,人口发展体现或遵循的"两条公理"或"两条法则"为:"第一,食物为人类生存所必需。第二,两性间的情欲是必然的,且几乎会保持现状。"马尔萨斯进而提出:"一旦接受了上述两项公理,我便可以说,人口的增殖力无限大于土地为人类生产生活资料的能力。人口若不受到抑制,便会以几何比率增加,而生活资料却仅仅以算术比率增加。"其结果将导致"根据食物为人类生活所必需这一有关人类本性的法则,必须使这两种不相等的能力保持相等。这意味着,获取生活资料的困难会经常对人口施加强有力的抑制"。②

马尔萨斯进一步分析,如果人口增长超过生活资料的增长,将直接导致如下两种结果:

第一,穷人将陷入更加窘困的境地,且生活境况将长期得不到明显改善。"以前养活700万人口的食物,现在必须在750万或800万人口之间分配。结

---

① 参见[法]保尔·芒图:《十八世纪产业革命——英国近代大工业初期的概况》,杨人楩等译,278页,北京,商务印书馆,1983。

② [英]马尔萨斯:《人口原理》,朱泱等译,6~7页,北京,商务印书馆,2011。

果，穷人的生活必然大大恶化，许多穷人必然陷于极为悲惨的境地。由于劳动者的人数也多于市场所能提供的工作机会，劳动的价格必然趋于下降，与此同时食物的价格则趋于上升。所以，劳动者要挣得和以前同样多的工资，就得更卖力地工作。"①

第二，富裕家庭也将遭受不断冲击而被迫改变其生活方式。"由人口的增长快于有限的土地所生产的生活资料的增长的自然倾向所造成的、以最简单的社会状态明显地表现出来的贫困，使发达的、人口众多的国家中的上层阶级清楚地认识到他们自己难以按同样的生活方式供养家庭……"②

马尔萨斯的阶级立场和宗教信仰，决定了他还不能从社会生产力与生产关系的矛盾、不平等的社会制度、劳动分配制度以及阶级剥削的角度认识社会贫困的根源，未能认识到人口尽管是对社会发展的重要因素，但绝非社会发展的决定性力量。他认为，解决人口增长导致的社会贫困问题的唯一方式，便是"抑制人口增长"，并认为在一个财产共有和人人平等的公有制社会中，每个人的生活条件都极为相似，人口增长的自然限制将不复存在。

(二)"两类抑制"

人类社会的发展和民众生活的延续，需要保持人口增长与生活资料增长之间的平衡。基于对人类历史上狩猎时代、游牧时代以及畜牧和耕种混合时代人口增长和生活资料增长之间的平衡达成历史的考察，马尔萨斯提出，鉴于存在人口数量超过食物供应量的永恒趋势，势必导致一些可怕的社会冲突和极其恶劣的后果，因而，实施"人口抑制"便成为规避社会冲突和恶劣后果的诸多选择之一。简言之，"人口抑制"可理解为防止人口增长速度超出生活资料增长速度的障碍。马尔萨斯提出，人口抑制分为两类：预防性抑制(preventive checks)和积极抑制(positive checks)。

①　[英]马尔萨斯:《人口原理》，朱泱等译，13 页，北京，商务印书馆，2011。
②　同上书，174 页。

1. 预防性抑制

"所谓预防性的抑制，是指人们对养家糊口的忧虑。"①预防性抑制主要表现为以禁欲(不婚)、晚婚、不育等手段减少人口的出生量。马尔萨斯在《人口原理概观》一文中进一步提出人口增长的道德抑制："当把道德抑制应用在我们现在探讨的论题时，可以给道德抑制下一个定义，就是出于谨慎考虑，在一定时间内或长久地不结婚，并在独身期间性行为严格遵守道德规范。"②应该说，道德抑制属于预防性抑制的一种形式。

马尔萨斯认为，实现道德约束与利益约束的结合是思考或选择人口抑制方式的基本原则。最初，马尔萨斯将罪恶、苦难和道德抑制视为减弱人口增长超出生活资料增长导致灾害发生的主要手段，后来则更主要强调道德抑制的作用。"人们会发现，这些抑制可分成道德抑制、罪恶和苦难"，而相对于其他人口抑制方式而言，道德抑制"是使人口同生活资料保持相适应并且完全符合道德和幸福要求的唯一方法"③。

尽管对道德抑制的实施难以作出具体表述，但基于自愿推迟结婚对实现谨慎的人口抑制却是有效的。相对于以遭受巨大苦难为代价的其他人口抑制方式而言，道德抑制事实上成为预防性抑制发挥作用的主要方式。不过，道德抑制不宜通过直接立法的方式加以推行，否则将对人们生而拥有的自由权利构成损害。马尔萨斯认为，在所有有助于实现人口道德抑制的因素中，公民自由、政治自由和教育值得引起特别的重视。"在有助于鼓励社会的下层阶级养成谨慎习惯的所有原因中，最主要的原因无疑是公民的自由。"民众享有"公民的自由"的基础或前提在于享有政治自由。政治自由不但为公民享有"公民的自由"提供保障，而且还有助于实现不同社会阶层成员的自我尊重和彼此

---

① [英]马尔萨斯:《人口原理》，朱泱等译，25页，北京，商务印书馆，2011。
② 同上书，179页。
③ 同上书，179页。

尊重。在这方面，适当的"教育非常有助于人们从公民的自由和政治自由获得的一切好处。没有教育，确实不能把公民的自由和政治自由看成是完美无缺的"。①

马尔萨斯还基于其基督教信仰，指出采用道德抑制作为减弱人口因素所导致的灾害的手段不但有效，还在事实上证实了《启示录》的真实性，是符合造物主的自然规律的："人们几乎普遍承认，（基督教《圣经·新约》中的）《启示录》的表面文字和精神实质把我们这个世界描绘成了一种叫人接受道德磨炼和考验的状态。……人口原理非但不与《启示录》相矛盾，反而应认为人口原理为证实《启示录》的真实性提供了更多的有力证据。"②

2. 积极抑制

关于人口增长的积极抑制，马尔萨斯作出了这样的界定与描述："所谓积极的抑制，是指已经开始增长的人口所受到的抑制，主要是（尽管也许不完全是）最下层社会所受到的抑制。""对人口增长的积极抑制包括以任何方式过早地缩短人的寿命的一切原因，例如不利身体健康的各种职业、繁重的劳动和长期在露天干活或生活、由于贫困引起的饥寒交迫、对儿童抚养不当、一切暴行、大城市和制造厂、一系列常见病和流行病、战争、杀害婴儿、鼠疫和饥荒。"③马尔萨斯承认，可用于说明积极抑制强度和范围的资料尚嫌不足。积极抑制的结果指向死亡率的升高，但导致这一结果的原因既来自人类自身的行为，也来自自然界的作用。马尔萨斯对导致某一社会历史时期人口死亡率升高这一结果作了归因性分析，认为人类自身的行为不当是一方面原因，自然界或曰自然法则的作用是另一方面原因。应该说，对于人类社会自身的可完善性，马尔萨斯是缺乏信心的，或者说他对人类生活的看法具有"忧郁的

① ［英］马尔萨斯：《人口原理》，朱泱等译，182 页，北京，商务印书馆，2011。
② 同上书，202 页。
③ 同上书，28、180 页。

色调"。他将这一"忧郁的色调"归结为现实的色彩使然，而非其个人目光狭隘，或生来性情忧郁。①

饶是如此，我们似乎没有根据确认其在《人口原理》中主张以战争等反人性的方式实现人口的积极抑制。马尔萨斯不但将道德抑制之外的其他人口抑制方式与苦难和罪恶联系起来，而且其列举的积极抑制形式是对客观上导致人口死亡率上升的诸多实然原因的总结。"所有其他的抑制，无论是预防性抑制还是积极抑制，尽管它们程度上差别很大，但都可以归到罪恶和苦难上去。"②撰著《十八世纪科学、技术和哲学史》的英国科学史家亚·沃尔夫（Abraham Wolf，1876—1940）曾如此评价马尔萨斯："马尔萨斯根据自己的结论而倡言，为了人类的福利，应当对人口超口粮水平增长的倾向施加道义的限制。"③

马尔萨斯主张实施道德抑制，主张在实现人口抑制的过程中既要"完全符合道德"，又要有志于满足人类追求"幸福生活"的愿望。当然，对于人类所要面对的贫困或者困难的社会根源，或者说人类在漫长的历史发展中何以要遭受苦难和罪恶的原因，马尔萨斯无力作出令人信服的解释，他只能退回其基督教信仰世界中，以"人类精神理论"进行解释。马尔萨斯将"现世"理解为一个唤醒物质并使其转换为精神的一个过程，世界和世界上的所有生活都为上帝所安排，"为了经常不断地刺激人类，为了敦促人类精心耕种土地以促使上帝的神圣构想得以实现，上帝已下了这样的命令：人口的增长将远远快于食物的增长"④。

在马尔萨斯看来，上帝就世界生活做出预先安排，不是为了使人遭受磨

---

① ［英］马尔萨斯：《人口原理》，朱泱等译，2页，北京，商务印书馆，2011。
② 同上书，179页。
③ ［英］亚·沃尔夫：《十八世纪科学、技术和哲学史》下册，周昌忠、苗以顺、毛荣运译，854页，北京，商务印书馆，1991。
④ ［英］马尔萨斯：《人口原理》，朱泱等译，139页，北京，商务印书馆，2011。

难，而是为了创造和形成人的精神。人在现实生活中所获得的各种印象、所接受的各种刺激、所经历的各种苦难乃至所面对的各种罪恶，都是上帝之手通过一般法则发挥作用的结果。人类需要通过经历肉体上的痛苦才可实现精神上的完善。遭受不幸与痛苦刺激，可使人性变得柔软，富有人情味，表现出社会同情心。"从未经历过不幸的人，很少会感受到其同胞的痛苦与欢乐、需要与希冀。"①在这里，马尔萨斯"把斯密的为了人类幸福的天赐丰裕，变为天生的稀少，为了要磨炼人类，从'大地的泥土'炼成人类的心灵和道德品格。不仅工资制度，而且邪恶、苦难、贫穷和战争都是由于那天定的原则——人口比生活资料增加得快"②。

就此而言，人类自身和自然界加诸人类的所有苦难和罪恶，在事实上对超过生活资料增长的人口增长发挥了事实上的积极抑制，在避免乃至于消除人类"苦难与罪恶"的同时，也成为确保人类满怀希望，为未来幸福降临而不断做出努力所必须接受的代价。"世上存在着恶，不是为了使人悲观绝望，而是为了刺激人的活动。我们不应忍受和屈服于恶，而应尽力避免恶。竭尽全力消除自己身上的恶并尽可能在自己影响所及的范围内消除恶，不仅是每一个人的利益所在，而且也是每一个人的义务。"③

对于马尔萨斯所援用的基督教神学理论及其宗教立场，我们是需要冷静批判的，但其所强调的每个人在面对人世间苦难和罪恶时保持理性，表现出乐观进取、从我做起、除恶务尽的精神，似乎也能带给我们些许启发。

当然，在马尔萨斯看来，除预防性抑制和积极抑制外，在所有历史悠久的国家，诸如对妇女的不道德习俗、大城市、有碍健康的制造业、流行病和战争等因素，也在事实上成为抑制人类人口增长的其他因素。

---

① ［英］马尔萨斯：《人口原理》，朱泱等译，136、143 页，北京，商务印书馆，2011。
② ［美］康芒斯：《制度经济学》上册，于树生译，291 页，北京，商务印书馆，1962。
③ ［英］马尔萨斯：《人口原理》，朱泱等译，151 页，北京，商务印书馆，2011。

二、马尔萨斯国民人口教育思想的基本内容

在对基于人口增长超过生活资料增长所导致的社会贫困的可选择性治理方案中，马尔萨斯选择了借助实施人口教育进而促成自愿性人口增长的道德抑制，而对诸如政府强制性颁布济贫法等治理方案的实施成效则提出了质疑。一方面，济贫法的颁布、实施与英国宪法精神和自由思想格格不入，而且有可能因政府对个人事务的不当干预而构成一种暴政。另一方面，济贫法的实施并没有彻底解决社会贫困问题，甚至还会造成新的贫困。"无疑，英国济贫法的颁布是出于最仁慈的目的，但我们却有充分理由认为，济贫法未达到其预期目的。济贫法固然使一些极为贫困的人生活好过了一点，然而从总的方面来看，靠救济为生的贫民却远未摆脱贫困。"在马尔萨斯看来，类似济贫法之类法案的颁布与实施，存在着一项无法克服的根本性缺陷，"即它有助于增加人口，却不增加养活人口的生活资料，从而使不靠救济为生的那部分人的生活境况恶化，造成更多的穷人"。[1]

作为对人口抑制和贫困救济方式的改进，马尔萨斯提出了一些具体建议：完全废除所有的教区法，使英国农民享有行动自由的权利；政府鼓励人们开垦新土地；英国各郡为极端贫困的人设立济贫院，由全国统一征收的济贫税提供经费，收容各郡乃至全国的贫民。

同时，马尔萨斯还提出要通过实施道德抑制的方式，通过实现人口增长与生活资料的增长保持平衡解决社会贫困问题。实施人口增长道德抑制的关键在于通过国民人口教育的方式，促使相关人群了解人口增长与生活资料增长的关系，基于自愿而非被迫的方式参与道德抑制。因而，积极推行国民人口教育计划，使社会民众认识社会贫困的真实原因，掌握改变自身生活境遇与提高自身社会地位的知识与技能，便显得尤为重要。

在国民人口教育问题上，马尔萨斯主张政府应积极干预教育事务，并对

---

① ［英］马尔萨斯：《人口原理》，朱泱等译，36、37页，北京，商务印书馆，2011。

英国政府对人口教育事务的参与不力提出批评。他认为英国政府已经"在穷人身上滥花巨额资金……但在他们的教育上……却严重匮乏。它无疑是民族的极大耻辱，把下层人民阶级的教育仅仅留给了一些'星期日学校'……"①。

马尔萨斯主张，向民众提供包括人口教育在内的国民教育是政府的应尽职责。而假如政府没有有效履行其教育职责，全体国民则不得不把自身追求幸福的希望或承受苦难的风险独自承担起来，那么政府的目标便没有理由说得到了较为完美的实现。由于任何社会的运转状况或民众的生活情况最终取决于参与分享资源的人口数量，因而政府在实施国民教育或者推行人口教育的实践中，需要以对人口资源的准确掌握作为制订国民教育计划的基础，作为实施人口教育计划的内容，作为政府履行教育职责成就完美政府的表现。马尔萨斯认为，对于解除民众的疾苦而言，政府所提供的教育无疑是一剂良药，"只要政府提供普通人的教育，这个政府能臻于完美"②。

在人口教育内容上，马尔萨斯提出要在向国民呈现人类社会人口增长所遵循的"两项公理"、实现人口增长与生活资料增长保持平衡的两类人口抑制、道德抑制所需遵循的基本原则，以及人口增长的适度抑制与社会贫困问题解决的内在关系等人口原理性内容的基础上，把国民谨慎生活习惯的培养与未来意识的养成联系起来。人口问题既是一项社会现实问题，与民众谨慎的日常生活习惯保持关联，也是一项关乎未来社会发展与民众幸福的社会事务，与民众具备明确的未来意识有关。例如，在养成公民生活谨慎的习惯方面，公正而开明的政府需要构建完善的财产保险制度以及发挥其他类型的影响手段；在养成公民的未来意识方面，则需要借助公民自由习惯与意识的培养来实现。

----

① 转引自朱旭东：《欧美国民教育理论探源——教育制度意识形态论》，159 页，北京，北京师范大学出版社，1997。

② 同上书，159 页。

在人口教育实践中，马尔萨斯还提出把教育与政治自由和公民自由相联系作为人口教育的条件和基础。他认为："在有助于鼓励社会的下层阶级养成谨慎习惯的所有原因中，最主要的原因无疑是公民的自由。如果一国人民对于自己辛勤的、公正的、受人尊敬的努力是否有自由发挥的机会毫无把握，对于自己所拥有的或可能会获得的财产是否会得到现有法律公正实施的保护毫无把握，那他们是不会习惯于为未来制订计划的。"①确保公民享有公民自由的先决条件是享有政治自由，而政治自由的完善程度将对公民谨慎习惯的培养与形成产生直接的影响，且政治自由又与公民教育实践密切相关。

三、关于马尔萨斯国民人口教育思想的几点理解

对于马尔萨斯建立在《人口原理》相关主张之上的国民人口教育思想，我们可以从这样几个方面加以理解。

首先，就《人口原理》相关主张的国民人口教育思想意义而言，我们在对马尔萨斯人口增长所遵循的自然法则、公理或原则、论证的基督教神学基础、社会贫困的人口增长根源等主张实施批判性分析的同时，也需要认识到马尔萨斯将人口问题作为社会发展与国民教育实践的一项重要因素加以论述，有一定的合理性。"众所周知，人口具有社会属性和自然属性，并且这两者是辩证统一的。人口的自然属性是人类之所以成为人类的基础，而人口的社会属性又主导着(或决定着)人口运动的方向，这两者是相辅相成统一于人口自身。"②就人口因素对一定历史时期的教育而言，人口数量将直接影响到教育的规模，影响到政府教育计划与决策的制订和实施，而人口质量则不仅是教育发展的目标追求，还直接关涉民众追求幸福生活的能力和意识，应该成为政府积极推行国民教育以努力达成的目标。

①　[英]马尔萨斯：《人口原理》，朱泱等译，181~182页，北京，商务印书馆，2011。
②　彭松建：《西方人口经济学概论》，113页，北京，北京大学出版社，1987。

其次，在政府的教育责任问题上，马尔萨斯与亚当·斯密等其他英国古典经济学家保持了一致立场，更与同一时期的法国国民教育思想保持了一致性，主张发展与管理国民教育是政府的责任，这对素来视教育为家庭私务的英国教育传统而言，无疑具有一定的革新意义。

最后，在国民人口教育内容上，《人口原理》有关人口增长与生活资料增长保持平衡的原理和意义，以及为实现这一动态平衡而实施的道德抑制的内涵，事实上为国民人口教育实践提供了必要的内容支持。

第四章

18 世纪法国的教育实践

18 世纪的法国从路易十四建立的绝对主义君主专制统治开始，却结束于激烈震荡的大革命之中，这一时期"似乎确实缺乏实行专横统治的历史时期所具有的那种坚实的统一性"①，但其中各种变化都指向一条重要的线索，即一个作为民族国家的近代法国一路披荆斩棘从绝对的王权与神权合谋的枷锁中解放出来，走上坎坷艰难的建设之路。因此，我们可以说 18 世纪法国的教育实践总体特征是突破宗教的垄断，逐步走向世俗化。美国宗教社会学家彼得·贝格尔（Peter L. Berger，1929—2017）认为："所谓世俗化意指这样的过程，通过这种过程，社会和文化的一些部分摆脱了宗教制度和宗教象征的控制。"②对于此时的法国来说，教育世俗化表现为天主教等教会团体逐步撤出过去控制和影响的教育领域，从教会垄断教育转向国家控制教育，教育逐步摆脱教会的权威，从而为 19 世纪法国建立完整的国家公共教育体系奠定了基础。本章将在宏观介绍 18 世纪法国整体社会从"天主教的长女"逐步褪去宗教面纱，走向世俗化的一般状况的基础上，从以下三方面展开讨论。

---

① [法]乔治·杜比主编：《法国史》中卷，吕一民等译，745 页，北京，商务印书馆，2010。
② [美]彼得·贝格尔：《神圣的帷幕：宗教社会学理论之要素》，高师宁译，128 页，上海，上海人民出版社，1991。

首先，天主教垄断法国普通教育。1789 年大革命之前的法国处于"旧制度"，即君主绝对专制统治之下，这时候的法国国王把教育权全部交给天主教会，天主教几乎垄断了普通教育，教导信徒成为专制统治的恭顺臣民，其教育实践具有浓厚的宗教性。但天主教教育在传授宗教知识、培养宗教信仰、教授古典课程的同时，也不得不顺应社会发展而教授包括自然科学知识以及法语等近代世俗知识，从而打开了启蒙思想的大门，孕育了革命的风暴。其次，由于工业的发展，以及现实战争的军事需要，国家大力发展在 17 世纪已经具备雏形的职业技术教育，在教育世俗化上的表现是职业技术教育的目标不再是培养神职人员，而是切实为国家服务的军事人才与工程技术人员。最后，大革命时期提出众多世俗化教育改革方案，采取各种措施来实现教育与宗教的脱离。1789 年之后的法国处于革命爆发、社会激烈动荡的阶段，许多新的教育改革法案接二连三地被提出，但由于政府频繁更替，并没有哪一个法案能够真正得到确切的落实。无论如何，这些法案带来了教育世俗化的开端，彻底摧毁了天主教在教育领域独尊的局面，同时也为拿破仑建立完整的国家教育体制构建奠定了坚实的基础。

第一节　18 世纪法国的社会变迁与文化发展

本节的讨论主要是关于 18 世纪法国教育世俗化发生的宏观社会背景。教育世俗化是在整个社会世俗化的大背景中发生的。社会世俗化包括：君权神授的绝对主义专制统治危机带来的世俗化；天主教自身危机带来的世俗化；启蒙运动对理性的弘扬。

一、君权神授的绝对主义专制统治危机带来的世俗化

从 5 世纪克洛维(Clovis，465—511)建立墨洛温王朝时起，法国与天主教

就建立了互相合作与彼此利用的关系。法国国王得到天主教的祝圣成为神的代理人，从而获得统治的合法性；天主教的宗教信仰也得到国王的保护和促进。到了17世纪，激烈的国际竞争以及随后波旁家族和哈布斯堡家族之间的残酷战争不可避免地导致中央权力的强化。随着加强中央集权措施的不断实施，路易十四借助最高议会以及地方和国内部级议会，亲自统领一个高度集权的国家机器，形成一个更有效的中央集权式政府。同时，他根据高卢主义来处理王权与教权的关系。高卢主义主张法国罗马天主教徒有独立于教宗绝对权威的自由，与教皇权力至上主义相对。路易十四强调国王的权力是神授予的，他的权力只来自神，无须教皇为中介。作为路易十四家庭教师的雅克·博絮埃（Jacques Bossuet，1627—1704）主教指出：法国国王是以色列众王的继承人；国王只对上帝负责，高居所有其他凡人之上；国王的权力不是专制的权力，不是暴君的权力，而是神意的体现。他还在1707年撰写的《由圣经文本谈政治》中指出，作为一位君主，国王不只是代表个人，而是一个公共人物，整个国家系于他一身。这种王权高于教权的观点通过1682年3月法国教会召开的特别大会表决通过"四条款宣言"得以落实。① 这样，路易十四就在具有民族性的教权支持下建立起绝对主义专制的统治，他那句著名的"朕即国家"充分表明国王作为单一的政治权威，取代了教会和贵族的传统权威，国家的利益压倒了一切利益。

正如修道院长雷纳尔所说，"国家不是为宗教而生，相反宗教是为国家而生"②，此时教会已沦为君主庇护的对象与统治的工具，但二者之间的关系依

---

① 该宣言第一条款声称，圣座的权威只能是精神上的，"根据神的意旨，在世俗事务中，诸国王与君主不可臣服于任何教会权威，教会领袖不得直接或间接地废黜他们，亦不能免除臣民对国王或君王的忠诚和服从，解除他们的效忠宣誓"。第二条款宣称，公会议高于教皇，教皇的权力受公会议和习惯法之限制。第三条款直接为高卢教会的自由而辩护。第四条款否认教皇无谬论一说，即使在信仰方面，它也宣称教皇的决议应征得各教会的同意。

② Adrien Dansette, *Religious History of Modern France*, Vol.1, New York, Herder and Herder, 1961, p.5.

旧密不可分。正所谓"天主教会中的国家，国家中的天主教会"，天主教会是君主专制统治合法性的辩护者，专制君主是天主教会利益的保护者。国王维护教会的独尊地位，教会则教导信徒服从权威，为专制统治造就恭顺臣民。首先，教会严格的中央集权等级结构模式成为法国社会君主集权等级国家制度的基础与楷模。法国社会分裂为三个等级，三个等级在数量上分布极不均衡：教士大约有15万人，贵族约为50万，而第三等级的那些无名而卑微的大众在大革命前夜是2450万。① 这一结构最突出的特征是特权者的存在，最令人厌恶的税收特权几乎完全豁免了贵族和教士的税收，这些人的寄生性几乎被制度化了。其次，教士过度参与世俗管理，并占有大量财富。从亨利三世到路易十五的200多年时间里，耶稣会士始终担任国王的忏悔神父。利用这种特殊地位，教会直接参与政治活动，辅佐国王治理国家。在地方，教区神父起到传达和执行中央意志，连接村社和中央权力的重要作用，成为国王不领薪的公职人员。作为交换，国王则强制他的臣民信奉天主教，给予天主教会大量的特权，包括公共崇拜权、民事登记权、独立的司法权和教育控制权等，教会渗透进各种社会体系中，在公共生活中具有强大的控制权和影响力。② 同时，天主教会还占有大量财富。教会占有全国1/10的土地，却享有免税特权。此外，教会还有权征收什一税，接受教徒馈赠。在大革命爆发前，天主教会财产总值30亿法郎，每年收入高达1.8亿法郎，其中地产收入8000万法郎，什一税收入8000万法郎。③

因此在革命者看来，君主专制统治与教会彼此渗透、相互支撑，要打破等级制度、追求平等，要挣脱王权与教权的枷锁、追求自由，就要攻击国家

① [法]乔治·杜比主编：《法国史》中卷，吕一民等译，751页，北京，商务印书馆，2010。

② 郑崧：《国家、教会与学校教育：法国教育制度世俗化研究（从旧制度到1905年）》，38页，上海，学林出版社，2008。

③ Adrien Dansette, *Religious History of Modern France*, Vol.1, New York, Herder and Herder, 1961, pp.7-8.

制度，也就必须要摧毁教会制度。在托克维尔看来，之所以革命者与教会为敌，"并非因为它是一种宗教教义，而是因为它是一种政治制度；并非因为教士们自命要治理来世的事务，而是因为他们是尘世的地主、领主、什一税征收者、行政官吏；并非因为教会不能在行将建立的新社会占有位置，而是因为在正被粉碎的旧社会中，它占据了最享有特权、最有势力的地位"①。同时，正是因为尘世君王的权力加强，教会势力已然随之削弱，教会是"他们进攻的整个庞大建筑物中最为暴露、最缺乏防御的部分"②。

二、天主教自身危机带来的世俗化

18世纪的法国是一个建立在宗教基础上的社会。天主教是绝大多数法国人信仰的宗教，对于这些法国人来说，天主教既是他们的精神皈依，也是日常生活的态度，更是作为法国人的身份认同。有人说当时的法国人"生来就是基督徒"。民事登记由教士掌握，教区内"领圣体者"的人数大约就是教区内成年人的数字，宗教游行、圣骨崇拜、朝圣是非常具有吸引力的。在当时的法国农村，4000个教区中只有6个教区有超过1/10的居民没有按时参加天主教的活动和仪式，而那些没有参加的人大多数是处于社会边缘，如流动职业者、士兵、妓女以及像奸夫或放高利贷者这样的当时社会公认的罪人。③霍尔巴赫曾描述过当时人们的宗教态度和宗教习惯：

> 大多数的人只是凭着习惯信奉自己的宗教；他们从来没有考量过自己皈依宗教的理由，没有考量过自己的行为的动机，自己的意见的基础；因此人人都认为对自己最重要的那种东西，永远是他们

---

① ［法］托克维尔：《旧制度与大革命》，冯棠译，47页，北京，商务印书馆，2009。
② 同上书，192页。
③ Ralph Gibson, *A Social History of French Catholicism*, *1789-1914*, London and New York, Routledge, 1989, p.1.

最怕加以深究的东西；他们遵循着祖先为自己指出的道路；他们信教，是因为自幼就听到别人告诉他们必须信教；他们希望，是因为自己的祖宗就希望过；他们战栗，是因为自己的先辈就战栗过；他们几乎从来就没有想到过考量一下自己信仰的动机。只有极少数的人才有闲暇考察，或者有能力审视自己习惯崇拜的对象，自己轻率皈依的对象，自己按照传统畏惧的对象……①

上面讨论的是 18 世纪特别是大革命前法国社会整体的宗教信仰情况，但实际上 16 世纪的宗教改革也影响到了法国，从而使得天主教一种信仰独尊的地位受到了威胁。路德精神的传播使得人们变得更加好奇大胆，他们怀疑、抛弃基督教传统，不断有天主教徒改宗，甚至出现了不信宗教的思潮。亨利四世虽然基于政治需要而脱离新教皈依天主教，但为了消除宗教战争的危险，于 1598 年 4 月公布"南特敕令"，强调信仰自由或临时共存，规定法国新教徒权利和特权宪章。该敕令在君主制的天主教国家内部创建了一个新教国家，遭到教皇、教会和各大学的谴责。到了路易十四时期，为了形成"一个国王，一种法律，一种信仰"的大一统局面，他在 1685 年颁布"枫丹白露敕令"，废除了赋予胡格诺教徒信仰自由权利的"南特敕令"，大量胡格诺教徒不得不逃亡国外。

但在国王接下来解决詹森教派时却引发了旷日持久且影响深远的激烈争论。特别到了 18 世纪，通过围绕"乌尼詹尼图斯通谕"的争论，詹森主义已成为反对政府绝对主义的宗教表述，从而也加速了非基督教化作用的凸显。1713 年罗马教皇克莱芒十一世颁布"乌尼詹尼图斯通谕"，谴责詹森派当时的领袖帕斯基埃·盖内尔（Pasquier Quesnel，1634—1719）的著作《新约道德沉思

①　北京大学哲学系外国哲学史教研室编译：《十八世纪法国哲学》，552~553 页，北京，商务印书馆，1963。

录》中的 101 条论点。通谕中的第 91 条重申了教皇有权干涉所有教会内部事务，并在理论上拥有将任何教徒包括世俗的国王革除出教的权力。这与 1682 年法国天主教会的"四条款宣言"相违背。然而年迈的路易十四于 1693 年与罗马教皇取得和解，背离了四条款的高卢主义原则，转而支持教皇权力至上。1714 年 2 月，当路易十四将"乌尼詹尼图斯通谕"送往巴黎高等法院注册时，引发了激烈的争论。法官们认为该谕旨逾越了教会精神权力的界限，有损高卢教会的自由。高等法院本身与王权一样古老，是法国国家宪制的基本组成部分，是将国王与臣民联系为一个整体（国家）的制度保障。高等法院的介入标志着 17 世纪的宗教争论转变为世俗的政治权力和宗教的精神权力之争。多方政治力量包括教会、王权以及高等法院都卷入了旷日持久的争论，其带来的影响包括：第一，公共舆论成为绝对主义王权政体中一种新的裁决力量，君主不再作为政治行为中唯一的最终裁决权威。争论过程中，高等法院将呈递给国王的谏诤书出版发行，公之于众，寻求社会力量的支持与合法性依据，突破了绝对主义专制体制的运行原则。同时在公共舆论中，新的意识形态话语的构建和传播促进了对王权与教权的突破。例如，有人注意到"我们年轻人的常用语里，像'为国王服务'不再挂在嘴上了……可以说，我们已用'为国家服务'替代了'为国王服务'"①。第二，詹森派和高等法院的共同宿敌耶稣会于 1764 年被赶出法国，而耶稣会曾经是法国绝对主义君主专制最有力的支持者。詹森教派作为天主教内部的改革者，反对教会等级体制，他们带有民主色彩的宗教主张不仅是对天主教体制的挑战，而且也是对绝对君主制的挑战。高等法院则作为世俗权力的代表，其重要地位日益凸显。第三，高等法院和詹森派在论战中反教权主义的宣传，无疑是 18 世纪法国"非基督教化"（dechristiansation）的一种重要推力。根据伏维尔（Michel Vovelle）对 18 世纪法

---

① Simon Schama, *Citizens: A Chronicle of the French Revolution*, New York, Alfred A. Knopf, 1990, p.103.

国非基督教化的统计分析，非基督教化的高潮年代，即 18 世纪 20 年代晚期、30 年代早期以及 50 年代，恰是宗教争论激烈的年代。① 达让松侯爵（Marquis d'Argenson，1704—1771）在他的日记和回忆录里记述道，1753 年在他的教区里，参加复活节活动的人减少了一半。他认为，这种"宗教在法国的失势"，并非英国哲学影响的结果，而是"这些天来泛滥的对教士的憎恶感情。宗教首脑人物几乎不敢在大街上露面，以免遭到围攻嘲骂"。他进一步补充道："所有这一切都是因为乌尼詹尼图斯通谕以及流放高等法院。"②伦敦大学前法国革命史讲座教授科本（Alfred Cobban）这样评价："1789 年之前，哲学家们在有教养的公众当中散播了非宗教的思想，高等法院则给予了教会最重大的打击。"③

　　18 世纪下半叶法国开始出现西方学者所讨论的"非基督教化"的现象，以及基督教社会世俗化的表现，包括宗教实践的减少、反对教权、否定忏悔、道德价值观的变化、社会和个人行为的世俗化等。④ 就连宗教职业本身也出现了危机，在当时的法国各教区中，圣职任命持续下降，70 年代达到最低点。在 40 年时间里，教士人数减少了 23%。女修会的招募人数从 40 年代的每年 2080 人下降到 80 年代的每年 1170 人。⑤ 正如罗杰·沙尔捷（Roger Chartier）所说："可以肯定，在 18 世纪的最后几十年，世俗化或文明化（那个时期的用语）在经过几个世纪的发展之后达到了高潮。它的基本趋势是所有的神话都破

① 洪庆明：《宗教争论与 18 世纪法国的政治转变》，载《上海师范大学学报（哲学社会科学版）》，2008(2)。

② Dalek Van Kley, *The Religious Origins of the French Revolution: From Calvin to the Civil Constitution, 1560-1791*, New Haven, Yale University Press, 1996, p.171.

③ Alfred Cobban, *A History of Modern France*, New York, Penguin Books Ltd., 1963, p.89.

④ Daniel Roche, *France in the Enlightenment*, Cambridge, Harvard University Press, 1998, p.581.

⑤ Ralph Gibson, *A Social History of French Catholicism, 1789-1914*, London and New York, Routledge, 1989, p.4.

灭，所有的神秘事物都被消除，以表明社会是一个公民社会，所有的社会活动都是公开的。"①

三、启蒙运动对理性的弘扬

启蒙运动的代表性人物"都共同具有一种由科学方法而激发产生的思想态度，并在对事物的实证研究中寻找直至当时仍被各种'偏见'遮蔽的事物间的相互关联，从而取得新的更为深入的解释"②。启蒙运动哲学是一种经过更新的"才智"，一种新的"视角"。这种更新指的是更新整个世界观，不再是围绕传统的，尤其是基督教的神启，而是恢复自由的接受理性控制的人的世界观。这一"才智"或"视角"的原动力也不再是信仰，而是真正具有启示作用的理性。这种理性一方面指笛卡尔哲学的理性，即固有观念以及人性的公理原则，另一方面是与之同时缓慢发展的实验理性，二者之间相互得到启发。笛卡尔的唯理主义为法国当时的思想与文化界提供了精神氛围，洛克的经验论则被广泛运用于社会生活问题，特别是他的社会政治学说提供了国家政体改革的实践指南。一种理性思考与实践证明相结合的价值判断逐步形成，摧毁作为教条、传统和形而上学的宗教帝国的哲学基础，从而在物质世界与人类社会的实践中寻找真理。也就是说，18世纪启蒙运动的特点就是在自然科学迅速发展的基础上，人们开始依照理性原则审视自己与他人以及整个世界的关系，突破权威的压制和偏见的束缚，把一切现象都归于自然或理性，并以这种自然或理性的法则去衡量和评判一切现存事物，证明"以往的一切社会形式和国家形式、一切传统观念"，都应"被当做不合理的东西扔到垃圾堆里去"③，证

---

① Roger Chartier, *The Cultural Origins of the French Revolution*, Durham and London, Duke University Press, 1991, p.102.

② [法]乔治·杜比主编：《法国史》中卷，吕一民等译，770~771页，北京，商务印书馆，2010。

③ 《马克思恩格斯全集》第20卷，20页，北京，人民出版社，1973。

明"迷信、偏私、特权和压迫，必将为永恒的真理，为永恒的正义，为基于自然的平等和不可剥夺的人权所排挤"①。

近代科学的迅速发展，是法国产生启蒙运动的重要条件。18 世纪各门科学开始形成独立的学科，出现全面发展的趋势，特别是数学和力学的发展。最具革命性意义的是牛顿世界体系的提出，它是之后几乎所有科学发现的基础，也是法国启蒙思想的科学基础。伏尔泰在 18 世纪 30 年代先后出版《哲学通信》《牛顿哲学原理》来介绍牛顿学说，使其在法国思想界、科学界得到广泛传播。科学家和哲学家们开始试图揭示各门科学的相互联系，形成关于自然的统一的知识体系。狄德罗指出，自然界中"一切事物都以不被察觉的差异而彼此连续着"。他们编纂《百科全书》，就是试图建立一切科学和一切技术的谱系，指出组成自然界的那些事物的或远或近的联系，试图把以往科学的成果作为互相联系的统一整体，作为"人类知识之树"表现出来。科学的发展促使法国启蒙运动洋溢着崇尚理性、确信社会进步的乐观主义精神。人们相信科学能揭示"自然之光"，也能点燃"理性之光"，引导大家从黑暗走向光明。

正是"理性之光"的点燃，促使人们以自然或理性为标准展开了针对基督教的宗教批判与针对绝对主义君主专制的社会批判。进行批判的人物有的是自然神论者，如伏尔泰、孟德斯鸠、孔狄亚克等；有的是无神论者，如狄德罗、霍尔巴赫、爱尔维修等；有的是在新教与天主教之间徘徊的有神论者，如卢梭；还有身为天主教神甫却在悄悄进行宗教批判的让·梅叶（Jean Meslier，1664—1729）等人。他们宗教批判的侧重点不同，达成的结论也相去甚远，但他们都对当时社会中的宗教愚昧现象和天主教会的思想专制局面进行了无情的针砭，揭露和摧毁了封建专制赖以维系的宗教基础。②

从 18 世纪 20 年代开始，由于伏尔泰和孟德斯鸠等人活动的广泛影响，

① 《马克思恩格斯全集》第 20 卷，697 页，北京，人民出版社，1973。

② 赵林：《古典主义与启蒙运动》，载《法国研究》，2004(1)。

启蒙运动逐渐开展起来，在50年代形成高潮，直至18世纪法国大革命爆发前后，在自然科学、哲学、政治学、经济学等各个领域，向封建绝对主义专制制度及其精神支柱天主教神学展开了一系列批判和攻击，"宗教、自然观、社会、国家制度，一切都受到了最无情的批判"①。天主教神甫梅叶在《遗书》中指出：一切宗教，尤其是基督教都是荒谬和虚伪的产物，它们的基本原理和主要论点都是违反自然和理性的。他指责教会与专制政府"情投意合，像两个小偷一样，互相庇护支持"②。梅叶可以说是18世纪法国启蒙运动的开路先锋，他的唯物主义哲学观与无神论对启蒙运动影响巨大。他去世后第二年，以批判宗教神学为核心的《遗书》手抄本开始秘密流传。后来，伏尔泰和霍尔巴赫分别编选《遗书》摘要本公开出版，受到广泛欢迎。

伏尔泰认为宗教迷信和教会统治是人类理性的主要敌人，一切社会罪恶都源于教会所散布的蒙昧主义，造成社会上普遍的愚昧和宗教狂热。③ 他撰写相关著述达100多种，批判教士的盲目狂热，批判基督教信仰的荒谬，指出基督教就是建立在"最下流的无赖编造出来的最卑鄙的谎话"基础上的，是"最卑鄙的混蛋做出的各种最卑劣的欺骗"的产物，教会史从头到尾就是一部充满迫害、抢劫、谋杀和胡作非为的肮脏历史。"你们曾经利用过无知、迷信、疯狂的时代，来剥夺我们的地产，把我们践踏在你们的脚下，用苦命人的脂膏把自己养得肥头胖耳。现在你们发抖吧，理性的日子来到了！"④他批判、反对绝对主义封建专制制度，但不反对君主制，他希望能够出现一位"开明君主"消灭一切偏见和宗教迫害。伏尔泰在《哲学辞典》中写道："一切享有各种天然能力的人，显然都是平等的；当他们发挥各种动物机能的时候，以及运

---

① 《马克思恩格斯全集》第20卷，19页，北京，人民出版社，1973。
② [法]让·梅叶：《遗书》第1卷，陈太先、眭茂译，9页，北京，商务印书馆，2009。
③ 李凤鸣、姚介厚：《十八世纪法国启蒙运动》，91~92页，北京，北京出版社，1992。
④ 北京大学哲学系外国哲学史教研室编译：《十八世纪法国哲学》，88页，北京，商务印书馆，1963。

用他们的理智的时候，他们是平等的。"①伏尔泰还积极投身于与教会的实际斗争，在"思想的启蒙"之外，伏尔泰也带来了"行动的启蒙"。

　　孟德斯鸠从自然神论出发，谴责宗教迷信对科学的危害，要求把科学从宗教束缚中解放出来，揭露天主教神学教义烦琐混乱，荒谬可笑，虚伪残酷，给人类生活造成极大危害。1748年他出版《论法的精神》，这部历经20年的辛勤劳动成果被伏尔泰称为"理性和自由的法典"，其主旨是"三权分立"和"法律治国"。孟德斯鸠在《论法的精神》中开宗明义地指出："从最广泛的意义来说，法是由事物的性质产生出来的必然关系。在这个意义上，一切存在物都有它们的法。上帝有他的法；物质世界有它的法；……人类有他们的法。"②也就是说，世界上各类事物各有其自身固有的规律与法则，人类社会的法，由不得上帝来包办代替。他认为人类的法就是人的理性，法就是理性和各种事物的关系，也是各种事物彼此之间的关系。法在各个国家，具体表现为政治、法律等各种社会制度。好的国家制度应当符合人类的理性，处理好各种社会因素的关系，非常适合于该国人民。③孟德斯鸠批判绝对主义的君主专制，批判君主把全部权力集中于一身。他以统治人数多少和国家所实现的目的为标准，把国家分为共和政体、君主政体和专制政体，主张建立君主立宪政体。他继承洛克的分权思想，明确提出司法独立原则和制衡原理，建立立法、行政、司法三权分立的学说，奠定了资产阶级建立宪政的理论基础。

　　如果说伏尔泰和孟德斯鸠还留恋君主制，那么卢梭则试图建立民主共和国。卢梭政治思想的基本原则就是社会契约和主权在民。卢梭认为在原始时代的自然状态中，人人享有平等与自由，只是后来出现了私有制，社会才出现了不平等，于是才有了罪恶。只有当不平等达到顶点，人们用暴力打碎专

---

① 北京大学哲学系外国哲学史教研室编译：《十八世纪法国哲学》，88页，北京，商务印书馆，1963。

② [法]孟德斯鸠：《论法的精神》上册，张雁深译，1页，北京，商务印书馆，1961。

③ 李凤鸣、姚介厚：《十八世纪法国启蒙运动》，125页，北京，北京出版社，1992。

制政府，实现新的社会契约的平等，才能再次重获自由。"用理性的天平去衡量一切。"卢梭推崇自然，他有一句名言——"出自造物主之手的东西，都是好的，而一到了人的手里，就全变坏了"①。卢梭既站在自然宗教的立场反对无神论，同时又与伏尔泰、百科全书派一起投入反对封建专制的精神支柱天主教的斗争中。他指责天主教是最狂暴的专制主义，操纵政治，挑起宗教战争，进行残酷宗教迫害，制造的"尽是世人的罪恶和人类的痛苦"②。

18世纪40年代以后，以狄德罗为首的百科全书派形成，把启蒙运动推向高潮。启蒙运动思想的各个方面都在《百科全书》中得到集中体现，人们称它既是一部书，也是一种"行为"。1745年狄德罗受聘开始编撰《百科全书》，之后他邀请欧洲著名数学家、法兰西科学院院士达朗贝尔担任副主编，并负责撰写数学与自然科学条目，同时邀请伏尔泰、孟德斯鸠和卢梭等百余人参与编撰工作，形成著名的百科全书派。1751年《百科全书》的第1卷问世，到1772年总共出版正编28卷。这部著作试图对这一世纪中已获得的知识予以总结，它展示了人们对自己生活世界认识所可能达到的非凡程度。狄德罗和达朗贝尔在书中鼓励读者们展开自己的思考，在科学与历史，而不是圣经或天主教会的教义中寻找真理。书中指出人的幸福掌握在人自己手中，人能够理解一切和实现一切，只要他从阻碍他进步的枷锁中解放出来。达朗贝尔在《百科全书》的绪论中明确提出："应该毫无保留地、直截了当地研究一切、撼动一切。"尽管《百科全书》价格昂贵，但从问世起，预订者达到4300人，同时它也遭到了天主教会的猛烈抨击，在1759年一度被查禁。然而迫害反而成就了该书，促进了它的成功。《百科全书》为1789年法国大革命提供了精神支持和思想准备。

轰轰烈烈的启蒙运动试图发动一场让人类摆脱作为宗教教条的偏见以及

---

① [法]卢梭：《爱弥儿：论教育》上卷，李平沤译，1页，北京，人民教育出版社，1985。
② [法]卢梭：《爱弥儿：论教育》下卷，李平沤译，408页，北京，人民教育出版社，1985。

宗教狂热的思想革命，但从根本上说，启蒙思想家们对宗教和宗教教育的批判是对不符合时代发展和社会进步需要的天主教及天主教教育的批判，而不是要彻底抛弃宗教信仰和宗教教育。① 虽然如此，启蒙运动始终标志着新时代的开始。宗教学家詹姆斯·C. 利文斯顿（James C. Livingston）把这个新时代的特征归结为"一种挣脱神学控制的文化"。他说："启蒙运动标志着国家和社会从教权桎梏下得到解脱，标志着以世俗性为主要特征的文化正在兴起。现代社会政治生活的理论和规范，不再出自圣经启示或教会权威，而凭借自然理性和社会经验独立地得出。启蒙运动以及 18 世纪以来现代文化的一个基本特点，就是西方文明与教会权威和神学教条日益分道扬镳。"②启蒙运动推动新思想渗入各个社会阶层，从资产阶级直至地位低下的乡村神甫或是小学教师。新思想通过无数渠道得以广泛传播，改变了人们的精神和道德。新的世界观得以形成，年青一代资产阶级或贵族要么对宗教颇为冷淡，要么崇尚自然神论。

第二节　天主教控制下的普通教育

18 世纪初法国的初、中、高等教育的发展是迟缓的，学校控制在教会手里，初等学校的普及程度极低，各级学校中宗教神学占主导地位，教学内容陈旧，学校与生活脱节，教学方法上盛行灌输、背诵、惩罚，忽视学生身心发展的特点，权威主义严重。这种情况一直到 18 世纪中叶都没有大的变化。同时，三个等级的教育之间并不是一个可以相贯通的完整体系，而是各自

---

① 郑崧：《国家、教会与学校教育：法国教育制度世俗化研究（从旧制度到 1905 年）》，69 页，上海，学林出版社，2008。

② ［美］詹姆斯·C. 利文斯顿：《现代基督教思想——从启蒙运动到第二届梵蒂冈公会议》上卷，何光沪译，3 页，成都，四川人民出版社，1992。

为政。

王朝统治时期，法国国王为了巩固自己的统治，彰显其政权的合法性，一贯采取坚决保护天主教会的政策，维护其正统独尊的国教地位，承认教会所拥有的各种特权。路易十四自诩为"天主教的保护者""笃信基督的国王"。为了形成"一个国王，一种法律，一种信仰"的大一统局面，他在1685年颁布"枫丹白露敕令"，废除了赋予胡格诺教徒信仰自由权利的"南特敕令"。法国国王与天主教会还用刺刀、金钱和关闭新教教育机构等措施强迫新教徒改宗，皈依天主教。在经济上，天主教会占有全国1/10的土地，却享有免税特权。此外，教会还有权征收什一税，接受教徒馈赠。在大革命爆发前，天主教会财产总值30亿法郎，每年收入高达1.8亿法郎，其中地产收入8000万法郎，什一税收入8000万法郎。① 除每年向国王提供占总收入1%~3%的捐赠外，教会还承担着今天由国家负责的赈济、医护、教育等社会公共事业。

一、初等教育

从查理曼帝国开始，法国的初等教育就一直由教会控制。789年查理大帝颁布通令，要求各教堂在全国各地开办学校，向各阶层儿童实施读写教育，要求教堂和牧师召集一些孩子，"不单是依附人的子弟们，并且包括自由人的孩子们。要设立学校以教育儿童识字"②。通令中还指出了儿童的读写内容，包括正确诵读和抄写福音书、赞美诗、弥撒书。16—18世纪，法国社会处于教派不断争斗的状态，此时期的初等教育成为各教派宗派争斗的工具。从16世纪末开始，法国出现了许多以实施初等教育为宗旨的教会团体，如1592年所建立的基督教教义会众社，1598年成立的致力于女子教育的诺特尔达姆修

---

① Adrien Dansette, *Religious History of Modern France*, Vol.1, New York, Herder and Herder, 1961, pp.7-8.

② 郭守田主编:《世界通史资料选辑: 中古部分》，42页，北京，商务印书馆，1964。

女会等。

路易十四在 1685 年颁布"枫丹白露敕令",废除了赋予胡格诺教徒信仰自由权利的"南特敕令"。新的敕令第七条明确规定:"朕禁止为教育该宗教信徒之儿童而设立的任何的专门学校;总之,无论何种事物,凡能导致或在一定程度上意味着上述宗教之存在者,均在禁止之列。"①同时,他还将没收的新教财产拨给天主教会,用以支付小学教师的酬金。1695 年他发布敕令规定:"乡村小学教师由教区本堂神甫或其他有权做此决定的教会认识认可;大主教、主教或代理主教视其必要,可在巡视中考察教师对教理问答书的掌握程度。若教师未能满足教理要求或品行不端,大主教、主教或主教代理可下令由其他人员取代其职。"王权将小学教师的任命、监管与撤职权力全部交给了天主教会。这样,天主教会就成为法国理论上唯一合法可以开办学校的机构。天主教会多次在宗教会议上责成各教区创办和发展教区学校。至 1789 年,在教区资金支持下,在 3.7 万个教区中,已有 2.5 万个教区开办了小学。每年天主教会在中等教育上支出 3000 万法郎。②此外,天主教会往往是地方教育慈善基金的管理者,这类基金是免费教育的保障。

为 18 世纪法国初等教育作出巨大贡献的是拉萨尔神父,以及他于 1684 年在卢昂建立的基督教学校兄弟会。1724 年该会获得国王和教皇的正式批准。该会的宗旨是用本族语为劳动者子女提供免费初等教育,并将耶稣会在重点教育方面的工作推广到初等学校。除初等学校外,该会还为从事工商业的孩子开办了少量半工半读的补习学校。基督教学校兄弟会的学校最初遭到来自教会和民政部门的双重反对,学校发展缓慢。兄弟会建立 35 年以后,到 1719 年拉萨尔去世时,共有 1 所综合性师范学校、4 所师范学校、3 所实习学校、

<hr>

① 辜燮高等选译:《十七、十八世纪的欧洲大陆诸国》,26 页,北京,商务印书馆,1986。

② Adrien Dansette, *Religious History of Modern France*, Vol.1, New York, Herder and Herder, 1961, pp.9-10.

33所小学,1所补习学校。到1789年法国资产阶级革命时,基督教学校兄弟会已有116个组织,920名教师,550个班级,3.6万名学生。[①] 到1792年被取缔时,它在法国的121个社区和国外的6个社区办有学校,会员约1000人,在校学生约3万名,占当时法国学龄儿童的1/175。

拉萨尔的《办学章程》到1720年才公布,主要内容包括:

(1)"基督教学校兄弟会"组织是一个免费指导学校工作的团体。本会的宗旨是为儿童提供基督教教育。本此目的,凡是从早到晚,儿童都在教师管理之下,以便教师能依据我们神圣的宗教原理指导他们,教给他们基督教的概念,给予他们适宜、充分的指导,从而教会他们诚实、正直地生活的学校,本会会友都予以指导。

(2)本会的精神就是信仰的精神,它鼓励其成员将一切奉献于上帝,永不间断地完全遵照上帝的命令和意志行动。兄弟会的成员应充满高昂的热情去教授儿童,使他们保存天真及对上帝的敬畏,与罪恶完全绝缘。

…………

(20)他们要教他们的学生读、写法语和拉丁语。

(21)他们也要教学生正字法、算术,晨祷和晚祷:圣父经、福哉,圣母玛利亚经、信经和忏悔经及这些祷文的法语译文,上帝和教会的十诫、会众与牧师轮流应答的祈祷文、教义问答、基督徒的义务,以及圣经中我主留给我们的箴言。

(22)他们每天要教半小时的教义问答。

…………

(30)他们要对所有贫苦的学生一视同仁,要爱穷人事业更甚于

---

① 任中印、李文奎主编:《外国教育通史》第3卷,74页,济南,山东教育出版社,1990。

爱富人事业，因为本会的目标就是教育穷人。

…………

（42）他们要极其谨慎小心地不揪学生的耳朵，不扯他们的头发，不拧他们的鼻子，也不向他们投掷任何物品；诸如此类的惩罚不应为会员们所施行，因为这些行动是极不得体的，违逆了博爱及基督徒的仁慈。

（43）他们不要在祈祷或进行教义问答的时候惩罚学生——除非学生不听从规劝。

…………

（58）会员中的长老即是所在集镇所有学校的督学；当兄弟会的一个团体需要不止一个督学时，其他的督学则要一周两次向长老汇报每一位会员的操行、他所指导班级的状况及其学生的进度。①

兄弟会的学校实行班级制，学生学习读、写法文拼音并用法文写简短作文。学好上述功课的学生再学习拉丁文赞美诗。写字教学中特别注重学写单据、便条、收据等。在算术和教义问答课中，允许学生发问，以便透彻理解所学内容。学校注重宗教教育，每天有半小时教义问答课，每天做弥撒，墙上挂着耶稣被钉在十字架上的图像，经常可以看到有两三个学生跪着数念珠。学校实行温和纪律，但校规中有惩罚的规定，学校严禁高声喧哗。

从兄弟会的教团学规中，我们可以看到，其教育本质是宗教教育，其目的是为了宗教的发展，为了教育对象能够将一切奉献给上帝，教育内容以圣经为主。但同时我们也可以看到世俗化的取向。首先，兄弟会的教育因免费且面向穷苦儿童而具有慈善性，这样就使更多的第三等级民众有了接受教育

① ［美］E. P. 克伯雷选编：《外国教育史料》，华中师范大学教育系等译，313~315 页，武汉，华中师范大学出版社，1991。

的机会。其次，兄弟会的教育因实施本族语——法语的教学，而蕴含着民族性的萌芽，这些努力标志着用本族语教学的法国免费初等教育的开始。

为了培养教师，拉萨尔于 1685 年在兰姆开办了西方教育史上最早的师范学校之一。以后他又在巴黎开办了另一所师范学校。师范学校的学生除接受宗教教育和教育工作的专业训练外，还在有经验的教授指导下到实习学校进行教育实习。

二、中等教育

1685 年路易十四废除"南特敕令"以后，新教徒失去宗教自由，耶稣会全面控制法国的中等教育。路易十四统治时期，耶稣会的教育活动达到鼎盛，共接收了 4 万名法国学生。根据 1749 年汇编的耶稣机构的最后一次统计数据，不包括神学院，耶稣会在法国共开办了 89 所世俗学校。[1] 到 1789 年，法国共有中学 562 所，学生 7.3 万人。天主教中学共设 3249 份奖学金，并让30173 名学生享受免费教育，两项合计受益学生占学生总数的 46%。[2]

耶稣会的学校以高质量教学而著称，是当时欧洲最好的中等学校，长期承担着培养知识精英的责任。耶稣会从产生之初就有着明确的教育目标和教育计划，特别是 1599 年公布的"教育计划"，详细阐明了耶稣会教育的目的、性质、任务、学校管理、课程设置、教学内容和方法，以及对教师、学生的具体要求和规范，成为以后的两个多世纪里世界各地耶稣会教育的最高准则和统一规章。[3] 耶稣会的学校教育主要面向上层社会，教学内容以宗教神学和

---

① [英]A.古德温编：《新编剑桥世界近代史第 8 卷：美国革命与法国革命，1763—1793》，中国社会科学院世界历史研究所组译，211 页，北京，中国社会科学出版社，1999。

② R. R. Palmer, "Free Secondary Education in France before and after Revolution," *History of Education Quarterly*, Vol.14, No.4, 1974, pp.437-452.

③ 邢克超、李兴业：《法国教育》，24 页，长春，吉林教育出版社，2000。

古典语文为主，被称为"现代世界第一个真正的教育体系"①。

　　作为从事教育事业的主要宗教团体，1700 年时的耶稣会已拥有 150 所学校和 6 万名学生，在接受中等或高等教育的法国青年中，大约一半是由耶稣会培养的。然而，17、18 世纪那些知名的自然神论者几乎全部出自耶稣会的学校，1715 年后，人们发现社会精英阶层的新一代中不单有人数众多的自然神论者，还出现了众多的无神论者。笛卡尔主义哲学的传播把怀疑和自由批判的精神带到各个领域，引发了一股不信教的浪潮。新一代"思想自由"的作家更加信奉理性主义，对基督教义的批判也更为系统。这一代人的代表人物是圣埃弗尔蒙（Saint-Évremond，1614—1703）和《关于人类世界之多元性的谈话》（1686 年）的作者丰特内尔（Bernard Le Bovier de Fontenelle，1657—1757）。两人都出自耶稣会中学。这就对耶稣会哲学教育的内容提出了问题。让·德·维格里（Jean de Viguerie，1935—2019）发掘了耶稣会神甫们的课本，通过研究，他发现在 17 世纪末，经院哲学已被耶稣会学校的教师们冷落。他们甚至不再谈论它。相反，他们受到当代哲学的感染，如笛卡尔和马勒伯朗士（Nicolas Malebranche，1638—1715）的哲学，后者的著作在 1674—1715 年相继问世。这些教师甚至还受到梅尔塞纳（Mersenne，1588—1648）神甫于 1620—1650 年创立的机械论物理学的浸染。这些思想家、科学家们的观点都导向了同一个结论，即排斥任何形而上学，把现象放在一边，把上帝放在另一边，这就促进了自然神论的发展。②

　　耶稣会奉行教皇至上主义，是罗马教皇的代言人，这与宗教改革后法国流行的高卢主义格格不入，因此在 1761 年巴黎高等法院裁定，耶稣会犯有弑君罪和反对高卢主义教会的教义，规定在设有其他宗教学校的城镇，耶稣会

---

　　① Willian J. O'Brien, *Splendor and Wonder：Jesuit Character, Georgetown Spirit, and Liberal Education*, Washington, Georgetown University Press, 1988, p.12.

　　② ［法］乔治·杜比主编：《法国史》中卷，吕一民等译，742 页，北京，商务印书馆，2010。

学院立即关闭，其他学院也陆续停止活动。1764 年路易十五正式决定解散法国境内的耶稣会。大革命酝酿时期，拉夏洛泰在他的《论国民教育》中指出，耶稣会教育最严重的缺点，就是完全忽视个人道德与社会道德的教育，就连很多日常的事情、共同生活的基本原则、公民社会的基础，也全被忽视，学生结束令人乏味的学校生活后，根本没有掌握用以判断行为、道德、意见和习惯的原则。[①]

耶稣会被驱逐后，该会大部分学校被"耶稣基督圣乐会"接收，圣乐会成为举办中等教育的主要力量。圣乐会是贝律尔(Pierre de Bérulle，1575—1629)在笛卡尔理性主义影响下于 1611 年为训练牧师创建的教会团体，随后该会又开办了若干学校为年轻贵族提供教育。与耶稣会不同的是，这些学校虽然也重视古典学科的教授，但引进了许多近代学科如历史(特别是法国史)、数学及地理、物理等自然科学课程。法语已经成为这类学校的教学语言之一，头四年的课程都用法语教学，甚至后几年在一定范围内也用法语教学，而耶稣会学校唯一的教学语言是拉丁语。圣乐会在法国这个时期的中等教育中的力量仅次于耶稣会，1629 年拥有中学 50 所，1710 年仍有 30 所。1773 年耶稣会被彻底逐出法国后，其学校有 6 所被圣乐会所接管。到 1792 年，属于圣乐会教团的各种教育机构共有 71 所，其中包括 30 所中心、6 所补习班和 3 所军事学校。[②]

三、高等教育

法国的大学早在中世纪晚期就享有很高的声望，其中巴黎大学、蒙彼利埃大学和奥尔良大学是最为古老的。这些是中世纪的学术中心，一般都是自

[①] François de La Fontainerie, (ed. and trans.), *French Liberalism and Education in the Eighteenth Century*, New York and London, McGraw-Hill Book Company, 1932, p.49.

[②] 滕大春主编:《外国近代教育史》，24 页，北京，人民教育出版社，1989。

治机构，主要满足宗教需要。18 世纪法国的高等教育处于停滞状态，依旧处于天主教会的管辖之下，共有 21 所大学。① 大学在宗教改革运动之后排斥新教徒，从 1638 年起还停止向新教徒颁发学位，同时极力扼杀进步思想。

由于中央集权化，18 世纪的许多法国大学在规模上都很小，有些大学甚至不能包括传统的文、法、神、医四个学院，特别是医学院常常是缺失的。1701 年仅仅在蒙彼利埃大学和巴黎大学重新组织了医学学科，1700 年法国大学开始建立法学学科，初期有三所拥有法学院的大学，其中雷恩大学和第戎大学都不具有全国的影响，仅奥尔良大学具有全国性的影响。② 到 18 世纪 80 年代，法学已经变得与神学和哲学一样吸引学生，法国大学招收了约 3500 名法学专业学生(哲学和神学专业的学生人数分别为 5000 人和 4000 人)。③

在法国高等教育历史上，巴黎大学一直居于领导位置，沿袭 12 世纪来的传统，学科分设文、法、神、医。到 18 世纪下半叶巴黎大学有 5000 名学生，其中医科学生只有 60 人。18 世纪中叶巴黎大学在教育上采取了一些改革措施，如 1747 年的"竞争考试"，以鼓励各学院之间的竞争，1751 年神学院开办希伯来语教学。1752 年首开实验物理讲座。1766 年艺术学院设置"教师资格考试"制度④，这一考试制度延续至今，成为取得法国大、中学教师资格的学衔考试。

巴黎大学反对人文主义，查封进步书籍，迫害人文主义者和新教徒。17 世纪下半叶，巴黎大学禁止使用笛卡尔的著作；宣布卢梭的《爱弥儿》为禁书，

① 这些大学是：巴黎大学、图卢兹大学、蒙彼利埃大学、兰斯大学、奥尔良大学、佩尔皮尼昂大学、奥兰治大学、安吉尔大学、埃克斯大学、卡昂大学、普瓦提埃大学、波尔多大学、南特大学、布尔日大学、杜埃大学、斯特拉斯堡大学、第戎大学、波城大学、格勒诺布尔大学、多尔大学、蓬塔穆松大学。

② [比]希尔德·德·里德-西蒙斯主编：《欧洲大学史第 2 卷：近代早期的欧洲大学(1500—1800)》，贺国庆等译，140 页，保定，河北大学出版社，2008。

③ [美]伊赛·沃洛克、[美]格雷戈里·布朗：《现代欧洲史第 3 卷：18 世纪的欧洲，传统与进步 1715—1789》，陈蕾译，343 页，北京，中信出版社，2016。

④ 李兴业：《巴黎大学》，38 页，长沙，湖南教育出版社，1988。

并当众焚毁。巴黎大学是形式主义与僵化的保守主义代表,因此在法国大革命中受到极大的冲击。1789 年 9 月,当局拒绝给巴黎大学以投票权,1791 年10 月沙普尼埃法案取消巴黎大学及其所属学校法人资格,1793 年 9 月巴黎大学的四个学院被宣布取缔,财产被卖掉。1794 年国民公会颁布法令,解散外省的 25(或 27)所大学。这是资产阶级打击封建势力和教会势力的极端手段。直到 1806 年拿破仑下令创办帝国大学后,巴黎大学才得以恢复。

四、女子教育

从 17 世纪开始,法国开始出现女子学校。17 世纪末天主教道德改革对女子教育的发展起了重要的推动作用。1680 年罗马教皇颁布命令,禁止男女合校教育,禁止男教师承担女学生的教学。这一禁令的直接结果是在包括法国在内的天主教社会形成一种不同于新教社会的男女合校的教育组织形式——男女分校教育。在条件具备的社区和城镇,独立的女子学校开始发展起来。在天主教看来,女子教育是有效控制男子和儿童行为的手段。一个虔诚的基督徒妻子和母亲可以影响和改造家庭,通过对家庭的改造以达到对社会的改造。因此天主教重视教育,由教区学校或女子宗教学校所提供的学校教育几乎是当时上层社会女子除家庭教育之外的唯一的形式化教育。不同的学校有不同的收费标准,也有免费的。收费标准的不同意味着教育对象的不同。与中世纪修女教育不同,这一时期的教会女子教育也顺应了时代的变化和要求,即女子越来越多地承担起家庭管理的责任。因此 17—18 世纪,甚至 19 世纪教会女子教育都将宗教教育和家政教育结合起来,培养具有基督徒品德的贤妻良母。

在大革命爆发前,55000 名修女中有 13000～14000 名从事女子教育,其中最大的一个从事教育的女修会——于尔絮勒女修会(Ursulines)就有 9000 余名成员和 350 余处会所，单在巴黎一地就有 34 处会所开办女子教育。① 于尔絮勒女修会不仅开办面向富裕阶层的女子寄宿学校，同时用付费的女子寄宿学校的收入来维持为穷人的女儿提供的免费教育。因此该修会有着很高的社会声望，成为大革命前法国发展最快、规模最大的教育女修会，它在女子教育中的地位相当于男子教育中的基督教学校兄弟会。

此外，由彼得·傅立叶创办的诺特尔·达姆女修会（Sisters of Notre Dame），在法国女子教育上起过重要作用，特别是在加尔文教盛行的洛林省。该会为商人的女孩提供免费教育，除宗教教育外，还教授实际生活所需的阅读、书写、算术、缝纫和各种手工工艺。

第三节 国家与社会的世俗力量开展的职业技术教育

虽然在 18 世纪天主教一直控制着普通教育，但国家早就通过干预技术和职业教育而表现出它对教育的兴趣②，成为教育世俗化的肇端。最重要的表现就是教育目标的改变，即职业技术教育的目标不再是为教会培养神职人员，而是切实为国家培养军事人才与工程技术人员。

法国职业教育在 17 世纪就已经开始出现，当时对职业教育的建立与改革的基础是重商主义。③ 政治家们矢志不移的目标是使国家在陆海军方面成为强国，同时提高机器生产的质量与数量来占领国内外市场。到了 18 世纪，理性主义的观念、科学的发展以及人文主义的思想都有了更大的影响，特别是洛

---

① Adrien Dansette, *Religious History of Modern France*, Vol.1, New York, Herder and Herder, 1961, p.10.

② ［英］安迪·格林：《教育与国家形成：英、法、美教育体系起源之比较》，王春华等译，142 页，北京，教育科学出版社，2004。

③ Frederick Binkerd Artz, *The Development of Technical Education in France*, *1500-1850*, Boston, The Massachusetts Institute of Technology, 1966, p.56.

克的经验论在法国的教育领域影响最为显著。他在1693年出版的《教育漫话》中强调，教育应该给予孩子一门手艺或技能的实际生活训练。所有这些给当时仍然处于天主教控制之下的旧教育体系带来方方面面的冲击。启蒙思想家们也开始批判传统教育，认为教育首要的目的应该是培养满足国家发展所必需的各种人才，满足社会的实际利益。而当时的法国教育培养出来的年轻人根本不适应国家社会的需要，正如拉夏洛泰所指出的，"学生在20岁的年纪毕业进入社会就像是一个初生的婴儿一样一无所知"。

因此，18世纪最大的变化是出现了以国家或行会为主导开办的，以培养能够满足为国家服务的制图、商业、矿业、军事和土木工程等初、中、高等职业技术教育学校。在这些学校中，宗教教育不再是主导，而以职业技术教育内容为核心；教学方法不再是传统的灌输，而是理论学习与实践操作相结合。这样，世俗势力在职业技术教育领域中打开了突破天主教独尊的缺口。到大革命爆发前，已经有很多接受过职业培训的年轻人走上国家技术服务的岗位，促进了桥梁与公路建设、军事、矿业、地理勘探，以及陆海军、炮兵建设。

一、初等与中等职业技术学校的发展

中等职业技术学校的发展主要体现为制图学校以及商业学校的建设。法国海军档案馆中保存的一份档案说，"制图是一切机械工作的基础"。因此，法国地方当局开办了制图与设计学校，1741年在卢昂(Rouen)建立的制图学校目的是改善棉花印刷设计，其他的在南希(Nancy，1702年)、图卢兹(Toulouse，1726年)、波尔多(Bordeaux，1744年)、兰斯(Reims，1751年)、马赛(Marseilles，1753年)、里尔(Lille，1755年)、里昂(Lyon，1756年)、亚眠(Amiens，1758年)、格勒诺布尔(Grenoble，1762年)、第戎(Dijon，1765年)、圣奥梅尔(St. Omer，1780年)、加莱(Calais，1787年)、南特(Nantes，

1789 年)。① 其中表现最突出的是 1767 年法国政府在巴黎开办的皇家设计学校(École Royale Gratuite de Dessin),批准开办该学校的特许证书强调了法国机器生产设计与质量的重要性以及保证其高水平的必要性,学校提供数学和各种类型设计的教学。这些学校的学生年龄都在八岁以上,他们毕业后进入社会后不再是只接受过希腊语、拉丁文教育的无用的青年,而是在工业的理论与实践方面都得到过训练的年轻人。

一些商业学校也逐步开办起来,1780 年罗什福科–利昂古尔(Duc de La Rochefoucauld-Liancourt)建立私立的商业学校,该学校以战争孤儿为招收对象,后来发展成为著名的工艺与技术学校。② 最著名的商业学校是 1781 年由米卢兹(Mulhouse)的商人们集资开办的,招收 11~15 岁的学生,除了德语、法语、英语和意大利语的教学外,还包括宗教、历史、地理、写作、制图、算数、几何、三角、物理和商业。最后一个商业教学是"实践的",包括商业书信的写作实践、记账、国内外的重量换算和测量,以及如何处理所有类型的商业交易。③ 虽然该校在几年后的大革命期间就关闭了,但这并不影响该校作为商业学校先驱的重要意义。大革命时期的政府就模仿该校开办了第一所商业学校。

二、高等职业技术学校的发展

法国高等职业技术教育的真正开端要归功于旧制度下的基督教会学院培养出来的科学家和数学家们。④ 正是他们在数学与物理方面得到的严格训练,使得他们能够满足新教育的需要,成为职业教育的教师力量。高等职业技术

---

① Frederick Binkerd Artz, *The Development of Technical Education in France*, *1500-1850*, Boston, The Massachusetts Institute of Technology, 1966, p.76.

② *Ibid.*, p.80.

③ *Ibid.*, p.79.

④ *Ibid.*, p.81.

教育的兴起是由于陆海军、交通和商业等领域机械设备更新的需要，以及对于优秀的工程技术人员的需要。在法国，17世纪的时候就有了军事工程与土木工程的区别。到了18世纪，通过学徒制培养的石匠、木匠等实用技术人员已无法满足机械生产的需要，他们需要更多的数学与物理知识，这样更高层次的职业技术教育便应运而生。

法国政府历来重视军事科学，注重发展军事和航海教育。18世纪军事科学的进步是法国王朝时期及帝国时代取得军事成功的一个重要原因。法国最早的炮兵学校是1689年在杜埃(Douai)建立的，很快就分为两部分，分别迁往梅斯(Metz)与斯特拉斯堡(Strasbourg)。炮兵学校的教学包括炮兵理论与实践、数学、防御术、攻城术、制图，还有击剑与舞蹈。经过1720年的改革，炮兵学校的质量有了很大提高。1756年法国政府在拉菲勒(La Fère)开办高级炮兵学校，这是欧洲第一所提供全面的炮兵实践训练的军事学校。表现优秀的一些学生会被送到皇家军事学校继续学习，其中就包括拿破仑。炮兵学校中运用的理论学习与实践操练相结合的教学方法在18世纪后期被广泛应用于高等职业技术学校。

路易十五还在1751年下令建立皇家军事学校，1753年，该校在万森城堡(Château de Vincennes)落成，最初准备招收8~13岁贵族的儿童共500名，特别是那些没有财产的贵族的儿童，这些孩子可以在该校一直学习到20岁。因此该校兼具教育性与慈善性。皇家军事学校与18世纪其他的军事改革一样，一直徘徊在两个冲突的目的之间而未能充分实现创办者的期望：一个目的是帮助贫穷的贵族家庭维持他们的贵族地位；另一个目的是为了提高军事效能而对部队的军官们进行更高质量的培训。[1]

法国还对航海教育进行进一步改革。1773年，勒阿弗尔(Le Havre)建立

---

[1] Frederick Binkerd Artz, *The Development of Technical Education in France*, *1500-1850*, Boston, The Massachusetts Institute of Technology, 1966, p.92.

了自费航海学校，学制四年，共招生 50 名。另外在瓦讷（Vannes）等地还建立了海军学院，提供较为基础的课程，学制为六年，其中四年在船上度过。教师由国家委派，课程包括数学、几何、机械、物理、水文地理以及航海。

18 世纪法国职业教育的发展除了给国家海陆军不断输送军事人才以外，还为国家建筑工程输送工程师。1716 年奥尔良公爵（Duc d'Orléans）政府建立了"路桥人才集团"，以监督国家建筑方案的实施。路桥学校就是因此而产生的，它主要提供建筑、数学、物理和化学教育。[①] 为了满足国王路易十五对于国家公路建设的需要，主持学校工作的佩罗内特（Jean Rodolphe Perronet，1708—1794）进行了理论标准与实践操作相统一的改革，提升学生的工作能力，培养更适合为国家服务的工程师。到 1750 年，该校毕业生以出色的实际工作能力与丰富的建筑工程经验而闻名，佩罗内特也因此被称为"工程教育之父"。该校的建立证明了早期高等职业教育和服务政府之间的紧密联系。[②] 大革命时期，该校成为当时较为先进的应用技术学校之一。

在当时的法国，也是在全欧洲最优秀的职业技术教育学校是位于梅济耶尔（Mézières）的著名的皇家工程学校（École Corps Royal du Genie），它建于 1749 年，提供为期两年的土木工程教育。最初只有 20 名学生。资本家与贵族的孩子都可以入学。学生在入学之初就进行考试，按能力分组。学校采取炮兵学校的教学方式，理论学习与实践操作相结合。该校配备有当时欧洲最好的化学和物理实验室。任教的教师大都是像物理学家加斯帕尔·蒙日（Gaspard Monge，1764—1818）这样的科学家。

大革命前不久，政府还授权建立一所采矿学校，提供为期三年的化学、矿物学、金属、物理、输水和矿井通风等课程。

---

① ［英］安迪·格林：《教育与国家形成：英、法、美教育体系起源之比较》，王春华等译，147 页，北京，教育科学出版社，2004。

② Frederick Binkerd Artz, *The Development of Technical Education in France*, *1500-1850*, Boston, The Massachusetts Institute of Technology, 1966, p.84.

17 世纪兴起的职业和技术教育在 18 世纪得到了法国专制政府的发展。在阿兹(Frederick Binkerd Arz)看来,"像路桥学校这样的学校是欧洲一流的。18 世纪的高级技术学校预示了 19—20 世纪在高级技术教育方面将要取得的大部分成就"①。

第四节 1789 年大革命时期的教育改革

1789 年的法国处于旧世界的总体性危机之中,大革命要砸碎的是封建主义、等级制度以及绝对主义君权神授等重重锁链。天主教会作为君主专制精神形态的维护者,成为革命者要摧毁的首个对象,革命者要把天主教的影响从国家的政治、经济、文化以及教育中驱赶出去,建立一个世俗化的共和国。

一、大革命前教育世俗化的呼吁

在 18 世纪法国反封建的思想启蒙运动中,教会控制的教育受到无情的批判。特别是在卢梭 1757 年写成《爱弥儿》,以及 1762 年耶稣会学校被关闭后引发公众讨论。第三共和国公共教育部初等教育分部部长费迪南·比松(Ferdinand Buisson,1841—1932)统计,1760—1789 年,共有 161 部探讨教育的书籍在法国出版,大部分要求由政府执掌教育。其中以 1763 年布列塔尼高等法院法官拉夏洛泰的《论国民教育》最负盛名。拉夏洛泰在书中明确指出:"公共利益、国家荣誉要求建立世俗的教育,以培养成长中的一代,使之能胜任国家的种种职业……由于教育必须为政府培养公民,它显然应该与政府机构和法律相一致;倘若它背道而驰,必定产生危害。"拉夏洛泰认为教会教育

---

① Frederick Binkerd Artz, *The Development of Technical Education in France*, *1500-1850*, Boston, The Massachusetts Institute of Technology, 1966, p.111.

存在极大弊端，他指出："我们怎么能够设想那些不依附政府，那些习惯于将一个教徒凌驾于政府首脑之上，将自己的修会凌驾于祖国之上，将自己的组织法凌驾于国家法律之上的人有能力教育王国的年轻人呢？虔诚和狂热将法国人民托付给这样的教师，而后者则将自己托付给外国的首领。这样，一直敌视我国法律的教皇绝对权力体制就直接控制了作为政府根基的国民教育。"①他大声疾呼："法国民族需要一种依靠国家的教育，因为教育实质上是属于国家的，教育自己的公民是每一个国家不可剥夺和无可置疑的权利，国家的儿童应该由国家的成员来教育。"②因此，教会应该把宣讲道德和管理纯世俗学习的权力还给国立学校，学校应当以自然科学为课程的中心，应该教授法语，重视学习近代史，废止拉丁语的学习，按照实际生活和就业的要求培养学生，使之成为对国家有用的人才。他的主张在许多方面成为法国资产阶级革命时期提出的教育改革方案的先声。

路易十六的财务总督、重农学派经济家杜尔阁也指出："在一切必不可少的机构中，国民教育理事机构最重要，最能令陛下的统治永恒，最能影响整个王国。应该建立一个这样的机构以负责学区、大学、中学和小学事务。"杜尔阁还提出世俗化教育的要求，指出国民教育应独立于一切宗教教义，因为"陛下的王国是属于这个世界的……而目前，只存在一种具有某种统一性的教育即宗教教育。但这一宗教关注的只是天上的事务，无法培养公民，尤其是不同公民团体的道德。未来的教师应当向儿童讲授社会道德、写作、计算、丈量知识和机械运行原理"。③

　　① 转引自曾晓阳：《法国共和制与公立初等教育的连带关系研究(1789—1914)》，19 页，广州，中山大学出版社，2012。
　　② 单中惠主编：《西方教育思想史》，285 页，太原，山西人民出版社，1996。
　　③ 转引自曾晓阳：《法国共和制与公立初等教育的连带关系研究(1789—1914)》，20 页，广州，中山大学出版社，2012。

二、大革命时期教育去宗教化的措施

1789年大革命爆发后不久，制宪议会即宣布将"公共教育和政治与道德教育的监督权交给世俗政权"，从而使学校教育摆脱了教会的长期控制。1789年，制宪议会先后废除教会的什一税、没收教会的全部财产，这就使所有的教会学校失去了财政支持。1791年3月，制宪议会认为，"一个真正自由的国家不会允许任何封闭的团体独立其间——甚至那些致力于公共教育，有功于国家的团体也不允许存在"。议会通过法令，取消法国境内包括教会团体与世俗团体在内的所有社会团体，因此这些团体所开办的学校也失去了合法性。1791年塔列兰提交一份报告，建议停止巴黎和各省现行的所有学区制，代之以在全国建立一个新的、统一的国民教育制度。激烈的革命党人只采纳了塔列兰报告中具有破坏性的那一部分建议。大学以下的所有学校都遭到破坏。①立法议会于1792年8月12日颁布法令，在禁止宗教团体的同时解散了中学教育。国民公会通过1793年4月8日的法令宣布出售原教会中学的财产。1793年9月5日共和国政府颁布《公共教育组织法》(又称多努法)，规定关闭现有的所有传统大学。也就是说，山岳党②继续推行清算旧学校机构的政策，连续废除法兰西学院和大学，还包括附设在大学里的中学。到1793年底，除了极少数由市镇开办的世俗初等学校以外，旧的学校教育体系已被破坏殆尽。

1792年4月20日，孔多塞向立法议会提交了"关于公共教育组织计划纲要"。他在这份"纲要"中进一步深化了18世纪启蒙思想家的教育改革理念，明确要求禁止在公共教育领域传授任何宗教思想，使学校和教会分离。孔多塞指出，"一切教育的首要条件就是只传授真理"，公共教育必须抹去任何宗

---

① [美]E. P. 克伯雷选编:《外国教育史料》，华中师范大学教育系等译，462页，武汉，华中师范大学出版社，1991。

② 山岳党是1848—1851年法国制宪会议和立法议会中的一派，因坐在议场中最高的地方而得名。它代表以赖德律-洛兰(Ledru-Rollin，1807—1874)为首的集合在《改革报》周围的一群小资产阶级民主共和主义者的政党。

教观念的痕迹，学校的道德教育应当"以人类的自然情感和理性为基础，为人人所共有……必须坚决将任何特定的宗教原则从道德中剔除，禁止在公共教育领域传授任何宗教信仰。所有宗教教育都应当由其各自的司祭在各自的殿堂里传授"①。在"纲要"里，关于初级小学的设置，他这样规定："初级小学。招收6岁的儿童。凡是有居民400人以上的村庄必须设立一所初级小学，教以算术规则、道德基础知识、自然科学和经济学的基本常识，并根据农业人口和制造业人口的聚居情况，再授给农艺、手工艺，或商业的基本知识。宗教教育则由他们所信奉的教派的牧师在教堂里进行。"②孔多塞所希望建立的学校是独立于教会的公共教育机构，是面向所有人的学校，以传授普遍真理、培养思想自由的公民为宗旨。

第一共和国颁布的涉及初等教育大纲的教育法令，如1793年12月19日法令、1794年11月17日法令、1795年10月24日法令，均未规定在初等学校进行宗教教育，反而增加了有关共和道德、人权、公民权以及宪法知识等具有公民教育性质的内容。这一变化显示，初等教育的目的正在逐渐偏离培养虔诚教徒的传统轨道，步入世俗化教育和培养未来公民的新路。

三、大革命时期教育世俗化的建设

大革命前期，1791年立法议会和国民公会先后组建公共教育委员会，主持制订教育改革计划。革命者在不同的理论指导下，曾经提出过不少于25个有关教育改革的报告、计划和法案。其中包括1791年的塔列兰报告，1792年的孔多塞报告和郎泰纳尔报告，1793年的拉卡纳尔报告、雷佩尔提法案、罗麦法案和布基埃法，1794年的拉卡纳尔初等教育法，1795年的多努法等。几

---

① 转引自曾晓阳：《法国共和制与公立初等教育的连带关系研究(1789—1914)》，66页，广州，中山大学出版社，2012。

② ［美］E.P.克伯雷选编：《外国教育史料》，华中师范大学教育系等译，460页，武汉，华中师范大学出版社，1991。

乎所有的报告、计划和法案都基于启蒙思想，主张国家接手教育，创立统一的国民教育体系，进行公民教育。

1792年12月5日，下莱茵省议员阿尔波伽斯(Arbogast)指出："法律对所有公民都一视同仁，这使得整个法国成为一个家庭；参照法律，整个共和国的教育也应当是一致的。"12月21日，吉伦特党人巴波·圣-埃蒂安(Babaut Saint-Étienne，1743—1793)对斯巴达人采用的统一教育方式表示赞赏，认为统一教育"能够持续、及时并同时向所有法国人传递一致的、共同的情感，能够让所有人同时无愧于大革命、无愧于自由这一本来公正但却经常蜕变为极端不公的权利、无愧于平等这一本来亲密但却十分易于蜕变为独裁的关系"。统一教育的理念也被载入宪法。1791年宪法第一篇宣布："建立并组织所有公民统一的教育。"1793年宪法第122条也保证向所有法国人提供"统一的教育"。统一教育的主张实际上反映了大革命后，政治思想的分裂迫使革命者急切希望通过向未来公民灌输一致的教育、培养一致的政治观念，从而将全体国民团结在共和国的三色旗下。①

1794年下半年，革命政府胜利地粉碎了第一次反法同盟，政权相当稳定后，建立新学校的工作才提到议事日程。新政府首先创办了一批科学技术专门学校，1794年创办的有理工学校、武器学校、工艺院、军事学校和卫生学校；1795年创办的有师范学校、东方语言学校、音乐学校、测量学校等。其中以巴黎理工学校和巴黎师范学校为代表。

巴黎理工学校的创办具有典型性和代表性。这所学校开办之时，法国几乎没有任何其他类型的学校，因为将近三年的大革命毁掉了各种类型的学校。然而新生政权急需各种人才，特别是工程技术人员。因此，1794年9月24日，著名化学家富尔克鲁瓦(Antoine François de Fourcroy，1755—1809)在呈交

---

① 转引自曾晓阳：《法国共和制与公立初等教育的连带关系研究(1789—1914)》，60~61页，广州，中山大学出版社，2012。

国民公会的一份教育计划中建议马上建立一所科技专门学校，以培养"经过防御工事的建筑与守卫、营地的攻击与守卫训练的工程师"，以及从事"陆路、水路、公路、桥梁、运河、船闸、海港、灯塔等交通设施的营建与养护，海陆地图的绘制，矿床的勘探与开采，金属的冶炼及冶金工艺流程的完善"等工作的工程师，以满足军用和民用两方面的需要。计划立即得到批准，经过紧张的筹备，学校于12月10日在梅斯城正式开学，初名为"公共工程中心学校"。学制三年，课程设置"基于培养民用与军事工程师必不可少的一般科学原理"，聘请优秀的科学家任教。理工学校首次在整个法国举行公开竞争的入学考试，第一批招生386名。① "这所学校所取得的成功就在于它那特有的、彻底的、持续的科学路线。"②所有的帝国高级工程师和炮术专家都是它培养的。这所学校培养的著名人物表长长的记录也说明了它在法国公民教育和军事教育中的影响程度。实际上，在那需要大量人才的年代，这所学校供给了军队科研机构的全部人员，以及所有主要的公共建筑工程、要塞堡垒、兵工厂、城市的改善、大型的交通道路、造船业和采矿业的指挥人员。③ 正是这些人才，后来帮助拿破仑实现了他大部分的重大改革。1804年拿破仑为理工学校制定条例，还亲自给该校授旗，锦旗上写着"为了祖国、科学和荣誉"。

理工学校的创办是为了迅速培养新生政权所急需的工程师，而巴黎师范学校的创办则是为了解决这个政权所面临的全国的学校教师和科学干部严重缺乏的难题。大革命时期，国民公会于1791—1793年下令关闭了包括巴黎大学在内的全国所有大学。在新的大学一时无法开办，而各地普遍急需教师和科学干部的情况下，国民公会委员拉卡纳尔（Joseph Lakanal，1762—1845）提

① 参见任中印、李文奎主编：《外国教育通史》第3卷，90～93页，济南，山东教育出版社，1990。

② ［美］E.P.克伯雷选编：《外国教育史料》，华中师范大学教育系等译，464页，武汉，华中师范大学出版社，1991。

③ 同上书，464页。

议创办一所公立的师范学校,以解国家燃眉之急。1794年10月30日,国民公会通过决定,由国家在巴黎开办一所师范学校,面向全国招收学生,传授教学艺术;各地每2万居民中推举一名24岁以上的优秀人选,由国家公共教育委员会从中挑选,录取者享受国家师范生助学金;学生在校培训4个月后,回到原处开办一所师范学校。经过短时间的紧张筹备,1795年1月20日,巴黎师范学校正式成立。学校开办初期,国家聘请一批知名学者和教授任教,他们很快将科学引进教学,加之这些学员都是各地选送来的优秀人才,因此学校一开始就显得与旧日的大学不同。遗憾的是学校开办不久,热月党人发动政变,雅各宾派失败,加上教学过于理论化,与办学初衷——传授教学法不符,同年5月该校被勒令关闭。尽管巴黎师范学校只存在了短短的几个月时间,但是它已经具备了法国师范学校的雏形,并确立了师范教育的基本原则之一——公立性质。①

创办中心学校(École centrale)是大革命前期革命政府在教育实践方面取得的又一成果。这种学校是根据1795年10月通过的多努法而创建的。首先,它既不是中学也不是大学,是介于二者之间的一种学校。其次,它的组织形式不是班级而是课程:学生以课程为中心分为三级,第一级,12~14岁,开设的课程是语言、绘画和自然历史;第二级,14~16岁,学习数学、物理及实验化学;第三级,16~18岁,课程有语法、文学及法律等。最后,学生在规定的课程范围内有自由选修的权利,这在欧洲学校里还是首次。与旧学校相比,中心学校的尝试给人一种耳目一新的感觉。多努法通过后,中心学校很快发展起来。在不到一年的时间里,全法已建起了90所。富尔克鲁瓦曾骄傲地写道:"90所中心学校突然在虚无中拔地而起,代替了只知用野蛮的方法让学生年复一年地重复一种死语言基础知识的旧式中学。"到1798年,中心

---

① 邢克超、李兴业:《法国教育》,62~63页,长春,吉林教育出版社,2000。

学校又发展到 97 所。①

　　1789 年之后的法国处于革命爆发、社会激烈动荡的阶段，许多新的教育改革法案接二连三地被提出，但由于政府频繁更替，并没有哪一个法案能够真正得到确切的落实。无论如何，这些法案带来了教育世俗化的肇始，彻底摧毁了天主教在教育领域独尊的局面，同时也为拿破仑建立完整的国家教育体制奠定了坚实的基础。

　　①　任中印、李文奎主编：《外国教育通史》第 3 卷，92~93 页，济南，山东教育出版社，1990。

第五章

18 世纪法国的启蒙教育思想

　　18 世纪是启蒙运动的世纪，更是法国的启蒙运动世纪。启蒙运动将人类从宗教教条、盲目信仰中解放出来，使人类能充分发挥自己的聪明才智，用理性之光照亮未来。启蒙即"启明"，在法语里，leslumiéres 这个词所蕴含的本义是"光明"，其引申义则为"启蒙教化"。法国启蒙思想是理性哲学的表现，18 世纪是理性胜利的时代，即理性原则取代权威和传统原则的时代。启蒙思想家把一切都求助于理性，视理性为评判一切现存事物的标尺。所谓理性，就是人的思考和分析，指的是把一切现象都归因于自然而不归因于奇迹的倾向。理性或科学理性是启蒙思想的主旋律。启蒙运动崇尚理性、知识与道德。

　　18 世纪法国的启蒙运动是由文艺复兴以来的自然科学从文化上直接孕育的。科学的发展与理性的增长具有同步性，科学上的每一个进步都在拓宽人们的视野，改变人们的思维方法和思想观念。启蒙思想是科学的思想，法国的启蒙思想家们对于科学精神有着更为深刻的把握。伏尔泰悉心研究牛顿物理学，达朗贝尔是一名数学天才并通晓力学，狄德罗在数学、物理学等自然科学领域深有造诣，霍尔巴赫是化学家，卢梭知悉科学与艺术，爱尔维修和孔多塞学识渊博，魁奈和杜尔阁不仅是思想家和经济学家，而且有着丰富的自然科学知识。集思想之大成的《百科全书》，乃是启蒙学者在自然科学领域最高成就的体现，是科学精神的璀璨结晶。

法国启蒙思想家以人的理性代替神的启示，以人的自然权利学说对抗封建特权理论，即用"天赋人权"反对"君权神授"。在启蒙思想家们看来，人是生而自由平等的，一切人皆有追求生存、幸福的权利。对人的解放与人的尊严的肯定正是启蒙思想的精髓所在。自文艺复兴至法国启蒙运动，西方现代文明的历史就是人发现并实现自身价值的历史，是理性冲破信仰和权威的束缚并获得解放的历史，人的发展和世界的发展并行不悖。法国的理性哲学具有道德理性和情感理性。这种理性要求认识人的理智的、意志的和情感的能力，在以科学为目标的哲学方法论背景下注重研究人的感觉，把人既视为理性的生物，又看成感性的生物。这种崭新的道德理论直接导致了法国与欧洲感觉主义伦理学的诞生。

法国的理性哲学也包括自然学说。自然观乃是 18 世纪法国科学理性的重要基石。这种自然观本质上是机械唯物论自然观，牛顿建立的经典力学体系确立了天体与地上物体统一于绝对的时间、空间和运动等自然宇宙法则。笛卡尔认为包括自然界和人在内的整个宇宙都是一架按自然规律运转的机器。法国的启蒙思想家将牛顿和笛卡尔的自然观发展成唯物论，他们从宇宙受永恒的"自然规律"支配这一前提出发，认为人类社会同样受不变的"自然法则"制约，提出了"永恒的人性""永恒的道德"等带有鲜明自然论色彩的机械唯物论的宇宙观，从而解释人和社会的问题。

启蒙与理性、科学等同，也就是科学与技术的结合，科学思想与方法、科学理论与实践在哲学思想基础上的结合。重要的是，科学与理性促使人们思考错综复杂、千变万化的人类世界，要求人们为这个世界提供反映客观对象独特性质，并符合感知结构本身繁复性与多样性的综合表述，以解决好感觉世界与心智世界的关系问题。

本章专门研究法国的启蒙运动中涌现出来的思想家的启蒙教育思想。这些思想家包括伏尔泰、孟德斯鸠、孔狄亚克、爱尔维修、狄德罗、霍尔巴赫、孔多塞等。

第一节　伏尔泰的启蒙教育思想

伏尔泰的启蒙教育思想在整个西方教育思想史上的地位并不那么显眼，也就是说教育史学家给予伏尔泰的关注远远比不过对同时代的卢梭、爱尔维修等人的关注。尽管如此，研究伏尔泰的启蒙教育思想仍有必要，因为他在西方思想史上的重要地位是不可动摇的。

伏尔泰出生于巴黎的一个资产阶级家庭，从耶稣会士那里接受了良好的人文主义教育，并且很快开始了他的文学生涯。他曾被不公正地关入巴士底狱，获释后被迫前往英国。1727—1733 年，他写了《关于英国人的通信》(*Lettes sur les Anglais*)。此书最初是 1733 年以英文本的形式在伦敦出版的，书名是《关于英国民族的通信》(*Letters Concerning the English Nation*)，随后又于 1734 年以法文在伦敦出版。由于该书遭到巴黎议会的谴责，伏尔泰被禁止在巴黎居住，不得不作为夏特莱侯爵夫人的客人居住在乡村的西雷城堡。这使他在 1734—1749 年得以从事工作并保证了他的社交生活。1740 年，他发表了《牛顿形而上学》(*Métaphysique de Newton*)；1751 年，他的杰作《路易十四时代》(*Le Siècle de Louis XIV*)出版。1755 年，伏尔泰在靠近日内瓦的地方定居，当时的日内瓦已成为欧洲的一个知识文化中心。在离日内瓦不太遥远，但却属于法国领土的费尔奈城堡居住的 18 年间，伏尔泰接见了来自欧洲各地的许多作家和艺术家。1778 年，他在巴黎受到了凯旋般的欢迎，并于同年在该城去世。

从伏尔泰的著作中，我们没有看到他在教育问题上的专门言论，这令研究者感到为难。但伏尔泰通过其哲学、政治学、宗教学等反映出的与教育思想直接相联或相关的思想还是可以讨论的。

一、"健全理性的自由人"教育

（一）反宗教思想与教育

伏尔泰提出"健全理性的自由人"的教育思想是与他的反宗教和高举自由、平等的伟大旗帜相结合的。从逻辑上说，自由人首先要摆脱宗教的束缚，其次是确立自由人的自由、平等的权利。

伏尔泰一生与封建专制制度和天主教会进行斗争，但与那个时代的多数思想家一样，他也是一位自然神论者，承认上帝的存在。他在其哲理小说《老实人》和《天真汉》中，以犀利的笔锋、辛辣的语言对腐朽的法国社会进行了无情的揭露和批判。他说："在这个荒唐的国家里，不论是政府、法院、教堂、舞台，凡是你想象得到的矛盾都应有尽有。"[①]在伏尔泰的视野里，疮痍满目，灾难频仍，权贵和僧侣强取豪夺，贪得无厌，残暴、专横、欺诈、吝啬、淫欲、虚伪、愚昧等充塞着人间。

伏尔泰的一生是战斗的一生。他给予法国腐朽的社会力量——贵族和教士以毁灭性的打击，以其毕生的精力宣传平等与自由。他从争取资产阶级自由、平等的立场出发，对封建专制制度及其精神支柱——天主教会深恶痛绝，无情地揭露其罪行。他说，那些像法官的"混蛋"们，无缘无故地把人关在监牢里，却连"被关的理由也不能问一问"，而那些教皇、主教、神甫等"文明恶棍"，则用"错误的结晶"——宗教神学蒙蔽人类的头脑，窒息人类的理性，以便使人类变得愚昧无知，听从他们的奴役。

---

① ［法］服尔德（伏尔泰）：《老实人（附天真汉）》，傅雷译，102 页，北京，人民文学出版社，1955。

伏尔泰在反对封建专制和宗教迷信的长期斗争中，十分重视教育问题。伏尔泰首先对当时在法国占统治地位的经院主义教育进行了猛烈抨击。他指出，在教会控制的学校里，向人们灌输的只是宗教偏见，"几百年来翻来覆去，搬弄一大堆论据"①，其中却没有一条真理。他们不让人看到"事物的真相"，而只提供关于"事物的幻象"，结果破坏了人们善良的、纯朴的天性，使人们的理智受到了损害。有的人花了50年工夫认真地研究神学，却没有得到一点"合理的见解"。

(二)知识学习与唯物主义感觉论

伏尔泰的唯物主义感觉论深受英国科学方法和哲学思想的影响。他在旅居英格兰期间，写下了不朽的世界名著《哲学通信》。此书第一次系统地把英国的唯物主义哲学，尤其是培根和洛克的唯物主义、经验主义介绍给法国文化界，同时也阐述了牛顿的一些有关物理和科学方法的思想。伏尔泰称培根是实验哲学之父，认为培根认识到并且指引了通向自然的道路。培根主张应该使用新的方法，即实验的方法来探索自然，"他就他影响所及尽力使这些为健全人类理性而设置的团体不再继续使用它们那些'本质''害怕空虚''实体的形式'和一切不恰当的语词来糟蹋理性；这类语词不仅被无知的人尊敬，而且可笑地跟宗教羼在一块儿，简直几乎成为神圣的了"②。他在赞扬培根的同时，还称颂洛克证明了人的种种观念来自瞬息万变的感觉，并逐一考察了人类心灵的各种活动过程。伏尔泰认为物质永恒存在，广延和运动是物质的必然属性，物质运动是有规律的。伏尔泰根据洛克的经验主义原则，着重指出，根本没有天赋的观念，许多人一辈子都没有笛卡尔等认为是最确定的那些观念的痕迹，而具有这些观念的人也只是小时候从别人那里听来的。他完全赞

---

① [法]服尔德(伏尔泰)：《老实人(附天真汉)》，傅雷译，228页，北京，人民文学出版社，1955。

② [法]伏尔泰：《哲学通信》，高达观等译，46页，上海，上海人民出版社，1961。

成洛克在认识论上所坚持的经验主义原则，即认定理性和知识的全部材料都来自经验的观点。他明确地说："毫无疑问我们的最初的观念乃是我们的感觉。我们一点一点从刺激我们感官的东西得到一些复杂的观念。我们的记忆力保存下这些知觉；然后我们把它们放在一些一般观念项下加以整理，于是通过我们所具有的这种组合和整理的唯一能力，我们的各种观念就产生出人的全部广阔的知识来。"①伏尔泰说："世界上的一切学院都永远也阻止不住哲学家们看出我们都从感觉开始，而我们的记忆也只是一种继续着的感觉。一个人若是生而缺少五官感觉，即使能活，也不会有任何观念。""感觉包含着我们的各种能力。"②看来，伏尔泰认识到以"学院"代表的知识来自"感觉"。

这里，伏尔泰提出了知识和经验、观念与感觉、观念和知识、感觉和能力等现代教育中知识学习的基本关系。伏尔泰提出学习天文学要使用浑天仪以便观察天象，学习数学、物理学要运用仪器。他笔下的"黄金国"的科学馆中有"一个走廊长两百丈，摆满着数学和物理的仪器"③，供包括青年在内的人学习使用。

(三)学科知识与教育

在伏尔泰看来，社会罪恶的根源在于愚昧无知和缺乏教育，因此，启蒙学者的重要任务之一就是发展教育，使人摆脱愚昧，培养具有"健全理性的自由人"。在培养这种人的新教育中，宗教神学根本不应占有地位。他说，"那些卷帙浩繁的神学书"是"谁也不翻的"，而人们追求的是各种科学知识，如天文学、物理学、数学、几何学等自然科学知识，以及文学、历史、哲学等社会学方面的知识。他认为这些知识与神学具有本质上的区别，它们没有宗派，

① 北京大学哲学系外国哲学史教研室编译：《十八世纪法国哲学》，74 页，北京，商务印书馆，1963。

② [法]伏尔泰：《哲学辞典》下册，王燕生译，708 页，北京，商务印书馆，1991。

③ [法]服尔德(伏尔泰)：《老实人(附天真汉)》，傅雷译，80 页，北京，人民文学出版社，1955。

不相互攻击,不使人们的思想混乱。它们反映事物的真实情况,可以让学习者得到客观真理。

(四)学科知识与理性

伏尔泰认为,随着教育的逐步发展、科学知识的日益普及,宗教狂热和偏见必将消失,理性将会取得更大的进步。也就是说,伏尔泰赋予科学知识对理性发展以重要意义。伏尔泰是一位历史哲学家,历史在他眼里是人类文明的发展,学习历史可以纠正人们的偏见,有助于理性的发展。于是他把历史学家视为揭露人类的统治者——国王和僧侣的全部罪行的引路人;把历史变成启蒙的工具,促使人们认识邪恶,纠正历史谬误。

历史知识是这样,天文学知识也是如此。天文学可以使人观察到宇宙的奥秘,从而对"天象"有科学的认识。他指出,当年轻人用浑天仪观察到"木星和土星在无垠的空间转动;几千百万的星球照耀着几千百万的世界"①的伟大景色时,他的头脑就清晰了,了解了自然世界的真相,不再为宗教神学观念所蒙蔽。

二、自由平等与教育培养目标

(一)自由平等思想

伏尔泰关于自由平等的思想是从自然法原则出发的。在他看来,自然在各个时代为了维护正义给人们指出一些法则,他称之为自然法,这些是符合人类利益和理性的法则。所谓"自然法",是"这种法律既不在于使别人痛苦,也不在于以别人的痛苦使自己快乐"②。它是每一个精神健全的人都具有的概念,法律就是建立在这个概念之上的。

---

① [法]服尔德(伏尔泰):《老实人(附天真汉)》,傅雷译,217页,北京,人民文学出版社,1955。

② 北京大学哲学系外国哲学史教研室编译:《十八世纪法国哲学》,99页,北京,商务印书馆,1963。

他强调自由是人的自然权利，并指出，成为自由的人，在自己周围只有平等的人。自由就是只服从法律，除了人们共同制定的、代表其共同利益的法律之外，没有任何东西能够侵犯人的权利。他依据自然法和人道主义原则论证了自由的合理性和人应享有自由的权利。他认为，自由首先是个人自由或曰人格自由，其次是言论自由和出版自由。

对于伏尔泰来说，以自由和财产为基础的社会秩序是最公正的社会秩序，这种社会秩序的另一种表现是平等。他所讲的平等是人身平等和机会平等，即公民权利的平等。"凡是具有天然能力的人显然都是平等的；他们在完成动物功能和进行理解的时候是平等的。"①他认为根据自然法则，人人都是生而平等的，只有暴力和合法规定才使一些人成为主宰者，另一些人受到奴役；法律使人平等，在法律面前人人平等。这种平等观和自由观一样，导源于自然法理论，即自然法权论。但是伏尔泰看到，由于社会分工和物质资源匮乏，实现经济上的平等是不可能的，只能要求在法律上人人享有平等的权利。这种经济上的不平等是一种罪恶，却是一种必要的罪恶。

必须指出的是，伏尔泰所说的"自由人"，其实质是具有自由、平等、博爱思想和科学知识技能的资产阶级知识分子，如哲学家、科学家等。他理想中的范围不大、人口不多的"黄金国"中有工程师、物理学家三千余人，这些人就是他理想的新人。

(二)道德思想与教育

伏尔泰认为，相信正义绝对必要。正义是一种道德观念，道德观念有普遍性，是自然生长出来的。"伏尔泰具有第一流的文学才能，他百折不挠地、胜利地维护着理性和正义。"②卢梭认为随着文明的发展，道德必然堕落。而伏尔泰则指出，人们的行为出自一种万古不变的本能，即同情和正义，因而

---

① [法]伏尔泰：《哲学辞典》下册，王燕生译，465页，北京，商务印书馆，1991。
② [德]文德尔班：《哲学史教程》下卷，罗达仁译，713~714页，北京，商务印书馆，1993。

人们的道德观念并没有堕落。他认为道德规范到处都一样，正义原则始终存在，这是他把牛顿物理学中的机械定律应用于解释社会现象的结果，是形而上学思维方式的反映。

人类教育思想史反映出思想家们十分重视道德及道德教育。例如，伏尔泰在自然道德观念上就是个人主义的和谐路线的倡导者。他认为人的世俗情欲、人对幸福的渴望和追求是合法的。在他看来，这种追求不仅把人的肉体的、情感的和理智的能力结合在一起，而且这些能力又与各方面的社会力量协调一致。也就是说，自然道德观是作为理想、作为个人自由和社会必然的实际出现的。它是人的各种生存层次的统一，是人的内在追求和具有普遍意义的外在行为的和谐结合。

(三)明君政治思想与等级制教育

在政治上，早期伏尔泰的理想政治国家是英国式的君主立宪制，后期则倾向于共和制，但作为大资产阶级利益代表的伏尔泰把实现政治理想的希望寄托在"开明君主"身上。伏尔泰断定：在法国，政治改革哲人们能够支持的唯一可能的代理人是国王；国王的事业是哲人的事业，哲人的事业也就是国王的事业，从而拥护开明专制制度和君主制。当然他拥护君主是有条件的，就是要求君主保障人民的自由，政体必须以法律为基础。他认为只有依据法律，人民才能享有自由。这就是说，除了法律以外，不依赖任何别的东西的人，这就是自由人。伏尔泰晚年对共和主义怀有极大的兴趣，感到在专制体制统辖的社会，人们犹如替主人服务而架着轭的公牛，缺乏自由与平等；认为共和制是一种原始的、正在自然地产生的国家形式；在一切政体中，共和制是最宽容的，是自然的、合理的制度；共和制最接近人的自由平等，能够使自由得到最好的保障。

与卢梭的民粹主义政治哲学不同的是，伏尔泰害怕人民革命，认为人民不需要教育。他的教育对象不包括被他称为贱民的贫民阶层。他认为诸如裁缝匠、洗衣女工、鞋匠等一类人，只应当干体力劳动，不必接受教育。这是因为，如果贫民受到教育，那么他们就可能取代主教的地位，成为统治者，这样，社会基础就会受到震动，整个社会就会崩溃。于是，伏尔泰指出，教育鞋匠和女仆是使徒的事情，即宗教社会的事情。至于他自己，主要是向君主进行宣传，劝导他实行开明政策，普及教育，给自己的臣民带来"好处和幸福"。

但就国家与教育之间的关系而言，伏尔泰的思想具有鲜明的时代特征。伏尔泰在 1764 年匿名发表的《哲学辞典》中，在"民法与教会法"一条中规定了教会与国家的关系，指明"一切圣职人员在任何情况下都要服从政府，因为他们都是一国的国民"[1]，同时还主张教会不得任意制定法律，不得干预民政事务，牧师应向国家纳税等。教会与政权分离，宗教应是私人的事。他赞扬英国的方式，即削弱宗教在国家中的权势，降低它的作用，消除这个动乱的隐患。实际上，伏尔泰的民族国家与教会之间的关系思想为国家从教会手里接管教育权奠定了理论基础，这也是伏尔泰高度称赞拉夏洛泰的《论国民教育》而无视卢梭的《爱弥儿》的思想逻辑所在。

启蒙运动的核心在于理性和进步以及科学，追求自由、平等的理想资产阶级社会。伏尔泰作为法国启蒙运动的先驱，站在反对宗教封建专制主义的立场上，提出培养"健全理性的自由人"的目标确实具有时代特征。这种"自由人"热爱自由、平等，这实际上为资产阶级革命埋下了伏笔，即这种人就是资产阶级革命所需要的人。于是，我们对他那种民主主义精神不足的表现就可以理解了。重要的是，伏尔泰遵循唯物主义感觉论，提出了知识学习的来源、学科知识与理性等体现现代性的思想，值得深思。

---

① ［法］伏尔泰：《哲学辞典》下册，王燕生译，611 页，北京，商务印书馆，1991。

第二节　孟德斯鸠的启蒙教育思想

在学术思想领域内，在孟德斯鸠与伏尔泰之间，伏尔泰关注社会、历史和文化以及人的物质生活和精神生活，而孟德斯鸠着眼于政府的类型、所用的原则以及各种法律的作用和应予改进的途径。也就是说，孟德斯鸠的启蒙教育思想与他关注的政府类型及原则相联系，事实也正是如此，孟德斯鸠在《论法的精神》中，详尽地阐述了他的关于教育与政府类型及其原则之间的关系的启蒙教育思想。研究孟德斯鸠的启蒙思想的学者认为："孟德斯鸠关于专制主义的教育的论断，实际上是他对封建专制主义的抨击的一个组成部分，因而也是他的启蒙思想的一个重要组成部分。"①孟德斯鸠重视教育的作用。他认为："一个社会是善是恶，取决于教育的力量，而不是取决于个人的本性。"②

在18世纪法国伟大的启蒙思想家中，悉心研究、著述政治兼及法律而驰骋于政治哲学领域的思想家，除卢梭以外，还有孟德斯鸠。作为一位政治哲学家，他思维敏捷，高瞻远瞩，缜密透视当时法国的政治状况，潜心分析各种政体，包括历史的和现实的，以便从中吸取经验教训，确定改革大旨，目的是教诲人们痛斥、摒弃封建专制主义。尽管受到时代的局限，他主张君主立宪的体制，但后世研究者无不对他的政治哲学思想关注有加。他的重要著作有：1721年发表的《波斯人札记》(*Lettres Persanes*)；1733年出版的《罗马盛衰原因论》(*Condidérations sur les causes de la grandeur des Romains et de leur décadence*)；1748年首次在日内瓦出版的《论法的精神》(*De l'esprit des lois*)。

---

① 侯鸿勋：《孟德斯鸠及其启蒙思想》，146页，北京，人民出版社，1992。
② [英]罗伯特·夏克尔顿：《孟德斯鸠评传》，刘明臣等译，13页，北京，中国社会科学出版社，1991。

正是《论法的精神》折射出了奇光异彩的"政体教育"的启蒙思想。我们之所以把他的启蒙教育思想表述为"政体教育"思想，是因为：一方面，孟德斯鸠是在《论法的精神》这部政治哲学著作的第四章展开教育问题的论述的。这部著作洋洋 60 万言，纵横 6 卷，共 31 章，可谓鸿篇巨制，在第四章中就论述教育问题，可见他把教育问题放在何等重要的位置。另一方面，孟德斯鸠在论述教育的过程中，始终把教育置于与"政体"的密切关联之中。他的教育思想是受制于政体的原则的。用现代语言表述，他谈的主要是教育与政治的关系问题。

一、三种形式的政体理论

　　孟德斯鸠的《论法的精神》一书堪称西方政治法律思想史上的巨著，它是自亚里士多德(Aristotle，公元前 384—前 322) 的《政治学》问世以后的第一部综合性的政治理论著作，是到他那个时代为止最进步的政治理论著作。他的启蒙教育思想无疑是以他的政治学说为基础的，也就是说，他的政体理论为他的启蒙教育思想提供了理论依据。亚里士多德指出："政体可以说是一个城邦的职能组织，由以确定最高统治机构和政权的安排，也由以订立城邦及全体分子所企求的目的。"①又说："'政体'这个名词的意义相同于'公务团体'，而公务团体就是每一城邦'最高治权的执行者'，最高治权的执行者则可以是一人，也可以是少数人，又可以是多数人。这样，我们就可以说，这一人或少数人或多数人的统治要是旨在照顾全邦共同的利益，则由他或他们所执掌的公务团体就是正宗政体。反之，如果他或他们所执掌的公务团体只照顾自己一人或少数人或平民群众的私利，那就必然是变态政体。"②亚里士多德在这里提出了划分政体的两个主要标志，即人数多寡的国家最高统治权执行者

---

① ［古希腊］亚里士多德：《政治学》，吴寿彭译，178 页，北京，商务印书馆，1981。
② 同上书，132~133 页。

和"照顾全邦共同利益"的统治目的。他根据这种标志把政体归结为正宗政体和变态政体，前者包括君主政体、贵族政体与共和政体，后者包括寡头政体、僭主政体和平民政体。孟德斯鸠既是时代的产儿，又是时代的改造者。他继承了亚里士多德的思想，探知到法国腐朽的封建主义和君主专制主义的没落，把政体分为共和政体、君主政体和专制政体三种。他说："政体有三种：共和政体、君主政体、专制政体。……我假定了三个定义，或毋宁说是三个事实：共和政体是全体人民或仅仅一部分人民握有最高权力的政体；君主政体是由单独一个人执政，不过遵照固定和确立了的法律；专制政体是既无法律又无规章，由单独一个人按照一己的意志与反复无常的性情领导一切。"①孟德斯鸠仍然沿袭了亚里士多德划分政体的两个标志，但赋以法律的规定，把法律规定为政体行为的准绳，"法的精神"融合到了政体之中。

事实上，孟德斯鸠在界定各种政体的时候已经指明了政体的性质，即所谓"构成政体的东西"。"共和政体的性质是：人民全体或某些家族，在那里握有最高的权力；君主政体的性质是：君主在那里握有最高的权力，但是他依据既成的法律行使这一权力；专制政体的性质是：一个单独的个人依据他的意志和反复无常的爱好在那里治国。"②孟德斯鸠从这三种性质中自然而然地推衍出三种政体的原则，即政体行动的准则。教育的法律应该和这三种政体原则相适应。

二、政体教育思想的基础，即政体原则

孟德斯鸠指出，三种不同的政体具有三种不同的性质；相应地，三种不同的性质导源出三种不同的政体原则。孟德斯鸠认为，共和政体的原则是品德，君主政体的原则是荣誉，专制政体的原则是恐怖。

---

① ［法］孟德斯鸠：《论法的精神》上册，张雁深译，7~8页，北京，商务印书馆，1961。
② 同上书，19页。

（一）品德是共和政体的原则

关于品德问题，孟德斯鸠在《论法的精神》卷首"著者的几点说明"中谈道："为使人们更好地了解本书开头的四章，我应该指出，我所谓品德，在共和国的场合，就是爱祖国，也就是说，爱平等。这不是道德上的品德，也不是基督教上的品德，而是政治上的品德。它是推动共和政体的动力，正如荣誉是推动君主政体的动力一样。因此，我把爱祖国、爱平等叫做政治的品德。"①孟德斯鸠所说的品德不禁使人回忆起柏拉图在《理想国》、亚里士多德在《伦理学》中关于正义的描述。柏拉图认为，正义应当既有德行又有智慧。人人都应主持正义，做正义之人。因为正义之人心善，诚能安乐而有幸福。亚里士多德的所谓正义，是指服从法律和为公民服务而献身，是他所认定的完善或完美的品德。"品德，在共和国里，是很简单的东西，就是爱共和国。它是一种感情，而不是知识的产物。"②这种感情是共和国内的一切人，不分高低贵贱都能感觉到的。孟德斯鸠认为爱共和国，实际上就是爱祖国。对祖国的爱导致风俗的纯良，反过来，风俗的纯良又导致对祖国的爱。同时，爱共和国就是爱民主政治，爱民主政治就是爱平等。而且"这种爱要求人们不断地把公共的利益置于个人利益之上；它是一切私人的品德的根源。私人的品德不过是以公共利益为重而已"③。可见，孟德斯鸠突出公共精神，这种精神也是包含在亚里士多德的正义品德中的，共和国就是有品德而令人赞美的政体形式。然而在18世纪的欧洲，在他生活的时代里，这种政体是无论如何找不着的。他意指的是雅典、斯巴达这样的古希腊城邦共和国和罗马共和国。④孟德斯鸠对这种共和国敬慕不已。他说："古代多数的人民生活于以品德为原则的政府之下；当品德还具有力量的时候，人们做了一些我们今天再也看不

① ［法］孟德斯鸠：《论法的精神》上册，张雁深译，卷首40页，北京，商务印书馆，1961。
② 同上书，41页。
③ 同上书，34页。
④ 他在1734年完成了《罗马盛衰原因论》一书。

见的事情。那些事情使我们藐小的心灵感到惊骇。"①孟德斯鸠论述政体品德，实际上继承了古希腊人的"国家是一个道德体"的学说。要使品德发挥真正的作用，除了政体有品德以外，执政者也要有品德，品德政体和品德执政者密不可分，执政者没有品德，就不能产生和存在有品德的政体。

既然品德就是爱平等，那么品德也蕴含着平等、自由的原则。孟德斯鸠衷心追求的目标是控制在一定范围内的自由、平等。他说："'品德'的自然位置就在'自由'的近旁，但是离开'极端自由'和'奴役'却都是同样地遥远。"②一个统治者让人民享有自由，也就是使人民摆脱奴役状态。但是，这种自由必须受一定条件的制约，不能趋向极端。同样，在平等原则上，孟德斯鸠指出，真正平等的精神和极端平等的精神之间是有天壤之别的。真正平等的精神"并不是每个人都当指挥或是都不受指挥；而是我们服从或指挥同我们平等的人们。这种精神并不是打算不要主人，而是仅仅要和我们平等的人去当主人"③。也就是说，人人平等，指的是机会平等，并非在享有权力上绝对平等。

(二)荣誉是君主政体的原则

在孟德斯鸠看来，荣誉是一种动力，是对每个人、每个阶级的成员，对社会价值的评估，"在君主国里，它鼓舞最优美的行动；它和法律的力量相结合，能够和品德本身一样，达成政府的目的"④。孟德斯鸠从人的欲望和利益来论证这个动力。他认为，人人都有自己的欲望，这种欲望不能完全溶解于公共的整体和利益中，而得不到任何形式和程度的满足。他说："正如物理世界中物质的每一部分都倾向于逃离中心，唯因其如此，它才能存在，政治世界是由每一个个体必须摆脱当前处境的内在的和永不静止的欲望支持的。过

---

① [法]孟德斯鸠:《论法的精神》上册，张雁深译，33~34页，北京，商务印书馆，1961。

② 同上书，114页。

③ 同上书，114页。

④ 同上书，24页。

度严厉的道德说教企图消除一切工匠中的伟大者刻印于我们心灵的这些特性，是徒劳而无功的。这要靠那试图合乎人的心境而做工作的道德训育来调节，而不是毁灭这种感情。"①所以，欲望常常跃动于内心中，作为一种动力支配人的行动。但孟德斯鸠认为欲望所想的无非是利益，利益是荣誉的化身，其实是图谋利益，满足欲望。孟德斯鸠认为，对一个人而言，要求保证获得优越地位和声誉的欲望就像"宇宙的体系一样，有种离心力，不断地要使众天体远离中心，同时又有一种向心力，把它们吸向中心去。荣誉推动着政治机体的各个部分；它用自己的作用把各部分连结起来。这样当每个人自以为是奔向个人利益的时候，就是走向了公共的利益"②。孟德斯鸠推崇君主制，认为君主制以荣誉为原则，能够控制和引导个人欲望，把它限制在一定的道德、法律的格局以内，使之趋于向有利于国家和人民的方向发展。这是君主制的优越性所在。君主政体的荣誉原则的优越性还表现在对君主的约束和启迪上。孟德斯鸠认为，在君主政体中，君主统治国家，但他的权力受政体原则即荣誉的限制。荣誉既限制着人民的行动，又统治着君主。看来，荣誉在君主政体的政治事务和世俗生活中能起到非常重要的作用。不过，孟德斯鸠提出了虚假的荣誉："从哲学上说，领导着国家各部分的，是一种虚假的荣誉，这是事实；不过，这种虚假的荣誉对公家是有用处的。这和真实的荣誉对获得这种荣誉的私人有用处是一样的。"③实际上，这里所谓"虚假的荣誉"是没有什么含义的，它只是个人追求私利、满足己欲的一种动力。当然在追求的过程中，要遵守法律和道德规范，使私利和整体的公利相符合，一个人便由此获得了优越地位和高度声望。

（三）恐怖是专制政体的原则

孟德斯鸠在划分、论证政体的过程中，表现出其个人对政体的偏爱和憎

---

① 转引自葛力：《十八世纪法国哲学》，137页，北京，社会科学文献出版社，1991。

② ［法］孟德斯鸠：《论法的精神》上册，张雁深译，25页，北京，商务印书馆，1961。

③ 同上书，25页。

恶。他从整体上赞扬共和政体和推崇君主政体，但又毫不留情地抨击了专制政体，这就是他的资产阶级立场之所在。他认为在封建专制主义以及任何形式的专制主义统治下，君主实施的都是暴政。孟德斯鸠把暴政分为两种："一种是真正的暴政，是以暴力统治人民；另一种是见解上的暴政，即当统治者建立的一些设施和人民的想法相抵触时让人感觉到的那种暴政。"①暴力是指严刑峻法、警察、监狱等镇压人民的物质手段；见解上的暴政是指采取严格措施，对人民施以精神上的压力，驱使他们遵循封建君主指引的方向进行思想活动，不得越轨，这是一种思想、文化方面的无形暴政。封建专制的君主为所欲为，对外进行侵略战争，掠夺城池；对内横征暴敛，欺压人民，并且好大喜功，穷奢极欲。专制政体下的官僚机构体现君主的意志。孟德斯鸠指出："在专制的国家里，政体的性质要求绝对服从；君主的意志一旦发出，便应确实发生效力……在专制的国家里，绝无所谓调节、限制、和解、条件、等值、商谈、谏诤这些东西；完全没有相等的或更好的东西可以向人建议；人就是一个生物服从另一个发出意志的生物罢了。……在那里，人的命运和牲畜一样，就是本能、服从与惩罚。"②因此，孟德斯鸠认为，恐怖是专制政体的原则，专制依靠恐怖维持其统治。

三、与政体原则相适应的三种形式的政体教育

既然孟德斯鸠认为不同政体具有不同的原则，那么当他把教育置于不同政体之中考虑时，认为教育也应该具有不同的目标。他的这种思想和他对教育重要性的认识是联系在一起的，而这种认识源于他对亚里士多德的《政治学》的理解。孟德斯鸠说："教育的法律是我们最先接受的法律，因为这些法律准备我们做公民，所以每一个个别的家庭都应当受那个大家庭的计划的支

---

① ［法]孟德斯鸠：《论法的精神》上册，张雁深译，304页，北京，商务印书馆，1961。
② 同上书，27页。

配，这个大家庭包含着全体个别的家庭。"①实质上，孟德斯鸠所指的"大家庭"就是社会或者国家，"大家庭和小家庭"的关系延伸的意义就是"国家和个体"的关系，即个体乃国家的组成要素。这实际上就是亚里士多德的城邦和个人的"大我和小我"之关系的翻版。孟德斯鸠把教育提高到法律的地位，并不是指统治者要制定教育的法律，它不是指现代意义的教育法，而是一种指向，即培养的目标。按他的话说，是"准备做公民"。因此作为社会的成员，每个公民都必须接受教育，而且在各种不同政体之下，教育的法律也将不同。在君主政体下，教育的法律的目的应该是荣誉；在共和政体下，应该是品德；在专制政体下，显然应该是恐怖。

（一）君主政体的教育或者君主国的教育

孟德斯鸠指出，在君主国里，人们接受教育的主要地方绝不是教育儿童的公共学校，而是社会。社会乃是向人们传授荣誉的学校。荣誉乃是人们的教师，它引导人们前进。君主国的教育就是要使受教育者成为具有强烈荣誉感的人。孟德斯鸠指出了君主国的教育的三个要求："品德，应该高尚些；处世，应该坦率些；举止，应该礼貌些。"这里的品德主要指义务，就是对己对人应尽的义务。他认为，人们表现出来的品德，往往是关于他们对自己所应尽的义务，而关于他们对别人所尽的义务方面则较少。"这些品德，与其说是召唤我们去接近我们的同胞，毋宁说是使我们在同胞中超群出众。"②君主政体的教育所要求的处世应坦率，绝不是因为爱真实。人们之所以要真实，是因为一个习惯于说真话的人总显得大胆而自由。举止要有礼貌，那是来自想要出人头地的欲望。因为那些不遵守礼节的人，会得罪一些共同生活的人，从而失掉社会的尊重，以致不能有所成就。因此，孟德斯鸠为君主国的教育确立了目标，君主政体的教育"就是要培养所谓文质彬彬的君子，也就是具有

---

①　[法]孟德斯鸠：《论法的精神》上册，张雁深译，29 页，北京，商务印书馆，1961。
②　同上书，29 页。

这种政体所要求的一切特质与一切品德的人"①。这种教育是灌输忠君思想，培养"为君主服务"的人。他说，在君主国里，法律、宗教和荣誉所训示的，莫过于对君主意志的服从。荣誉所要求贵族的，也莫过于为君主作战。孟德斯鸠还强调说，在君主政体中，无处不为荣誉所浸渍，它渗入人们各式各样的想法和感觉之中，甚至指导人们的原则。因此，君主国的教育应当适应荣誉的最高法律，激发人们的荣誉感，培养具有强烈荣誉感的人。实质上，孟德斯鸠的君主国教育以荣誉作为教育的中心内容，通过家庭、社会而尊重荣誉。实施这种教育，培养人们爱君主、守法律以至为君主而捐躯的精神，使国家的各个部分和谐一致，构成一个完美的政治肌体。

(二)专制政体的教育

孟德斯鸠在分析君主政体的教育时，明显地表现出赞扬的态度；然而对于专制政体的教育，正像他抨击整个专制政体一样，进行了尖锐的斥责。他一针见血地指出："专制国家的教育所寻求的是降低人们的心志。"②这恰与君主国家的教育努力提高人们的心志相背离。这种教育要培养人的奴性，专制国家的教育就必须是奴隶性的教育。奴隶性的教育对于专制国家政权的巩固来说是至关重要的。因为在那里推行的行为原则就是绝对服从。"绝对服从，就意味着服从者是愚蠢的，甚至连发命令的人也是愚蠢的，因为他无须思想、怀疑或推想，他只要表示一下自己的意愿就够了。"③所以，孟德斯鸠认为，在专制政体下，甚至对于处在指挥地位的人们，奴隶性的教育也是有好处的，因为在那里没有当暴君而同时不当奴隶的。孟德斯鸠认为，在专制政体下，品德是绝对不需要的，荣誉也是危险的，所需要的只是恐怖。"在专制政体之下，君主把大权全部交给他所委任的人们。那些有强烈自尊心的人们，就有

---

① [法]孟德斯鸠：《论法的精神》上册，张雁深译，31页，北京，商务印书馆，1961。

② 同上书，33页。

③ 同上书，33页。

可能在那里进行革命，所以就要用恐怖去压制人们的一切勇气，去窒息一切
野心。"①专制政体的恐怖产生于威吓和惩罚，因此专制国家的教育就是要"唤
起恐怖"，"把恐怖置于人们的心里，把一些极简单的宗教原则的知识置于人
们的精神里而已"②。孟德斯鸠揭露说，专制国家的教育范围极其狭窄，就某
种方面而言，教育等于零。他下结论说，专制国家的教育不能不先由培养坏
臣民开始，以便培养好奴隶；它不可能致力于培养一个同公众共疾苦的好
公民。

(三)共和政体的教育

共和政体的原则是品德。这种品德是与生俱来，还是培养所得，孟德斯
鸠提出了自己的看法：人们的优良的政治品德不是生而有之，而是要通过教
育来培养。所以在共和政体下，教育的重要性不言而喻。孟德斯鸠甚至说：
"共和政体是需要教育的全部力量的。"③原因在于实行共和政体的国家需要品
德作为动力。品德的力量是共和政体唯一的支持力量。只有在民主国家，政
府才由每个公民负责。每个公民都有义务保护自己的国家及其法律，保护的
前提首先是爱，就是有"热爱法律和祖国"的政治品德。因此，一切的关键就
在于"在共和国里建立对法律与国家的爱。教育应该注意的就是激发这种
爱"④。

孟德斯鸠在阐述共和政体的教育时，强调家庭教育和社会环境对教育的
影响。他认为，必须对儿童进行"热爱法律与祖国"的教育，要使儿童有这种
爱，有一种妥善的办法，就是必须做父亲的先要有这种爱。父亲既要起到表
率作用，又要是老师。他不仅把知识传授给自己的孩子，更是把感情传给孩
子的老师。孟德斯鸠接着说，假如这种方法没有成功，那就说明家庭所获得

① [法]孟德斯鸠：《论法的精神》上册，张雁深译，26页，北京，商务印书馆，1961。
② 同上书，33页。
③ 同上书，34页。
④ 同上书，34页。

的教育受到了外界思想的干扰和破坏。实际上，他敏锐地察觉到社会环境对家庭教育的消极影响，以此来说明家庭教育必须得到社会教育的配合。另外，孟德斯鸠似乎也意识到或者说预见了年长一代与年青一代之间的教育关系，实质上是新生一代与旧一代之间的矛盾关系。他说："变坏的绝不是新生的一代，只有在年长的人已经腐化之后，他们才会败坏下去。"①这种思想直接影响了英国的欧文。

四、国家教育理论

在我们看来，孟德斯鸠的启蒙教育思想无论是君主政体的教育，还是专制政体的教育，抑或共和政体的教育，实质上是与国家联系在一起的教育理论。孟德斯鸠在论述政体的时候，是与国家相提并论的，政体即为国家。这样孟德斯鸠揭示了近代教育的一般特征，那就是教育是国家不可忽视的重大事业。在近代思想家中，孟德斯鸠第一次明确指出了教育和国家的密切关系。这可以说是我们理解西方近代教育思想发展的重要钥匙。孟德斯鸠"政体教育"思想的意义在于：它预示着资产阶级共和国的教育发展方向。孟德斯鸠对后世的影响是巨大的。正如"孟德斯鸠的分权理论在美洲找到了条件齐备的实施场所"②一样，他的启蒙思想不但对爱尔维修撰写《精神论》提供了思想启示，美国的杰斐逊和托马斯·潘恩也都受到了他的影响。托马斯·潘恩在《人权论》中说："一个在组织良好的政府治理下的国家不应当容许有一个人不受教育，只有君主制和贵族制的政府才需要用愚民政策来维持自己的统治。"③杰斐逊的现代化国民教育理论也深深带有孟德斯鸠启蒙教育思想的烙印。

---

① [法]孟德斯鸠：《论法的精神》上册，张雁深译，35 页，北京，商务印书馆，1961。
② [法]路易·戴格拉夫：《孟德斯鸠传》，许明龙、赵克非译，493 页，北京，商务印书馆，1997。
③ 《潘恩选集》，马清槐等译，310 页，北京，商务印书馆，1981。

第三节　孔狄亚克的启蒙教育思想

与法国其他启蒙思想家不同的是，孔狄亚克在启蒙运动的政治理论上未提出特别有影响的宏论，但他的哲学认识论却使他成为西方哲学史上，尤其是认识论史上的一个关键性的哲学家，成为认识论历史转折点上的重要人物。应当说，孔狄亚克在教育问题上的论述没有其他启蒙思想家那么直白，从他的著述中我们也无法进行直接的研究。这里研究他的教育思想，实际上也就是研究他的哲学认识论思想对人们的教育观念的变革所起的作用。

孔狄亚克，1714 年 9 月 30 日生于格勒诺布尔（Grenoble）。他性格内向，喜爱钻研，涉足的学术领域十分广泛，因此被称为 18 世纪法国的哲学家、语言学家和经济学家。他深受洛克思想的影响，其《人类知识起源论》（*Essai sur l'origine des connaissances humaines*，1746 年）成为洛克的《人类理智论》之后又一部研究感觉经验论的重要著作。他的一生与法国著名的启蒙思想家们过往甚密。伏尔泰对孔狄亚克赞赏备至，甚至将他与洛克相提并论。他与教育相关的事迹可以从他编写的教材，如《学习教程》《逻辑学》中略见一斑。由于他发表了一套为帕尔马法国宫廷年轻的斐迪南公爵设计的学习大纲，因此有的教育史学家评论说："孔狄亚克是一位公认的教育学专家。"①他于 1780 年 2 月逝世。

作为一个感觉经验主义哲学家，孔狄亚克的哲学认识论思想发挥了洛克的观点，具有明显的政治和教育意义。

①　[英]A. 古德温编：《新编剑桥世界近代史第 8 卷：美国革命与法国革命，1763—1793》，中国社会科学院世界历史研究所组译，197 页，北京，中国社会科学出版社，1999。

一、感觉主义思想

孔狄亚克充分肯定人类的认识活动始于感觉，又都可以归结为感觉，成为感觉转换了的形式。他极力推崇感觉是人类心灵在认识过程中最初表现出来的一种能力。他认为，感觉可以为我们提供认识真理的材料。它至少包含两种带有关键件的因素，一是我们感觉到了的感知，这需要感觉器官作为媒介。只有在具备感觉器官的条件下，才能有感觉经验，才能对感觉有所感知。二是我们与外界事物的关系。这就是说，必须有外界存在的事物和我们发生关系，我们才能有感觉。外界事物的刺激是产生感觉的原因。感觉为认识活动提供材料，感觉材料是认识活动最初取得的简单的成果，却不是认识的对象。认识的对象是真实的客观事物。

孔狄亚克认为从认识主体方面看，感觉产生于感觉器官，即感官。一种感官专司一种职能，产生一种感觉，不能兼及别种活动，摄取其他感知经验。

显然，孔狄亚克是一个坚定的感觉主义者，一再宣称感觉是人类认识的唯一来源。他表明，如果我们有特殊的观念和一般的观念，我们的理智就能够进行各种活动，我们就有各种欲望以及或服从或抵制的激情；如果愉悦和苦恼是我们能力发展的唯一基质，那么，我们有理由得出这样的结论，即我们的知识和激情是与感觉相伴而生的欢乐与痛苦的结果。总之，我们的一切理智活动和情绪的变化都可以追溯到感觉。

二、经验主义思想

在法国历史的转折点上，孔狄亚克树立了以经验为核心的新体系。他劝导人们倾听经验，关注经验和习惯，无论是感性知觉或创制观念，都涉及经验和习惯，都来源于经验，尔后形成习惯。经验主义重视经验，紧紧把握经验而追踪人类认识的根源，围绕经验而展开认识论的探讨。他说，我们唯一的目的应该是求教于经验，根据任何人都不能否认的事实来进行推理。孔狄亚克注重活动和环境对人类认识发生的作用，因此他对经验的解释含有唯物主义因素。他强调经验很早就对我们起作用，从那里可以获得观念；观念来源于感觉，感觉是经验中的基本因素，一切经验都可以划归为感觉。感觉是外界事物作用于感觉器官的结果；经验自然也不是空穴来风，而是有物质的东西作为前提的。孔狄亚克也注意到经验，包括观察，通过观察而获得的事实拥有独立性和客观性，这也是对经验做的唯物主义的论证。

三、知识学思想

哲学史学家们评论 17、18 世纪西欧哲学家的思想时认为，寻求确定的知识，并为这种知识建立基本原则是哲学家们的一种趋同现象，他们力图发掘人类认识的基础，借以构筑知识大厦。孔狄亚克就是在这种思想模式下撰写《人类知识起源论》一书的。在书中他肯定通过感觉产生观念、概念，观念、概念可以分解和组合。这部书的主要目的是要研究人类精神，了解人类精神的运动，观察这种活动以什么方式而相互结合，注意我们应该如何引导，以便获得我们可能具有的一切智慧。孔狄亚克与洛克一样反对天赋观念说。他说："哲学家们从假定天赋观念出发，开头就铸成大错，是不能得到真正的知识的。他们那些应用在抽象名词上的原则，只能产生出一些荒唐可笑的意见，只能凭借那种必然围绕着它们的蒙昧来负隅顽抗，抵制批判。"①孔狄亚克所指的哲学家就是以笛卡尔为首的笛卡尔派哲学家。孔狄亚克在一定程度上相信外界事物、外界环境对人类认识所能起到的作用，坚决反对天赋观念说。他说："我不能进一步知道天赋观念的体系属于谁，属于哪个民族或哪些哲学家；但是这种体系大大地阻碍了推理艺术的进步，这一点我是深信不

---

① 北京大学哲学系外国哲学史教研室编译：《西方哲学原著选读》下卷，90 页，北京，商务印书馆，1986。

疑的。"①

孔狄亚克强调人类的一切知识都来源于感觉，随着感觉的扩展，人类知识的范围也日趋扩大，而感觉是人类的感觉器官受到外部事物刺激的结果。在处理知识的问题上，他指出要记取自然的教诲，即进行观察、分析的教诲，通过观察、分析而建立科学。观察、分析是认知主体的心理活动，要实现这种活动，必须有外部事物的存在作为前提。孔狄亚克的知识论思想显然比洛克前进了一步。因为洛克是这样规定知识的，即知识同观念打交道，是对两个观念相左与否的知觉，有了这种知觉，才算有知识。如果没有这种知觉，尽管我们可以猜测和信仰，但那还不是知识，没有达到成为知识的程度。在洛克看来，知识是认知主体的观念。事实上，它设定观念是思想的材料，而不涉及观念所由以形成的物质事物。经验不是关于实在世界的经验，而是关于经验本身的经验。

在认识论上，孔狄亚克坚持经验主义、感觉主义路线，反对笛卡尔等的唯理主义者的认识论体系，着重反对他们的形而上学的思想。因此，孔狄亚克说：要认知风景，"蓦然看它一下是不够的；我们必须渐次看它每一部分；与其以一瞥而总览一切，我们必须把眼光连续不断地落在一个对象又一个对象上。这是自然教诲我们的一切。如果她给我们立刻观看许多事物的能力，她也给我们只注视一件事物的能力，这就是，引导我们的眼睛趋向一个单一的事物，这是一种能力，它是我们组织的结果。依靠这种能力，我们获得从视觉得来的一切知识"②。这里，孔狄亚克提出了获取知识的分析方法与综合方法相对应。分析法重观察经验，从观察经验中吸取知识。

当然，孔狄亚克把人类的认识归结为或还原为感觉，使之单一化，成为

---

① 北京大学哲学系外国哲学史教研室编译：《十八世纪法国哲学》，110 页，北京，商务印书馆，1963。

② 葛力：《十八世纪法国哲学》，333 页，北京，社会科学文献出版社，1991。

一维的线性活动，忽视了认知结构的层次性。为此有学者评论说，他的《感觉论》精心定制了一种知识论，这种知识论是完全建立在由感觉提供和由观察心灵以纯粹被动的方式接收来的原始材料之上的。他认为感觉不仅是感官、知觉范围以内的人类经验的各种不同内容的终极源泉，也是人类思维过程的一切更复杂的活动的终极源泉。注意、比较、分辨、抽象，甚至我们最深奥的观念的组合，都被仅仅看作具有或多或少明显性质的感觉的变形。

值得注意的是，孔狄亚克的《学习教程》虽然是一个学习计划，但它具有历史意义，因为它是早期的一个课程范例。它旨在鼓励学生对知识进行思考，而不是去积累。它尽力为儿童把人类历史发展的各个阶段按自然顺序排列，从人类最早期的神话开始，直到现代的科学。在这里，"孔狄亚克不仅在近代有关综合课程的概念方面，而且在随后形成的有关儿童应依照自己的发展阶段再体验人类的历史方面，都是一位先行者"①。在这一点上，他所产生的影响甚至波及卢梭。

四、哲学思想的教育学意义

首先，孔狄亚克继承了洛克的思想，包括洛克的白板论思想。人在本性上是平等的，不仅在价值上平等，而且在智慧、才能和禀赋上也是平等的。儿童降生时，头脑是一张白纸，既无原始的罪恶，也没有原始的功绩。假定世袭的优越性不过是支持贵族特权的一种诡计，如果人确实通过教育培养和环境熏陶全都可以逐渐完善，那么，就没有为社会不平等辩护的理由了。②

其次，孔狄亚克注意到如何发挥人的才智，也注意到教育和环境对人的决定作用，并由感觉主义引申出革命性的结论。他在《学习教程》中指出，我

---

① ［英］A. 古德温编：《新编剑桥世界近代史第8卷：美国革命与法国革命，1763—1793》，中国社会科学院世界历史研究所组译，197页，北京，中国社会科学出版社，1999。

② 葛力：《十八世纪法国哲学》，329页，北京，社会科学文献出版社，1991。

们应该剖析精神，观察理智的活动以及心灵的习惯和观念的形成。人类的知识进步迟缓，正是因为人没有充分认识自己的精神，也没有感受到运用这种精神的必要性。理性的出现并不受年龄的限制，需要让儿童认识自己心灵的能力，使他感到有必要加以利用，因此，必须改革教育，创造环境，为儿童提供进行观察和开发才智的机会，使之获得经验，养成良好的习惯。马克思和恩格斯评论说："因此，人的全部发展都取决于教育和外部环境。把孔狄亚克从法国各学派中排挤出去的正是折衷主义哲学。"①他们正确地阐明了孔狄亚克的观点，说他证明了不只有心灵，还有感觉，不只有创造观念的艺术，还有感性知觉的艺术关系到经验和习惯。但既然教育和外部环境占有如此重要的地位，为了适应人的发展需要，政治体制和行政机构就应该实行相应的变革。尽管孔狄亚克在表达这种观点时有些含蓄，但其思想已经自然地包含着这种逻辑结论。

最后，孔狄亚克认为人才是学习的结果。人才既然不是天生的，那么是怎样培养出来的？在这个问题上，孔狄亚克的回答是：人才是学习的结果。进一步说，人是通过感觉获得知识、认识真理、增长智力的。人的知识、能力来源于感觉。"这部著作的主要目的，是说明我们的一切知识和一切能力如何都来自感官，或者说得更确切一点，都来自感觉。"②这是他在《〈感觉论〉的理论节要》一文中的开篇语。

孔狄亚克的启蒙教育思想是通过他的启蒙哲学来传递的。他的感觉主义经验论的认识论不仅为人类获得知识、洞察世界和自然探明了路线，而且也为人才的培养提出了方法和途径。必须指出的是，他在哲学领域为法国启蒙运动扫清了道路，奠定了认识论的基础，实际上为法国18世纪的唯物主义思

---

① 《马克思恩格斯全集》第2卷，165页，北京，人民出版社，1957。

② 北京大学哲学系外国哲学史教研室编译：《十八世纪法国哲学》，128页，北京，商务印书馆，1963。

潮做了重要的准备。尤其值得注意的是，爱尔维修成为他的追随者，"直接受孔狄亚克的影响而写成的著作中，影响最大的是他的同代人爱尔维修所著，书名难以翻译的《精神论》(De l'esprit，1758 年)"①。该书承袭了他的一切心理活动都是变形的感觉的学说，去掉了他思想中的唯灵主义因素，变更他的体系结构，展现那里蕴含的革命成分，使之成为有力的斗争武器。不仅如此，爱尔维修的伦理唯物主义在边沁(Jeremy Bentham，1748—1823)的政治哲学中变成功利原则。这种原则传播趋乐避苦思想。英国的密尔(John Stuart Mill，1806—1873。又译穆勒)以爱尔维修为中介，接受了孔狄亚克的思想，认为一切知识都是由经验派生出来的，人的性格能够通过教育和社会的改革变更到无限定的程度。杰斐逊在思考教育与民主政治和政体的关系这个最具现代性的问题时，也是通过爱尔维修继承了孔狄亚克的思想。

第四节　爱尔维修的启蒙教育思想

爱尔维修是 18 世纪启蒙运动中杰出的唯物主义哲学家、政治理论家和教育思想家。他于 1715 年 1 月出生于巴黎，从小受到良好的教育，年轻时专心钻研传播科学和民主思想的著作，并从中吸取思想的营养，其中对他影响较深的就是洛克。爱尔维修还与法国进步的知识分子直接交往并向他们请教。这些人中有巴黎科学院秘书长丰特内尔和巴黎皇家植物园园长布丰等，而对他的思想具有重大影响的要数启蒙思想家伏尔泰。爱尔维修在 1758 年出版了《精神论》一书，1769 年完成《论人》(De l'homme, de ses facultés intellectuelles, et de son édueation)。前者赞颂情欲是一种伟大的力量，以唯物主义的观点论

---

① ［英］A. 古德温编：《新编剑桥世界近代史第 8 卷：美国革命与法国革命，1763—1793》，中国社会科学院世界历史研究所组译，200 页，北京，中国社会科学出版社，1999。

述了人、道德、法律、教育等问题，大胆揭露宗教及封建专制制度的黑暗；后者把批判的矛头也指向封建专制制度，但其内容更侧重于论述教育问题，一方面反对宗教教育，另一方面提出资产阶级的教育主张。爱尔维修于 1771年 12 月 26 日逝世。对于爱尔维修的启蒙思想，包括教育思想的评论，马克思和恩格斯是这样说的："爱尔维修也是以洛克的学说为出发点的，他的唯物主义具有真正法国的性质。爱尔维修也随即把他的唯物主义运用到社会生活方面(爱尔维修'论人')。感性的印象和自私的欲望、享乐和正确理解的个人利益，是整个道德的基础。人类智力的天然平等……人的天性的善良和教育的万能，这就是他的体系中的几个主要因素。"①这里，他们指出了爱尔维修启蒙思想的全部内容。而爱尔维修的启蒙教育思想却是以他的唯物主义、利益主义或者说功利主义等思想为基础的，它的内容是人类智力的平等和教育的万能思想。也就是说，作为一位启蒙教育思想家，爱尔维修提出了与道德学说相关的功利主义教育思想，建立了与民族学说相联系的民族性格形成的教育理论，建构了与政体学说相连的政体教育思想。另外，他的著名的"教育万能论"和"智力平等说"向来是教育思想史研究者关注的对象。所有这些构成了爱尔维修的启蒙教育思想。这里，以爱尔维修的教育批判思想为切入点，论述他的感觉、经验主义的智力平等思想和生活之和的教育万能思想，以及他的道德功利主义的教育思想。

一、教育批判思想

爱尔维修与启蒙运动时期其他的思想家一样，对现行教育进行了批判。其批判的依据在于他的生活之和的教育万能思想，也就是说，君王、教士、修士和儿童之所以是那个样子，全由于他们所处的生活环境。爱尔维修指出，在当时的欧洲，特别是像法国这样的天主教国家，教育分属于两个领域，一

---

① 《马克思恩格斯全集》第 2 卷，165~166 页，北京，人民出版社，1957。

个是宗教领域，另一个是世俗领域。他以教育对人的影响为论据，勇敢地抨击贵族和教士。当君主未能把国家治理好时，"人们总是期待继位的君王改革弊端：他应当作出一些奇迹。这位君王即位了，什么都没有改变，国政依然如故"。这是他受到坏的教育的结果。爱尔维修说："其实，一个常常受着比祖先更坏的教育的君王，有什么理由会更开明呢？"①君主是这样，教士和神学家们又何尝不是如此呢？"神学家们的精神之所以很少公正"，并且他们"有着虚伪的精神"，原因就在于他们所受的教育不好，特别是神学家们只"满足于经院中的行话，把空名当作实物，因而变得不能分辨胡说与真理，诡辩与证明"②。

　　由于在这两个领域中，贵族、官吏和教士、僧侣垄断中等教育和高等教育，其目的在于通过学校来宣传与推行禁欲主义，因此学校的教学内容渗透了宗教精神。他们向儿童灌输宗教教义，使人们不明真理。贵族和教会推行的是愚民政策。对此，爱尔维修指出，愚民政策下的"知识将会使法国人明白专制制度的祸害"③，因为对于教士和贵族而言，人民越无知，就越易驯服，对他们的决定就越易服从。爱尔维修看到，"祭师关心的永远是使人们的目光远离真理。一切有教育意义的读物都禁止人们阅读。祭师把自己和人们一齐关在一间黑屋子里，在那里只干一件事，就是把可以漏进光线的隙缝堵死"④。在爱尔维修看来，神学家们用宗教教义来麻痹青少年的思想，是害人虫，所以他曾骂神学家是"畜牲"！主教是人中间最野蛮的，而修士自幼就养成了行为和思想上的假冒伪善的习惯；越是惯于矫情作伪，其危险性就越大。爱尔维修尖锐地指出，天主教会所宣传的教义是虚伪的，是骗人的，是不科

---

　　①　北京大学哲学系外国哲学史教研室编译：《十八世纪法国哲学》，541 页，北京，商务印书馆，1963。

　　②　同上书，539~540 页。

　　③　同上书，477 页。

　　④　同上书，514 页。

学的，因此，他十分重视科学知识的教育。他认为，有了知识，就有幸福。知识帮助人们分清黑暗与光明，知识使人们明白正义与真理。

爱尔维修还尖锐地批判了认为人的智愚、人的不平等是由先天决定，是由人的社会出身决定的谬论。他提出，"人生而无知，并非生而愚蠢"。人的愚蠢是不良的环境和教育造成的。他写道："在文明民族中间，如果愚蠢是人们的共同状态的话，那是一种传染性的教育的结果；那是因为人们在那里受到伪学者们的教导，在那里读了愚蠢的书。"①显然爱尔维修的思想非常清楚，他认为法国人民的愚蠢是封建专制制度和经院教育造成的。

爱尔维修以他的生态教育思想为武器，揭露了神学家、教士、修士们的虚伪、腐化的行为，剥掉了他们"神圣"的外衣，使人们的思想从宗教教义的桎梏下解放出来，接受反封建的民主思想，从而促进启蒙运动的发展。爱尔维修提出，必须改变由教会控制学校教育的状况，应该由国家创办和管理学校。为了培养爱国的公民，为了培养人的理性，为了清除宗教教育的影响，不能让教会再控制学校了。他说，一个民族如果把它的公民教育委托于教皇，这是民族的灾害。

二、感觉、经验主义的智力平等思想

在启蒙思想家中，爱尔维修对教育认识独树一帜的表现主要是提出了感觉、经验主义的智力平等理论。这种理论的主要依据就是，"我感觉，故我存在"。爱尔维修是一个经验主义者、感觉主义者。

在他看来，精神的意义在于："自然提供给我们各种对象；这些对象与我们之间有一些关系，它们彼此之间也有一些关系；对于这些关系的认识，构

---

① 北京大学哲学系外国哲学史教研室编译：《十八世纪法国哲学》，480、481页，北京，商务印书馆，1963。

成了所谓精神。"①他把自然与精神联系起来，认为自然永恒存在，是具体而可感觉的物体的总和，自然中的物质不可毁灭。那么物质又是什么呢？他回答说："可以看到，人是物质的创造者(如果我胆敢这么说的话)，物质不是一个存在物，自然中只有人称之为物体的个体，我们只能把物质这个词理解为一切物体共有的属性的聚合。"②尽管这种唯物主义哲学观把物质归结为物体共同属性的总和，有些失之偏颇，但他认识到物质是一个词、一个抽象的概念，这体现了他有很强的概括能力，也表现出他的思想中的合理因素。因为物质是人创造的概念，不代表个别的感性的存在物，是建立在这种存在物上，由概括这种存在物的共性而来，标志人在思想上对宇宙中存在的各种物质总和的把握。

物质和运动的关系是自然观中的重要问题。爱尔维修认为，物质与运动是统一的，物质不能脱离运动而存在，运动是属于物质本质的性质，因而不需要一种动力赋予物质以运动。物质存在于自然中，运动也无所不在。他说："人们看到，星辰不断地变换位置，围绕它们的中心而连续旋转；人们看到，一切物体永无休止地消灭，又以不同的形式再度出现；最后人们看到，自然处于永恒的酝酿和解体之中，谁能够否认运动……是物体所固有的，是存在的事物的原因？"③运动涉及变化的关系。爱尔维修明确地肯定运动是变化的原因。他认为运动创生、消灭、保存和使一切事物生机勃勃；没有运动，则一切都是死寂的。但同时他又认为，运动存在于物理世界，也出现在精神世界，这两个世界都由于运动而不断地破坏而又重生。不仅如此，爱尔维修还赋予运动以演化的意义："神向物质说过：'我赋予你以力。'立刻，那些服从运动规律的元素在空间的广漠中乱窜着并且混淆起来，形成了无数种奇怪的

① 北京大学哲学系外国哲学史教研室编译：《十八世纪法国哲学》，435 页，北京，商务印书馆，1963。

② 葛力：《十八世纪法国哲学》，556 页，北京，社会科学文献出版社，1991。

③ 同上书，558 页。

结合，产生了无数种不同的混沌，直到最后它们才在平衡和自然秩序中定下了位置，我们现在就是认定宇宙安排在这个秩序中。"①当然爱尔维修这里所指的神其实就是自然。自然是一切活动的整体，整体中的一切事物都经历一个发展变化的过程。适者生存，奇形怪状、不能适应环境的东西则自行消灭；自然本身由无序达到有序，这也是一个过程。在这种过程中，自然显示了自己的力量以及依靠这种力量而形成的阶段性，体现宇宙的演化和生物的演化。

爱尔维修在从精神、自然、物质的运动及其与变化的关系以及运动的演化的意义阐述其唯物主义哲学观的同时，还认为宇宙中的事物体现连续性。在他看来，连续性的规律总是被严格地遵守着，自然中没有飞跃，自然中的一切事物都是彼此相继、联结在一起的，没有高下之分。重要的是，这种连续性原则蕴藏着反封建等级制度的意义。

从爱尔维修的"自然中没有飞跃"和自然中的事物的连续性之间的内在逻辑关系中，我们看到了二者所具有的同等意义，并从这种关系中了解到爱尔维修的感觉主义哲学观。他认为，有特殊组织的肉体可以产生感觉，从而追问道，为什么在动物界有机体不能同样地产生人们称之为感觉能力的特殊性质？在他看来，感觉不是普遍的属性，而是物质有了特殊的组织形式才产生的一种能力，它随着这种物质的变化而变化。这种变化自然标志质的差异，如由无感觉能力向有感觉能力过渡。

爱尔维修立足于经验主义，始终不渝地维护感觉，痛斥形而上学特别是经院哲学所宣扬的属于思辨性质的形而上学。由此，爱尔维修重视观察，他认为观察是人类获取经验的重要途径。他承袭了培根的经验主义哲学思想，而洛克的经验主义更加直接地渗入他的意识，引导他考察认识的出发点。他坚决贯彻感觉主义的原则，把洛克的认识论思想推向极端，消除了其中代表

---

① 北京大学哲学系外国哲学史教研室编译：《十八世纪法国哲学》，470 页，北京，商务印书馆，1963。

人类认识的能动性因素。爱尔维修从感觉出发，但取消了内省，只让感觉独霸认识领域。他肯定感觉是人体最基本的机能，把笛卡尔的"我思，故我在"改为"我感觉，故我存在"。在他的思想中，感觉是物质结构所产生的一种性质，是一种能力，医学和自然科学史中展示的理解被显然证明了。在一般动物那里，它们的形体结构可能产生这种能力，这种能力是维系在它们的器官之上的，彼此之间有共存亡的关系。感觉不能脱离物质而独立存在，必然与物质相联系，有物质的基础。不过感觉不是处于任何状态的物质特征，而是某些有特殊组织的物质特性，即动物有机体的器官所具有的一种能力。当然，爱尔维修充分肯定了感觉与外界事物的联系，断言感觉是由客观对象在认知主体上所施作用的结果，是认知主体的感受能力受到任一对象刺激的结果。他认为人有两种被动的能力，一种是身体感受性，另一种是记忆。前者是接受外界对象在人身上造成的各种印象的能力，后者是保持那种印象的能力。在这两种能力当中，感觉是基础，是前提；没有感觉，就不可能有记忆。而感觉之所以产生，是由外界事物引起的。外界事物是出现感觉的原因。

爱尔维修认识到，人们处于不同的社会环境、文化环境中，其感觉和思维的方式各不相同，他们对同一事物的感觉就会产生极大的差异；另外，人的生活条件不同，社会地位不同，特别是偶然的条件所造成的心境不同，进而形成各自的利益或旨趣的不同。于是他说："每一个个人都是根据自己得到的印象快意不快意来评判人和物的；公众无非是一切个人的集合；因此他们只能拿自己的利益来当作判断的准绳。"①

总之，爱尔维修主张一切观念都起源于感觉，把感觉看作精神的唯一源泉。他认为感觉是人类最基础的以至唯一的认识能力，其他的认识活动不过是感觉的变种。爱尔维修把人类认识的对象限制在可感觉的事物的范围内，

① 北京大学哲学系外国哲学史教研室编译：《十八世纪法国哲学》，457~458 页，北京，商务印书馆，1963。

凡是不能直接感觉的对象都被转换成有形象的事物；同时又隐含地把判断划归为比较，即比较具体的物或人的具体行为，以贬低思维的作用来论证判断即感觉。判断很重要，是因为它的全部内容是考察两种现象之间的关系，"精神的全部活动就在于我们具有一种能力，可以觉察到不同的对象之间的相似之处或相异之处，相合之处或相违之处。然而，这种能力无非就是肉体的感受性本身：因此一切都归结到感觉"①。

认识论的发展证明了爱尔维修关于感觉即判断的论断是错误的。一方面，这是因为他醉心于肉体感受并夸大了它的作用；另一方面，他强烈地反对当时存在的封建等级制度，为新兴资产阶级争取政治、经济和社会平等，这种思想内化于他的潜在意识就形成了一种促使他建构人类平等理论的动力。可以说，爱尔维修的具有唯物主义性质的感觉主义哲学思想具有积极的社会学意义。反对封建的和宗教的等级秩序，从感觉主义来构建其人类平等理论，为他的智力平等说和教育万能说建立了坚实的思想基础。

从感觉主义出发，爱尔维修肯定人在身体结构上相同，智力上的区别也相差无几；人的一切知识都来源于感觉，与天赋的观念和神谕的启示无关，所有的人对事物的感觉都是一样的，因而能够彼此交往，经营共同的社会生活。

每个具有良好器官的人，都有同样的认识能力，都可以认识真理，也就是说，人们在智力上是天然平等的。他的基本命题是"我们的一切观念都是通过感官而来的"和"一切构造得同样好的人都有同等的能力获致精神"②。他反对"精神不等是感官的精致程度不等的结果"的命题。他反驳说："无论用什么方式去询问经验，它的答复永远是：精神的优越程度与感官的完善程度无

① 北京大学哲学系外国哲学史教研室编译：《十八世纪法国哲学》，435页，北京，商务印书馆，1963。

② 同上书，491页。

关。"他甚至断言:"精神的优越程度与感官的完善程度无关,凡是构造得同样好的人,都由自然赋予了必要的感官细致程度,足以在数学、化学、政治学、物理学等方面达到最大的发现。"①不仅同等感官的人都能获致同样的精神,即使感官完善程度不等的人,也能得到同样的发展。每个人都有五种感觉器官,从自然界吸取知识,故每个人的智力是平等的。他在肯定人的五种感官对接受外界事物所起的巨大作用的同时,否定认识与感官的完善程度有关。值得注意的是,爱尔维修否定先天道德观念,认为人生而既非善也非恶,人的聪明与愚蠢、善与恶不是上帝决定的,也不是先天具有的,完全是后天所受教育的结果。显然,不仅人的智力水平是平等的,而且人的道德伦理水平也是平等的。他认为,如果人的道德、知识水平等一切决定于先天的机体结构,"这种看法最能包庇教师的懈怠和疏忽。如果是机体构造使我们几乎不折不扣地成为我们现在这个样子,我们又凭什么以学生无知和愚笨来责备教师呢?他会说:为什么把自然的谬误归罪于教育呢?"相反,"如果证明各种才能和美德都是后天获得的,那就会鼓励这位教师勤勉,防止他疏忽;就会使他更加小心地抑制学生的恶习,培养他们的美德了"。②

三、生活之和的教育万能思想

(一)人是教育的产物

爱尔维修的思想始终关注"人"的问题,可贵的是,他把人的问题看成一个重要的教育问题。他说:"哲学家研究人,对象是人的幸福。这种幸福既取决于支配人们生活的法律,也取决于人们所接受的教育。"研究教育问题"必须首先认识人心,认识人们的精神及其各种活动",即"追溯到人类各种理智能

① 北京大学哲学系外国哲学史教研室编译:《十八世纪法国哲学》,500页,北京,商务印书馆,1963。
② 同上书,480页。

力和各种感情"的根源。唯有这个根源能够"昭示人类各种法律和教育所能达
到的完善程度",能够"揭明教育的力量对于人是多么大的力量"。① 尽管爱尔
维修的智力平等思想解决了人们智力发生的来源相同的问题,但从人的智力
过程和结果来分析,人的智力水平的高低差别在现实中也是明摆着的事实。
既然人的智力天然平等,感官的完善程度与精神的发展无关,那么现实生活
中的人的智力和精神何以千差万别呢? 爱尔维修说,昆体良、洛克对他说:
"精神的不等是一种已知原因的结果,这个原因就是教育的不同。"②爱尔维修
认为:"我们在人与人之间所见到的精神上的差异,是由于他们所处的不同的
环境、由于他们所受的不同的教育所致。这个结论说明了教育的全部重要
性。"③另外,"精神的优越并非气质的产物,并非感官比较完善所致,并非一
种隐秘的性质所造成,而是教育这一众所周知的原因的结果"④。他写道:
"要是我证明了人果然只是他的教育的产物,那就毫无疑问是向各国昭示了一
项重大的真理。它们将会知道,自己手里掌握着强大和幸福的工具。要使自
己幸福和强大,问题只在于改善教育的科学。"⑤爱尔维修的逻辑是:人受了
什么样的教育,就成为什么样的人,"教育使我们成为我们现在这个样子"⑥。

　　看来,爱尔维修把精神等同于智慧,因为人的智慧牵涉不到气质和感官,
纯粹是教育的产物。即便是天才人物,也不过是环境,即广义的教育所造就
的。教育的艺术在于把年轻人安置在各种适宜的环境中,以发展他们的心智
和美德的胚芽。爱尔维修充分信任教育的作用,认为教育能够创造一切。这
实际上表明,人的本性可以塑造,可以通过教育趋于完善。他希望通过教育,

---

　　① 北京大学哲学系外国哲学史教研室编译:《十八世纪法国哲学》,480 页,北京,商务印书
馆,1963。
　　② 同上书,492 页。
　　③ 同上书,467~468 页。
　　④ 同上书,493 页。
　　⑤ 同上书,479 页。
　　⑥ 同上书,541 页。

祖国可以涌现出千百万个休谟和牛顿。这里包含着爱尔维修的一种理想，即他向往改革祖国的政体和教育设施，为年轻人发展自己的才能提供良好的环境。在这里我们也看到了爱尔维修的教育的发展价值思想。

（二）教育即生活之和

爱尔维修所理解的教育在含义上是多方面的。他说，人们通常总以为聘请教师教儿童识字、读书、背诵教理问答就是教育。其实，"儿童的真正教师是他们周围的对象，他们的全部观念几乎都是从这些教导者得来的"①。所谓"周围的对象"，即周围环境，包括家庭环境，如父母、亲戚、朋友的人格、情感等的影响；也包括政治制度和法律制度等国家和社会环境，如立法等的影响。按爱尔维修的理解，"周围的对象"，或者说家庭环境、国家制度等，皆为人的社会生活条件，它们就是造就人的性格、道德和观念差异的因素。爱尔维修一再强调，在日常生活中，人的思想、情感和智力等方面所表现出的差异是环境造成的，尤其是社会政治制度对人的思想感情有重大影响。他解释说："统治人们的政治形式，永远形成我们的教育的一部分。"②他指出："青年的主要教师，是他生活于其中的国家的统治形式及其所产生的人的风俗。"③

教育作为生活条件之和，对人的发展所起的作用贯穿于人的一生。爱尔维修说："我的一生其实只是一场长期教育。"④尤其在婴儿、儿童时期所受的环境影响的作用更加明显，"儿童获得运动和生命的时刻就是获得最初的教育

---

① 北京大学哲学系外国哲学史教研室编译：《十八世纪法国哲学》，482 页，北京，商务印书馆，1963。

② 同上书，501 页注①。

③ 转引自任中印、李文奎主编：《外国教育通史》第 3 卷，149 页，济南，山东教育出版社，1990。

④ 北京大学哲学系外国哲学史教研室编译：《十八世纪法国哲学》，481 页，北京，商务印书馆，1963。

的时刻"①。爱尔维修说,在儿童的最初时期,他们得到多少种感觉,他们就受到多少种教育,儿童在不知不觉中学习着听、看、感觉。从某一对象接受的感觉刺激次数越多,获得的记忆就越清楚。儿童是在生活环境中受到教育的。

(三)国家制度的生态教育功能

实际上,爱尔维修的教育观就是现代意义的生态教育观,也就是生态教育功能观。制度的安排总会有其自身的教育功能,而爱尔维修的生态教育功能观主要看重法律和政治制度。孟德斯鸠关于地理环境决定人的精神面貌和政体性格的理论涉及的政体教育思想,也蕴含着这种生态教育观。但爱尔维修进一步解释说,决定某些人的素质差异或某些民族的精神面貌的不同的,不是地理因素,而是教育,即社会环境,其中最主要的是法律和政治制度。

爱尔维修也看到了历史上许多民族的性格和智能是随着它们的政体的改变而改变的,也是随着法律的差异而不同的。同一个民族的性格时而高尚,时而低贱,时而坚定,时而怯懦,就是由于国家实行了各种不同的政治制度和法律制度。在爱尔维修的政体论中,专制国家的人们变得胆怯、虚伪和阴险。例如,法国"专制制度的特点是扼杀人们精神中的思想,灵魂中的美德"②,使人们的精神变成僵硬的土壤;真理之水倒上去,却不能使之滋润肥沃;国家的公民不知荣誉为何物,天天走向愚昧无知,不能产生著名的作家,也不能使法兰西民族重享盛誉。

(四)立法是社会环境中最具影响力的生态教育功能

爱尔维修把人和民族是教育的产物理解为人和民族是政治制度和法律制度的产物,从而提出法律决定一切,于是他认为要改变当时法国社会苦难的

---

① 北京大学哲学系外国哲学史教研室编译:《十八世纪法国哲学》,482页,北京,商务印书馆,1963。

② 同上书,476页。

现状，就必须改变现存的政治制度和法律制度。实际上，爱尔维修提出了一个命题，即立法具有教育作用。首先，立法是受制于社会制度的，因而不同的制度的作用是不同的。在封建的政治制度下，人们受到恶劣的环境影响，不能培育美德；个人的恶习不能单纯由个人负责，主要应该归咎于政府，尤其是立法；在不良的立法深处隐藏着一个民族恶习的根源，应该在那里挖掘，并予以根除。他说："假如制定了良好的法律，这些法律将会让公民们顺着他们要求个人幸福的倾向，把他们很自然地引导到公共幸福上去。造成各个民族的不幸的，并不是人们的卑劣、邪恶和不正，而是他们的法律不完善……法律造就一切。"①总之，法律能够造就一切，立法者制定法律，但由于立法者的品性良莠不齐、价值观念不同，所以既可以通过法律导致人的恶习屡屡发作，扰乱社会秩序，也可以凭借法律因势利导，把人固有的自然倾向引入有利于公共福利的轨道，培育人的美德。显然，立法一方面与道德学结合了，另一方面又承担了进行道德教育的职责，这充分显示了立法的教育作用。爱尔维修的思想逻辑的必然结果就是：希望拥有理性比较完善的立法家。这种人"热衷于一种新荣誉，要想以人们的朋友这个称号留芳于后世……愿意造就一些幸福的人，不愿意造就一批奴隶……在我方才建立的那些原则中见到了一种新的、符合人类幸福的立法的端倪"②。这样的立法家独具慧眼、先知先觉，是从事立法工作的仁人志士。

爱尔维修还说："人们在一种自由的统治下，是坦率的，忠诚的，勤奋的，人道的；在一种专制的统治之下，则是卑鄙的，欺诈的，恶劣的，没有天才也没有勇气的。他们性格上的这种区别，乃是这两种统治下所受教育不同的结果。"③爱尔维修的这段话揭示了自由统治和专制统治对人的品质、性

① 北京大学哲学系外国哲学史教研室编译：《十八世纪法国哲学》，537～538页，北京，商务印书馆，1963。

② 同上书，534页。

③ 同上书，539页。

格甚至才能所产生的不同影响。言下之意是,两种统治通过教育中介形成人的不同性格,而他所指的"教育",如前所述,是个人的一切生活条件的总和,包括政府和立法。重要的是,他把教育的这种性格形成论与他的功利主义思想联系起来,也就是说,教育作为社会存在,可以改变、影响和决定人们的意识,铸造人们的性格,使利己主义向利他主义转化。看来这种认识直接导源于他对功利主义原则中个人利益和社会利益的矛盾的认识。

(五)道德功利主义的教育思想

爱尔维修最终把教育引入道德功利主义的视野中来认识,应当说是18世纪的法国生活"趋向于直接的现实,趋向于尘世的享乐和尘世的利益,趋向于尘世的世界"①决定的。他认为人的本性永恒不变,在任何时代都具有几乎相同的需要,这就是自爱、趋乐避苦、追求个人利益、希望满足肉体的感受性的要求。因此,要根据客观事实,即人的本性来从事道德学的研究,重新规定道德学的内容,从考察人性入手,把痛苦与快乐认定为道德世界的唯一动力,而自爱的感情则是建立功利道德论的唯一基础。他说:"如果自然界是服从运动的规律的,那么精神界就是不折不扣地服从利益的规律的。利益在世界上是一个强有力的巫师,它在一切生灵的眼前改变了一切事物的形式。"②人以利益为准则,通过利益来看待一切事物,这是由人的本性决定的。人的本性就是自爱,自爱的实质归结为自利,即个人的利益。由于爱尔维修持人性非善非恶的立场,即中性的人性观,善恶取决于教育政体的形式,于是教育、政体的形式应该为个人提供参与公共生活的条件,使个人利益同社会利益密切结合。爱尔维修把利益分为个人利益和社会利益。个人利益的基础奠定在肉体感觉,即个人的快乐和痛苦的感受上。看来,爱尔维修是一个坚定

---

① 《马克思恩格斯全集》第2卷,161页,北京,人民出版社,1957。

② 北京大学哲学系外国哲学史教研室编译:《十八世纪法国哲学》,460页,北京,商务印书馆,1963。

的功利主义者，但他认为要弘扬功利主义原则还须看到个人利益和社会利益之间的矛盾。他认为，我们自己的利益同公共利益是不可分割的；通过教育，一个人的自爱之情可以升华，转化为爱荣誉，受公众的爱戴和尊敬，从而可以为祖国的利益而献身，成为历史上的英雄人物。

一方面，爱尔维修从教育是社会生活条件之和的命题出发，提出了法律的教化作用，也就是法律制度的德育功能。他说，"人们的善良乃法律的产物"，"法律则决定我们的风俗和美德"①。在他看来，"美德这个名词，我们只能理解为追求共同幸福的欲望；因此，公益乃是美德的目的，美德所支使的行为，乃是它用来达到这个目的的手段；所以美德的观念并不是任意的。在不同的时代和不同的地点，所有的人，至少是那些生活于社会中的人，都应当对美德形成同样的观念"②。爱尔维修断定一切明智的立法，都应把个人的利益同社会利益连接起来，并且把美德建立在每一个个体的人的利益上。他尊重个人的利益，却不是单纯的利己主义者，他是一位社会利益的功利主义者。因为他认为社会利益是"人类一切美德的原则，也是一切法律的基础。它应当启发立法者，迫使人民服从他所制定的法律；总之，为了这个原则，必须牺牲自己的一切温情，连人道的温情也不例外"③。要使个人利益同社会利益结合起来，必须制定奖惩制度。奖励和惩罚的目的在于起到导向作用，作为教育手段引导人们在追求个人利益的关键时刻，必须考虑维护公共福利，最好能促进社会利益，必须绝对避免同社会利益相冲突。他说："为了培养出道德的人，就必须有赏有罚，制定合理的法律，建立一种出色的政治形式……"④

---

① 北京大学哲学系外国哲学史教研室编译：《十八世纪法国哲学》，525、526 页，北京，商务印书馆，1963。

② 同上书，465 页。

③ 同上书，463 页。

④ 同上书，506 页。

另一方面，爱尔维修从以"利益"为核心的历史观出发，明确提出教育的目的在于增进全社会的"公共福利"和大多数人的"共同幸福"。他认为，人们的利益是"道德"的基本原则，人的本性就是追求个人的利益与幸福，"无论在任何时候，任何地方，无论在道德问题上，还是在认识问题上，都是个人的利益支配着个人的判断，公共利益支配着各个国家的判断"①。追求个人利益是指导人们行动的一般规律，个人利益是人们行为价值的唯一而且普遍的鉴定者。因此，应以个人利益为核心来阐释道德教育问题。

他大声疾呼："神学玩偶啊！不要再顽固地意图毁情灭欲了，这是一个国家的生命原则。把这些原则小心地引导到公共福利上去吧；为了这个目的试着制定一种教育计划吧，这种教育的简单明白的原则是全部以共同幸福为归依的。"②

教育应该培养将个人和民族利益结合在一起的，有才能、有美德的爱国者。爱尔维修提倡功利主义，追求真理，一方面无情地揭露宗教的毁情灭欲对人民、对国家造成的危害；另一方面号召人们回到现实的生活中来，为了满足人们衣食住行的需要，应该追求现实利益。他认为是"利益"支配人们在道德上和认识上进行一切判断，应该满足人们来自"肉体感受性"的快乐和幸福。爱尔维修重视感情的力量。他说："应当把感情看成产生精神的种子，看成促进人们做出伟大行为的强大动力。"③他甚至认为："在道德学中，唯一应当教人的是真理。"④他所谓真理就是公正，宗教教育把最明白的自然规律都在儿童心目中搞混了，道德教育很少教人公正。因此爱尔维修非常重视早期的道德教育，要求给予最幼小的儿童一些清楚明白的正义观念。在他看来，

① 北京大学哲学系外国哲学史教研室编译：《十八世纪法国哲学》，458 页，北京，商务印书馆，1963。

② 同上书，488 页。

③ 同上书，468 页。

④ 同上书，537 页。

要是自幼养成勤劳、节俭、忠实的习惯，那就很难摆脱这些最早的习惯。他设想将学校的"宗教教理问答"改成"道德教理问答"，在儿童的"记忆中印上正义的规定和原则"，并以每天的生活经验证明这些"规定和原则的有益和真实"。他提出41条道德问答，体现了他的道德教育思想。

我们应该看到，爱尔维修从感觉经验主义出发，完全否定自然素质在人的发展中的任何意义，过高估计了教育的作用，得出教育万能的片面性结论，这正如他的感觉经验主义的偏向一样，具有不可克服的历史局限性。爱尔维修过分夸大政治和法律的作用，认为它们是社会发展的决定因素，从而陷入历史唯心主义。因为按爱尔维修的思想逻辑，社会环境以及法律之所以不完善，是人的错误思想造成的，这是"意见统治世界"的逻辑。但他又不满足于现实世界，他要改变现状，那么按照这种逻辑，必须先改变人的思想。而人的思想的改变，首先在于人的改变，于是爱尔维修求助于贤明的"天才"人物来启发人们，改造社会，这样就走向了"英雄创造历史"的历史观。

第五节　狄德罗的启蒙教育思想

狄德罗是培根以后、康德以前，西方现代早期最伟大的一位哲学家。他在人类思想史上起到了承前启后的作用。他把人类思想提高到一个新的水平，为人类思想作出了贡献。狄德罗最初受教于朗格里(Langres)的耶稣会，先后就读于路易公立中学和哈尔库公立中学，在那里学习了逻辑学、物理学、道德学、数学以及亚里士多德和神学家的形而上学。1732年获得巴黎大学文科硕士学位。狄德罗兢兢业业地献身于他主编的《百科全书》，这部又名《艺术与科学科辞典》(*Encyclopédie, ou dictionnaire raisonné des sciences, des arts et des métiers*)的名著凝聚着他一生的心血，体现了他崇高的品德。《百科全书》既是储备学术思想的宝库，又是散发激进观点的号角，为扫除愚昧、推进人类文化作出了重要贡献。1746年，他匿名发表了《哲学思想录》，表述了自然神论的思想。此书一方面审视宗教迷信，另一方面着眼于人的生存方式，重视情感动力作用。1747年，他发表了《怀疑论者的漫步》，对所谓宇宙的设计提出疑问，表明他由同情自然神论者的态度开始转向把自然看作机器的唯物主义观点。

1749年，他印发了《论盲人书简》。这是一篇有关心理学和认识论的论文，文章揭示了人的有机组织，即感觉器官不同，观念思想也不一样，盲人就没有上帝那样的概念，明确表达了无神论的观点。1753年，他发表了《对自然的解释》，鲜明地确定了唯物主义立场。1761年，他撰写了《拉摩的侄儿》；1769年，他撰写了《达朗贝和狄德罗的谈话》和《达朗贝的梦》；1773—1775年，又写出了《对爱尔维修〈论人的理智能力和教育〉一书的系统反驳》。

狄德罗教育思想的研究者在分析狄德罗对教育问题的思考时，主要利用了《对爱尔维修〈论人的理智能力和教育〉一书的系统反驳》和《俄罗斯大学计划》两个文本。狄德罗的《俄罗斯大学计划》体现了他对教育问题的关注。这是他给俄国女皇叶卡捷琳娜二世制订的一个教育计划。这个计划阐明了教育的作用。他断言，教育使人修身养性，明确职责，削弱恶习，启发人们爱秩序、正义和德行，并加速培养在生活各个方面的良好兴趣。他反对天主教一直掌握公共教育的大权，认为教士的思想和行动是同启蒙意识与自然理性相对立的。

这里从狄德罗的教育批判思想入手，研究他的发展教育思想和他的知识与教育观。

一、教育批判思想

作为一种精神，启蒙时代的思想家们在审视教育问题时所表现出来的强

烈的教育批判，无疑为现代教育思想写下了重要的篇章。狄德罗与同时代的
所有启蒙思想家一样，对专制国家制度和宗教教会制度及其教育制度进行了
强烈的批判。狄德罗对教育制度的批判是以他对封建制度和教会制度的批判
为基础的。他认为，人类最初生活在"自然状态"中，受着"永恒的理性"即
"自然法"的支配，一切人都是自由平等的。少数人采用了暴力手段，剥夺和
践踏了人类的天赋权利，才出现了封建专制的不合理的统治形式。而宗教教
会的禁欲主义说教的根本目的在于要人们放弃不能转让的天赋人权——自由、
平等，无条件地忍受封建专制的剥削和压迫。他从自由、平等的观念出发，
批判法国封建专制制度。他指出，维护封建制度的"法律"是"以成百种不同的
方式伪装起来的枷锁"，这枷锁是贵族压榨人民的标志。因此，所谓"法律"，
"只能引起一个爱自由比爱任何东西都深切的人的忿怒和蔑视"。他认为人是
自由、平等的，他们有权享受自由、平等的生活，只是由于"政治契约"的关
系，才容许君主掌握权力。君主只有维护与执行"政治契约"，保护人民的利
益，人民才能服从。狄德罗也尖锐地揭露和批判了天主教会制度。他认为，
教士享有特权，过着穷奢极欲的生活；他们贪婪钱财、鱼肉百姓。教士所宣
传的宗教教义，对于广大人民来说，完全是"用迷信来愚弄他们"，教士是刽
子手。①

　　狄德罗与其他启蒙思想家一样对封建教育制度和教会控制的教育表达了
强烈的不满。他尖锐地批判了法国等级森严的和教会控制的教育制度，认为
教会统治和封建专制制度剥夺了广大人民群众受教育的权利，把无数蕴藏着
的天才都埋没掉了。他说，多少人在没有表现他们是什么之前就死掉了。狄
德罗把这些人比作一幅藏在黑暗的画廊里的壮丽的画图，里面透不进一线阳
光，没有谁看到它，它也没有引起谁的赞赏，它在那样的地方埋葬了。启蒙
思想家高扬着平等的旗帜。在教育上，他们认为，优良的天赋素质是人人都

---

① 《狄德罗文集》，王雨、陈基发编译，565、563 页，北京，中国社会出版社，1997。

有的，绝不是少数特殊人物的专利品。因此，狄德罗认为，人人都需要通过教育来发展这种天赋素质。

狄德罗所处的时代正是出现现代曙光的时代，他对传统的古典主义教育同样给予了严厉而尖锐的批判。他看到，古典主义教育在当时法国的中等教育中处在一种死气沉沉的状态，它使学生把学习时间过多地耗费在玩弄空洞的文字上。古典主义教育课程"没有一个字是关于博物学和实用化学的，也很少有关物体的运动以及各种实验的内容，更不用说动物学和地理学了"①。在古典主义教育中，如果要学习拉丁语和希腊文，对大部分学生来说，只要学习一年或一年半就足够了。为此他指出，仅仅学习古典语言不值得花去那么多时间，古典语言学习的时间可以大大缩短。② 狄德罗之所以得出这种结论，是因为他对古典教育，即拉丁文和希腊文语言本身及其有关的学习的了解。他说："我倒是要问问，人们断言，文笔难懂、内容深奥、往往有害于道德的那些作家的语言应该是青年首要学习的东西，说出这样的话来是否真心诚意……我要问问，这种学习难道不是必须先具备更成熟的头脑和基础知识吗。"③

狄德罗还认为，经院主义统治下的大学也没有与真正的科学相联系，而是对科学知识抱着厌弃的态度。

二、发展教育思想

(一)教育与国家和政府

发展教育思想是当代教育思想的主流，它的主旨在于通过发展教育以促进国家、社会和人的发展。狄德罗认为，教育在促进人的个性发展和社会发

---

① 转引自赵祥麟主编：《外国教育家评传》第1卷，687页，上海，上海教育出版社，1992。
② [法]安德烈·比利：《狄德罗传》，张本译，366页，北京，商务印书馆，1984。
③ 同上书，366页。

展或改革中有重要的作用。在他看来，只有通过教育才能启发人的理性，而理性是启蒙运动的核心思想。狄德罗之所以重视教育对于理性的启发作用，是因为只有人的理性才能认识到封建专制的罪恶，才能扫除人们的愚昧无知，从而为发展合理的社会制度，实现平等、自由的"理性王国"奠定基础。这种思想的实质在于通过教育促进资产阶级民主共和国的建立。这是西方早期现代化过程中的发展教育观。

实际上，狄德罗的发展教育思想的实质在于，教育可以减少罪恶，缓和和消灭罪恶，唤起对秩序、正义和善行的爱。教育发展意味着人们识字、写字和计算能力的提高，从而使人们的思想得到初步的塑造，最终对治安和社会的稳定产生不可估量的影响。"这些初等学校一般是为人民大众的，因为从首相直至最低的农民，应该让人人都识字、会写、会算……贵族说那会使农民调皮、爱争讼。文人说，那样，农民既已小康，就不会再把耕犁传给儿子，而要把他培养成学者、神学家，至少也是个小学教师。我不想多谈贵族的抱怨；大概，这种抱怨无非是：一个会读会写的农民是比另一个更难压迫。至于第二种不满，应该由立法者制定法律，使务农得到安宁和尊敬，这样人们就不会弃农了……在这方面，我觉得利大大有过于弊。强迫学习、识字写字和计算，可以使人民的粗鄙思想得到初步的塑造，其后果，对于治安和政府的稳定来说，也许是不可估量的。"[1]他在《俄罗斯大学计划》中提出，如果一个民族获得教育，就可以使它文明化，进而繁荣昌盛。

(二)教育与人的个性

狄德罗的发展教育思想一方面认识到教育在促进国家发展和社会发展中的作用，另一方面高度评价了教育在人的个性形成中的重要意义。在他看来，教育不仅可以陶冶人性，培养正义、正直、爱国主义的品德，而且可以削弱人的恶习。他说："我并不否认，有一些人受了恶劣教育的腐蚀，沉湎于淫荡

---

① [法]安德烈·比利：《狄德罗传》，张本译，365~366 页，北京，商务印书馆，1984。

的行为，长期地养成了作恶的习惯，自然的本性受到了严重的败坏，理性被践踏在脚下，因而根本不理睬自己的理性，只是一味听从各种成见、激情、欲望的话。"①看来，狄德罗赋予教育对人的个性形成的意义在于追求培养人的理性，成见、激情和欲望与理性是相背离的。"恶劣教育"所具有的腐蚀作用是双重的，一方面践踏了理性和人的自然本性，另一方面形成了成见、激情和欲望。

狄德罗的关于人的个性内容是多方面的，如美德、情感、自由、平等，其中启蒙思想家们普遍关注的是德行。狄德罗说："美德只要得到小心培养，是会使古代诗人们用来描绘黄金时代的那些嘉言懿行见于人世的。"②美德必须小心地进行培养，使人根据行动来评判善恶及其影响。为此，狄德罗强调教育对于人的道德发展的重要性，主张在学校教育中安排分量很多的道德修养。他认为，通过道德教育可以使学生养成良好的行为习惯，认识到美德是自己享受幸福的必要品质。狄德罗试图建立一种新型的道德学，使人在明智的理性指导下行事，培养利他精神和仁爱之情。在家庭中进行道德教育时不要把孩子完全委托给雇来的人养育，要启发儿童理性的自由发展，使之仇恨谎言，爱好礼仪和荣誉，尊重法律；要教育孩子懂得财富不会使心灵安宁，而劳动却不会使财富丧失；要让孩子同情贫困者，关注卑微者的命运，让孩子们明白在大自然面前人人平等，使他们确信生活如无美德将毫无价值，只有行善才有幸福；等等。③

在人性认识上，狄德罗持"人性善"的立场。他认为，人性中具有善良的因素，此因素来自人的本性。从发展教育观来看，良好的教育不仅能发展人性中"善良"的因素，而且能培养人的情感。如果人的"善良"的本性与情感得

---

① 北京大学哲学系外国哲学史教研室编译：《十八世纪法国哲学》，426页，北京，商务印书馆，1963。

② 《狄德罗文集》，王雨、陈基发编译，576页，北京，中国社会出版社，1997。

③ [法]安德烈·比利：《狄德罗传》，张本译，144页，北京，商务印书馆，1984。

到培养，那么他就能获得幸福。情感在狄德罗的思想中表示人对其他人或事物的热爱与憎恶，而追求美好的生活与幸福是人的本性，因此良好教育要培养人的情感。文学作品通过各种人物形象所展现的社会生活及其意境，应该对人们起到教育的作用，培养人的积极情感。对于狄德罗而言，"人们无穷无尽地痛斥情感；人们把人的一切痛苦都归罪于情感，而忘记了情感也是他的一切快乐的源泉"①。他强调培养人的情感中的积极因素，认为这是人们争取幸福生活所必需的。

(三)教育与人的自然素质

狄德罗的发展教育思想中还包含了教育与人的自然素质发展的关系，也就是说，通过教育发展人的优良自然素质，抑制不良自然素质。狄德罗指出了人的自然素质、生理结构和天生倾向的差异性对教育带来的影响。在他看来，人的自然素质、生理结构和天生倾向如何乃是正确地组织教育的几个非常重要的条件。在狄德罗看来，这些不同导致了人与人之间一定的差异，如聪明和愚笨、勇敢和胆怯、性急和迟钝、愉快和忧愁等。在狄德罗的思想中，人的自然素质及其完善程度是正确地进行教育和发展人的精神的一个重要因素。

为此，狄德罗还认识到教育与自然素质、天生倾向之间的作用差异。在他看来，教育并不是形成人与人之间差异的唯一根源，它只是主要的根源之一，因为在造成人与人之间差异的根源中，除了教育之外，还有其他各种根源。狄德罗正确地估计了教育在人的发展中所起的有限作用。教育可以改变人，但它不能改变人在某一方面的天生缺陷。在肯定教育作用的同时，也必须估计到人的自然素质和天生倾向的作用，于是狄德罗说，与其说教育决定一切，不如说教育能起很大作用。

启蒙思想家把教育议题纳入他们的思考领域，这在教育思想史上意义很

---

① 《狄德罗哲学选集》，江天骥、陈修斋、王太庆译，1 页，北京，商务印书馆，1983。

大。思考带来了争论。狄德罗与爱尔维修在教育问题上的争论就是一个很好的例证。他们争论的焦点在于教育的可能性作用，以及人的自然性与教育的关系。教育的作用涉及发展教育思想，两位思想家在这点上有共性。但爱尔维修提出了人的素质不同与感官的精致程度毫无关系的论断，提出了"教育万能论"，否认了人的天生倾向性。对此狄德罗反驳说，人的生理素质的完善程度是正确地组织教育、形成不同精神面貌的一个重要因素，"人们从自然界的各种奇观作出来的那个伟大的推论，对于瞎子们来说是软弱无力的"[①]。人们构想的颜色各异的不同图形，对天生盲人来说也是不可理解的。狄德罗断定，人的天生素质对人的发展具有不可忽视的影响。他们之间的争论从《对爱尔维修〈论人的理智能力和教育〉一书的系统反驳》中的对话中可以看出来：

> 爱尔维修：我认为智慧、天才和美德是教育的产物。
>
> 狄德罗：仅仅是教育的产物吗？
>
> 爱尔维修：这种思想，我觉得还是合乎真理的。
>
> 狄德罗：这种思想是不正确的，因为它在任何时候都不能充分说服人的。
>
> 爱尔维修：我认为教育对于个人和民族的天才与性格的影响，要比一般人所想象的大些，你曾同意过我的这个意见。
>
> 狄德罗：我可以同意你的仅是这一点。[②]

狄德罗看到了爱尔维修由于过分强调感官的作用，因而忽视了大脑生理机制的差异及其在人的发展中的重要意义。他说，爱尔维修忽视了研究大脑

---

① 《狄德罗文集》，王雨、陈基发编译，50~51页，北京，中国社会出版社，1997。

② 转引自[苏]恩·阿·康斯坦丁诺夫等：《教育史》，李子卓等译，82~83页，北京，人民教育出版社，1957。

生理机制的必要性，"然而如果没有这个器官，其他器官不论如何完善，都没有任何意义，它是造成人们在从事智力活动的能力方面表现出显著差异的原因"①。狄德罗强调大脑和感官结构上的差异形成了自然素质上的某些差异，正是天生倾向上的差异决定了儿童智力发展水平上的某些差异。从这里，我们也看到了狄德罗唯物主义哲学思想中的辩证法因素在教育问题上的反映。狄德罗的启蒙教育思想的贡献也正在于对教育、自然素质和天生倾向等之间的辩证关系的正确认识。

三、知识观与教育思想

(一)《百科全书》的知识观

狄德罗在《百科全书》中一方面重视知识的系统性，另一方面充分重视人的中心地位。他认为各门科学犹如树枝，彼此相互联系，和共同的树干也有联系。他根据唯物主义的原理，断定存在于各个部门之间的联系反映客观事物之间的联系，人类知识的树枝通过各种方式而构成。着眼于关联，可以把不同的知识同心灵的各种职能相联系，也可以同作为认识对象的事物相联系；人类知识既然是对客观事物特征的反映，在这两种联系的方式中，就必须重视、肯定后者。没有认识对象的联系，就没有种种知识之间的联系。联系涉及各个部分之间以及各个部分与整体之间的关系，是知识结构的基础。知识的各个部分既相互区分，又相互联结，构成一个统一性的体系或系统，它的结构是符合自然的结构的。《百科全书》中刊载的一些文章和条目突出知识和智慧的作用，高度赞扬培根、笛卡尔、牛顿、洛克和莱布尼茨的成就，激发人们的兴趣和注意，鼓励人们追求知识，把握真理。狄德罗编辑《百科全书》，不仅提出了科学的知识观，而且传播了工艺知识。他认为，机械工艺知识是

---

① 转引自[苏]赫·恩·蒙让：《爱尔维修的哲学》，涂纪亮译，283 页，北京，商务印书馆，1962。

十分重要的, 强调要把自然科学知识传授给人们, 使他们获得真理, 掌握手工艺。狄德罗还赋予科学知识以重要作用。他认为, 一旦人们掌握了科学知识, 世界就会发生巨大的变化, 社会就能更快地前进, 人们的生活也就会更加幸福。《百科全书》的"宗旨是汇集世界上分散的各种知识, 向现时同我们一起活着的人们阐述它们的普遍体系, 并将此书传之于我们的后人, 从而使得过去时代的业绩对未来的时代不是无用的东西, 让我们的子弟因为更有知识, 从而更有道德, 也更幸福, 使我们与世长辞时无愧于人的称号……"①狄德罗提出的新知识观强调指出, 知识不限于书本的知识, 还包括从实践中特别是从手工艺技术中获得的知识。

(二)实用主义科学知识教育思想

从凡是知识都要有用的信念出发, 狄德罗认为, 一个学生不应该把过多的时间花在古典语言的学习上, 而应该主要学习科学知识, 学习其他更重要的课程内容。"仅仅学习古老语言是否值得花去那么多时间……无论出于理性或偏见, 我很难相信人可以不对古人有所了解。那种文学具有一种坚固性, 一种诱惑力、一种活力, 因此将永远是伟大心灵美之所在。但是, 我想, 古老语言的学习可以大大缩短, 同时加进许多有益的知识。一般来说, 在学制中, 往往给予字词的学习以过于重要的地位和过多的时间, 今日应代之以事物的学习。"②狄德罗明确提出以"事物学习"代替古典教育。同时他强调, 实用应该是学校科目的评价标准, 科学应该在教学内容中占有重要的地位。因为在他看来, 只有这样才能培养学生的思维能力和发展他们的创造精神, 也才能促进科学技术的发展和更好地利用自然界。他说: "当我把眼光转向人的工作, 而看到许多城市到处被建立起来了, 一切元素都被利用了, 各种语言固定了, 各族人民开化了, 许多港口建筑起来了, 海洋被渡过了, 地和天都

① [法]安德烈·比利:《狄德罗传》, 张本译, 62页, 北京, 商务印书馆, 1984。
② 同上书, 366页。

被测量了；这时世界对我显得已很古老了。"言下之意，科学使生产发展了，人民开化了，生活幸福了，社会进步了。相反，当人们还不懂得科学知识时，生产和生活是多么落后和幼稚。"而当我发现人们对于医药和农业的主要原则，对于一些最普遍的物质的属性，对他们所患的疾病的知识，对树木的修整，对犁的形式都还不能确定时，则地球据他看来似乎还只是昨天才有人住的。"对于狄德罗而言，掌握多方面的科学知识，可以发展物质生产，提高人类文明，使人们的生活更加幸福和美满，因此他强调指出，"如果人们是明智的，他们毕竟将献身于有关他们福利的研究"，也即科学知识的学习和研究。①

为此，狄德罗认为学校应该给学生传授公民所必需的一切知识，从立法直至既有益于社会又美化社会的机械技艺。在他构建的教育制度中，初等教育应该设有阅读、写字、算术和公民道德等课程；中等教育必须扩充课程内容，提供数学、物理、化学、自然和天文学等科目，取消无用的课程；还应该建立各门学科的教研室、解剖室和实验室，并提供学习所必需的器材。他设想的提供中等教育的大学文科分为八级，前三级学习数学（算术、代数、几何）、机械学、天文学，第四、五级学习自然、物理、化学，最后三级学习文学、修辞和古典语言；同时学生还要学习历史、地理、图画、音乐和道德等。这是一个典型的实用主义的科学知识课程体系。这个体系也在《俄罗斯大学计划》中反映出来。他构建的大学体系由医科、法科、神科以及军事、工程、航海、农业、商业、艺术和政治等高等专门学校构成。狄德罗的传记作者是这样评论他的："他是效法德国方式，几乎完全依据务实精神而制定的。刀剪师傅的儿子、艺术和工艺的普及者在《为俄国政府制定大学教育方案》（即《俄罗斯大学计划》——作者注）中成为技术教育的首倡者。他第一个觉察出他那个时代科学新生事物即将在新的文明中产生技术之重要。他的最肯定功绩之一

---

① 《狄德罗哲学选集》，江天骥、陈修斋、王太庆译，109 页，北京，商务印书馆，1983。

也在这里。"①可见，狄德罗的实用主义科学知识观在启蒙思想家的教育思想中也是独树一帜的。

(三)唯物主义的科学知识认识论

狄德罗从唯物主义认识论出发论述了学习和研究科学知识的方法论。这种方法论首先是以他的唯物主义哲学思想中坚持的一元论为基础的。他认为，物质世界是客观存在的，"我是物理学家和化学家，是在自然中而不是在我的头脑中把握物体的；我把物体看成存在的，多种多样的，具有各种特性和活动的，在宇宙中活动着，就跟在实验室中活动一样……"②。同时，各种客观事物之间是联系的，它们又是运动变化的。他强调事物的统一性及事物相互之间的联系与运动变化，"所以在自然界中，当实验物理学更加进步时，我们也将遇到一切现象，不论是关于重力的，弹性的，引力的，磁的，或电的，都只是同一作用的不同面貌"③。

其次，狄德罗坚持唯物主义的感觉论，感觉主义者把人类的一切认识活动简单地归结为感觉，但狄德罗不但重视感觉论，而且重视思维活动在认识过程中的作用。在他看来，寻求真理的法则和方法就是由感觉回到思考。人们如果不搜集丰富的材料，也就无从思考，然而，人们思考的结果是否反映了客观事物的规律，又要回到感觉那里用事实加以验证。于是，他提出了科学知识认识论的三种具体的方法。

他说："我们有三种主要方法：对自然的观察、思考和实验。观察搜集事实；思考把它们组合起来；实验则证实组合的结果。对自然的观察应该专注，

① [法]安德烈·比利：《狄德罗传》，张本译，366页，北京，商务印书馆，1984。

② 北京大学哲学系外国哲学史教研室编译：《十八世纪法国哲学》，356～357页，北京，商务印书馆，1963。

③ 《狄德罗哲学选集》，江天骥、陈修斋、王太庆译，89页，北京，商务印书馆，1983。

思考应该深刻，实验则应该精确。"①这显然是培根的实验科学方法的思想体现。具体地说，第一种方法是观察，即人们通过自己的感官或借助仪器对自然进行观察，并搜集事实材料。这是形成观念的基础，也是学习和研究科学知识的基础。狄德罗说："事实，不管它们具有什么性质，总是哲学家的真正财富。""我们可以把在自然中没有任何基础的概念，比之于北方的森林，其中的树木都是没有根的，只要一阵风，一件轻微的事实，就把整个树木的森林及观念的森林推倒了。"②第二种方法是思考，即人们通过思考把观察得来的事实材料进行组合，加以整理和概括，这样使学到的知识得以深化。因此狄德罗说："一切都归结到从感觉回到思考，又从思考回到感觉：不停地重新进入自己里面去，又从里面出来，这是一种蜜蜂的工作。如果你不重新进入装着蜡的蜂房里面去，你就白白地跑了许多地方。如果你不知道把这些蜡做成蜂巢，你就白白聚集了许多无用的蜡了。"第三种方法是实验，即人们通过实验可以证实事实材料组合的结果，证实自己所获得的知识是否坚实可靠。为此狄德罗说，一些概念"可能是真的，也可能是假的……它们只有在和外界的东西联系起来时才坚实可靠"③。实验应该反复地做，把各种情况的细节搞清楚，把适用的限度弄明白，如果没有实验，就不可能获得精确的数据。

第六节　霍尔巴赫的启蒙教育思想

霍尔巴赫于1723年1月出生于德国境内的帕拉蒂内特(Palatinate)的一个小城镇，父母为天主教徒，出身卑微但正直。霍尔巴赫为人诚实朴素，兴趣

---

① 北京大学哲学系外国哲学史教研室编译：《十八世纪法国哲学》，327页，北京，商务印书馆，1963。

② 《狄德罗哲学选集》，江天骥、陈修斋、王太庆译，64、58页，北京，商务印书馆，1983。

③ 同上书，58页。

广泛，阅读了自然科学和人文科学领域中的多种书籍。他几乎与当时所有的欧洲名流有交往，也因此成为哲学家的"管家"。他的家是名流们聚会的场所，有"欧洲咖啡馆"之称。在他周围有一些志同道合的人，他们有着共同的政治理想和学术观点，并由此形成了一个派别，被称为"霍尔巴赫集团"。霍尔巴赫在宗教观上持无神论观点。他不仅是一个哲学家，而且还是一个科学家，曾经翻译过大量的科学著作，并且为《百科全书》撰写过许多与科学相关的条目。他曾面壁十余年，撰写了多种著作，1770年出版的《自然的体系》对法国唯物主义做了系统的阐述，被称为"唯物主义的圣经"。1773年出版的《自然政治论》则集中谈到了他对教育问题的基本看法。霍尔巴赫于1789年6月21日在皇家大街住宅中逝世。

一、教育批判思想

霍尔巴赫的教育批判思想是他的教育思想的一个重要内容。与批判宗教、神学、专制制度的思想一样，他对政府统治者不重视教育进行了批判，同时也对封建专制学校的愚民性、宗教教育的欺骗性给予了揭露。

霍尔巴赫一针见血地揭露了当时教育的弊端，那就是统治者忽视公民教育，阻碍公民教育，甚至还尽力分化和腐蚀公民，把公民教育交给那些只顾私人利益、完全不顾社会利益的人，交给那些不要祖国的人，交给那些只考虑如何利用自己的权力更牢靠地压制理性的专制君主，交给那些自称是神灵的代表并且蛊惑人们俯首帖耳地敬奉神灵的暴君。霍尔巴赫进一步揭露了学校教育的弊端。他指出，那些学校的教师们传授给人民的只是奴才精神，只是不加思考地服从领导的习惯，而"这些教师的课程既不能使人们具有关于自由、关于爱护公共福利的概念，也不能使他们具有力图博得同胞尊敬和进行为社会生活所必需的各种活动的概念"[①]。这些教师只是培养人民逆来顺受的

① [法]霍尔巴赫:《自然政治论》，陈太先、眭茂译，408页，北京，商务印书馆，1994。

服从性和自惭形秽的自卑感。这样造成的结果是：使受教育者失望、孤僻并最终丧失活力。

霍尔巴赫对当时政府在教育问题上持漠不关心的态度提出不满。"大多数现代政府都对这个非常重要的问题采取可耻的漠不关心态度，再没有什么事情比这种态度更令人惊奇的了。"①国家领导人对公民教育掉以轻心，"这也是令人惊奇无比的事"②。他认为，欧洲没有一个国家，没有一个国家的执政者认真研究过教育人民的问题。这种不关心具体体现在：不提倡体操运动以锻炼人民的身体；不培养真正的美德以塑造人民的心灵；不重视科学，国家从来不管。这种漠不关心的结果就是使人能力薄弱、教养很差、道德败坏。而这必然直接影响一个国家的治国水平。

他还批评当时的"学校至多不过是用来培养军人，或者传授一些取自冷僻科学（美其名曰法学）的肤浅知识；没有哪一所学校是为培养想研究谈判和缔约艺术的人，为培养想研究商业经营、财政管理以及确定人民真正需要等科学的人开设的，简言之，即为培养想研究政治的人开设的"③。看来，霍尔巴赫也意识到，欧洲现代早期教育是一种军事需求，但他充分认识到了现代教育的社会需要，即服务于商业经营、财政管理等也成为当代教育的社会功能。同时他看到了现代大工业生产的教育需求，因为他认为应把培养经商的人的教育同培养手艺工人的教育区别开来。他也意识到世俗社会的教育需求，因为他认为有必要把对世俗人的教育同培养任何苦行僧或教士的教育区别开来。世俗人的教育目的是"希望人人都学会为祖国出力，同时也希望每个人都按照自己的特点学会为祖国服务"④。在启蒙思想家的思想意识中，"祖国"观念与教育是紧密联系在一起的，这在霍尔巴赫的思想中也清晰可见。

———————————

① ［法］霍尔巴赫：《自然政治论》，陈太先、眭茂译，292 页，北京，商务印书馆，1994。
② 同上书，151 页。
③ 同上书，293 页。
④ 同上书，294。

霍尔巴赫也批判宗教教育和专制制度的教育。他认为,一方面国家领导人不关心公民教育,另一方面到处都把公民教育"交给神职人员去管理"①。这些人主要是用宗教寓言、奇迹、圣礼和宗教仪式来麻醉人的头脑,根本谈不上按照人类社会和自然的道德规则去塑造人的灵魂。他看到,无论什么地方都害怕人民接受教育,都阻止启迪民智;这与无论什么地方人民都信教、信神,但没有真正的道德观念是一样的。宗教是这样,专制制度也不例外,专制制度越是使得人民生活困苦,它就越是不愿意让人民受教育。于是他得出的结论是:只有暴君政权才认为统治文盲和野蛮人最光荣,且希望人们永远是无知无识的。霍尔巴赫认为,只有暴君才喜欢人民没有知识,没有理智,又没有意志。只有非正义的政府才力图使人民陷入愚昧无知的动物状态,因为教育能使人民了解自己的可怜处境,看清自己所受苦难的深重。

二、人学、理性思想与教育思想

启蒙思想得益于科学的最显著特征就是发现了社会法则和人的本质,或者说是人的发展规律,从而提出了关于人的科学思想。霍尔巴赫就是从科学中发现并声称道德学是真正关于人的科学,是关于人的幸福的科学。世界上所有的居民,包括君主或公民、伟人或平民、富人或穷人、主人或奴仆,都需要这种科学。道德学不仅要研究人类精神、意志与行动之间的关系,而且要探索造成精神、意志与行动的动因。在他看来,一个人受到理性的教育,享有贤明的法律,又有品德高尚的人作为榜样和良好社会习俗加以激励,他就会成为有德行的人。那么在霍尔巴赫的思想中,什么是人?什么是人的本性?对此他作出了明确的规定。他说:"人是一个有感觉、有理智、有理性的东西。有感觉的东西,就是凭着自己的本性、构造、机体,能够感受快乐、感受痛苦,并且由于自己的本质本身,不得不寻求快乐、逃避痛苦的东西。

---

① [法]霍尔巴赫:《自然政治论》,陈太先、眭茂译,152页,北京,商务印书馆,1994。

一个有理智的东西，就是为自己提出一个目的，并且能够采取各种适于达到这个目的的方法的东西。一个有理性的东西，就是能够凭着经验选择最可靠的方法来达到自己提出的目的的东西。"①

霍尔巴赫与法国其他的启蒙思想家一样，把人的本性作为重要课题加以探讨，并认为每一个人都力图自我保存，追求自己的幸福。唯一能够影响人作为有感觉的生物的意志的是向往快乐，避开痛苦，即对幸福的希望与对不幸的恐惧。他认为人有权遵从自己的本性，满足合理的欲望，这种欲望是由感情支撑的，标志人的倾向性。这种感情和倾向性是人应该享受的自然权利。自然权利是永恒的，不可割让，它来源于对人类本性的承诺，承认人有自爱之权。

霍尔巴赫承认人是有各种需要的，并鼓励这种需要的情欲。情欲是人类固有的一种感情，是生活中不可缺少的，是有助于自我保全的，但它需要加以引导，使它发挥有益的作用，因为它也有两面性。他呼吁："让教育、政府和法律，使他们习惯于把情欲局限在为经验和理性所规定的正确的范围之内！"②

对人与人之间的差异性的认识也是法国启蒙思想家们普遍的共识。霍尔巴赫认识到，"一个人秉性忠厚，或者教养有素，因而成为我们所谓的道德君子，必然以一种造福人群的方式来活动；至于我们所谓的恶人，则必然以一种祸害人群的方式来活动。他们既然天性与教养各异，其活动也就必然不同，因此他们的行动体系或他们的相对秩序也就有本质上的区别"③。看来，两种人的活动方式不同，促成的社会效应殊异，应取决于两个因素，即天性和教

① 北京大学哲学系外国哲学史教研室编译：《十八世纪法国哲学》，649 页，北京，商务印书馆，1963。

② ［法］霍尔巴赫：《自然的体系》上卷，管士滨译，131 页，北京，商务印书馆，1964。

③ 北京大学哲学系外国哲学史教研室编译：《十八世纪法国哲学》，604 页，北京，商务印书馆，1963。

养。而天性是先天的，与生俱来的；教养是后天的，是教育的结果。当然教育能够影响一个人的素质，这无可非议，但天性的作用何在呢？这里霍尔巴赫也卷入了法国启蒙思想家们关于环境与教育、天性与教养之间的矛盾争论之中。霍尔巴赫认识的基础有些不同，他特别关注人的共同性。共同性是宇宙间普遍存在的人性，恒常不变，是人的生物性。但他也承认人性不是不可改变的，于是他在承认人有生物性的同时又肯定人的社会性。也就是说，人必须经营生活，与他人交往，相互帮助，彼此协作，才能维持生存，保障幸福。进一步说，霍尔巴赫认为，人必须生活于国家或社会中，而且处于共同生活的情况下，出自人的本性，每一个人都应时刻紧跟自己的情欲，追求幸福的生活，但是客观的物质条件有限，难以满足所有人的要求。如果听任个人自由发展，不加以限制，就会危及同类，损害他人的利益。于是霍尔巴赫也提出了社会契约论。他赋予社会以巨大的力量，"人民的幸福应当依靠……公道原则……社会的本质……社会权利……社会意志……社会力量"①。社会是由各个部分构成的机器，这种部分可以由理性拆卸或安装在一起。因此，理性可以使他们能够说明公民的权利、政府的职能以及最适宜产生极为良好效果的教育方法。

他把人分成自然的人和受到文化熏陶的人，或者生物性的人和理性化的人。他既把人看作生物性的、社会性的，又视之为理性动物。既然这样，人生来就一定知道自己的利益，人类本性经常使他们追求幸福，并终必会获得幸福。霍尔巴赫所谓"理性"是靠经验获得的有益于人们而无害于别人幸福和利益的知识。"人类的理性为了得到培养和训练，是要求有一些增长的、反复的经验和思考的，因此它只能是社会生活的结果。我们与人们生活在一起，才能培养我们的精神和心灵，学会分别真的和假的，有益的和有害的，秩序和混乱。孤立的人只能获得极少的观念；他在任何时刻都是没有保障，冒着

---

① ［法］霍尔巴赫：《自然政治论》，陈太先、眭茂译，410页，北京，商务印书馆，1994。

千百种危险，不能使自己免祸的。"①人通过理性"将会承认，要保存自己并给自己提供一种持久的福利，他不得不抵抗他自己的情欲之经常盲目的冲动；并且为要同别人善意相处，他也必须以一种同别人的善意相适合的方式而活动"②。理性产生于文化环境，也只有在文化环境中，通过人类的实践，才能得到发展。人在经营共同生活中，通过物质交换和思想交流，取得了经验，开拓了观念领域，培育了理性。霍尔巴赫推崇理性的作用，主张让理性指导情欲和理智，这明确地显示了利他的精神。

同时，他把一切都寄望于理性，认为理性可以成功地统一全体公民的意志。理性使全体公民认识到大家利益的一致性，感觉到必须成为自由的人，必须处在法律保护之下，过着平安的生活。霍尔巴赫向贵族们、军人们、富有的公民们、国王们呼吁道德和公正的法律："自然和理性吁求你们……为了你们的利益，你们必须注意教育自己和教育人民，必须放弃奢侈的生活，放弃难免不和奢侈生活伴生的无秩序状态，还必须治理好有理智的公民，没有他们任何国家都不可能长期存在。"③

三、人是环境的产物和政府的教育作用

霍尔巴赫断定人是环境的产物，"人不过是他那被习惯、教育、范例、政府、意见、长久或一时的环境改变了的机体组织所造成的东西"④。人是由环境所培育而形成的社会存在物，他的行动为思想所支配，而思想无非主要是受到环境的影响而滋生于人类意识中的产物。他指出："人心是一块沃土，依照它的本性，这块沃土由于人在它上面散播的种子和对它的耕耘，是同样宜

---

① 北京大学哲学系外国哲学史教研室编译：《十八世纪法国哲学》，652~653页，北京，商务印书馆，1963。
② ［法］霍尔巴赫：《自然的体系》下卷，管士滨译，231页，北京，商务印书馆，1977。
③ ［法］霍尔巴赫：《自然政治论》，陈太先、眭茂译，412页，北京，商务印书馆，1994。
④ ［法］霍尔巴赫：《自然的体系》下卷，管士滨译，295页，北京，商务印书馆，1977。

于生长荆棘或有益的谷物、生长毒草或鲜美的果实的。……正是教育，在启发我们以真实的或错误的意见或观念时，就给了我们一些最初的冲动，我们是依照这些冲动才以有益或有害于自己或别人的方法来行动着。"①显然，霍尔巴赫要求政府，特别是作为政府一项重要事业的教育，能够在这块沃土播下优良的种子，使之开花结果，茁壮成长，变为聪颖的才智，促进科学的发展。

霍尔巴赫与爱尔维修和孟德斯鸠一样都重视社会环境对人所起的教育作用。他认为人的观念和行为是由社会环境造成的，是人生活于一定的社会环境中的必然结果。社会环境应该包括政府的设施和政策，政府能够影响一个人的观念、思想和行动，政府有责任认清自己应该承担的任务。"政府应当以这个社会的幸福和维持为目的；因此，它就应当利用各种必需的动力来影响具有感觉的人。人们看不出赏与罚是一些强有力的动力，国家的权威可以有效地利用它们，使国民认清自己的利益，认清在为自己作为成员的那个全体而工作的时候，也是为了自己的幸福而劳动。"②

霍尔巴赫追求自由，认为政府应该创造条件使人民享有自由的权利。他所说的自由既包括政治上的自由，也包括思想自由，甚至认为思想自由比经济自由更重要。当然他要求人享有自由主要是针对宗教的。值得注意的是，他把思想自由同人类的精神生产联系起来，进一步为倡导思想自由提供理性论证，强调思想自由的合理性。他说："对科学、对人类精神的进步，对道德、法学、立法、教育的完善，有多少好处不会从思想自由中得到呵！如今，天才到处碰到束缚；宗教不断地扯他的后腿。被带子缠着的人不能得到官能上的享受，甚至连他的精神也受到约束，人好像被他儿时的襁褓裹着

---

① ［法］霍尔巴赫：《自然的体系》上卷，管士滨译，132页，北京，商务印书馆，1964。
② ［法］霍尔巴赫：《自然的体系》下卷，管士滨译，209页，北京，商务印书馆，1977。

似的。"①

在霍尔巴赫看来，政府具有教育的作用。坏政府只会分化人民，恫吓人民，钝化人民的道德感和公益心，使他们只会谋求个人利益而不顾社会利益。"总而言之，这种政府老是散播恶德，因此它得不到美德也就毫不奇怪了。窳劣的法律，不公正的政府，有毛病的机构，荒谬的习惯，充满非人道和偏执性、阻挠人民自然来往的狂热的宗教迷信"，霍尔巴赫的结论是"靠这一切就永远培养不出良好公民来"。因为"政治的使命就是要培养公民的良好风尚。它应当养成人民具有为维护自己的生命和安全、为繁荣国家所必需的志趣"。②

霍尔巴赫与孟德斯鸠一样，强调立法的作用。他说："立法要使有德的父母关心培养忠诚于祖国的公民，使儿童把服从视为义务；父母希望教好儿童，而服从则是儿童接受教育的必要条件。"③公正的立法将奖励科学、艺术和一切能产生实际利益的知识，它教导人民爱护公道原则。这种爱能消除人民中间一切弄虚作假、欺骗、说谎及其他产生互不信任的恶习。于是，霍尔巴赫认为，为了教育公民，必须使他们观念纯洁，达到品德高尚的境地；无知和偏见从来只能造成一些品德很差的人。立法应当指导社会舆论，如果舆论不公正，不符合理性或社会利益，就别让舆论凌驾于法律之上。舆论正确合理，就会是公道的。它惩邪恶，奖善良，尊敬一切为公益出力的人。

总之，政府应该考虑培养体魄强健的人民。为此，政府必须保证国家丰裕富足，教导人民锻炼身体，改善生活条件。政府应该教育人民具有善良的心肠、完善的德行，培养人民行事合乎道德的习惯。政府还应当培养人民的理智，使人民有教养、有知识，足以充当国家的柱石。

---

① [法]霍尔巴赫：《自然的体系》下卷，管士滨译，324 页，北京，商务印书馆，1977。

② [法]霍尔巴赫：《自然政治论》，陈太先、眭茂译，290～291 页，北京，商务印书馆，1994。

③ 同上书，291 页。

霍尔巴赫还论述了教育与社会和政治之间的关系。他问："是什么办法,其作用虽不显著但能帮助社会机体避免一切危害它的因素同时又不会限制和妨碍它的发育呢?"①他的回答是,除了教育以外,不存在其他更有效的办法。霍尔巴赫表明了他对教育的理解,即教育是一种办法,教育的作用是帮助社会机体避免危害,会促进社会机体的发展。换句话说,"教育是政治活动家掌握的培养人民的情感和思想以发展人民的才智和品德的最可靠的手段"②。霍尔巴赫又把教育的作用转向政治,因为在他看来,对于政府来说,培养青年人作为自己未来的助手是很重要的事情,而人在青少年时代接受人们所施加的影响的能力最强。进一步说,通过教育,一方面要清除青年人脑子里充满着的抽象的概念和使人厌倦的教条(抽象的概念和教条是指宗教的空洞思辨概念和不合社会需要的无用知识的教条),另一方面要培养他们具有天然义务、公道原则、公益心、爱护社会、忠于祖国、重视道德、志趣高尚这些观念。

霍尔巴赫还阐明了教育青年对于国家的重要意义。在他看来,国家的威力取决于用以鼓舞人民的精神,国家的实力雄厚归功于人民意志统一。要大力培养为民族利益和民族需要所要求的人。而青年时期由于最容易激发热情,应教导他们崇拜伟大人物,热爱公共福利和自由,教导他们不怕贫困而怕受人轻视,不怕冒险犯难而怕蒙羞含垢,不怕死而怕受辱;应教导青年人懂得功绩和体面重于财富,才能重于出身,品德重于光荣头衔。霍尔巴赫充满自信地说:"这样教育出来的青年到成年的时候就会成为防止敌人侵犯祖国的钢铁长城。"③

霍尔巴赫赋予教育以重大的政治艺术价值。他认为,如果伟大的政治艺术在于关心培养政治所希望看到的人才以满足国家的需要,那么,只有教育

① [法]霍尔巴赫:《自然政治论》,陈太先、眭茂译,289 页,北京,商务印书馆,1994。
② 同上书,290 页。
③ 同上书,294 页。

才是能够造就这种人才的手段。教育适应社会生活条件，能够使青年有的重视农业，有的重视商业，有的重视军事艺术。所有这些人能够帮助政府治理好国家。

四、普及教育思想

"改造最好应该寄希望于普及教育。"霍尔巴赫这里所说的"改造"是指改造"不公道的或忽视本身义务的政治"，因为它"天天都在给民族造成严重的创伤"。他赋予教育以改造政治的重要意义，因为在他看来，教育能启发人民认清自己的权利，启发国王认清自己的责任和利益。这就是他所说的公民教育和国王教育。他说："教育告诉国王们：如果社会不幸，任何统治者都不可能幸福；丧失了道德基础的民族，就既不可能幸福，也不可能有稳固的地位，更不可能强盛；没有公道和自由作保证，任何一个政府都维持不下去。"①

霍尔巴赫的公民教育目的与国王教育的目的是不同的，前者是通过教育使人民履行权利，后者是通过教育使国王承担自己的责任和获取自己的利益。言下之意是，教育关涉社会的幸福，教育是培养一个民族的道德的基础，教育形成公道和自由。逻辑上，教育可以稳固政府的地位，可以保证政府的强盛，可以维持政府。霍尔巴赫一再说，合理的教育能帮助"那些应国家召唤而登上王位的人认清国王的真正的伟大、真正的光荣和真正的安全在哪里"。国王教育的结果是，使国王心中讲究豪华排场的虚荣心"让位给坦白的胸襟，守秩序的精神，简单朴素的嗜好，履行职责的知识，主持公道的不可动摇的决心，尊重法律、自由和公民权利的诚意，对社会福利的热爱，对人民幸福和利益的认真关怀，赢得民族拥护的高尚抱负，唯恐招致人民仇恨的恐惧心，爱好和平的伟大心灵，严格履行自身义务的责任心"。霍尔巴赫认为，国王应受这些原则的教育。这样可以改造国家，可以影响臣民。于是他说："既然合

---

① ［法］霍尔巴赫：《自然政治论》，陈太先、眭茂译，417页，北京，商务印书馆，1994。

理地教育国王能使宫廷发生如此令人高兴的变化，那末明智地教育全体公民对社会的好处又会有多大！"①

霍尔巴赫所提出的"正确的政策"，实际上与孟德斯鸠的政府原则在思想上是一致的。它以理性、法律和社会利益为指针，其宗旨在于使人们认识自己的真正利益，鼓励人们热爱祖国，指出没有自由，祖国也就不能存在；其目的在于"教导人们培养真正的道德，没有道德，社会生活对他们也就没有好处，没有乐趣"；在于"教导人们懂得，把臣民、夫妻、父子、朋友以及社会成员互相联结起来的关系是神圣的"；在于"启发人们、培养他们的高尚情操，使他们知道社会尊敬的意义，使他们具有博得社会尊敬的热烈愿望"。② 显然，这些原则具有教育的功能，实际也就是他所说的"公共权力应当促进公民的道德教育"。那么什么是霍尔巴赫理解的道德呢？"道德只有在政权有利于它的时候，在法律加强它的时候……以及在高尚的品行受到奖励和尊敬而获得鼓舞的时候，才是真正的道德。"③霍尔巴赫坚决否定宗教与道德的关系。他认为，宗教无助于培育道德意识，反而会挫伤进入道德境界的思绪，二者之间没有积极的联系。绝不能把道德建立在宗教信仰上，诉诸虚构的超自然实体的意志，而必须以个人的行为有益于社会现实作为基础。他说："使人成为善良的，是有理性的教育、高尚的习惯、贤明的体系、公平的法律和处理得当的赏罚，而不是种种艰深晦涩的思辨。"④在他看来，真正的道德同人们的宗教观点相抵触。⑤

霍尔巴赫向往的是建立一个无神论社会，这是"一个没有一切宗教，被公正的法律所统治，被良好的教育所陶融，由于奖赏而引人向善，由于公正的

---

① ［法］霍尔巴赫：《自然政治论》，陈太先、眭茂译，406~407页，北京，商务印书馆，1994。

② 同上书，408~409页。

③ 同上书，410页。

④ ［法］霍尔巴赫：《自然的体系》上卷，管士滨译，194~195页，北京，商务印书馆，1964。

⑤ ［法］霍尔巴赫：《自然政治论》，陈太先、眭茂译，409页，北京，商务印书馆，1994。

惩罚而使人避恶，从迷误、谎言和幻影中解放出来的无神论者的社会，和那些一切都协力在麻醉精神和败坏人心的宗教社会比较起来，将会是无限地更为高尚和更为有德的"①。显然，霍尔巴赫心目中的社会是一个无神论者的社会。在那里，法律占统治地位，赏罚严明。尤其可贵的是，霍尔巴赫认为，教育能够陶冶人们的性情，使人为善；一切都按照自然和理性的指引而自行运转。

在自然观上，霍尔巴赫认为，自然能提出合理的教诲，使高高在上的人物服从自然规律，满足人的本性的要求。自然规律内化于人的心智则为理性，服从自然规律也就是服从理性。这种理性使人们认清教育必须以理性为前提，才能取得良好的效果。社会必须建立在理性之上，才能有良好的法律，达到合理的目的。

霍尔巴赫在论公民教育时谈到，一国政治昌明的可靠标志是"给人民做有益的事，满足人民的需要，教育人民，培养他们的高尚道德品质"。因为在他看来，"如果人民没有坚实的道德基础，那就说明这个国家的统治者懒惰和腐化"。②

从逻辑上说，普及教育意味着普及知识，普及知识对于治理国家具有重大意义。教育人民应该是值得任何政府关心的重要事情。在霍尔巴赫眼里，这是一个管理文明人民的政权，它具有不可估量的优越性。为了保护自己的政府，就应当知道政府的优点或长处所在，就必须教育人民，使他们明白道理，帮助他们认清自身的利益，激发他们应有的拥护政府和爱护公共机关的情感，唤起他们的责任感，使他们理解平安的好处。人民受教育，使国家有可能避免沽名钓誉之徒和造谣中伤分子所挑起的党派纠纷、政局动荡和种种骚动。他还说，人民因为从事劳动而失去了接受教育、启迪智慧的机会，所以他们最有权利受到统治者的重视。

---

① ［法］霍尔巴赫：《自然的体系》下卷，管士滨译，319页，北京，商务印书馆，1977。
② ［法］霍尔巴赫：《自然政治论》，陈太先、眭茂译，151页，北京，商务印书馆，1994。

第六章

18 世纪法国的国民教育思想

18 世纪中后期，在极具穿透力和感召力的启蒙思想的影响下，法国教育思想发展的一个突出的特色在于法国国民教育体系的建立与为国民教育实践大发展所做的理论准备——法国国民教育思想的逐步成熟。

为把教育制度从教会的控制下解放出来，拉夏洛泰、杜尔阁、米拉博、塔列兰、雷佩尔提（Louis-Michel Lepelletier，1760—1793）等相继对法国国民教育问题进行了深入的探索，主张建立一个完整的国民教育体系，为法兰西民族国家的强盛提供合格的高素质的国民。

1763 年拉夏洛泰的《国民教育论》、1775 年杜尔阁向法国国王路易十六呈递的《回忆录》、米拉博的《国民教育工作》、塔列兰的《教育改革计划》、雷佩尔提的遗作《创建国民教育体系的计划》均成为代表这一时期法国国民教育思想的主要文本。这些著作或教育改革计划就国民教育性质、民族国家的国民教育权利与职责、国民教育的目的、国民教育与国家发展、国民教育体系等问题进行了深刻的探索，成为构筑法国国民教育思想宝库的直接理论源泉。

法国国民教育思想经受了法国大革命血与火的洗礼与考验，而且一些关于法国国民教育理论的探索正是在大革命期间进行的，在大革命中获得了直接的生长性营养。相对于这一时期法国国民教育思想所作出的世界性贡献来说，法国国民教育实践则显得相对滞后。法国国民教育在实践方面的一个直接表现为：1795年，议会在疲倦不堪的情况下接受了一项很粗略的计划，规定在每个县或乡的一所或数所学校进行读、写、算和共和国的道德教育，不过教师要完全依靠学生交纳的学费生活。但这种状况并不意味着法国国民教育思想仅仅停留在理论的层次。法国国民教育的伟大理想在拿破仑时期及其以后逐步演化为现实，只要仔细研究这一时期法国国民教育家或热心于国民教育者所提出的发展国民教育的原则和建议，就能明白这些原则和建议多已包括在拿破仑时期中央集权制国民教育体制的建立中，包括在基佐（François Pierre Guillaume Guizot，1787—1874）的教育改革事业中，包括在费里（Jules François Camille Ferry，1832—1893）所追求的法国国民教育免费、义务、世俗化三项基本原则中。

第一节　拉夏洛泰的国民教育思想

拉夏洛泰生于法国大革命前社会思潮风起云涌、启蒙运动蓬勃开展时期，曾任布列塔尼高等法院代理检察长及总检察长职务。与同时代的启蒙巨匠和哲人相比，虽然拉夏洛泰的呐喊称不上时代的最强音，但值得注意的是，拉夏洛泰却以其旗帜鲜明的反宗教教育立场及卓有成效的实践活动，以其于1763年3月24日向布列塔尼高等法院提交的《国民教育论或青年人的学习计划》（即《国民教育论》，*Essay on National Education or Plan of Studies for Young People*）所诠释的系统的国民教育思想为当时及后来者所称道。拉夏洛泰"坚决反对耶稣会对法国教育的垄断，提出并系统地论证了国家办学的教育主张。他的教育思想对法国和欧美近代教育体制的发展产生过较大影响"[1]。事实

---

[1]　吴式颖：《拉夏洛泰及其〈论国民教育〉》，载《北京师范大学学报（人文社会科学版）》，1989(4)。

上，他对宗教教派(耶稣会教团)教育的批判是与其国民教育思想紧密相连的，是作为其国民教育思想的一个有机组成部分而存在的。

一、批判耶稣会教育的空疏与陈腐

为创办国民教育制度，拉夏洛泰认为当务之急是肃清耶稣会教育的野蛮性和毒害性，为此，必先认清耶稣会教育的腐败。

对于耶稣会教派，拉夏洛泰一直是深恶痛绝的。他曾在 1761 年和 1762 年为布列塔尼高等法院草拟的《关于耶稣会规程》的两份报告中，提出取缔耶稣会的强烈要求，并最终促成耶稣会教团的解散。

拉夏洛泰指出，当时法国的整个教育制度完全处在教皇至上原则的直接控制之下，教育的方方面面完全服务于教会的利益。他说："全民族的教育——那是国家的基础和基本原则的立法的一部分——仍然处在教皇至上主义原则的直接控制之下，这条原则必然与我们的法律背道而驰。"[①]

拉夏洛泰强调说，在教育实践中，耶稣会教育的野蛮性和毒害性随处可见。教育大多局限在耶稣会的学校之内，而且只有那些注定要成为牧师的人才有受教育的权利。教学内容空疏无用，严重脱离了法国的现实社会生活。法国语言的学习未受到应有的重视，从而使法语蜕变为一种奇异粗俗的土语。政府的委任状、国王的宪章及王宫的谕令中充斥的是散发着古董气息的拉丁语；哲学难以发挥其应有的作用，而沦落成为对亚里士多德著作的烦琐的争论；物理学根本不通过观察去探索自然界的规律，而只是沉湎于虚幻的因果论而难以自拔。因此，耶稣会的教育既难以培养个人具备在社会上作为一个合格公民所需要的道德准则，也不能向个人传授安身立命所必需的任何知识，最终造成不出校门的年轻人几乎学不到一点对其从事各种职业有益的东西，

---

① 转引自朱旭东：《欧美国民教育理论探源——教育制度意识形态论》，89 页，北京，北京师范大学出版社，1997。

难以了解自己生存的世界以及自己将要面对的社会。

拉夏洛泰还从教育效果入手，具体分析耶稣会教育的低效与无能。他认为，在接受耶稣会教育的1000名学生中，能够清晰地解释基督教原理者不超过十人，绝大部分学生既不能写信，更无能力辨别有关基督教原理的观点。而那些花费了十年的时间学习拉丁语的学生只能获得一个学习结果——他们曾经学习过拉丁语。在道德教育方面，耶稣会教育更是乏善可陈。究其原因，在于耶稣会教育完全忽视个人的道德教育问题，学生不掌握基本道德准则，不具备道德判断能力，最终结果只能是"年轻人普遍地放荡不羁，普遍地沉湎于奢侈淫逸，缺乏对国家和公共利益的爱心，精神上焦虑不安，渎职，好逸恶劳，物欲阻止他们去追求美德和荣誉，毫无自尊可言"①。

既然法国国民教育惨受耶稣会教派的侵蚀而显得软弱无力，难以造就遵守社会规范、道德高尚并掌握成功从事某一社会职业所必备知识的公民和劳动者，那么重新构筑法国国民教育制度便成为合乎逻辑的选择。

二、关于法国国民教育目标的设想

法国国民教育必须服务于培养合格法国国民的需要。具体来说，法国的教育必须担负起培养有能力从事特定职业的教士、贵族、法官、商人、手工业者的职责。不同于卢梭在其教育计划中重视对国民政治品格的造就，拉夏洛泰在其《国民教育论》中对国民的职业品格给予了相当程度的重视，对不同类型职业的职业品格作出了明确的规定。

体面的贵族应该体魄强健，头脑灵活，能够妥善经营自祖先那里继承而来的基业，以此为基础成就更伟大的事业，而不是无所事事，终日沉溺于声色犬马之中而醉生梦死。合格的军人则应该勇敢、坚毅，能够为国家的利益

---

① 转引自朱旭东：《欧美国民教育理论探源——教育制度意识形态论》，88~89页，北京，北京师范大学出版社，1997。

而英勇战斗。合格的军人应该通晓数学知识并将其运用到防御工事的建设之中；应具有较强的阅读能力，能够阅读一些历史名将的传记和回忆录，并从历代英雄的辉煌经历及不朽战绩中汲取宝贵的战斗经验和谋略。成功的商人则必须耳聪目明，能够准确把握社会生产及分配的现实状况，合理确定自己的经营方向。法官则因其职业的需要，必须领悟法律的精神，做到公正无私，全身心维护法律的尊严与神圣。对于牧师，拉夏洛泰也提出了自己的要求。他认为称职的牧师应承担起传播基督文明的重任。牧师须以身作则，以实际行动为民众造福。牧师们要让教民掌握预防和治疗农村常见疾病的方法，向他们传授开垦农田的方法，能够利用相关的法律条款解决日常生活纠纷等。

拉夏洛泰正是从不同社会职业的职业品格着手为法国国民教育确立培养目标。他认为，凡是一个人能够从自己的愿望出发选择自己要从事的职业，并且具备胜任自己选择职业的知识与能力，那么他就无愧于法国国民的神圣称号。也只有做到这一点，法国国民教育才算成功履行了培养合格国民的职责。

三、关于法国国民教育制度的构想

拉夏洛泰认为法国耶稣会教育不能为法国培养合格的公民，不能将法兰西民族带入繁荣昌盛的幸福境地，而是逐步毁损民族精神而使其最终衰竭，他要求从根本上构建法国国民教育制度。拉夏洛泰所著的《国民教育论》全书共30章，主要涉及教育作用、目的与任务，教育领导体制，教学内容、学制，教师和教科书等。他在该书中全面而系统地表述了建立法国国民教育制度的设想。这一设想可概括为法国的国民教育必须隶属于法国，依靠法国政府实施并最终服务于法国。

国民教育必须隶属于法国政府。拉夏洛泰坚信，就其本质而言，国民教育是隶属于国家的。教育本国国民使其获得知识、技能以及道德品质，是国家不可剥夺、不可让渡的神圣权力。为此，必须把教育对象——儿童，以及教育工作的实际执行者——教师，都纳入国家管理的范畴。儿童非个别党派、教派、团体势力之儿童。儿童是属于整个国家的，是国家潜在的职业成员，向其提供必要而适当的教育是国家的基本义务。与此相类似，拉夏洛泰也把教师视为国家的成员，并认为教师对于创建新的国民教育制度至关重要。他进一步主张，怀有宗教偏见的教士以及缺乏良好公民道德意识的个人不能担任教师；教师应由那些具有良好公民意识且摆脱了经院哲学和修道院生活偏见的世俗人士担任。

国民教育必须依靠法国政府实施。国民教育事业必须依靠法国政府，必须由法国政府实施。这种依靠集中表现在：国民教育必须由国家法律提供保障，只有这样，才有可能改变整个民族的风俗习惯。拉夏洛泰强调说："我向全国大声疾呼，教育必须依靠国家，因为，一、教育是属于国家的；二、教育公民是政府义不容辞的责任；三、儿童应由国家成员来教育。"[①]

国民教育必须服务于国家的发展。发展实施国民教育既然是国家的一项不可剥夺和无可置疑的神圣职责，那么国民教育就应该为国家的强盛提供强有力的知识服务和智力支撑，必须与国家的政治制度和法律体系相辅相成，必须与相关的社会教化组织携起手来共同营造健康的社会风尚和高尚的人文精神。在处理教育发展与国家进步的关系时，拉夏洛泰还明确提出必须借助个人发展这一中介，确保国民教育职责的最终实现。要通过合格国民的培养，通过向青年传授作为合格公民所必备的知识的方式，保证国家繁荣富强这一根本目标的实现。

为保证国民教育事业发展的方向，举凡国民教育教学用书的选择、教学内容的编选、教学人员的遴选等事宜，皆仰仗国王或由国王任命的委员会负

---

① ［美］约翰·S.布鲁柏克：《教育问题史》，吴元训主译，71 页，合肥，安徽教育出版社，1991。

责审查。拉夏洛泰声称,"这种教育应由一位贤明而深谋远虑的君王组织","他将为自己的荣耀和臣民的幸福把这项工作做得完美无缺"。拉夏洛泰重申:"为了把一个良好的自由计划付诸实施,所需要的一切就是书籍,它们将满足一切教育,可以发挥教学方法的作用。只要国王发布命令,这些书籍是容易预备的。只要国王发布指令,教育将是一件容易的事情。"①

最后,拉夏洛泰还认为,实施国民教育的学校数量及进入国民学校学习的学生数量,都直接取决于一个国家的社会经济结构及经济发展水平,直接取决于一定时期对教士、贵族、军人、商人、手工业者等不同社会阶层人员数量的精确计算。只有二者保持适当的比例,国民教育的功能才可得到最大限度的发挥。他认为,从国家根本利益考虑,学校数量宁可少些,但学校教学设备质量一定要好些,课程设置也要尽可能完备一些。正是从批判耶稣会教育的空疏无用、毒害民众入手,拉夏洛泰深刻揭示了宗教教育本身所具有的野蛮性、虚伪性与毒害性,呼吁创建一种新的国民教育制度取而代之。这种新型的国民教育制度应该隶属于法国政府,依靠法国政府实施并最终服务于法国国民的整体利益。法国国民教育的根本目的在于为国家培养心智完善、品德高尚、身体健康的公民,按照拉夏洛泰"阶层"国民教育理论的说法,在于为国家培养一大批具备不同职业品格的教士、贵族、军人、律师、手工业者等。在世界教育思想史上,拉夏洛泰也正是凭借其在《国民教育论》中所表现出来的彻底的反宗教(耶稣会)立场和务实的国民教育思想而赢得后人的敬仰。

---

① François de La Fontainerie, (ed. and trans.), *French Liberalism and Education in the Eighteenth Century*, New York and London, McGraw-Hill Book Company, 1932, pp.156-157, 167.

第二节　孔多塞的国民教育思想

一、孔多塞其人

孔多塞于 1743 年 9 月出生于法国皮卡迪地区里贝蒙（Ribemont）的一个贵族家庭，是法国知名的数学家、哲学家以及法国大革命的卓越组织者、领导者。他是法国启蒙运动的最后一位启蒙思想家。

孔多塞在兰姆斯中学接受了中等教育，后又在巴黎的那瓦尔学院继续学习。在青少年时期，孔多塞即已显露出自己在数学研究领域所具有的杰出才能。1769 年，刚满 26 岁的孔多塞即因在数学研究事业中所取得的杰出成就而被荣选为法兰西科学院院士。同时，作为 18 世纪启蒙思想的拥护者与宣传者，孔多塞积极参与百科全书派的活动，并与伏尔泰、杜尔阁等人过从甚密。1777 年，孔多塞又出任法兰西科学院常务秘书，并在 1782 年成为法兰西学院的成员，同时参与许多国际学术组织的活动。

在从事严谨的科学研究工作的同时，孔多塞还以政治家的热情投身于火热的社会变革运动。早在杜尔阁任财政大臣期间，孔多塞即对社会问题表现出浓厚兴趣，热衷于社会改革活动。对于英属北美殖民地人民为创立新共和国而与英国展开的斗争，孔多塞一直投以关注的目光，并撰文阐释斗争的进步性质。在法国大革命时期，孔多塞作为热情的吉伦特党人被选入立法议会，任秘书职务。正是孔多塞的辛勤工作使得大革命期间许多振奋人心的讲演得以在《欧洲权利》杂志上刊发，其内容也才能被法国人民耳熟能详。1792 年 4 月，孔多塞在领导公共教育委员会期间，经过缜密思考，凭着对法国公共教育事业的高度负责的精神和态度，代表公共教育委员会向立法议会提交了一份名为《国民教育组织计划纲要》（以下简称《纲要》）的教育改革方案。方案系统体现了孔多塞对法国国民教育体系的设想，孔多塞的国民教育思想也在此

《纲要》中表现无遗。

孔多塞一生勤奋,仅在数学研究方面就发表了难以计数的论文。此外,他还出版著作多部,较著名的有《人类理性进步的历史概观》《概率论原理》《伏尔泰传》《杜尔阁传》等。

与大革命时期大多数革命者的命运一样,在雅各宾派的罗伯斯庇尔(Maximilien de Robespierre,1758—1794)当权后,代表大工商业资产阶级利益的吉伦特党人孔多塞被剥夺公民权,并于 1794 年 3 月被投入监狱,他在狱中度过了人生最后的岁月。

二、孔多塞的国民教育思想

系统反映孔多塞国民教育思想的文本,是 1792 年 4 月 20 日和 21 日孔多塞代表公共教育委员会呈递给立法议会的《国民教育组织计划纲要》。

(一)论国民教育

孔多塞在《纲要》开篇即论述了国民教育的意义及实施国民教育的最终目的。孔多塞认为,国民教育的最直接的目的在于"为全人类提供满足自己需要的方式,保证他们的福利,认识与利用自己的权利,理解并完成自己的责任"。更具体地讲,国民教育旨在"确保个人的职业技能获得最佳发展,以更好地实现他所生存的社会对自己提出的社会责任,最大限度地开发自然赋予自身的潜能;在此基础上真正实现全体国民的平等,并进而实现由法律规定的政治平等"。① 从这个意义上来说,创建健全的国民教育体系,向全体国民开展适合其本性发展以及国家进步的国民教育,实为国家一项不可推卸的职责和义务。

在国家教育发展方向上,孔多塞认为,国民教育所努力的方向应是不断

---

① François de La Fontainerie,(ed. and trans.),*French Liberalism and Education in the Eighteenth Century*,New York and London,McGraw-Hill Book Company,1932,p.323.

提高工业生产效率,增加辛勤工作的人们的福利;促使绝大多数男子更有能力承担自己的社会责任;不断启蒙、开发民众的心智水平,以为民众发展提供知识上的动力;借国民教育祛除人们的疾病与困苦,增进个人幸福,进而实现全社会的普遍繁荣。简言之,国民教育应提高公民的身体、智力及道德水平,并最终实现人类普遍的持续的发展。

在国民教育发展所遵循的原则问题上,孔多塞也有自己独特的思考:国民教育应首先体现平等原则。既然国民教育是国家对一切公民所应承担的职责,那么这种教育首先就应该是一种平等的教育。一切人都应平等地享有入学受教育的权利,而不应该基于入学者在贫富贵贱、社会地位高低及性别上的差异决定其是否入学受教育及接受不同水平、不同内容的教育。国家应提供适当的教师和学校,使每一位公民都能依据自己的能力学习文化知识和对一切职业均为有益的知识。这包含三个方面的意义:"一是给一切公民为其'独立'所必需的最低限度的知识教育;二是给一切公民为其职业作准备的技术教育;三是给一切公民为充分发展其天赋所必需的普通教育。"①

其次,国民教育还应该是一种普及性教育。鉴于教育是一项最重要的社会事业,为了个人的发展与社会的进步,教育必须具有普及性。其含义是教育面向每一位公民平等实施,它体现于各级各类学校的教学活动之中,能涵盖人类知识的整个体系,并保证一切年龄的人易于保存其知识,易于接纳新知识。②

再次,国民教育还应该是一种具有一定独立性的教育。作为共和政体的热烈拥护者,孔多塞在教育问题上力主国民教育应摆脱国王的束缚,另设一个自治的教学团体自主地决定并促使共和观念的传输与教育。与此同时,"教

---

① 单中惠主编:《西方教育思想史》,287页,太原,山西人民出版社,1996。
② François de La Fontainerie, (ed. and trans.), *French Liberalism and Education in the Eighteenth Century*, New York and London, McGraw-Hill Book Company, 1932, p.326.

育机构还应尽可能地摆脱党派势力的左右，自主地决定真理的传授与讲解事宜"①。当然，孔多塞在国民教育的独立性问题上也表现出灵活的态度。他说，对于国民教育的独立性，不可做过于绝对化的理解。国民学校应把国民公会（The Assembly of Representatives of the People）作为支柱。在所有的政党团体中，国民公会最不易流于腐败，最不易受私人感情左右，最不易对社会进步构成阻碍，而最容易接受启蒙思想家进步思想的洗染。撇开自身的党派的束缚，孔多塞明确提出：任何政治团体都无权阻止或影响真理的传播。

与教育享有的一定程度的独立性相联系，孔多塞反对国家完全垄断教育。他相信：私立学校享有与政府开办的学校同等的存在权。对公立学校而言，私立学校的存在可以弥补其缺漏与不足，可以激发起公立、私立学校之间及各类学校内教师的竞争热情，从而有利于教育事业的发展。孔多塞明确指出："如果任何公民都可获准开办教育机构，必将促使公立学校至少保持与私立学校同等的教育水平。"②在孔多塞看来，私立学校的存在及私立学校之间的竞争，不仅不会对公共教育构成损害，而且有助于公立学校产生一种紧迫感而想方设法提高自身的教育质量。当然，私立学校也须接受国家有关部门的管理与监督，而不可自行其是，置国家的利益与教育标准于不顾。

最后，国民教育还应该是一种大教育，而不是一种狭隘的教育。这种教育不应该在受教育者离开学校便告终结。它应该向所有年龄段的人开放。既然处于任何年龄的人都可以通过学习提高自己的社会适应能力，那么教育就应该适应这种现实。从某种程度上说，这种校外教育更为紧迫，针对性也更强，教育的实际效用也就发挥得更为直接。将教育的触角伸及各个年龄段的公民，伸向社会的每一角落，此举对于生活贫穷的社会下层民众来说，意义

---

① Howard Clive Barnard, *Education and the French Revolution*, Cambridge, Cambridge University Press, 1970, pp.82-83.

② *Ibid.*, p.83.

尤为深远。在《纲要》中，孔多塞站在政府的立场上告诫贫寒子弟："父母的穷苦剥夺了你们接受最必要的知识教育的权利；不过政府保证你们将获得拥有和领悟这些知识的权利。既然大自然赋予你们潜能，你们就没有理由不去发挥这些潜能。对你们个人以及你们的国家来说，掌握的知识将永不会丢失。"①

(二)国民教育的具体组织与实施

国民教育的具体组织与实施，在《纲要》中占了相当大的篇幅，是《纲要》的主体内容。为了让法国更好地向每一位公民履行实施国民教育的职责，孔多塞将科学家的严谨缜密与政治家的热情交融在一起，进而设计了一套统一且相互衔接的国民教育体系。

孔多塞认为，结构完整且功能健全的国民教育体系应包括五个逐渐递进的教育机构：初级小学(Primary School)、高级小学(Secondary School)、中等学校(Institute)、专门学校(Lyceé)以及国立科学艺术研究院(The National Society of Sciences and Arts，又称"大学校")。各级教育机构之间不仅应在学制和课程设置上相互衔接，而且上下级教育机构之间还存在行政上的管理关系，即次一级的学校要接受高一级学校的领导，而且全部学校教育机构都要接受国立科学艺术研究院的领导。

1. 初级小学

初级小学专为6~10岁的男女儿童而设。凡有400个居民的地区都应拥有一所初级小学。而在村庄分散、人口稀少的行政区内，凡所有距400人居民区两公里以上的村庄，即便定居人口不足400人，也应设立一所初级小学。在教学内容上，初级小学应向学生传授为其将来发展奠定基础的普通文化知识，养成学生未来实现其公民职责的生活习惯及道德准则。学校既要开设读

---

① François de La Fontainerie, (ed. and trans.), *French Liberalism and Education in the Eighteenth Century*, New York and London, McGraw-Hill Book Company, 1932, p.326.

写技能、文法基础、算术四则等课程，又要向学生提供初步的农业及手工业训练，讲授道德与法律知识。初级小学学制为四年。如此确定学制既考虑到不少学校可能存在师资短缺的现实，又顾及不少出身贫寒的儿童存在中断学业的可能。初级小学教师除承担日常的教学工作外，还要在每个星期天为当地群众举办讲座，向年轻人传授他们在初等教育阶段未曾接触到的新知识；向群众讲解有关社会伦理道德准则、群众在日常生活中必需的法律知识；讲述作为一位法兰西国民所拥有的权利及对国家所承担的义务。①

初级小学所讲述的无疑是社会科学的一些最基本原理，对原理内容的讲解往往优先于对原理具体应用的阐述。这里，法国宪法和《人权宣言》的教育都力避作为神圣的教条向学生灌输，而是借此力图培养学生对宪法和《人权宣言》所具有的忠诚及热爱的态度。由于持久的热情往往不能建立在偏见或固执己见的基础之上，因而应着重发掘《人权宣言》等法律条文本身所具有的教育潜能。通常的讲法往往是这样的："《人权宣言》将会教导你们意识到自己在社会中拥有的权利的同时，还使你们认识到自己对社会承担的职责；宪法则全赖你们的竭力维护，有时甚至要为此献出自己的生命。这一信仰的形成当有赖于理性作为基础。你们早期形成的这一信仰将使你们更好地认识永恒真理。"②

在初级小学，除向学生传授具体的科学文化知识外，还应注重培养学生自我提高与自我完善的能力。这样既可以避免学生走出校门后遗忘原来所学的知识，同时良好的思维习惯将会使他们终生受用。这些思维习惯既可以有意识地培养，又可以借课堂教学的潜移默化来形成。

鉴于初级小学学生活泼好动、感性认知能力强的特点，初级小学还往往

---

① François de La Fontainerie, (ed. and trans.), *French Liberalism and Education in the Eighteenth Century*, New York and London, McGraw-Hill Book Company, 1932, p.328.

② *Ibid.*, p.329.

利用一些全国性的节日开展教育活动。在这些节日里，让学生回忆曾在历史上涌现的英雄人物及他们的高贵品质，描述宏伟的战争场面，畅谈自己的感受及对未来的憧憬，进而使他们认识到自己肩负的责任。

初级小学还十分注意学生身体的发育及成长状况。借助于合适的身体训练，不但可以为学生的文化知识学习提供身体保障，还可以借此培养学生顽强的意志、不怕困难的精神以及合作的品格。

预想到《纲要》提出后有人会对《纲要》中初级小学过于庞杂的教学内容提出质疑，因此孔多塞在《纲要》中说，如果能够编写出适合学生接受能力且内容适中的教材，能够编写出适合教师使用的教学参考书，那么所有的教学内容便可以经过条分缕析而加以简化，教学也就变得简便容易了。至于初级小学一再强调教育的基础性，即传授最基础的文化知识，养成最基本的生活技能，培养最起码的道德准则，则主要出于经费及师资条件的现实考虑。一方面，当时经费拮据，国家债台高筑，对国民教育不可能投入足够的经费；另一方面，合格的师资十分短缺，大部分初级小学只有一位教师承担全部的教育与教学工作。孔多塞声称，一俟国家财政状况好转，有大量合格师资从教，初级小学的教育质量标准当然应该适当提高。①

2. 高级小学

高级小学专为这类儿童而设：其家庭经济情况较好，允许他们长时期地在校学习，而不必依赖他们过早地参加劳动来贴补家用，家庭拥有为他们提供高额学费的经济实力。孔多塞认为凡常居人口满 4000 人的地区或城市即应设立一所高级小学。

高级小学在学习科目的设置上一如初级小学，学生在这里学习数学、自然史、应用化学、道德原则、社会科学、工业及商业基本知识等内容。每所

---

① François de La Fontainerie, （ed. and trans.）, *French Liberalism and Education in the Eighteenth Century*, New York and London, McGraw-Hill Book Company, 1932, p.331.

高级小学还设有小型图书馆及配备必要的天文仪器、机器和手工业用具模型实验室，以服务于各项教学活动。

高级小学在师资配备上优于初级小学，至少在数量上如此。一所高级小学往往拥有2~3名教师。和初级小学的同行一样，高级小学的教师也须承担有关社会教育的任务。他们每星期也须承担有关社会教育的任务，每星期要为当地群众开设讲座，讲授新的立法及必要的公民知识。

高级小学在具体教学活动中还需体现国民教育的平等原则。一般说来，乡村地区的儿童往往丧失接受高级小学教育的权利，除非他们的父母不需要他们在家劳作。即便在这种情况下，那些有意从商的孩子也需要在邻近市镇的高级小学接受职业培训；农民在农闲时节也要为孩子接受教育创造必要条件。承担此类教育任务的往往是一些私立学校或义务教育团体。

对于高级小学的教育功能，孔多塞有着更为独到的见解。随着大工业生产时代的到来，工厂生产过程日趋复杂化、程序化、精密化，工人的劳动职能也随之被分解得愈来愈细，工人终生被束缚在单一的操作活动上的危险日益明确，从而丧失了其他方面的进一步发展，进而导致发展上的畸形与片面，智能上的迟钝，沦为创造利润的奴隶。在此情形下，高级小学应采取各种适当的方式，发展学生多方面的兴趣和爱好，为其日后全面发展奠定基础。一句话，高级小学要"实施更为宽广的教育，为学生创造免于被束缚于日常工作的命运保障"①。

在社会服务方面，高级小学除采取开设讲座的方式，还可借助星期日课程的方式开展成人教育。星期日课程的内容应密切联系当地的社会生产与生活实际，这样才可吸引当地的民众前来学习。唯有如此，"乡村的农民与城镇的工人才能从自身或他人的生活实际中体会到学习的重要及知识的价值，而

---

① François de La Fontainerie, (ed. and trans.), *French Liberalism and Education in the Eighteenth Century*, New York and London, McGraw-Hill Book Company, 1932, p.323.

不会对学习心存轻视之意"①。星期日课程的内容应每年重复讲授，或者至少隔一年重复一次，以使学习者能够完全领会学习内容，并不易忘记。

3. 中等学校

中等学校为五年制的中等普通教育与职业教育学校。全法国应设此类中等学校 110 所，其中 61 个省中每省设 1 所，19 个省中每省设 2 所，2 个省中每省设 3 所，巴黎设 5 所。中等学校向学生传授一切有用的知识。而不论学习者未来将会从事何种职业，这种学习都会令他终身受益。在孔多塞心目中，中等学校属于普通教育的范畴。中等学校的学习应为学生将来更好地履行自己的社会职责及接受高一级的教育打下坚实的基础。中等学校还承担着为高级小学培养合格师资及培训初级小学教师的任务。除承担普通教育的职能外，中等学校教育还须为专门的职业训练打下基础。孔多塞为中等学校设定的学习科目包括农业科学、机械艺术、军事艺术、初等医学。在具体学习中，所有的学习内容又被分为四大类，即数学与物理科学、道德与政治科学、应用科学、文学与美术。

在设定具体学科的内容时，孔多塞还表现出鲜明的非古典倾向及反对唯学术性的立场。他认为一向被认定只有古典学科才具有的智力培训价值，在现代自然科学中同样具有。"现代科学是矫治偏见及思维偏颇的良药，它可被应用到生活的所有领域之中。"②70 年后，斯宾塞也提出同样的见解。凭着科学家的敏感，孔多塞已察觉到在当时的欧洲，一股重视自然科学研究的潮流已悄悄兴起，这必将给欧洲各国带来巨大的影响。

中等学校教育活动的开展还须从各地的实际出发。在有部队驻防的城市，教学内容应侧重军事艺术、军队条令、法规等；而在一些港口城市，则应着

---

① Howard Clive Barnard, *Education and the French Revolution*, Cambridge, Cambridge University Press, 1970, p.87.

② *Ibid.*, p.88.

重讲解有关航海运输知识。

中等学校还应表现出一定的非宗教性。教学内容应杜绝宗教教义的成分；伦理道德观念的培养应建立在理性的基础之上，而不是建立在宗教盲信的基础上。

在教学方法上，中等学校的教学不应仅仅局限于简单划一的课堂讲授方法，还应综合采用直观演示、讨论、现场观察、作文等教学方法，以切实提高教育质量。

中等学校还应承担起社会教育的义务。其途径主要是在教室中预留出一定数量的位子，以供那些非正式生前来旁听。孔多塞认为，中等学校所实施的这种公开授课安排，非但不会破坏教学活动的正常开展，反而具有三个方面的优越性：其一，这样做能为那些受教育不完全者提供一个重新学习的机会。他们可以结合自己具体的职业去开展实践活动，有针对性地参加对自己最有用的知识的学习。其二，父母可以与自己的孩子同堂学习，可以直接了解孩子的学习情况。其三，一些涉世未深的年轻人可以借此机会提高自己的社会交往能力，通过模仿提高自己的语言运用能力。[1]

4. 专门学校

专门学校位于国民教育体系的第四等级，这是一种相当于大学教育水平、专为地方和国家培养文学艺术和科学方面专门人才的学校。在数量上，全法国共设9所专门学校，1所在巴黎，其他8所设在生活水平适中的中小城市，那里工商业的发展将不至于阻碍对科学知识本身的探索与追求。在专门学校，所有知识的教学都应尽力反映该学科领域的全貌。在课程安排上，应依据时下欧洲科学发展的现状合理吸纳科学研究的最新成果，而不可照搬国外任何教育机构的课程方案。"我们已感到，任何隶属感都无益于法国人民；自然科

---

① François de La Fontainerie,（ed. and trans.）, *French Liberalism and Education in the Eighteenth Century*, New York and London, McGraw-Hill Book Company, 1932, pp.345-346.

学的发展日新月异，不超越自然科学的已有发展水平本身便是一种隶属感。"①孔多塞十分注重专门学校的国际教育意义。专门学校在教学内容的广度上要高于当时欧洲各国类似的教育机构。基于这样的考虑，专门学校须采取措施吸收外国留学生入学。这不仅可以立即获得经济上的收益，更为重要的是，借助于国际教育交流活动可以增进国际的理解。专门学校开设大量的语言学习科目，既包括现代欧洲语言，又包括拉丁语、希腊语等古典语言。专门学校的学生在心智能力及判断是非的能力方面已获得相当程度的发展。他们有能力鉴别不同的道德价值观、政府运作方式之间的差异，可以认识到意识形态以及观念的演变历史，可以领会语言所蕴含的社会性。所有这些都促使他们对语言(包括古典语)的学习有正确的认识。

专门学校既以培养专门的学者或其他门类的专业人才为己任，那么专门学校教师的培养也主要在专门学校内完成。在专门学校，学者的成长主要依靠自己经年累月的勤奋学习。他们一心向学，有着"苦其心志、劳其筋骨"的心理准备，如此他们才能够不断地探索人类理性的奥秘，开发自身的智能，最终成为学有所成的人才。②

包括专门学校在内的国民教育体系前四级教育机构皆实行免费制。当不再与财富联系起来时，教育的功效便表现得不太明显，且对教育平等不再构成直接的威胁。出身富家，对于教育成功来说是有利的，但这往往被那些为教育成功付出额外努力者以及平等甚至更严格的智力标准所抵消。这将意味着有必要制定一项有关教师工资的发放标准，以使教师不再单纯依赖学校收取的各种费用而生活。

尽管专门学校实行免费制，但从初级小学以上便不再是普及性的了。如

---

① François de La Fontainerie, (ed. and trans.), *French Liberalism and Education in the Eighteenth Century*, New York and London, McGraw-Hill Book Company, 1932, p.350.

② *Ibid.*, p.349.

此便出现一个问题，即如何做好中等学校学生的选拔问题，如何既为国家选拔大量可造之才，又使每一位有发展潜能的人不被埋没。关于如何进行选拔，孔多塞没做进一步的说明。不过，他还是提出了一个解决问题的办法，即由国家出资创设"国家奖学金"，直接资助那些在某一学习阶段表现出突出才能的人接受高水平的教育。据孔多塞估计，全法国每年大约有3850名接受此项资助的人在中等学校学习，另约有600人在专门学校修习课业。每年约有400人完成学业，参加社会工作或从事学术研究。

5. 国立科学艺术研究院

正如米拉博(Comte de Mirabeau，1749—1791。又译米拉波)、塔列兰各自在国民教育体系的顶端设计一个发挥教育管理职能的机构一样，孔多塞也在《纲要》中把国立科学艺术研究院作为国民教育体系的最高机构。其职能是：管理与监督各级各类学校，开展科学研究活动，收集、奖励、推广一切有价值的发明创造及科学发现。国立科学艺术研究院所面对的已不再是儿童或成年人的教育问题，它所关注的是全民族的理性与进步问题：不再一味地追求向个人传授尽可能多的知识，而是着眼于如何在人类的知识宝库中增添新的内容，如何更充分地开发人类的智力资源，如何为取得更多的发明创造及科学发现创造更完善的条件。

为便于开展科学研究工作，国立科学艺术研究院下设四个学科组：数学与物理学科组、道德与政治学科组、应用数学与应用物理学科组(包括机械工艺、农业、航海和医学)、文学与美术组(包括语法、文学、美术等)。每个学期定期召开学术讨论会，组员们互相交流各自的研究成果。原则上，研究院的成员只能加入一个学科组，但可参加其他学科组的学术活动。

国立科学艺术研究院的人员数量是固定的，其中半数成员应散居于各省，以确保信息传播的一致性和广泛性。一旦研究院聚集了时下社会各学科的专家而总数确定后，以后便通过增补的方式吸收新成员。所有学科组的成员都可在候选者名单中选出自己认为适合的人员。

在教育管理职能的行使上，研究院也形成了一定的制度。对于初级小学及高级小学的管理，往往由从中等学校选出的四名代表组成的管理委员会实施；而从专门学校选出的代表则负责管理当地的中等学校；最后每年从研究院选出三名代表定期讨论专门学校的管理问题，并负责提出改进教学方法的方案。由此，在国民教育体系中，上、下级教育机构之间便形成逐级管理的教育管理体制。

(三)论女子教育

女子教育思想也是孔多塞教育思想的有机组成部分。在女子教育问题上，孔多塞的态度是民主的、积极的、进步的，主张男女儿童应接受同等的教育。"既然所有的教育都是讲述真理与分析原理，那么就没有理由让儿童基于性别的差异而在学习内容方面作出不同的选择。"[①]在教育实践中，只要女子表现出具有接受高一级教育的能力，那么就应为她们接受这种教育提供保证和条件。在社会生产中根本不存在绝对意义上的男人的职业，只不过某些职业对男人更合适一些；而女子天生的生理特点使她们更适于从事另外一些职业。孔多塞认为没有任何理由将女子拒于科学研究的大门之外。大多数女子能够很好地从事观察与实验工作，她们的细心、耐心及忠实的品质无不有助于科学研究工作的顺利开展。

孔多塞认为让女子接受等同于男子的教育，至少有这样几个方面的教育收益。首先，这将有助于她们更尽责地在家庭中承担起儿童教育的辅导与督促任务，可以有助于家庭幸福的实现。其次，如果借助于接受适当的教育而出任社会公职的男子拥有一位知书达礼的妻子，那么他们不但可以得到来自家庭的帮助，而且可以通过交流以不断更新自己的知识。最后，女子既然享

---

① Howard Clive Barnard, *Education and the French Revolution*, Cambridge, Cambridge University Press, 1970, p.93.

有与男子同等的权利，那么她们也可以参与国民教育工作，以尽快缓解国民教育师资匮乏的矛盾。基于这些考虑，孔多塞主张在国民教育的任一阶段都须实行男女同校教育。男女同校教育不但可以获得经费节约的效果，而且也不存在道德风气败坏之虞。在乡村，为男女儿童分设不同的学校施教实为地方财力所难以承受；而男女合校则差不多可以节约一半的经费。对于当时大部分人担心的男女同校会使得学校道德风气衰败问题，孔多塞持与之相左的立场。他认为男女同校非但不会导致学校风气衰败，恰恰相反，在教师的正确引导下，男女儿童共同学习而形成互相友好竞争的局面，将有助于激发儿童的学习积极性。孔多塞谈道："有人认为年轻人在一起过分注重感情问题将会干扰他们的课业学习，这种担心是杞人忧天。即便这是一种危险，它也会被因希望赢得所喜爱的人的尊重而激发起来的强烈的进取精神所冲淡。"①考察法国女子教育的历史，我们可以发现，大革命时期出现的几个教育改革计划均对女子教育问题表现出不同程度的关注，不过直到1833年提出的《基佐法案》才就初等教育阶段的女童教育问题提出细致规则。中等教育阶段的女子教育问题，直到1880年才借助于卡米耶·塞(Camille Sée)的教育改革而得以真正解决。尽管如此，米拉博、塔列兰以及孔多塞的教育改革方案均就女子教育的主要问题做了探讨。从某种程度上说，这种探讨为后来女子教育问题的彻底解决提供了理论上的启迪及实践上的铺垫。

通览孔多塞的《纲要》，认真分析其对国民教育的阐释，我们可以很容易地发现孔多塞国民教育思想的进步性。在他所设想的国民教育机构中，宗教课程被取消，普及、免费、世俗、平等的教育性质贯彻在实际教学活动之中。学校的课程力求反映社会生产实际及科学发展的最新成果，加强了实用知识的教育。

---

① Howard Clive Barnard, *Education and the French Revolution*, Cambridge, Cambridge University Press, 1970, pp.94-95.

可以说，孔多塞的《纲要》以其所反映的国民教育思想的进步性而成为当时教育改革方案的典范。这些进步的教育思想概括起来主要有：

实施国民教育是国家的职责，国家应为此创建功能完整、体系健全的国民教育机构。允许私立学校存在与发展，但前提是接受政府的管理与监督。

国民教育是一种平等的教育，决定儿童受教育年限的长短、程度的高低只能是儿童自身禀赋的差异，而与其出身、贫富、贵贱、宗教信仰及性别无关。

国民教育的各级教育机构应在学科、课程、入学年限等方面相互衔接，在学校布局上要考虑到各地区的差异，力求均衡合理。

国民教育实行普及、免费制，以确保每一位公民都受到良好的教育。

第三节　杜尔阁的国民教育思想

杜尔阁是18世纪法国重农学派的代表人物，他在向法国国王路易十六呈递的《回忆录》（*Memorial to King*）中提出了有关国民教育的主张，因而也凭此步入了法国国民教育思想家的行列。

杜尔阁在1727年5月出生于巴黎，是诺曼底家族的后裔。杜尔阁早年在路易斯勒-格兰特国立中学（Collège Louis-le-Grand）与浦莱锡斯国立中学（Collège du Plessis）接受教育。在接受了人文学科的教育之后，杜尔阁进入圣叙尔皮斯（Saint Sulpice）神学院学习神学。1749年，杜尔阁进入巴黎大学学习神学。然而，杜尔阁后来并未选择在当时看来前程远大的牧师职业，而是步入政界，先是出任大法官助手，后又成为巴黎议会的咨议官以及政府委员会成员。1761年至1774年，杜尔阁出任利莫日（Limoges）的督抚。在任督抚期间，杜尔阁实施了许多重大改革，以实现他的重农主义理想。为此，伏尔泰曾致信杜尔阁："你的同事向我写信，认为一个督抚不会做出什么有益的事情；而我希望您能证明一个督抚既可为国造福，又能为民谋利。"①实践证明，伏尔泰的期望变成了现实，在杜尔阁的治理下，利莫日地区社会稳定富裕，人民安居乐业，俨然成为悲惨世界中的一个世外桃源，苦难国家中的一个幸福小邦。以后，杜尔阁曾担任海军大臣、财政大臣等职。在担任财政大臣期间，杜尔阁曾试图进行财政、行政等方面的改革，包括废除徭役、减少捐税、取消行会等，但由于特权阶级和教会的激烈反对而失败。1776 年 5 月，杜尔阁被迫辞去财政大臣职务。从此，他不再热心于公共事务，而是潜心于学术研究，直至 1781 年谢世。

关于杜尔阁的从政经历，著名学者丰泰涅这样评价："杜尔阁或许是他那个时代唯一愿意也有能力辅助路易十六推行改革的人。杜尔阁推行改革的目的在于清除社会呼声强烈的滥用职权、贪污腐败现象，以便逐步重建帝国的社会秩序。"②这不仅是杜尔阁作为一位重农主义经济学家的兴趣与专长所在，而且也是法国社会稳定与发展的前提条件。为实现自己的社会改革主张，杜尔阁在 1775 年向路易十六递交了一份有关市政组织的《回忆录》，其副标题为"论培养合理参与良好社会生活的个人和家庭的方法"。《回忆录》集中体现了杜尔阁的主要国民教育思想。

在《回忆录》中，杜尔阁以凝练的文字说明了公立国民教育所存在的最大问题：教育机会公平性的严重缺失。杜尔阁没有用太多的笔墨论述关于教育发展的三个重要问题：教育内容、教学方法以及教师的聘任和使用。他甚至认为任何人都难以较好地解决这三个问题。他仅仅提醒人们关注国民教育问题，在尽可能的限度内支持国民教育事业的开展。为达到发展国民教育的目的，杜尔阁吁请设立国民教育委员会承担发展国民教育的职责。

① François de La Fontainerie, (ed. and trans.), *French Liberalism and Education in the Eighteenth Century*, New York and London, McGraw-Hill Book Company, 1932, p.174.

② *Ibid.*, p.177.

一、论改革国民教育的迫切性

在杜尔阁看来，当时法国世风日下，民风颓废，礼崩乐坏。风俗、习惯这些本应该在青少年时期即向学生灌输以培养他们形成必要的社会责任感，并构成一个民族最强有力的精神维系的东西也日渐被人们所轻视。教育仅仅注重地理学家、数学家、物理学家以及画家的培养，却没能对合格国民的培养给予足够的重视。充斥法国各地的是宗教教育。这种教育关注的是虚幻的天国事务，无助于合格国民的教育。不同的教区使用不同的宗教教材，而且对教义的理解也存在很大的差别，宗教纷争不断。宗教教育的管理权分别掌握在彼此独立且相互敌视的人手中，教育发展呈现出千差万别的状况。而实践表明，这种教育所带来的结果只能是社会问题层出不穷，臣民之间相互倾轧，争权夺利而不顾社会发展的整体利益。

二、论"国民教育委员会"的职责与任务

为彻底矫正国民教育的这一错误导向，改变教育上的政出多门、令出多人的状况，减少日益突出的公民之间、不同社会团体之间的纷争、猜疑、嫉妒的恶劣现象，杜尔阁按照国家利益高于一切的原则设立"国民教育委员会"作为发展国民教育的领导机构，并果断宣布个人及个别团体的一切违背国家利益的要求均为无理要求，不能进入国民教育发展的计划之内。

在《回忆录》的第一部分，杜尔阁提出："对我而言，在国家所有机构中，最重要、最首要、最刻不容缓、最有益于陛下长治久安，并对整个王国发挥最大作用的机构，便是'国民教育委员会'"①，必须尽快成立"国民教育委员会"。"国民教育委员会"的工作目标在于培养道德高尚、有知识、有能力的公民，在于培养富有爱国热情的公民。为实现这一目标，"国民教育委员会"必

① François de La Fontainerie, (ed. and trans.), *French Liberalism and Education in the Eighteenth Century*, New York and London, McGraw-Hill Book Company, 1932, p.179.

须首先明确自己的具体职责，即在于负责国民教育的改革与发展工作，具体负责全国所有的学园、大学、学院以及初等学校的教学与管理工作。具体来说，杜尔阁为"国民教育委员会"所确定的具体任务包括：督促国民教育计划的实施，深入挖掘、利用全社会一切可以利用的文化教育资源，提高国民教育的效益，纠正国民教育的发展方向，突破目前国民教育仅仅把注意力放在培养专门学科知识渊博、思维敏捷以及富有较强审美能力的学者身上的局限性。为国家培养爱国公民，"国民教育委员会"必须建立一种崭新的国民教育体系，而这种新的国民教育体系将着眼于为社会培养热情、公正、心地纯洁的公民。这些合格的公民将在未来的社会工作中时刻铭记国家利益高于一切的信条，能够摆脱尘世杂务的束缚与限制，富有理性地思考、确定自己人生努力的方向。"国民教育委员会"应该通过制订与实施完善、高效、细致、周密的国民教育计划，在未来的国民心目中普遍播下爱国主义的种子。

为说服路易十六接受自己创立"国民教育委员会"的提议，进而对"国民教育委员会"的职责有一个明晰而正确的认识，杜尔阁在《回忆录》中以饱含深情的笔触倾吐自己的肺腑之言：假设国民教育发展确立了相应的发展计划，拥有合格的教师而顺利正常发展的话(实际情况恰恰相反)，我可以自信地向您——尊敬的陛下保证：在所有能给您的人民谋求福利，帮助您的王国维持和平与良好的社会秩序，向您的人民传授有益的社会工作技能，提高您的威望，有助于把您的心灵与王国的一草一木紧密维系在一起的事业中，唯有发展国民教育事业，使国民认识到自己承担的社会义务，认识到自己承担的维护您的尊严与权威的义务最为重要和迫切。国民教育将帮助未来的社会成员明确自己的社会义务，并帮助他们完成这些义务，而这一切无论对个人或者对社会来说都是必要的、有益的。①

---

① François de La Fontainerie, (ed. and trans.), *French Liberalism and Education in the Eighteenth Century*, New York and London, McGraw-Hill Book Company, 1932, p.181.

三、论国民教育的实施

在《回忆录》中，杜尔阁还就国民教育的具体实施问题进行了设计。在实施途径上，杜尔阁认为必须从人员组织与教材选定两方面着手开展国民教育工作。就人员组织来说，每一教区设一位校长，具体负责本区儿童的教育管理工作，并向儿童传授计算、测量和机械原理的知识。在教材选择上，在遵循教育一致性原则的基础上，精心遴选教学内容，一切课程内容的选择以有益于国民意识的形成、有助于合格国民的培养为原则。为国家长远利益考虑，杜尔阁还主张把一部分学有潜力的青年送进专门学院与大学接受教育，以期把他们培养成为学识渊博、道德高尚的学科专家。不过这种教育不可违背国民教育的一致性原理，而且考虑到学生地位与身份，他们所接受的教育应该与他们将要从事的社会职业一致起来。① 此外，杜尔阁还十分重视家庭在培养未来社会成员过程中的不可替代的作用，要求发挥家庭的教育功能，营造和睦、健康、幸福的家庭氛围，以对青少年发挥持久的潜移默化的作用。

《回忆录》的命运与此后法国涉及教育改革事务的许多计划一样，未能得到当政者的接受。当时动荡不安的社会形势是一个原因，杜尔阁本人在提交《回忆录》的几个月后即被革职，成为影响这一计划不能得到实施的直接原因。《回忆录》的命运恐怕是杜尔阁本人未曾考虑到的，因为他在《回忆录》中提出国民教育改革与发展计划的根本目的在于，借助国民教育的实施以挽救颓势渐显的法国王权大厦之将倾，根本无意触动封建专制政权。不过杜尔阁选择以资本主义的发展作为挽救的手段是当政者所不能接受的。尽管如此，杜尔阁在论述具体国民教育问题时所表现出来的重视国民教育，视实施国民教育为国家重要职责，国家利益应该成为国民教育发展的最高原则，按照社会职业需要、个人兴趣与能力造就合格国民等国民教育思想，还是具有鲜明的理

---

① François de La Fontainerie, (ed. and trans.), *French Liberalism and Education in the Eighteenth Century*, New York and London, McGraw-Hill Book Company, 1932, p.182.

论启蒙及借鉴意义的。

第四节　米拉博的国民教育思想

米拉博出身于法国贵族，幼年接受了严格的家庭教育。青年时期先后游历了瑞士、荷兰和英国，结识了一批思想深邃之士，在此期间发表了一些见解深刻、文笔犀利的政论文章，引起世人的注意。在大革命前夕，米拉博对当时法国社会日益尖锐的阶级矛盾有着清醒的认识，预感到当时的法国正如一座即将喷出烈焰的火山，暂时的、表面上的平静即将被激烈的社会革命所取代。米拉博对社会底层民众的疾苦十分了解，并表现出真诚的同情。1789年，法国政府筹备召开三级会议时，米拉博拒绝以贵族代表的身份参加会议，而是站在第三等级的立场上，为法国普通民众的疾苦而呐喊。

就其政治立场而言，米拉博并非极端激进主义者，但却致力于社会改革事业，希望以英国的宪治形式为蓝本，彻底改变法国封建贵族独断专行的国家政治体制。

米拉博一生著述甚丰，除一些脍炙人口的政论作品外，他还对国民教育问题表现出极大的热情，提出了自己的国民教育改革计划。这些计划后来由他的朋友卡巴内斯(J. D. Cabanis)结集出版，并命名为《国民教育工作》。从《国民教育工作》的内容可以发现，米拉博对此前启蒙思想家以及其他关注教育发展人士对旧教育所提出的批判深表赞同，认为应当实施一种新的国民教育。不过，米拉博的教育改革计划表现出相当温和的色彩。英国学者巴纳德(Howard Clive Barnard)在其《教育与法国大革命》一书中就此作出过这样的评说："米拉博的计划并没有走得太远，他的计划只是法国旧制时期教育观念及实践与大革命爆发后更为激烈、更为广泛的教育变革之间的一个过渡和中介。"①

一、关于初等国民教育的基本认识

对于国民教育，米拉博的基本认识为：国家的重建必须通过恢复个人所拥有的天赋权利途径来实施；而恢复个人天赋权利的唯一途径在于缔造国民教育体系，实施国民教育。政府必须对国民教育在国家建设与发展中所发挥的作用具有清醒的认识。米拉博提出，在制宪议会废除旧教育体系后，当务之急在于建立新的国民教育制度。为保证新宪法充满生命力，当务之急在于为新社会造就新人。新的国民教育的任务便是造就新人。在教育变革与社会革新的关系问题上，米拉博认识到：要彻底破坏旧制度，就必须破坏旧教育制度；而要建立新的社会制度，就必须建立新的国民教育制度。② 国民教育的改革须遵循一定的原则，而最为重要的改革原则在于学院或其他高等教育机构的归属问题的确定；明智的选择在于让那些能够代表人民利益并经过民众选举产生的代表来管理学院和大学的事务。

关于初等教育，米拉博主张地方政府向在大革命烽火中得以幸存的教区学校提供适当的财政资助，数额视学校规模大小而定。教区学校的校长必须获得政府的许可，方能收取学生的学费。米拉博反对免费教育，认为向学生收取适量的学费才能促使教师不断提高自己的教学水平，学生们才能珍惜自己的学习机会，并对知识的价值获得更为直接的认识。米拉博并不主张废除公理会教派所提供的免费教育，但要求政府在聘任该派教士充任教师时严加甄别。在教学内容上，米拉博主张初等学校应进行阅读、写作以及算术教育。

---

① Howard Clive Barnard, *Education and the French Revolution*, Cambridge, Cambridge University Press, 1970, pp.64-65.

② *Ibid.*, p.67.

如果条件允许的话，还可向学生传授一些初步的测量及制图知识。只有不断把新的知识充实到教学内容中去，不断把现行法律精神纳入教学内容中去，学生的学习才能与社会发展保持协调一致。在教材问题上，米拉博认为教材是向年青一代传授宪法知识、解释政治事件以及社会与个人道德准则的重要载体。教材的选用不应由最高宗教裁判会议决定。由于校长对一个地区的教育发展往往发挥着重要作用，米拉博对校长的任命十分重视，并专门规定了校长的任用程序：首先由学校所在县提出三名校长候选人，然后由地区行政长官根据每位候选人的教学业绩以及教育管理能力确定合适的校长人选。综合米拉博有关初等教育的思想，不难发现他既不主张实施免费的初等教育，也不主张推行义务的初等教育。就此而言，米拉博是以一种半心半意的方式对初等教育进行改革(如果还能称得上"改革"的话)和重建。[①]

二、关于中等教育改革与发展的认识

在中等教育问题上，米拉博对大革命之前法国实施的古典式中等教育推崇备至，"我非但不希望禁止学习那种所谓'过时'的语言，恰恰相反，此类学习应大力提倡"[②]。在米拉博看来，希腊语句法典雅、语调和谐、结构严谨，几乎集中了所有语言的优点，希腊语与拉丁语极富心理训练价值与使用价值，人们可以使用希腊语与拉丁语来表述最有价值的理论，来描述最微妙的心理活动。米拉博对古典语言所持的此类认识是建立在这样一种认识基础上的："米拉博高度评价古典语言，不仅是因为其文学内容，而且还出于借助这类语言的学习与训练可以使一个人更好地欣赏、运用自己的本民族语言。"[③]针对当时希腊语的学习已失去先前盛况的形势，米拉博投入了很多的精力以恢复

---

① Howard Clive Barnard, *Education and the French Revolution*, Cambridge, Cambridge University Press, 1970, p.64.

② *Ibid.*, p.64.

③ *Ibid.*, p.64.

古典语言在教学中的地位。不过，米拉博并不主张以希腊语与拉丁语为教学用语，而是认为所有的课堂教学均应使用法语。

米拉博不仅提出了中等教育发展的一些理念，还就中等教育的实施作出规定：每省至少设立一所实施古典式中等教育的学校，男童在十岁入学，首先学习两年的希腊语与拉丁语，继而学习两年的诗歌与修辞，最后两年学习哲学。哲学课程内容因袭旧制，无须作任何改动。

三、关于实施高等教育的认识

在米拉博的教育改革计划中，法兰西国家学园是作为一种最具特色的高等教育机构而设立的。法兰西国家学园设于巴黎，在某种意义上近似于法国大革命前及大革命时期存在的法兰西学院。法兰西国家学园是一种实施高等教育的机构，其教育宗旨在于向法国上层社会子弟提供一种精英式的教育。学园应该集中全法国最杰出的学者与专家，学者与专家在从事教学工作的同时，还须致力于科学研究及对真理的探索与追求工作。学园的教学与研究工作必须建立在正确方法论的基础之上。在教学内容方面，学园向学生提供古典语言、形而上学、政治经济学、伦理学、自然历史、自然科学等方面的教育。而在自然科学教育方面又有详细的区分，自然科学教授所讲授的科目包括代数与几何学、机械与水力学、普通物理学、生理学等。而古典语言的学习则包括希伯来语、希腊语、拉丁语。学习语言的学生还要在土耳其语、波斯语、意大利语、西班牙语、英语、德语当中有所选修。米拉博强调语言的学习不仅要让学生掌握词汇与语法规则，更为重要的在于引导学生形成把所掌握的语言，尤其是现代外国语言运用于国际商务及外交事务中去的能力。

在自己的教育改革计划中，米拉博还提出男女应接受不同类型的教育。米拉博认为，男子是注定要参与社会事务的，因而应在公立教育体系中接受必要的教育；女子则生来与家庭事务联系在一起，其主要职责在于传宗接代以实现人类种族繁衍，照顾孩子成长，凭借自身柔韧的品格向男子提供适当的帮助等，家庭生活是女子人生的全部舞台。因而在女子教育问题上，米拉博主张在初等学校向女童提供一些基本的读、写、算的教育，以利于她们将来更好地承担起自己在家庭生活中的职责。至于更高深的专门教育，对女子来说是不必要的。

由于受到外国军事力量的威胁，更加之法国时局动荡不安，米拉博的教育改革计划未能得到实施。但这并不意味着米拉博的教育改革计划对后来的法国国民教育发展未能产生任何影响。事实上，米拉博的国民教育改革与发展计划为后来出现的一系列的国民教育革新方案提供了直接的理论启迪，他所提出的一些国民教育发展原则也相继在后来的教育改革计划中得以实现。

第五节　塔列兰的国民教育思想

塔列兰出生于1754年，青年时期在巴黎大学哈克特学院及圣叙尔皮斯神学院学习；1778年出任神甫。然而随着时间的推移，塔列兰逐渐脱离他所接受的教育为他规划的人生道路，逐步确立了自己的社会政治观念。

1780年，塔列兰出任法国天主教会的首席代理，负责协调教会与政府的关系。1792年，塔列兰就任奥屯（Autun）地区的主教，开始着手实现自己的社会改革理想。他首先提出削减教权，强化国家治国兴邦的职能及权力，并推行立法及司法方面的改革。塔列兰的这些主张被当地教士接受，并在上呈第一执政官的陈情表中体现出来。[①] 后来，为起草新宪法中的教育条款，制宪议会专门成立了"公共教育委员会"。塔列兰的教育改革计划即呈交到该委员

---

① Howard Clive Barnard, *Education and the French Revolution*, Cambridge, Cambridge University Press, 1970, p.68.

会的手中。

一、国民教育的基本原则

在教育改革计划的第一部分，塔列兰论述了法国国民教育应该遵循的一些基本原则。首先，他认为，鉴于旧制时期法国学校教育中僵死的教学方法限制学生思维能力的正常发展、难以培养高素质的国民这一事实，新宪法应确定公共的国民教育是保障公民享受自由的必要条件；新宪法免受无知损害、免被不负责任的言论所充塞的前提条件则是国民教育的实施。为此，新宪法应明确规定：发展国民教育是政府不可推卸的责任。其目的在于促使公民认识自己所应该享有的各项权利，明确自己对国家与社会所承担的责任与义务。其次，宪法应对国民教育的功能加以准确的界定。国民教育应不但能够保证公民享受自由，还能够促使社会进步、富强，能够促使个人获得完美高尚的发展。良好的国民教育可以使男性公民更清楚地认识到自身所潜藏的无穷的力量以及无尽的创造性；可以教导他们更有能力合理行使作为一个公民所享有的权利，并珍惜这些权利。"公共国民教育可以被看作是社会之树所结出的果实，同时也是向社会和个人输送养分的根。"①最后，国民教育的发展还应体现普及性的原则。塔列兰认为国民教育的光辉应该照射到每一位法国公民的身上，没有长幼之序，没有男女之分。发展普及性的国民教育事业必须先重视教师队伍的建设。塔列兰把教师职业视为最为重要的社会职业之一，认为一切有才能的人都应首先选择教师职业。全社会都应尊重教师，为教师的教学提供一切必要的支持。而教师也应充分发挥自己的聪明才智，通过自己为国民教育事业所付出的辛勤劳动赢得全社会的尊敬。"如果说人人都有权享受国民教育的恩泽的话，那么人人也就有责任向别人传授自己所掌握的知识。

---

① Howard Clive Barnard, *Education and the French Revolution*, Cambridge, Cambridge University Press, 1970, p.70.

正是借助于这种人人受教、人人施教的竞争式努力，国民教育便能够发挥自己最大的功能。"①

为保证国民教育的一致性，塔列兰还就私立学校教育与国民教育的关系进行了分析。他认为私立学校教育以不违背宪法精神为第一要义。私立学校的教师在任教期间应接受教育督导官的督察。有关教育督导人员至少一个月到私立学校检查一次，以确保私立学校的教学、学生住宿条件以及作息时间表符合法国通行的教育标准。此外，塔列兰还强调，在私立学校或其他学校从事教育工作的人应该充分认识到：他们工作的根本目的在于向学生传授有关的共和主义精神。"在神圣庄严的课堂上所教授的所有内容，特别是《人权宣言》及宪法内容，都将被分析、证明、阐释，力求儿童能够完整理解。"②

二、关于国民教育体系的具体构想

在教育改革计划的第二部分，塔列兰就国民教育体系建设提出了自己的构想。塔列兰认为完整的国民教育体系应该由初等、中等及高等教育三大阶段构成。

(一)初等教育阶段

初等教育应普及到法国每一位适龄儿童，在每个县开设一所初等学校。具体来说，儿童在六七岁之前接受家庭教育，因为"每一个家庭就是一所初等学校，而父亲便是这所学校的校长"③。儿童满六七岁之后进入县立初等学校学习，接受书面或口头的法语训练，以适应未来走向社会后表达情感与交流观念的需要。在初等教育阶段，塔列兰主张儿童学习标准的法语，为此，教师不应使用彼此差别很大的地方语言作为教学语言。在塔列兰看来，语言的

---

① Howard Clive Barnard, *Education and the French Revolution*, Cambridge, Cambridge University Press, 1970, p.70.

② *Ibid.*, p.71.

③ *Ibid.*, p.72.

差异可能会强化社会各阶层之间的差异，损害国家的统一和社会平等的实现。除法语外，儿童还要学习初步的算术知识，因为这些知识对于丈量土地、建造房屋等其他日常生活事务具有明显的实用价值。当然，掌握初级的历史与地理知识也是这一阶段的学习任务。在文化知识学习方面，宪法知识教育有着重要的意义。宪法知识教育应尽早进行，要让儿童及早了解他们将来要生活于其中、必要时还要为之献出生命来保护的国家和政体的神圣意义。在德育方面，儿童在县立初等学校要接受必要的道德观念教育和道德行为训练。在体育方面，塔列兰认为体育训练的重要性丝毫不亚于知识的学习。借助于身体训练以增进学生身体健康，进而为未来的学习与工作提供必要的身体保障。初等学校还要注意实施劳动教育。塔列兰强调："无论来自何等社会阶层的儿童，都必须使其认识到'劳动是万物的本源。'"①塔列兰还主张在教学内容中增加一些基本的宗教知识，以培养学生适当的宗教态度和宗教感情。

（二）中等教育阶段

中等教育主要借助于设在每区的中等学校来实施。初等教育阶段所强调的法语教学，在中等阶段上升为作文的学习，学生在中等学校还要学习希腊语、拉丁语以及现代除法语外的其他欧洲国家的语言。宗教教育的教学则主要向学生讲授宗教历史、宗教信仰知识。为形成学生的政治信仰，《人权宣言》被确定为基本的学习材料。

（三）高等教育阶段

在塔列兰的国民教育体系中，省立高等学校承担了高等教育阶段的任务。高等教育的主要任务在于培养专门的职业人才，如神职人员、律师、医生以及军人等。在具体实施上，往往依据具体培养目标而开设专门学校。

就神职人员的培养而言，一般在设有大教堂的城市开设神学专业学校或

---

① Howard Clive Barnard, *Education and the French Revolution*, Cambridge, Cambridge University Press, 1970, p.72.

其他高级宗教研讨班。学习者在这里接受宗教教育，培养管理教区的能力，提高宗教祈祷艺术。

在医学教育方面，医生的培养主要依赖卫生学校。学习者在学校里学习基本的医学知识，提高自己的治疗能力。为切实提高学生的临床治疗能力，每所卫生学校都应附设一所教学实习医院，学生们在此通过临床实践提高自己的疾病诊断与救治能力。鉴于医生职业的特殊性，塔列兰主张实施严格的从医资格制度。确定一个人是否具备从医资格的关键在于考察其实际诊断与治疗能力，而不是其毕业于什么学校。"一个没有参加过任何卫生学校学习的人可能因其医术精湛而被认可为一名合格的医生，而一个虽然接受过医学教育的人则不一定被认可为一名合格的医生。"①

在法学教育方面，塔列兰认为处于大动荡时期的法国社会必须缔造一整套新的法律体系与之配合，法学专门教育也应以此为根据确立自己的教育目标。为此，塔列兰建议在法国开办十所法学专门学校，围绕公共国民法律开展法学教育。

在军事教育方面，塔列兰采纳了路易十四时期的军事教育模式。在路易十四时期，法国开办了23所军事学校，招收14~16周岁的各区学校毕业生入校学习，学制一般为四年。除军事科目外，学生们还要学习绘图、数学、地理、历史以及宪法知识。学生们在军事学校内要接受严格的军事训练，目的在于养成社会道德意识、政治公正感、爱国主义精神、崇尚勇敢的品格以及严格服从的军人气质。军事学校的职责在于把入学男子培养成为自由的公民、服从命令的士兵以及卓越的领导者。② 除此之外，塔列兰提议在现存的23所军事学校之外另设6所专门军事学院，承担实际军事操练任务。各省遴选出

---

① Howard Clive Barnard, *Education and the French Revolution*, Cambridge, Cambridge University Press, 1970, p.73.

② *Ibid.*, p.76.

来的青年在这里学习军事理论，并在经受严格的军事知识及技能考核之后真正成为一名合格的军人。

在国民教育体系的最顶端，塔列兰构想了一个名为"国家研究院"的教育研究机构，其性质类似于米拉博教育改革计划中出现的法兰西国家学园。"国家研究院"是一座智者的王宫，是一所群贤聚集的学术研究机构。"国家研究院"提供包括自然科学及文学艺术在内的不同学科领域的高等教育。"国家研究院"应设在巴黎，研究院内应设有图书馆、实验室、艺术博物馆、自然科学博物馆。在学习科目上，塔列兰还把绘画、雕刻、建筑、音乐、农业以及兽医等科目纳入"国家研究院"的教学计划之中，从而使得"国家研究院"的教育呈现出实用化的色彩。

对于图书馆的教育功能，塔列兰在教育改革计划中也有所涉及。他主张在每省设立一座图书馆，把被毁或已破败的修道院的藏书收集起来，集中存放在各省的图书馆中。

三、女子教育

在教育改革计划的结尾，塔列兰还谈到了女子教育问题。他认为女子的受教育权与其公民权紧密相连。人类的一半被排除在社会公共事务之外的现实是不合理的。人类社会进步的最终目的在于让尽可能多的人获得幸福，女子是以为人妻、为人母的职责增进人类幸福的，女子在以自己的方式促进人类社会公共事务。因此，女子接受教育是应该的。塔列兰认为实际生活中的男女受教育状况的差异主要源于男女天性的不同。女子所接受的合适的教育类型是家庭教育，而当时教会团体所开展的学校教育是不适合女子接受的。为切实改进女子受教育的状况，塔列兰要求在每省开办一定数量的招收女童学习的学校，挑选一批品行端正且富有学识的妇女任教。八岁的女孩可以进入男女合校的初等学校学习。不过在少年期结束时，女子便不应再离开家庭，何种类型的学校都不能取代家庭生活。女子们应该谨记自己的家庭职责,不要破坏男女之间基于天性而存在的差异。

结合法国大革命时期女子的社会地位及所享受的公民权利状况分析,我们可以看出塔列兰有关女子教育的一些主张带有他所处的那个时代的烙印。包括米拉博、西埃耶斯(Emmanuel Joseph Sieyès, 1748—1836)、丹东(Georges-Jacques Danton, 1759—1794)、罗伯斯庇尔等在内的革命者均怀有这样一种信念:把旧制时期的每一位法国"臣民"改造成为共和国的"公民"。"公民"意味着拥有积极参与社会公共事务,首先是参与立法的权利。在社会生活中,"公民"地位的获得与体现,是以首先承认每个人都拥有平等的政治权利为前提的。不过,这一原则在实践中却没有得到较好的体现,这集中表现在占人口半数的妇女不能享有与男子同等的参与政治活动的权利。当时社会上流行的关于男女分工的观点是:"这种由造化本身赋予妇女的私人功能事关社会的一般秩序,这种社会秩序是男女之间的差别造成的。男人和女人各自有适合于自己的职业,各自的行为都被限定在这种圈子之内,谁也不得逾越,因为给人类立下这些限制的造化在专横地统帅着一切,任何法律对它都是无能为力的。"①当时的社会舆论认为,由于生理方面的原因,女子很容易陷入激愤状态,而这种状态对社会公共事务是有害的;更值得注意的是,女子易感情冲动的天性可能损害国家的利益,热衷于激烈辩论的母亲向孩子传授的只能是仇恨和偏见,而不再是对祖国的爱了。处在这样一种社会氛围中,塔列兰主张发展女子教育以帮助她们明确自己的家庭职责,就成为可以理解的事情了。

与那个时期的绝大多数教育改革计划的命运一样,塔列兰的国民教育改革理想未能得到实施。当塔列兰提出自己的教育改革计划的时候,制宪议会已完成自己的使命而即将宣告解散。尽管1791年10月30日制宪议会的最后

---

① 高毅:《法兰西风格:大革命的政治文化》,127~128页,杭州,浙江人民出版社,1991。

一次会议批准了塔列兰的提案，但由于提案的篇幅过长需要重新印制，实施塔列兰计划的任务便只能留待立法议会了。然而立法议会最终也没有实施塔列兰的教育改革计划。

除了当时动荡的社会形势导致塔列兰的教育改革计划难以付诸实施之外，塔列兰的计划本身也影响了它的实施。诚如提案提交后即招致的批评那样，塔列兰的国民教育改革计划没有涉及开展国民教育的经济资助问题，未能为国民教育的实施确立坚实的物质基础，致使提案缺乏较强的可实施性。计划没有涉及教师的培养和使用问题，没有为国民教育的实施确立一套科学的教师聘用制度。此外，塔列兰把教育机构设置与制宪议会所规定的行政管理体系联系在一起，也非明智之举。人口稀少与人口稠密地区在开办学校数量上应有所不同，而简单地规定所有地区设置固定数量的学校便显得机械了。把初等学校设在大的城镇固有其合理之处，但如此一来，那些身处偏僻乡村的孩子便须克服求学的种种不便了。

塔列兰教育改革计划未能得到实施，并不能遮蔽这一计划本身所表现出的进步性色彩。塔列兰对国民教育发展所确立的三大原则，为发展国民教育所构想的三级国民教育体系，无不适应了大革命时期法国民众追求自由、平等、博爱及天赋人权的革命形势。关于这一点，巴纳德在《教育与法国大革命》一书中作出了这样的评断："就整体而言，塔列兰教育改革计划表现出鲜明的进步性。计划的主要设想超出了当时的社会现实，这些设想只有在现时代才可能实现。"①

---

① Howard Clive Barnard, *Education and the French Revolution*, Cambridge, Cambridge University Press, 1970, p.79.

第六节 雷佩尔提的国民教育思想

雷佩尔提，法国政治活动家，出生于1760年，早年曾以贵族代表身份进入法国议会，力主处决国王。1793年1月20日遭狂热的保皇党人暗杀身亡，年仅33岁，成为法国大革命时期的英雄和共和国的殉难者。

罗伯斯庇尔与其他五位委员受国民公会之命负责教育发展期间，在雷佩尔提的遗作中发现了一份关于创建国民教育体系的计划。1793年7月13日，罗伯斯庇尔在国民公会上宣读了雷佩尔提的国民教育计划。罗伯斯庇尔恳请大家认真倾听雷佩尔提创建国民教育体系的建议，并声称自己完全赞同雷佩尔提的建议，认为雷佩尔提的被害使共和国国民教育事业的发展蒙受了巨大的损失。

雷佩尔提在自己的计划中首先对孔多塞所提出的国民教育原则表示赞赏，同时接受了孔多塞把国民教育划分为四个阶段的思想，即国民教育体系由初级小学、高级小学、中等学校及专门学校组成。但同时指出，孔多塞只是宣布了普及初等教育的美好理想，而对实施普及初等教育的物质条件却未能进行认真考虑。

一、"国民教育之家"的教育

为真正实现国民初等教育的普及化，雷佩尔提力主创建"国民教育之家"，招收所有5~12岁的男孩和5~11岁的女孩入学；学生的一切费用由政府负担，教育经费的主要来源是向富人征收的累进所得税以及儿童自己劳动的收入。

在儿童教育问题上，雷佩尔提认为儿童不仅仅属于他们的父母，更属于国家。为了国家的利益，家长有义务把孩子送到学校接受必要的教育，而不应该将孩子的教育视为私事。儿童进入"国民教育之家"后，必须过一种简朴而有序的集体生活。儿童们穿同样的衣服，吃相同的食物。"国民教育之家"为把儿童培养成为身体健康、热爱劳动、遵守纪律的公民和爱国主义者，须向儿童实施包括智育、德育、体育及劳动教育在内的全面教育。在智育方面，雷佩尔提要求"国民教育之家"向儿童提供阅读、写作及算术教育，男孩子在这里还要接受基本的测量及设计教育。在道德教育方面，注重教儿童学唱国歌及其他具有教育意义的歌曲；向儿童讲述法国人民追求自由、平等、博爱的重大历史实践；讲授宪法的基本原则，以在儿童幼小的心灵中撒下崇尚自由、平等、博爱的种子。雷佩尔提主张道德教育应追求实效，道德教育的实施必须适应儿童的心智发展水平，应从儿童的日常生活中挖掘道德教育的素材。雷佩尔提反对向儿童进行宗教教育，认为儿童的教育内容中不应包含宗教内容。在体育方面，雷佩尔提认为教育者应重视儿童的身体发育状况，引导学生开展适当的体育活动，以切实提高学生的身体素质。

　　雷佩尔提十分重视学生的劳动教育，他主张在"国民教育之家"内不设服务人员，一切事情皆由儿童自己完成，可以让儿童参加适合他们的劳动，以培养良好的劳动习惯。这类劳动包括平整路面、打扫卫生、粉刷墙壁等，以及到田野中从事较轻的农业劳动。女孩子则可以参与洗衣、缝补之类的劳动。通过这类劳动，逐步培养儿童吃苦耐劳、坚韧不拔的顽强精神。关于劳动教育的意义，雷佩尔提曾有如此的认识："我在这里谈的不是某种专门手艺，但是我要求培养开始作难活时的勇敢精神，在执行艰难任务时的毅力，在进行劳动时的坚决性，以及将它进行到底的顽强精神，所有这些都是一个爱劳动的人的特点。""应当给你们的学生培植这种爱，应当在你们的青年学生身上发展这种趣味、这种要求、这种劳动习惯，到了将来他们的生活将会变得容易起来，他们除自己本身以外将不去依靠任何别人。"①

---

① 曹孚编：《外国教育史》，147页，北京，人民教育出版社，1979。

二、"国民教育之家"的管理

由于"国民教育之家"担负着为共和国培养合格国民的职责，如何加强"国民教育之家"的管理就成为雷佩尔提着意思考的问题。接纳学生家长参与"国民教育之家"的管理，是雷佩尔提所提出的一项主要措施。他建议每所"国民教育之家"成立一个由52名学生家长组成的家长理事会参与教育行政事务管理。理事会每月召开一次会议，讨论教学中出现的问题，并提出具体的解决办法。每位学生家长一年要在"国民教育之家"生活一周，参加全部的教育活动，并在每月召开的家长理事会上提交自己的观察报告。在学生管理上，雷佩尔提师法古希腊城邦斯巴达的学生管理模式，实行统一平等的管理。"国民教育之家"的孩子"由共和国抚养，在神圣的平等法律之下，儿童们穿着一样，同桌吃饭，受同样的教养，得到一样的关怀和爱护"[①]。"国民教育之家"的学生满12岁之后开始分流，成绩优秀者通过考试进入中等学校和专门学校深造，其余的则步入社会就业。

三、雷佩尔提的国民教育计划的命运

雷佩尔提的国民教育计划被罗伯斯庇尔在国民公会上宣读后，引起了强烈的反响，赞成者与反对者对此展开了激烈的争论。赞成者认为实施雷佩尔提的国民教育计划可以满足广大民众对知识的渴望，能够切实提高教育民主化水平，最终极大地提高法国国民的素质。反对者则认为雷佩尔提的国民教育计划脱离了当时法国的社会实际，耗资过大，且可能剥夺家长让孩子在农忙季节参加农业劳动的权利。值得注意的是：雷佩尔提的国民教育计划深受罗伯斯庇尔的重视，最后经过部分修正后在1793年8月13日以国民公会法令的形式颁布。可惜的是，雷佩尔提的国民教育计划在实施了两个月之后又因

---

① 邢克超主编：《战后法国教育研究》，21页，南昌，江西教育出版社，1993。

故被废止。然而雷佩尔提的国民教育思想却为后人提供了许多有价值的启示。他希望通过"国民教育之家"的开办，"培养儿童养成良好的生活习惯"；增进他们的聪明才智；鼓励他们成长；锻炼他们的耐力、灵活性与运动技巧；增强他们忍耐疲劳、忍受恶劣气候及适应艰苦生活的能力，最终把学生培养成为合格的国民。雷佩尔提的国民教育理论的全部认识基础在于："儿童的一切属于我们……所有属于共和国的一切均须置入共和国的模子锻造。"[①]

不同的学者对 18 世纪法国国民教育思想的认识是不一致的。阿兰（Allain）主教认为这一时期对知识与真理的追求及由此产生的富有成果的观念，并未被所有的党派所认识、所接受。考姆培瑞（Gabriel Compayré）则认为应该把注意力放在那些主张国家保证个人在能力许可的范围内接受尽可能多的教育的国民教育计划身上。由于当时的法国资金匮乏、内外交困、社会动荡不安，许多国民教育计划未能得到实施，但这丝毫不影响这些国民教育计划的思想价值。这些国民教育计划既反映了当时新兴资产阶级发展教育的愿望，又适应了法国为新的国家培养新的国民的实际需要。在自由、平等、博爱精神的感召下，法国国民教育思想家们将国民教育理解成一项由国家负责实施并对国家发展发挥重大作用的事业。法国国民教育思想家们在国民教育问题上形成了这样一些认识：国民教育是国家与政府的一项不可推卸的神圣职责；国民教育的开展有赖于完整的国民教育体系的确立；国民教育体系必须彼此衔接、互相促进；初等教育实行义务制，儿童不论出身、性别、家庭背景，一律拥有平等的受教育机会；国民教育应尽可能地与广大民众的日常生活联系起来，以体现国民教育的实用价值。同时，国民教育还应实现理性能力训练的目标；接受国民教育既是个人的基本权利，也是个人对国家所承担的一项义务。应通过国民教育的实施培养学生的公民意识，培养学生对政府负责、

[①] Howard Clive Barnard, *Education and the French Revolution*, Cambridge, Cambridge University Press, 1970, p.121.

对国家忠诚的态度。关于法国国民教育思想的理解，我们可以参考马林森（M. A. Vernon Mallinson）在《西欧教育思想》一书中所作的评论："法国的国家主义强调公民在政治活动中所承担的责任，公民的成就必须与国家、民族的利益保持一致。社会向儿童提供教育，主要原因在于孩子们将在未来成为法国国民，而不仅仅是让孩子们从教育中获得利益。学校教育所承担的两项最重要的任务是造就国民，培养孩子们具有道德品质和文化素养。"①

---

① M. A. Vernon Mallinson, *The Western European Idea in Education*, New York, Pergamon Press, 1980, p.37.

第七章

卢梭的教育活动与思想

从国内到目前为止对卢梭教育思想的研究来看，研究的基本模式和内容如下。①"生平"、思想基础论(包括哲学思想和社会政治观)；②教育目的论：自然教育目的、培养目标；③自然教育论：自然教育思想、自然教育理论、自然教育的基本原则；④各年龄阶段的教育论：四阶段的年龄分期、教育要适应身心发育；⑤和谐教育论：体育、感觉教育、劳动教育、智育、德育；⑥性别教育论：女子教育；⑦国民教育论：国家教育、公民教育；⑧教学论：卢梭的教学思想；⑨思想地位和影响论：卢梭教育思想的历史地位、教育思想的影响和评价。

客观地说，这样一些研究模式有些是符合卢梭教育思想实际的，但不可否认的是，其中有些研究模式似乎有点牵强。我们这里研究的问题在于：卢梭的教育思想产生于什么思想环境；卢梭与同时代人的教育思想有何差异；卢梭的教育思想对后世教育思想乃至教育实践的影响表现在什么方面；我们是否仍然仅以哲学和心理学的知识来构建卢梭教育思想的认识框架。从哲学上看，卢梭的教育思想与他的归返自然还是主张建立国家，与是崇尚个人主义还是推崇极权主义，是重视感情的发泄还是强调理性的作用，是任意容忍满足感官的自然需要还是需要道德规范发挥作用等之间的关系如何；卢梭的教育思想与他的政治哲学之间的关系；卢梭与同时代人的决裂是否也表现在教育思想方面；卢梭的思想对法国革命所产生的无与伦比的影响是否也体现在教育上；卢梭的思想与启蒙精神并不合拍，那么卢梭的教育思想与启蒙教育思想是否合拍；卢梭攻击了启蒙的前提——理性与进步，那么卢梭的教育思想是否与启蒙教育思想追求理性与进步的目标相背离。20 世纪以来，西方学者在研究卢梭的方法论上出现新的转向，有学者提出传记阅读法，把卢梭个人传记的阅读作为研究卢梭的重要方法，那么卢梭的教育思想研究是否也应有所转向？

看来，卢梭思想的研究需要一种新的范式，研究卢梭教育思想的知识应该扩大。也就是说，对卢梭教育思想是否可以从政治、哲学、文化学、民族主义、自由主义、女性主义等视角来研究呢？回答是肯定的。这样一些解释范式试图把卢梭的教育思想放到政治、哲学、文化学等视野中去诠释，或许可以较好地把握卢梭教育思想的真实图景。卢梭对人类思想的贡献在一般的评论家看来主要体现在他的政治哲学上，可以说他是那个时代政治哲学的代言人。显然，教育思想与政治哲学之间存在着无法回避的关系。由政治哲学推演出来的自由主义、民主主义、民族主义等与他的教育思想构成了直接的关系。卢梭的"文明论"扩延开来，实际就是他对文化的解释，于是对卢梭教育思想的文化学解释也就成为可能。卢梭在《爱弥儿》中对女性的关注并不亚于对男性的关注，女性主义研究在当代的崛起似乎为卢梭教育思想的研究提供了理论解释基础。也就是说卢梭教育思想还不能回避与女性主义之间的关系。当然还需要研究卢梭是如何回答一些基本问题的，例如："根据卢梭(的观点)，教育的目标是什么？谁是教育的最终受益者？应当如何设计教育？"[1]我们在

---

[1]　Amélie Oksenberg Rorty, "Rousseau's Educational Experiments," in Amélie Oksenberg Rorty, ed., *Philosophers on Education: New Historical Perspectives*, London and New York, Routledge, 1998, p.238.

强调如何研究卢梭的教育思想时，是否也要关注卢梭如何研究教育的问题？是否也像他研究政治学、政治哲学一样，是属于一种乌托邦式的研究，还是从当时的科学革命中通过经验、实证和论证来进行研究呢？这就是本章要着重研究和解决的几个问题。

第一节　卢梭的生平和主要著作

了解历史上任何一位思想家的思想，一般可以有两种方法：一是传记研究；二是著作研究。我们研究卢梭的教育思想也不例外。

一、卢梭的生平

卢梭出身于瑞士一个钟表匠家庭，自幼生活艰辛，长期过着漂泊动荡的生活；其后半生几乎全靠替人抄写乐谱换来的微薄收入过日子。1749 年，《科学与艺术》（*Discours sur les sciences et les arts*）一文获奖，使他一举成名。从此，他决心放弃对财富和声誉的奢望，埋头从事著述。《论人类不平等的起源和基础》（*Discours sur l'origine et les fondements de l'inégalité parmi les hommes*，1755 年）、《社会契约论》（*Du Contract Social*，1762 年）及《爱弥儿》（*Émile, ou De l'éducation*，1762 年）三部名著奠定了卢梭作为激进民主主义者的基础。卢梭为小资产阶级、小手工业者和农民发声，表达了对封建专制统治的憎恨和对民主共和国的热情，因此他的著作不能为封建专制政府所容忍。1762—1769 年，法国、荷兰、瑞士等政府逮捕卢梭，将其著作焚毁。直至 1770 年卢梭才获法国政府赦免，重返巴黎。晚年，他完成了自传体小说《忏悔录》（*Les Confessions*，成书于 1765—1770 年，但是到卢梭去世后才出版），叙述了他一生坎坷的遭遇。1778 年 7 月 2 日，这位伟大的民主主义思想家与世长辞。

有关卢梭的人生描述，在研究者的眼中很富有变幻色彩。他们说，卢梭是一位"自然之子，自由之子"；卢梭是一位"看到了另一个宇宙，变成了另一个人"的人；卢梭是一位"蒙莫朗西森林的隐居者"；卢梭是一位流浪的"无罪的"人；卢梭是一位"孤独的散步者"；卢梭是一位"不老的"人。① "在卢梭同时代的作家中，他是唯一的富有流浪生活经验的人。"②卢梭一出生就没有了母亲，由于他的童年缺少母爱，这明显影响他的生活。缺乏母亲的关心导致了他在《爱弥儿》第一卷中赞美母性，要求她的责任。③ "在法国的政治著述家、文学家和音乐家中，要数卢梭的命运最为奇特。他'名满全欧'，因著书立说出了名，也因著书立说招了祸，书被焚毁，人身受到威胁，虽幸逃脱缧绁，但到处被人驱赶，几无容身之地。他在生之时，敬仰他的人顶礼膜拜，称他为'平等之友'、'精神的导师'，而憎恨他的人则恨之入骨，说他是背叛上帝的魔鬼和制造社会动乱的人。一个人同时集莫大的荣誉和莫大的羞辱于一身，这种例子是不多见的。"④

以上就是后人对卢梭人生的几种有代表性的描述。

二、卢梭的主要著作

卢梭教育思想的形成，是他的生活经历的反映，抑或是18世纪教育现实的映射，还是他对社会科学的猜测，即内省和追溯的结果？研究者们众说纷纭。但在本书作者看来，思想家们对人类知识的贡献主要是通过他的著述体现出来的。卢梭不仅生活于一个产生伟大著作的时代，而且他自己就是一个

---

① 参见伍厚恺：《孤独的散步者：卢梭》，成都，四川人民出版社，1997。

② [法]勒赛克尔：《让·雅克·卢梭(1712—1778)》，见[法]卢梭：《论人类不平等的起源和基础》，李常山译，8页，北京，商务印书馆，1994。

③ Sita Ram Vashisht and Ran P. Sharma, *History of Education in Eighteenth Century*, New Delhi, Radha Publications, 1997, p.225.

④ 李平沤："译者前言"，1页，见[法]雷蒙·特鲁松：《卢梭传》，李平沤、何三雅译，北京，商务印书馆，1998。

拥有伟大著作的思想家。卢梭的著作种类繁多，主题多样，音乐、戏剧、诗歌、化学、植物学、语言学、政治经济学、法律、教育、小说等无所不包。

卢梭的著作之间有何关联？尤其与我们所研究的卢梭的教育思想之间存在何种内在的逻辑关系？要回答这些问题，先解读其主要文本看来是必要的。

（一）《论科学与艺术》

这是卢梭最早的一部重要作品，是应第戎学院的征文而作。原名是《论科学与艺术的复兴是否有助于敦风化俗》，发表于 1750 年，它奠定了卢梭成名的基础。此文以其惊世骇俗的论点和振聋发聩的文笔在法国思想界激起了轩然大波，摘取了第戎学院征文头奖的桂冠。这篇论文的中心思想是："自然是美好的，出自自然的人是生来自由平等的，因此应该以自然的美好来代替'文明'的罪恶。"①卢梭以后的一系列重要著作中的基本观念都可以追溯至此书。比如，宣扬天赋人权从而为资产阶级民主革命奠定理论基础的《社会契约论》，宣扬返于自然从而在文艺思想领域中开创浪漫主义之先河的《新爱洛漪丝》（又译《新爱洛依丝》《新爱洛伊丝》等），对空虚腐化的贵族文化的抗议、反映了第三等级中的平民阶层对返璞归真的要求的教育著作《爱弥儿》。《论科学与艺术》标志着卢梭早期反封建专制思想的形成。

卢梭在此书中，实际上把科学与文艺和奢侈淫靡、道德沦丧联系在一起，视之为表征和影响国家命运乃至人类幸福的重要因素。这本书对我们理解卢梭的教育思想至关重要，因为这是卢梭的社会恶理论的背景所在。

卢梭考察了科学和艺术的伦理价值，提出了"自然—文明"的二元对立来作为自己的理论原则。在他看来，科学与艺术不仅对社会有害，而且"对于道德品质就更加有害了"②。这一原则构成了卢梭整个思想体系的基石和核心，

① 何兆武："译者序言"，2 页，见［法］卢梭：《论科学与艺术》，何兆武译，北京，商务印书馆，1963。
② ［法］卢梭：《论科学与艺术》，何兆武译，29 页，北京，商务印书馆，1963。

对此,他在《论人类不平等的起源和基础》《爱弥儿》等一系列论著里作了更深入、更系统的阐发。

卢梭在《论科学和艺术》中认为,科学与艺术的进步并没有给人类带来幸福。他谴责在那个特定的历史时代中占统治地位的贵族统治阶级的虚伪的科学与腐朽的艺术,抨击以社会不平等为基础的贵族统治阶级的"文明"。他认为这种"文明"社会的风尚是堕落的,唯有平民,唯有"纯朴的灵魂"才可能具有深刻真挚的感情。这为卢梭在《爱弥儿》中描写一个不为人压迫人的"文明"社会所玷污、完全出于自然之手的理想人格奠定了思想基础。

(二)《论人类不平等的起源和基础》

这是卢梭应1753年第戎学院的又一次征文而作的。征文题目是"人类不平等的起源是什么?人类的不平等是否为自然法所认可?"。如果说第一篇论文基本上是从伦理角度出发的,那么此篇论文则系统地阐述了他的社会发展观点。他通过对人类文明史发展过程的分析,提示了私有制是人类不平等的起源和基础。他认为人的天性本是善良的和优美的,只是由于腐败的社会制度,才变得邪恶和堕落。他指出,凡允许少数人压迫多数人、压制人的个性发展的社会制度都是违背自然法则的,都没有权利存在而应当毁灭。

在此书中,卢梭以分析现已不存在的人类的自然状态作为出发点。在卢梭看来,自然人的本性中所固有的东西应与由于环境变化和社会发展在人的自然状态上所添加或改变了的东西区别开来,应从人类现有的属性中辨别出哪些是自然的,哪些是人为的。

卢梭区分了两种性质截然不同的不平等。他说:"我认为在人类中有两种不平等:一种,我把它叫作自然的或生理上的不平等,因为它是基于自然,由年龄、健康、体力以及智慧或心灵的性质的不同而产生的;另一种可以称为精神上的或政治上的不平等,因为它是起因于一种协议,由于人们的同意而设定的,或者至少是它的存在为大家所认可的。第二种不平等包括某一些人由于损害别人而得以享受的各种特权，譬如：比别人更富足、更光荣、更有权势，或者甚至叫别人服从他们。"①卢梭的这种平等观念实际也体现了他的自然状态和社会状态的二元对立模式，问题是自然状态是如何过渡到社会状态，第二种不平等又是怎样产生的。

为此，卢梭在此书的第二部分中回答了"是什么力量使人类从平等的自然状态过渡到不平等的社会状态"的问题。他明确地把人类不平等的根源归结为私有财产的出现和私有制的建立。卢梭指出，私有观念一旦产生，自然状态的极限便已来到，而人类也就永远地失去了自由、自主。由于私有制和不平等的产生，人的本性也发生了变化。

卢梭在此书中对不平等的起源的分析、所提出的结论，在其激进的革命性方面远远超出了同时代的其他启蒙思想家。卢梭以人类天赋的自由、平等的自然权利来证明私有制及其造成的社会不平等是违背自然的、不合法的，宣告封建专制制度是最暴虐、最腐朽、最违反人道的社会制度。

(三)《新爱洛漪丝》

它是一部书信体小说。小说通过主人公的悲剧把批判的锋芒直指封建等级制度。这部小说诉诸形象与感情，唤起读者对这个不合理制度的憎恶和愤慨，对贵族阶级窃据特权、奴役人民的罪恶予以控诉和痛斥。《新爱洛漪丝》主要通过对主人公纯真爱情的歌颂来表达反封建主题，它的艺术魅力也首先体现在对情感的描写上。有人称"卢梭是法国的第一位情感作家"。卢梭是自然感情的崇尚者，他始终以人的纯朴真率、毫无讳饰的感情向统治阶级的虚伪造作、腐朽病态的风习挑战。《新爱洛漪丝》对当时贵族阶级的行为准则和习俗风尚进行猛烈抨击，阐明一种新的道德观念，表达卢梭对合理的人际关系和健康的生活方式的向往。卢梭在此书中还对大自然进行了描写和热情讴歌。他热爱大自然，向往大自然，实际这是他对贵族阶级腐败"文明"的深切

———————————

① ［法］卢梭：《论人类不平等的起源和基础》，李常山译，70 页，北京，商务印书馆，1994。

厌恶，同时也表现了他对自由而纯朴的生活的热烈渴望。他在构思《新爱洛漪丝》时确定了要以大自然作为人物活动的场景。他尽力表现大自然的美，这与他一贯的自然理论是一致的。卢梭笔下的大自然总是和人的内心相沟通契合，并浸润滋养着人的心灵，培育着人的纯朴天性，没有被"文明"打上丑恶的印记。不言而喻，卢梭之所以推崇和歌颂大自然，是寄托着追求自由、解放感情和张扬个性的寓意的。

《新爱洛漪丝》体现了卢梭崇尚自然、返回自然的思想，其中包含着丰富的内涵。"自然"一语固然是指山川草木、鸟兽鱼虫所构成的自然界，也指人类自然的生活状态，并进而意味着纯真质朴的自然人性，这三重含义在卢梭的整个思想体系中是有机融合、不可分割的。卢梭在小说中不仅为绮丽壮观的自然风光所陶醉，而且为人民纯朴的生活方式和道德风俗所感动。质朴的生活和纯真的天性与贵族上流社会的虚伪造作的风气形成鲜明的对比。

《新爱洛漪丝》是卢梭整个思想的艺术化的体现，又是一部划时代的文学杰作。近两个世纪以来，被古典主义放逐于艺术王国之外的情感、个性和大自然，被他赋予了崇高的地位。作为其精髓与内核的自由、民主和个性解放的思想更标志着时代精神即将发生深刻转变的趋向。法国的浪漫主义文学就发端于卢梭的文学创作和思想。德国的"狂飙突进运动"更直接受到卢梭崇尚个性解放、情感自由以及赞美大自然的精神的激励。18世纪末，整个欧洲出现了感伤主义文学，后来又勃然兴起了浪漫主义文学运动，这些都是在卢梭思想的直接推动下进行的，因此卢梭被视为"浪漫主义之父"。

(四)《社会契约论》

此书是卢梭最重要的政治哲学著作，其中心思想是："人是生而自由与平等的，国家只能是自由的人民自由协议的产物。如果自由被强力所剥夺，则被剥夺了自由的人民有革命的权利，可以用强力夺回自己的自由；国家的主权在人民，而最好的政体应该是民主共和国。"①它提供了集体的聚合良知——公共意志。

与《论人类不平等的起源和基础》相比，此书所要探讨的是"在社会秩序之中，从人类的实际与法律的可能情况着眼，能不能有某种合法而又确切的政权规则"②，也就是说，不在于论证国家的起源，而在于研究国家的组织。目的是要确定怎样的政治制度才是合乎正义与切实可行的，怎样才能恢复与保障人类在不平等的社会、不合理的制度下所丧失了的平等与自由。从此书中可以看出，卢梭开始从激越的感情渐趋冷静与深沉，由道德义愤转入理性思考，由历史与现实转向未来，由破坏转为建设，从早期的"返回自然"思想转向未来的乌托邦。卢梭曾反复申说，简单地回到自然状态下去做野蛮人是不可能的，而由自然状态过渡到社会状态既是一种必然，也是一种进步，"回到自然状态的原始阶段，是无法实现的，历史是不会倒退的。纵使人类能够退回到野蛮人的状态，他们也不会因此就更幸福些"③。

这就是卢梭的《社会契约论》的主题，是他要解决的根本问题。

卢梭的《社会契约论》阐发了他的政治学说的基本原理，为18世纪末的法国资产阶级革命以及较早的美国资产阶级革命提供了理论纲领，并为资产阶级民主共和国的建立确定了基本原则。

另外，卢梭还撰写了《忏悔录》《论政治经济学》《孤客漫步遐思录》《论戏剧：致达朗贝尔信》《让-雅克审判卢梭》等著作。尤其是在《论政治经济学》中，卢梭谈到了公民教育问题，颇值得重视。需要说明，由于本章在研究卢梭教育思想时，主要的资源来自《爱弥儿》，因此在这里就不单独对《爱弥儿》

---

① 何兆武："译者前言"，1页，见［法］卢梭：《社会契约论》，何兆武译，北京，商务印书馆，1980。

② 同上书，7页。

③ 卢梭致波兰国王斯坦尼斯拉夫的信，转引自伍厚恺：《孤独的散步者：卢梭》，118页，成都，四川人民出版社，1997。

进行解读了。

(五)关于卢梭著作之间的关系

学者们在卢梭著作之间的关系问题上并没有达成共识，然而这些关系直接影响到我们对其教育思想的解释。从卢梭著作的单个文本来看，《新爱洛漪丝》是一部文学作品，表现情感自由、个性解放和崇尚自然的主题，是对人的自然情感、健全道德与和谐的人际关系的描绘。针对贵族的腐化堕落，他提出了一种合乎资产阶级理想的家庭道德。针对色情和荒淫，他提出了一种更健康的情感生活。《社会契约论》是一部政治学著作，它对合理的社会政治制度进行探讨，阐明了关于国家性质、人民主权和资产阶级民主共和国的理想，提出了一个民主的、平等的社会原则。在那种社会里的人，可以说都是由道德激励着的公民，也就是说，都是一些爱国者。《爱弥儿》是一部教育论著，探讨人的天性发展、健全的教育方法和培养未来理想社会"新人"的方针，因此是对完美人性培养方法的研究。同时，在卢梭看来，要建设一个更好的社会，必须改造个人，因此他在《爱弥儿》中提出了一个合乎自然法的教育计划。针对这样一种卢梭的文本逻辑，评论者说："三部著作相互关联，好像都属于一个整个的伟大的计划。"① "一个公正的政体不仅需要公正的原则，而且需要公正的公民来履行这些原则。《社会契约论》中描述的政体依赖于《爱弥儿》中拟订的教育计划，一个描绘真正完美发展的人的教育计划，一个能成为自由和理性的公民的教育计划。"② "他的《论人类不平等的起源和基础》《爱弥儿》《社会契约论》，甚至还有《新爱洛伊丝》，都以许多教育理论作为主要的和基本的主题。"③

---

① [法]勒赛克尔：《让·雅克·卢梭(1712—1778)》，见[法]卢梭：《论人类不平等的起源和基础》，李常山译，15页，北京，商务印书馆，1994。

② Amélie Oksenberg Rorty，"Rousseau's Educational Experiments," in Amélie Oksenberg Rorty，ed.，*Philosophers on Education：New Historical Perspectives*，London and New York，Routledge，1998，p.248.

③ [英]保罗·约翰逊：《知识分子》，杨正润等译，29页，南京，江苏人民出版社，1999。

《卢梭传》中谈道："我们应当首先把《爱弥儿》看作是他深刻思想中的一环。在谈到这部著作和他的两篇论文时，他对马尔泽尔布先生说：'这三部著作是不可分开的；三部著作应合起来成为一部完整的著作。'我们发现：这三部著作合在一起，就成了一部以人类天生的善良为基础的人类学。"①

对卢梭而言，一种新的政治秩序和一种新的教育方法是人类成功的关键，而这恰恰是卢梭在 1762 年发表的《社会契约论》和《爱弥儿》所表现出来的思想内容。也就是说，这两部著作体现了政治秩序与教育相结合，成为卢梭思想的一个情结。这是研究卢梭教育思想所要面对的问题。

卢梭把《爱弥儿》和两部获奖作品《论科学与艺术》《论人类不平等的起源和基础》宣称为"不可分割的作品，它们共同构成了一个独一的整体"②。在《论科学与艺术》中，卢梭宣称，现行的社会压迫和腐败是因为文明的进化。在《论人类不平等的起源和基础》中，卢梭再次强调原始社会存在的自然的生理和理智的不平等，几乎是不明显的，而随着文明的进展，绝大多数压迫性的特征，尤其通过私有财产的设置而产生的不平等则越来越明显。在《爱弥儿》中，卢梭试图表明教育如何使文明的弊端最小化，并使人尽可能地接近自然。卢梭撰写《社会契约论》以反抗压迫的社会和政治环境，撰写《爱弥儿》的目的在于以应当是自然的和本能的或自发的培养取代传统和死板的教育。问题在于卢梭所指的传统的和死板的教育是什么，结合文本看，主要是指拉丁文法、拉丁文和死记硬背等传统教育。

由此看来，我们在研究卢梭的教育思想时必须研究卢梭的主要著作，仅一部《爱弥儿》是无法准确把握其教育思想的内涵的。

---

① ［法］雷蒙·特鲁松：《卢梭传》，李平沤、何三雅译，245 页，北京，商务印书馆，1998。

② Sita Ram Vashisht and Ran P. Sharma, *History of Education in Eighteenth Century*, New Delhi, Radha Publications, 1997, p.99.

第二节 卢梭的人性善和社会恶思想

从卢梭思想的一贯逻辑来分析，许多研究者都肯定，人是卢梭研究的中心，因此可以把卢梭的思想看成"以人为核心的"。但是，"在卢梭那里，人并不是有自知之明的苏格拉底式的理智的本体，而是从与社会的关系的角度(即从社会条件的角度)来看待的。在这里，矛盾体现在原始自然状态中的人与文明社会中的人之间"①。进一步说，卢梭所建立的人与社会的关系是人性善和社会恶之间的关系，是自然状态与文明状态下的自然人和文明人之间的关系。卢梭教育思想的一切出发点也就是在这个关系上。

一、关于人的研究

人性善理论是卢梭关于"人"的研究的实质。卢梭在《论人类不平等的起源和基础》的序言里，开宗明义的第一句话就是："我觉得人类的各种知识中最有用而又最不完备的，就是关于'人'的知识。我敢说，戴尔菲城神庙里唯一碑铭上的那句箴言的意义，比伦理学家们的一切巨著都更为重要、更为深奥。"②在《爱弥儿》的序言里，卢梭又指出："尽管有许多的人著书立说，其目的，据说，完全是为了有益人群，然而在所有一切有益于人类的事业中，首要的一件，即教育人的事业，却被人忽视了。"③看来，卢梭认为人类所面临的社会、政治等种种问题都应聚焦于"人"的问题，人类的一切学术理论从根本上说都是对"人"的研究。相应地，卢梭的所有著作也都蕴含着以人为中心的人本主义精神。

---

① [意]萨尔沃·马斯泰罗内：《欧洲政治思想史——从十五世纪到二十世纪》，黄华光译，166页，北京，社会科学文献出版社，1998。
② [法]卢梭：《论人类不平等的起源和基础》，李常山译，62页，北京，商务印书馆，1994。
③ [法]卢梭：《爱弥儿：论教育》上卷，李平沤译，原序，29页，北京，人民教育出版社，1985。

二、人性善思想

人性本善，是卢梭人学思想中的一个重要方面。人的个体的"性善论"是卢梭政治学说的出发点和归宿。在这一点上，卢梭的理论前提与洛克、孟德斯鸠政治学说的理论前提是截然相反的。后者的分权理论和以权力制约权力的理论的基础是人的"性恶论"。这种性恶论认为人的本性并不是至善至美的，而是存在着丑恶、自私的不完善的方面，并对人的这种不完善性保持着高度的警惕，因为人的道德的天性完全不能普遍抗拒权力的腐蚀，而"权力总是造成腐蚀，绝对的权力造成绝对腐蚀"。"一切有权力的人都容易滥用权力，这是万古不易的一条经验。有权力的人们使用权力一直到遇有界限的地方才休止。"因此单从人的内在本性的道德纯化来改善是不可能的，而应从人的本性的外部即社会的方面给予权力以强有力的制约，即以恶制恶，以权制权。因此，"从事物的性质来说，要防止滥用权力，就必须以权力约束权力"。① 于是三权分立、以权力制约权力的政治制度就得到了技术性安排。

卢梭以人性本善的观点有力地抨击了基督教人性本恶的观点，后者认为人是生而有罪的堕落存在。卢梭尽管认为在现代社会中，人充满了种种道德上的罪恶，也即人是腐败堕落的，但并不把这一切归之于人的天性，而是归之于文明和私有制本身。卢梭的这种观点的基础在于：既然自然的一切都具有神圣的原因，即都是上帝意志与智慧的结果，那么人天生的善良与对自身同类的同情无疑也是上帝意志与智慧的体现。卢梭的"出自上帝之手时一切都是好的，而一到人手里就都变坏了"的论断，表明他一方面认为上帝是善的，另一方面又认为人的一切罪过都是咎由自取。既然人的堕落是人自己造成的，是人自身历史经验的结果，那么人的解放也不应当到来世去寻求，而必须在人自身的历史进程中去寻求治疗。对于卢梭而言，罪恶的承担者不再是个人，而是社会。是社会激起了人的自私自利。只爱自己的欲望，培养了人的贪婪

---

① ［法］孟德斯鸠：《论法的精神》上册，张雁深译，154 页，北京，商务印书馆，1961。

与虚荣。

卢梭指出："在人的心灵中根本没有什么生来就有的邪恶。"①人性之所以善，是因为人有天赋的良心，因此，卢梭又提出了他的"良心"思想。卢梭把良心看成天赋的趋善避恶的道德本能，是优良道德的先天原则。这种思想具有某种反理性主义成分，因为在他看来，若仅仅以理性作为道德的基础，常会使人在自爱和爱人相矛盾的时候徘徊不定；若有了良心的指导，就会很快做了决定。良心的重要内容是"自爱"和"爱他"。"自爱"尤其是人性本善的重要因素。他说，自爱是唯一同人一起产生而终生不离的根本欲念，因此它是原始的、内在的、先于其他一切欲念的欲念。它始终是很好的，始终是符合自然秩序的。对于儿童来说，由于天性善良，因此只要能预防不良影响，由"自爱"就必然会产生"爱他"的感情和习惯。

卢梭的"性善论"和"良心"学说具有明显的反传统，即反封建和反宗教性的精神。卢梭力倡自爱，赞美良心，伸张人性本善，与宗教教义中的原罪说针锋相对。卢梭以天生性善的观念反击封建教育对儿童的压制和迫害。

三、社会恶思想

卢梭的政治学说的理论基础是二维的，即人的个性的"性善论"和社会的"性恶论"。在卢梭看来，人本来是善良的、纯朴的、富有同情心的、乐于帮助别人的，这些都是自然的产物。但是随着科学技术的发展、艺术的进步，人类由自然状态进入了社会状态，人类本性中美德的退化也由此开始。道德异化和退化的社会又造就了一批邪恶的个人。卢梭说："我们的风尚流行着一种邪恶而虚伪的一致性，每个人的精神仿佛都是在同一个模子里铸出来的，礼节不断地在强迫着我们，风气又不断地在命令着我们；我们不断地遵循着这些习俗，而永远不能遵循自己的天性。我们再不敢表现真正的自己；而就

---

① ［法］卢梭：《爱弥儿：论教育》上卷，李平沤译，88页，北京，人民教育出版社，1985。

在这种永恒的束缚之下，人们在组成我们称之为社会的那种群体之中既然都处于同样的环境，也就都在做着同样的事情……因此，我们永远也不会明确知道我们是在和什么人打交道……"①卢梭在《论人类不平等的起源和基础》中又说："随着观念和感情的互相推动，精神和心灵的相互为用，人类便日益文明化……这就是走向不平等的第一步；同时也是走向邪恶的第一步。"②于是，卢梭区分了两种人的不同境况："野蛮人和社会的人所以有这一切差别，其真正的原因就是：野蛮人过着他自己的生活，而社会的人则终日惶惶，只知道生活在他人意见之中。"③所以立法的目的就在于建立一种公正、合理的社会秩序，能够保障人们的自由、平等的权利的社会秩序，能够培养或恢复像自然人那样的美德，使每一个人恢复为像自然人那样的具有美德和优秀品质的真正的人，而现代社会中那些穿着丝绸衣服的人却充满了邪恶。结论是：人变坏是由社会的种种邪恶造成的。

既然是罪恶的社会毒化了儿童天生的善性，那么，教育首先要注意的就是运用各种方法使儿童避开社会的不良习俗、习惯和偏见，废止关于社会道德的强迫灌输。要以恢复儿童天性为宗旨，返回自然，培养出具有自然人优良品质的自由人。

卢梭之所以把人民民主观建立在人性本善论的基础之上，是因为他秉持着一种人是有道德良知的、人是可以变得完美无缺的信念。在卢梭看来，所有现存传统、既成制度以及社会安排都必须推翻重造，而最终目的则是保护人的完整的权利，将人还原为具有高尚道德的人，让每一个人参与国家的政治生活和拥有政治权利。

---

① ［法］卢梭：《论科学与艺术》，何兆武译，9～10页，北京，商务印书馆，1963。
② ［法］卢梭：《论人类不平等的起源和基础》，李常山译，118页，北京，商务印书馆，1994。
③ 同上书，148页。

四、理想社会或国家中的人——培养理想的公民

卢梭认为现实的社会制度产生道德堕落，这是与启蒙运动相背离的。卢梭在一些文章中常提到，需要对青年进行完备的社会训练以适应一个尚未完善的社会的各种条件。全体公民具有正确的教育所培养起来的集体目标，去实现他们的共同意志，就一定会引导城邦的公民达到社会至善的境界。卢梭的这种看起来与《爱弥儿》中显示出来的明显的个人主义相矛盾的观点在1755年的《论政治经济学》里就已经明确提出来了。他把教育同培养理想公民、建设理想国家联系起来：

> 没有自由就不会有爱国思想；没有道德，何来自由；没有公民，就无所谓道德；培养公民，你就有你所需要的一切东西；没有公民，则自国家的统治者以下，除了一些下贱的奴隶之外，你一无所有。培养公民并非一日之功，打算培养公民，就一定要从儿童时代教育起来。①

也就是说公民的义务是从一出生就开始承担的。国家作为青年的监护者要胜过亲生父母，斯巴达式的严格的学校制度常出现在卢梭那热衷于古代历史的学者头脑里。如果儿童在实现了民主的制度中是在平等的条件下培养成长起来的，如果他们完全接受公众意志必然要加给他们每个人身上的各种要求，如果他们生活在不断地对他们讲他们的国家，即他们慈爱的母亲的直观教学的氛围中，那么，卢梭断言，他们自然就会保护她。卢梭在《社会契约论》中详尽阐明表达共同目标的工具的重要性时，对经过训练的公民应具有的勇气和优良的特殊品德曾给予了更周密的考虑。由于卢梭赋予这种共同意志以唤起人们共同的公民信仰的启示力量，因此教育的突出任务就是培养为社

---

① [法]卢梭：《论政治经济学》，王运成译，21页，北京，商务印书馆，1962。

会服务的观念和义务。为了造就具有这样品质的公民，就需要有一套公众的教育法规。卢梭尽管在《社会契约论》中隐约提到了教育机构的性质，但没有加以阐明；在《科西嘉宪法草案》的手稿中也写得并不很清楚，但后来在为波兰拟订政府计划的时候，卢梭辟专章论述教育问题。他强调，"只有优秀的公民才能使国家强盛繁荣"，"波兰如果真能以教育为重，必将获得一个新兴国家的全部活力"①。卢梭毫无保留地建议采用一种国家教育的形式，专门对年轻的公民灌输为公的精神。这是在大敌当前的情况下使波兰走向复兴之路的主要而最有效的方法。

因此在培养目标上，《爱弥儿》中表明就个人来讲要鼓励感情和独立思考的内在力量，而卢梭所设想的国家教育机构却对儿童进行公民教育，看起来是自相矛盾的，但又必须在它们之间寻找某种调和。事实上"爱弥儿"在培养过程中，也不是一种允许依照儿童自己的情况、出于自己的意愿而自由地取得经验的教育制度，孩子无时无刻不受到监视和保护。因此有学者说，孩子的教育进程远非顺乎自然，而似乎像是一连串精心安排好的陷阱一样。

第三节　卢梭的自由、平等主义教育思想

一、卢梭的自由理论

自由与平等被看作法国 18 世纪启蒙运动两面鲜艳的大旗，也是 18 世纪革命时代的"革命的语言"②。孟德斯鸠和伏尔泰关注人的自由权利，而卢梭则更关注人的平等权利。但卢梭的教育思想体现了强烈的自由主义精神，只

---

① 参见伍厚恺：《孤独的散步者：卢梭》，138 页，成都，四川人民出版社，1997。

② ［意］萨尔沃·马斯泰罗内：《欧洲政治思想史——从十五世纪到二十世纪》，黄华光译，177 页，北京，社会科学文献出版社，1998。

不过这种精神是通过自然教育来实现的。卢梭理论的出发点和归宿也是自由。卢梭酷爱自由，他的最大遗憾是："人是生而自由的，但却无往不在枷锁之中。"①他的政治理论的宗旨就在于"探讨在社会秩序之中，从人类的实际情况与法律的可能情况着眼，能不能有某种合法的而又确切的政权规则"②，即可以保障自由又切实可行的政权规则。"自由"在卢梭的理论中有诸多含义，但最本质的含义就是后来伯林(Isaiah Berlin，1909—1997)所称的积极自由，其核心是自主。卢梭在《社会契约论》中声称，自由意味着"一个人一旦达到有理智的年龄，可以自行判断维护自己生存的适当方法时，他就从这时候起成为自己的主人"③。卢梭的这种自由观念与霍布斯(Thomas Hobbes，1588—1679)的消极自由观念形成明显的对比。在霍布斯那里，自由就是不受权力控制，人们在社会中必须做一项最基本的选择：自由或被统治。尽管霍布斯也崇尚自由，但他坚持说，为了安全，理性的人们应该放弃部分自由，过一种有权威的社会生活。卢梭的观点恰恰相反，他不仅否认自由与被统治之间存在内在矛盾，而且断言人们只有在社会与政治生活中才能过一种最完美的自由生活。在卢梭看来，人们可以同时既是自由的，又是被统治的。实现这一目标的神奇方案是采纳一种独特的社会契约。这一契约的实质是"每个结合者及其自身的一切权利全部都转让给整个的集体"。如此，"我们每个人都以其自身及其全部的力量共同置于公意的最高指导之下，并且我们在共同体中接纳每一个成员作为全体之不可分割的一部分"。④ 在这种社会契约中，每个人全部转让了自己的天然自由，普遍意志是全体成员的共同意志。当个人服从普遍意志时，他"只不过是在服从自己本人，并且仍然像以往一样地自由"⑤。正

① ［法］卢梭：《社会契约论》，何兆武译，8 页，北京，商务印书馆，1980。
② 同上书，7 页。
③ 同上书，9 页。
④ 同上书，23、24~25 页。
⑤ 同上书，23 页。

是基于这种社会契约，卢梭创立了他的人民主权理论。看来，卢梭的自由理论在政治上最主要地表现在公民参与政治生活和政治决策的自由。

卢梭认为自由是人的一种天赋权利。"自由不仅在于实现自己的意志，而尤其在于不屈服于别人的意志。自由还在于不使别人的意志屈服于我们的意志。……做了主人的人，就不可能自由。"①也就是说，奴役别人的人是不会有真正的自由的。但是，历史上更多的情况是：以牺牲别人的自由来获得自己的自由，"在这种情况下，人们不以别人的自由为代价便不能保持自己的自由，而且若不是奴隶极端地作奴隶，公民便不能完全自由"②。

与当时自然状态和社会状态的划分方法相联系，卢梭把自由划分为自然的自由、社会的自由和道德的自由。所谓自然的自由就是人类在进入社会状态之前的自然状态中，每个人都是自由和平等的，自由是自然状态中的人区别于动物的主要标志，是人高于动物的本质所在。"在一切动物之中，区别人的主要特点的，与其说是人的悟性，不如说是人的自由主动者的资格。自然支配着一切动物，禽兽总是服从；人虽然也受到同样的支配，却认为自己有服从或反抗的自由。而人特别是因为他能意识到这种自由，因而才显示出他的精神的灵性。"③自然状态的自由不是人类向往的自由，由于人具有自我完善化的能力，便把人从自然状态提升到社会状态，人也随之失去了自然的自由，而被套上枷锁。幸好人是能动的，要夺回自己失去的自由权利，重新获得自由。重新获得的这种自由，已不是天然的自由，而是社会的自由。在社会状态中，人类丧失了自然的自由，却获得一种通过人们之间的联合和协作而产生的自由，即由公意所规定和限制的自由，即社会自由。卢梭说："人类由于社会契约而丧失的，乃是他的天然的自由以及对于他所企图的和所能得

---

① ［法］卢梭：《社会契约论》，何兆武译，23 页注③，北京，商务印书馆，1980。
② 同上书，127 页。
③ ［法］卢梭：《论人类不平等的起源和基础》，李常山译，83 页，北京，商务印书馆，1994。

到的一切东西的那种无限权利；而他所获得的，乃是社会的自由以及对于他所享有的一切东西的所有权。为了权衡得失时不致发生错误，我们必须很好地区别仅仅以个人的力量为其界限的自然的自由，与被公意所约束着的社会的自由。"①获得社会自由以后，人的能力可以得到锻炼和发展，人类的感情高尚，思想开阔，协作和联合已经成为人的本质需要，人不再是一种愚昧无知的动物，而是一种有智慧的动物，一个能够运用思维能力的人。与其他启蒙思想家不同的是，卢梭还认为，真正使人类成为自己的主人，不是自然的自由，也不是社会的自由，而是一种高于自然自由和社会自由的道德自由。他说："我们还应该在状态的收益栏内再加上道德的自由，唯有道德的自由才使人类真正成为自己的主人；因为仅只有嗜欲的冲动便是奴隶状态，而唯有服从人们自己为自己所规定的法律，才是自由。"②道德的自由是最高层次的自由，出自人的内心，是确定人类理智能力和伦理思想达到高度发展程度的条件，没有这种自由就减低了人作为人的资格。在自然状态中的人是没有道德自由的，"我们可以说野蛮人并不是邪恶的，正因他们不知道什么是善；因为防止他们作恶的既不是知识的发达，也不是法律的限制，而只是感情的平静与对罪恶的无知"③。卢梭认为这三种自由是不同的，自然的自由受个人力量的限制；社会的自由受公意的限制；而道德的自由却没有类似的限制，人的行动是自主的，是理性与道德意识相结合的产物。卢梭指出："我从来就认为人的自由并不在于可以做他想做的事，而在于可以不做他不想做的事；这就是我一向要求也时常保有的那种自由。"④

在卢梭那里，在自然状态下和在社会生活状态下的自由是不一样的。也就是说，在自然状态下，人是自由的；而在社会生活中，人如何获得自由呢？

---

① [法]卢梭：《社会契约论》，何兆武译，30页，北京，商务印书馆，1980。
② 同上书，30页。
③ 同上书，30页注②。
④ [法]卢梭：《漫步遐想录》，徐继曾译，84页，北京，人民文学出版社，1986。

卢梭认为，人们之间应有约定，建立一个政治的和道德的共同体，即国家，由它保卫大家的自由与平等。他指出，在社会状态下，自由的存在是离不开在法律面前人人平等的原则的，否则，"不管一个国家的政体如何，如果在它管辖范围内有一个人可以不遵守法律，所有其他的人就必然受这个人的任意支配"①。

二、卢梭的自由教育思想

卢梭的自由理论反映在教育思想中，首先是他对作为"人"的儿童的认识。在他看来，人的本质是自由的，自由"是人的一切能力中最崇高的能力"②，因此人是自由主动者。主动自由既然是人类的天性，因此也是儿童的天性。他认为自由是人的最重要的权利，"放弃自己的自由，就是放弃自己做人的资格"③。他特别指出："在所有一切的财富中最为可贵的不是权威而是自由。"④但卢梭又指出，人虽然生而有主动自由的天性，并有着运用其自由的权利，但由于社会的恶浊，人的自由天性从童年起就普遍地遭到践踏，这是人类进入"文明社会"之后，人们违反自然、滥用自由，造成了种种罪恶的结果。因而人们为恢复自由的天性，重新取得自由行动的权利，就必须从童年时代起及早保护儿童的天性，给儿童以自然的教育。既然主动自由是人天生的本质，且人性本善，那么教育的原则、方法等就必须遵从善良的自然要求，顺从儿童的自由本性，否则就无异于把儿童看作野兽。

日本的小原国芳认为："在文艺复兴以后，第一个，或者说在世界教育史

---

① [法]卢梭：《论人类不平等的起源和基础》，李常山译，52 页，北京，商务印书馆，1994。
② 同上书，135~136 页。
③ [法]卢梭：《社会契约论》，何兆武译，16 页，北京，商务印书馆，1980。
④ [法]卢梭：《爱弥儿：论教育》上卷，李平沤译，74 页，北京，人民教育出版社，1985。

上不能不首先举出的自由教育论者就是革命家卢梭。"①卢梭的自由观属于自然主义范畴。在小原国芳看来，卢梭把儿童生而具备的自然性和无限制地自由发展作为教育目的。卢梭所说的自然就是自由。他认为超越当时腐败的社会及传统的毫无价值的规范，臻于自由，是人的理想。

透过卢梭的著作，我们可以看到，卢梭再三阐明了他对儿童的固有的善的信仰，贬低正规教育在塑造儿童的社会性建构的行为准则中所起的作用。他的"消极教育"就是使儿童的自然发展避免社会的腐蚀。卢梭曾说过："自由是最大的善。那就是我的基本准则。把它应用于儿童和童年，而且所有的教育原则皆来自于它。"自由有许多意义，但在这里，自由就是教育学方法。如果儿童的自然发展是消极教育的目标，那么儿童的"自由"就是获得那种目标的手段。

三、卢梭的平等思想

自由与平等是天然地联系在一起的。如果允许社会生活中的一些人居于另一些人之上，享有特权，可以干涉和支配别人，人间便无自由可言。没有平等，"自由便不能存在"②。卢梭关于人类平等的学说在人类思想史上享有重要地位，问题在于卢梭的平等是指什么样的平等，是政治平等、经济平等、财富平等，还是文化平等？实际上，他对平等问题的认识是从考察社会历史进程来进行的，他辩证地论证了人类由平等到不平等再到平等的历史过程。他更多的是论证不平等问题。卢梭在论证平等理论时，也仍然从自然状态入手。

卢梭提出了双重不平等观，即自然状态下的生理不平等和社会状态下的

---

① 《小原国芳教育论著选》上卷，由其民、刘剑乔、吴光威译，360页，北京，人民教育出版社，1993。

② ［法］卢梭：《社会契约论》，何兆武译，69页，北京，商务印书馆，1980。

政治或精神不平等。"我认为在人类中有两种不平等：一种，我把它叫作自然的或生理上的不平等，因为它是基于自然，由年龄、健康、体力以及智慧或心灵的性质的不同而产生的；另一种可以称为精神上的或政治上的不平等，因为它是起因于一种协议，由于人们的同意而设定的，或者至少是它的存在为大家所认可的。"①在卢梭看来，自然生理的不平等远远小于社会状态中人为的不平等，前者不是后者的原因，相反，后者加深了前者。因此，他说："假如我们把流行于文明社会各种不同等级之中的教育和生活方式上的不可思议的多样性，来和吃同样食物，过同样的生活，行动完全一样的动物和野蛮人的生活的单纯一致比较一下，便会了解人与人之间在自然状态中的差别，应当是如何小于在社会状态中的差别；同时也会了解，自然的不平等在人类中是如何由于人为的不平等而加深了。"②在卢梭看来，不平等在自然状态下人们是几乎感觉不到的，它的影响也几乎等于零。在自然状态中，每个人都是平等的。

而私有的观念和私有制才是人类不平等的真正的唯一根源，"谁第一个把一块土地圈起来并想到说：这是我的，而且找到一些头脑简单的人居然相信了他的话，谁就是文明社会的真正奠基者"③。在卢梭看来，私有制的产生是社会生产发展的必然产物，冶金术和农业的发展是私有制产生的直接动因，是人们从愚昧状态进入文明状态的有力推动者。因此文明社会是不平等的、奴役的，自然状态是善良、淳朴、平等的。重要的是，卢梭提出了文明社会的不平等还经过了三个阶段。第一阶段是贫富的分化和对立，法律及私有财产的设定。第二阶段是官职的设置，政治不平等的加深。第三阶段是合法的权力变成专制的权力，不平等已发展到顶点。

---

① [法]卢梭：《论人类不平等的起源和基础》，李常山译，70 页，北京，商务印书馆，1994。
② 同上书，107 页。
③ 同上书，111 页。

　　首先，卢梭从他的自然状态理论入手来论证人类早期的平等。在卢梭看来，人类在自然状态下是平等的。

　　其次，卢梭提出了不平等的三阶段理论。他指出，人类的不平等是向前发展的，文明每前进一步，不平等也就前进一步。不平等的发展经历了三个阶段，第一阶段是财富的不平等；第二阶段是政治不平等；第三阶段是暴君统治下的不平等。在财富不平等阶段，社会分裂成富人和穷人。在政治不平等阶段，统治者利用国家和法律来维护自己的特权和利益，并且剥夺了人们平等自由的自然权利。于是，不平等便由财富方面转向政治，社会上的大多数人便陷入了政治上被奴役、被压迫的状态。第三阶段的不平等是社会不平等发展的顶点。卢梭深刻地指出，不平等发展到这个阶段，便和人类平等的出发点相遇，在暴君的统治下，一切人又都变为平等的。因为在暴君面前，大家都等于零，除了暴君的意志外，再也没有别的法律。君主除了他自己的欲望，再也没有别的规则。这时，善的观念、正义的原则又重新消失了，因而也就回到了一个新的自然状态。

　　于是，卢梭提出了平等到不平等再到平等的辩证循环论。社会不平等到达顶点的时候，人民必然要起来以暴力推翻暴君的统治。"暴力支持他，暴力也推翻他。一切事物都是这样按照自然的顺序进行着。"[1]这样，不平等又重新转变为平等，但不是转变为原始人的自然平等，而是转变为更高级的契约平等，压迫者被压迫。恩格斯称赞卢梭说："因此，我们在卢梭那里不仅已经可以看到那种和马克思《资本论》中所遵循的完全相同的思想进程，而且还在他的详细叙述中可以看到马克思所使用的整整一系列辩证的说法：按本性说是对抗的、包含着矛盾的过程，每个极端向它的反面的转化，最后，作为整个过程的核心的否定的否定。"[2]

　　————————

① ［法］卢梭：《论人类不平等的起源和基础》，李常山译，146页，北京，商务印书馆，1994。
② 《马克思恩格斯全集》第20卷，153页，北京，人民出版社，1973。

四、卢梭的平等主义教育思想

研究卢梭的平等主义教育思想，首先要注意卢梭的民粹主义思想与教育思想之间的关系。民粹主义的开创者是卢梭。英语的民粹主义是 populism，有时译为"人民主义"或"平民主义"。法国人说，谁也没有像卢梭那样，给穷人辩护得那样出色。卢梭在《爱弥儿》中提到，应当使他(指爱弥儿)具备的头一个观念，不是自由的观念，而是财产的观念；为了使他获得这一观念，就必须让他有几样私有的东西(那么第一个私有的观念是怎样产生的呢)，是从拥有一块土地，是从田间农业劳动开始的。在卢梭看来，乡镇里的小农是道德职业，天下第一职业。他说，农业是人类所从事的历史最悠久的职业，它最诚实、最有益于人，因而也是人类所能从事的最高尚的职业。在所有的技术中，第一个最值得尊敬的是农业。他把炼铁放在第二位，木工放在第三位。卢梭还认为，乡土礼俗是都市文明的解毒剂，底层草根民众是未受文明腐蚀的美德承载者。卢梭在《论科学与艺术》中说，只有从劳动者那里才能发现力量和善良。在《论人类不平等的起源和基础》中说，理性使人敛翼自保，哲学使人与世隔绝；把撕打着的人劝开，阻止上流人互相伤害的正是群氓，正是市井妇女；人民才是真正道德上的裁判者。他在《爱弥儿》中谈道，至于"我"，"我"可没有培养什么绅士的荣幸，所以"我"在这方面决不学洛克的样子；还是让我们回到我们的茅屋去住吧，住在茅屋里比住在这里的皇宫还舒服得多！① 他还说，"我"绝不愿意他(指爱弥儿)做洛克所说的那种文文雅雅的人；"我"也不愿意他去当音乐家或喜剧演员或著作家；"我"宁可喜欢他做鞋匠而不做诗人。②

其次要注意卢梭的教育平等观。教育的平等观念，主要指人们受教育的

① ［法］卢梭：《爱弥儿：论教育》下卷，李平沤译，505、558 页，北京，人民教育出版社，1985。

② ［法］卢梭：《爱弥儿：论教育》上卷，李平沤译，253 页，北京，人民教育出版社，1985。

权利的平等。近代思想家们在解决这个问题的过程中表现出不同的立场。卢梭作为激进的民主主义者，在政治上追求人人自由、平等的目标，他代表了法国的第三等级。但令人迷惑不解的是，他在《爱弥儿》中选择一位富有的孤儿，提出了穷人是不需要受教育的思想。从表面上看，这确实有悖于他的平等原则，与他的政治主张相矛盾。其实不然。其一，培养"爱弥儿"的环境是家庭。我们在阅读《爱弥儿》时可以得到一个很深刻的印象是，卢梭论述教育的起点，无论是破坏性的，还是建设性的，涉及的都是"家庭"。从形式上看，家庭教育的成员主要是母亲、父亲、保姆，实质上他们都是封建制度的社会代表，是他们压抑了儿童的自然禀赋，所以卢梭在揭露家庭教育的陋弊时，当然要分析自然的教育之重要性。其二，卢梭选择富人儿童作为他的培养对象，诚如他自称的"这毕竟是抢救了一个为偏见所牺牲的人"①。他说，这样做，至少可以多培养一个人。穷人之所以不需要受什么教育，是因为穷人的环境教育是强迫的，他不可能受其他的教育，他是自己能够成长为人的。相反，富人从他的环境中所受的教育对他最不适合，对他本人和对社会都是不相宜的。卢梭的这种见解，实际上和他的教育观是一致的。他说："我们的才能和器官的内在的发展，是自然的教育；别人教我们如何利用这种发展，是人的教育；我们对影响我们的事物获得良好的经验，是事物的教育。"②"自然的教育可以使一个人适合所有一切人的环境。"③只有在自然的教育、人的教育、事物的教育一致时，儿童才能受到良好的教育。所以，在卢梭的眼里，以往富人的教育，无论从三重教育的哪一方面来看，都不是培养真正的人，更何况这三者处在严重的相互冲突之中。这就是卢梭选择富人的孩子作为教育对象的缘由所在。克鲁普斯卡雅（Надежда Константиновна Крупуская，

---

① ［法］卢梭：《爱弥儿：论教育》上卷，李平沤译，28页，北京，人民教育出版社，1985。

② 同上书，3页。

③ 同上书，27页。

1758—1794。多译为克鲁普斯卡娅）评论说："卢梭当然不想说穷人的子弟无权受教育，他从富裕阶层选择自己的教育对象，把这个对象放在这样一个条件下，即：如何最有效地教育一个人。"①由此可见，卢梭在《爱弥儿》中选择富人子弟为教育对象，并不能抹杀卢梭教育思想中的平等原则。因为卢梭在《关于波兰政府的筹议》中明确地表态："我不喜把两种贫富不同而并有身份的人划开两种学校按两种课程来进行教育。既然照本国宪法他们是平等的，他们就应该一起受教育，而且是同样的；即使不可能建立一种完全免费的公家教育，不管是那一处，所收的费应该是放低到使最贫苦的也能付与。"②卢梭认为每所高等学校都要设立一些由国家贴补的免费额，赠予那些贫苦但曾有功于国家的士绅们的子弟。卢梭这样做的目的是在学生中树立为国家奉献生命的榜样，使他们成为"国家儿童"，并且给予一种荣誉以标志其非同寻常。这些儿童比其他同龄儿童享受优先权利。当然在选拔提名时，不能武断，而应进行判别。这里，卢梭选拔的标准依然是民族主义的。

第四节　卢梭的儿童自然发展及教育思想

"自然"观念在 18 世纪法国的资产阶级思想家中，是一种主流思想。霍尔巴赫在他那部曾经使整个西欧受到震动的《自然的体系》中说："人是自然的产物，存在于自然之中，服从自然的法则，不能超越自然，就是在思维中也不能走出自然；人的精神想冲到有形的世界范围之外乃是徒然的空想，它是永远被迫要回到这个世界里来的。"③18 世纪的社会普遍地弥漫着自然学说。这

---

① 《克鲁普斯卡雅教育文选》上卷，卫道治译，185~186 页，北京，人民教育出版社，1987。
② 张焕庭主编：《西方资产阶级教育论著选》，139 页，北京，人民教育出版社，1979。
③ ［法］霍尔巴赫：《自然的体系》上卷，管士滨译，10 页，北京，商务印书馆，1964。

种学说的构成十分复杂，它的表现形式多种多样，如：①针对天主教的启示宗教提出了自然神论；②针对宗教道德提出了自然道德学说；③针对腐化了的文明社会或社会状态提出了自然状态学说，并由此提出了与文明人相对的自然人的概念；④在政治理论上产生了影响更大的与君权神授相对的自然权利和自然法思想；⑤针对平等问题提出了"社会的自由"和"自然的自由"二元认知；⑥法国的重农学派提出"自然秩序"理论。① 这些形式多样的自然理论实际上构成了"自然"概念的多重意义，它为自然主义教育理论提供了思想基础，尤其是自然状态学说直接为自然人概念的提出以及卢梭构建自然主义教育思想奠定了观念基础。有学者评论说："卢梭的教育思想中有价值的部分在于他认识到儿童就是儿童，而不是微缩的成人，这是教育史上最伟大的发现之一。他坚持认为，儿童是分阶段发展的，因此教育方法的合理性也是不同的。这是何等重要！"②看来，卢梭的儿童自然发展及其教育思想应当从以下几个方面来理解：哥白尼式的革命——发现自然发展的"儿童"；自然权利——儿童的自然发展权利；自然状态——儿童的自然发展状态；自然科学（神论）——儿童的自然发展途径。

---

① 重农学派的法文是 physiocrate，系由希腊文"自然"和"统治"两字合成演化而来，意指自然的统治，引申出人类社会必须服从自然法则以谋求最高福利的含义。重农主义体系的核心就是它的"自然秩序"的概念。在重农学派看来，自然秩序是指人类社会要受诸如支配物质世界或是对动物或一切有机生命主宰的各种自然规律的支配。它揭示的是人类社会的规律，它系不受人的意志支配而支配万事万物发展的内在规律。重农学派的重要代表人物魁奈认为，和物质世界一样，人类社会存在着不以人们的意志为转移的客观规律，这就是"自然秩序"，它受自然的最高法则的支配。如果人们认识到"自然秩序"，并按其准则来制定"人为秩序"，这个社会就处于健康状态。反之，如果"人为秩序"违背了"自然秩序"，社会就会处于疾病状态。用他的话说，"自然秩序"是所有人为的立法，一切关于市民的、政治的、经济的以及社会行为的最高规章。强调"自然秩序"在人类社会中的支配作用，成为他的自然秩序思想的一个主要标志。这种自然规律是客观的、最优的、普遍和永恒的。有学者认为，经济自由主义是"自然秩序"思想的自然延伸，既然包括人类社会的整个世界都是由"自然秩序"支配的，那么最重要的是让"自然秩序"不受干扰地起作用，就自然可以达到完美的治理效果。

② Anne Edwards, *Educational Theory as Political Theory*, Burlington, Ashgate Publishing Company, 1996, p.66.

一、儿童自然发展及教育思想的前提

何谓卢梭理解的"自然"？卢梭是通过隐喻来理解的。他说："自由生长的植物，虽然保持着人们强制它倾斜生长的方向，但是它们的液汁并不因此就改变原来的方向，而且，如果这种植物继续发育的话，它又会直立地生长的。"言下之意，就是自然的本性不能以外在力量来强迫，这是它的"习性"使然。人也一样有"习性"，"必须把自然这个名词只限用于适合天性的习惯"。①看来，在卢梭的理解中，"自然"就等于"适合天性的习惯"。这与卢梭的儿童自然发展及教育思想的重要前提，即他的三重教育说一致。首先来看三重教育说的内容。在卢梭看来，三重教育是指自然、人和事物的教育。"我们的才能和器官的内在的发展，是自然的教育；别人教我们如何利用这种发展，是人的教育；我们对影响我们的事物获得良好的经验，是事物的教育。"②杜威把卢梭的三重教育说理解为教育发展的三个因素："第一是我们身体器官的结构和这些器官的功能性活动；第二是在他人的影响之下，利用这些器官的活动；第三是身体器官和环境的直接的相互作用。"③这就包括了内在自然和外在自然的相对关系。其次，三重教育的冲突与和谐。卢梭认为，每个人都是这三重教育培养起来的。三重教育相互冲突，教育的效果是不好的；如果三种教育是一致的，那么教育就是良好的，教育目标就会达到。杜威认为这是卢梭的两项建议，也就是说，只有当教育的三个因素相互一致时，个人才有适当的发展；个人身体器官的天赋的活动是原来固有的。再次，三重教育的可控性。卢梭认为，自然的教育完全是不能由人决定的，事物的教育只是有些方面才能由人决定，而只有人的教育才是能够真正地由人可加以控制的。因为在杜威看来，自然的教育是天生的器官和能力的独立的、"自发的"发展；

---

① [法]卢梭：《爱弥儿：论教育》上卷，李平沤译，4页，北京，人民教育出版社，1985。
② 同上书，3页。
③ [美]约翰·杜威：《民主主义与教育》，王承绪译，120页，北京，人民教育出版社，1990。

事物的教育是从社会接触得来的教育，必须从属于这种独立的发展。杜威在分析卢梭的自然教育时指出了其正确性与错误性。杜威说："卢梭给教育引进一种很需要的改革，主张我们的器官的结构和活动，提供一切教人利用器官的条件，这一点是正确的；但是，如果说器官的结构和活动不仅提供它们发展的条件，而且提供它们发展的目的，那是非常错误的。"最后，自然教育的性善论特征。杜威认为，卢梭热情主张一切自然倾向都具有内在的善，这是对当时流行的天赋人性恶观念的反叛。这种反叛所具有的意义在于：人类改变了对儿童的利益的态度。当然，杜威就人类的天性的善恶论持中间道路，因为在他看来，"人类原始冲动本身既不是善的，也不是恶的"。①

本书认为，卢梭的三重教育说实际上是他的儿童自然发展及教育思想的前提，它涵盖了卢梭的儿童自然发展及教育思想的内容。他说："我们每一个人都是由三种教师培养起来的。"②他首先提出了自然人的概念，这也是卢梭发现儿童的独特的视角；其次标明了儿童自然发展的内在规定和外在规定，也就是卢梭所指的儿童的自然发展的权利；最后指明了儿童自然发展的状态和途径，也就是卢梭的儿童自然发展的教育内容。

二、卢梭的儿童自然发展的自然人概念和对文明社会的诘难

卢梭下面的这段话很有意义。他说："虽然是我想把他培养成一个自然的人，但不能因此就一定要使他成为一个野蛮人，一定要把他赶到森林中去。我的目的是：只要他处在社会生活的漩流中，不至于被种种欲念或人的偏见拖进漩涡里去就行了；只要他能够用自己的眼睛去看，用他自己的心去想，而且，除了他自己的理智以外，不为任何其他的权威所控制就行了。"③这里，

① [美]约翰·杜威：《民主主义与教育》，王承绪译，121页，北京，人民教育出版社，1990。
② [法]卢梭：《爱弥儿：论教育》上卷，李平沤译，3页，北京，人民教育出版社，1985。
③ 同上书，344页。

卢梭提出这样几个问题：①培养目标——自然人；②培养空间——社会生活空间；③培养方式——独立自主；④培养途径——眼睛、心灵和理智。反过来说，卢梭反对培养森林中的野蛮人，反对受欲望和偏见禁锢的培养方式，反对权威的培养途径。看来，自然人并不是野蛮人，自然人的培养空间是没有偏见和欲望侵扰的社会生活空间，社会是自然人赖以生存的基础。但欲望和偏见存在的社会实际上是卢梭所指的"文明社会"，卢梭抨击了这种社会。

(一)卢梭的野蛮人和自然人概念

卢梭提出了自然状态下的非恶非善观点。他认为在自然状态下人并没有社会的属性，不具备过社会生活的本能。在自然状态中的人类彼此间没有任何道德上的关系，也没有人所公认的义务。人既不可能是善的，也不可能是恶的，无所谓邪恶，也无所谓美德。这可以从他的野蛮人和自然人概念中看出来。

1. 卢梭的野蛮人概念

卢梭的自然人学说是他的理论体系的核心之一，对自然状态和自然人的研究是他的社会哲学的出发点，而其终点则是民主主义的政治理论。

野蛮人在本能中即具有生活于自然状态中所需要的一切。他只是在逐渐发展起来的理性中，才具有生活于社会中所需要的东西。野蛮人不会有多少欲望，只过着无求于人的孤独生活，所以他仅有适合于这种状态的感情和知识。他所感觉到的只限于自己的真正需要，所注意的只限于他认为迫切需要注意的东西，而且他的智慧并不比他的幻想有更多的发展。即使他偶尔有所发明，也不能把这种发明传授给别人，因为他连自己的子女都不认识。在这种状态中，既无所谓教育，也无所谓进步，一代一代毫无进益地繁衍下去，每一代都从同样的起点开始。"野蛮人由于缺乏各种智慧，只能具有因自然冲动而产生的情感。他的欲望决不会超出他的生理上的需要。在宇宙中他所认识的唯一需要就是食物、异性和休息；他所畏惧的唯一灾难就是疼痛和饥饿。""每个野蛮人只是静候着自然的冲动，当他服从这种冲动的时候，对于对象并无选择，他的心情与其说是狂热的，不如说是愉快的；需要一经满足，欲望便完全消失了。""野蛮人之所以不是恶的，正因为他们不知道什么是善。因为阻止他们作恶的，不是智慧的发展，也不是法律的约束，而是情感的平静和对邪恶的无知。"卢梭认为："野蛮人和社会的人之所以有这一切差别，其真正的原因就是：野蛮人过着他自己的生活，而社会的人则终日惶惶，只知道生活在他人的意见之中。"①他认为，文明人毫无怨声地戴着枷锁，野蛮人则绝不肯向枷锁低头，而且，野蛮人宁愿在风暴中享受自由，也不愿在安宁中受奴役。自然状态中的人类，既无美德，又无邪恶；既不知道善的观念，也无恶的观念。总之，在卢梭看来，野蛮人是孤独的、幸福的、不邪恶的。

2. 卢梭的自然人概念

卢梭说过，要对一个人作出判断，首先必须了解自然的人。在卢梭看来，自然人已是一切动物中构造得最为完善的动物。自然人生活在一种完全孤立的、没有任何社会联系的自然状态下，靠大自然赐予他们的自然物来生活。自然人没有农业、工业，没有语言，没有住所，没有战争，彼此也没有任何联系。他对同类既无所需求，也无加害意图，甚至也许从来不能辨认他同类中的任何人。自然人除了因年龄、体力和健康的不同所造成的自然的不平等即生理上的不平等以外，没有任何财产上的或政治上的不平等，无"你的""我的"概念，没有服从与被服从、奴役与被奴役的不合理现象，更没有天生的奴隶和天生的主人。自然人之间没有任何种类的交往，所以他们不知道什么叫作虚荣、尊崇、重视和轻蔑。自然人在自然状态下都是自由的、独立的和平等的，他们的全部欲望都建立在生存需要的基础上。卢梭对自然状态和自然人的描绘与赞颂，目的在于证明人类天生是自由和平等的，并以文明社会与

① ［法］卢梭：《论人类不平等的起源和基础》，李常山译，85、105、99、148页，北京，商务印书馆，1994。

自然状态的对立来揭露现存社会的不平等、奴役和罪恶。

总之，自然人是自然界塑造的最完美形式的人。

(二)卢梭对文明社会的诘难

卢梭一方面陶醉在浪漫自然当中，自然界"虽然天还很冷，甚至还有些残雪，大地却已经开始萌动了；紫罗兰和迎春花已经开了，树木的苞芽也开始微绽。我到的当天晚上，差不多就在我的窗前，在毗连住宅的一片林子里就听到了夜莺的歌唱。我朦胧地睡了一阵之后醒来……忽然一阵莺声叩动了我的心弦，我在狂喜中叫道：'我全部的心愿终于实现了！'我首先关心的就是我对周围的那些乡村景物的印象如何。……我越观察这个媚人的幽境，就越觉得它是为我而设的。这地方僻静而不荒野，使我恍如遁迹天涯。它具有那种都市附近难以找到的美丽景色……"①

另一方面，他扛起了诘难和抨击文明社会的大旗，这体现了他对文明的批判精神。在本书看来，卢梭的整个教育思想的坚实基础在于他对文明的批判。卢梭的结论是：文明引起道德败落，人类远古时曾是黄金时代。由此他展开了对启蒙运动中提出的"进步"和"理性"的批判。

首先，卢梭反对"进步"的观念，提出异化思想。卢梭认为："我们的风尚流行着一种邪恶而虚伪的共同性，每个人的精神仿佛都是在同一个模子里铸出来的……我们不断地遵循着这些习俗，而永远不能遵循自己的天性。我们不敢再表现真正的自己；而且在这种永恒的束缚之下，人们在组成了我们称之为社会的那种群体之中既然都处于同样的环境，也就都在做着同样的事情，除非是其他更强烈的动机把他们拉开。因此，我们永远也不会明确知道我们是在和什么人打交道。"②随着人类日益文明化，"每个人都开始注意别人，也愿意别人注意自己。于是公众的重视具有了一种价值。……这就是走向不平

---

① ［法］卢梭：《忏悔录》第二部，范希衡译，498～499 页，北京，人民文学出版社，1982。
② ［法］卢梭：《论科学与艺术》，何兆武译，9～10 页，北京，商务印书馆，1963。

等的第一步；同时也是指向邪恶的第一步"①。

卢梭在1749年发表的《论科学与艺术》一文中说："有一个古老的传说从埃及流传到希腊，说是创造科学的神是一个与人类安谧为敌的神。……天文学诞生于迷信；辩论术诞生于野心、仇恨、谄媚和撒谎；几何学诞生于贪婪；物理学诞生于虚荣的好奇心；这一切，甚至于道德本身，都诞生于人类的骄傲。因此，科学与艺术都是从我们的罪恶诞生的……"②卢梭在1755年继续探索这个"罪恶"的发展时说："我到树林深处去探索……把'人所形成的人'和自然人加以比较，从所谓'人的完善化'中，指出人类苦难的真正根源。"③卢梭在1757年撰写《爱弥儿》时，开篇就言："出自造物主之手的东西，都是好的，而一到了人的手里，就全变坏了。"④在杜威看来，卢梭所指的造物主是上帝，"上帝创造人类天赋的器官和能力，人利用这些器官和能力"。"天赋的能力完全是善的，直接来自聪明善良的造物主。"⑤于是，卢梭把上帝和自然等同起来了。卢梭在1759年撰写《社会契约论》时，发出了惊世骇俗之语："人人是生而自由的，但却无往不在枷锁之中。自以为是其他一切的主人的人，反而比其他一切更是奴隶。"⑥在伏尔泰和狄德罗等启蒙哲学家看来，他们可以容忍卢梭攻击社会的不平等，甚至攻击不平等起源于私有制，但不能容忍卢梭将不平等与文化的"进步"相连，因为"进步"是启蒙运动的旗帜。

其次是卢梭的反"理性"的精神。卢梭一方面举起了反"进步"的大旗；另一方面指控启蒙运动所推崇的思想基石，即"理性"。卢梭从三个方面来指控"理性"。第一，自然状态下或离自然状态不远的感性冲动在文明社会中被理

---

① [法]卢梭：《论人类不平等的起源和基础》，李常山译，118页，北京，商务印书馆，1994。
② [法]卢梭：《论科学与艺术》，何兆武译，20~21页，北京，商务印书馆，1963。
③ [法]卢梭：《论人类不平等的起源和基础》，李常山译，29页，北京，商务印书馆，1994。
④ [法]卢梭：《爱弥儿：论教育》上卷，李平沤译，1页，北京，人民教育出版社，1985。
⑤ [美]约翰·杜威：《民主主义与教育》，王承绪译，121页，北京，人民教育出版社，1990。
⑥ [法]卢梭：《社会契约论》，何兆武译，8页，北京，商务印书馆，1980。

性化形成的工具——理性所阉割；第二，自然状态中或离自然状态不远的感性冲动所表现的道德生命被理性化所造成的功利主义道德所淹没；第三，自然状态的天赋差别是无社会性后果的，可是理性化的教育却使天赋差别扩大了或缩小了，使之产生一种恶性的社会不平等后果。启蒙理性强调教育和知识，而卢梭指出："教育不仅能在受过教育的人和没有受过教育的人之间造成差别，而且还随着所受教育程度的不同而增大存在于前者之间的差别。因为一个巨人和一个矮子，在同一道路上行走，二人每走一步，彼此之间的距离必更为增大。"[①]

在卢梭眼里，与自然人相反的文明人，即城市贵族则表现了高傲、自私、虚伪、残忍、卑鄙的恶德。"是否在文明人中间，美德多于邪恶？或者他们的美德给他们的好处是否比他们的邪恶给他们的损害还多？或者当他们逐渐学会了彼此间所应为之善的时候，他们的知识的进步是否就足以补偿他们彼此间所作的恶？或者，总的说来，他们既不畏惧任何人对他为恶也不希求任何人对他为善，较之他们隶属于普遍依附地位，负有接受一切的义务，而另一方面对于他们则不负有给予任何东西的义务，更为幸福呢？"[②]文明曾经对各种美德起着消极的而不是积极的影响，它曾败坏而不是纯洁人的道德。文明已使天真无知的祖先们的那种朴实的蒙昧粗野状态消失，而代之以虚伪的温文尔雅，表面上也许令人愉快，但实际上掩盖了许多的丑恶，如伪善、背信弃义、冷酷、猜忌、恐惧、仇恨等，不一而足。总之，文明带来腐化堕落和道德败坏。

卢梭感叹自然人是幸福的，文明人是不幸的，提出回到自然中去的口号，要求恢复"自然道德""自然教育""自然宗教""自然法则""自然权利"以及儿童的"自然发展"等，实际是对法国封建专制制度和腐朽没落的"文明"的揭露

---

① [法]卢梭：《论人类不平等的起源和基础》，李常山译，107 页，北京，商务印书馆，1994。
② 同上书，97 页。

和批判,是对自然状态下人们生活自由、平等的憧憬,是为建立一个"理性王国"——资产阶级共和国提供理论和历史依据。

三、儿童自然发展的内在自然规定和外在自然规定

卢梭的儿童自然发展理论实际包含内外两方面的自然规定,一是儿童自然发展的内在自然规定,二是儿童自然发展的外在自然规定。

(一)儿童自然发展的内在自然规定

儿童自然发展的内在自然规定包括儿童发展的自然法则和儿童发展的自然权利。所谓儿童发展的自然法则或自然秩序,就是儿童的自然发展和教育与自然界发展和谐一致。自然界存在着普遍的法则,儿童是自然界的一部分,因此必须顺从其法则,教育也必须遵循自然法则。人在自然界都是相等的,这是自然界和人类发展的自然法则。儿童是自然发展的。教育应是"自然"的教育。儿童发展是一个自然进程,教育要按自然进程中的年龄特征和心理状况进行。儿童的自然发展比其他事物的发展更为重要。卢梭说,"我所说的我们内在的自然"就是"原始的倾向"①。

卢梭通过人与自然的联系,强调人的自然进程的重要性,教育应当遵循正在成长中的儿童发展的自然进程,注重儿童的自然年龄特征;在教育中强调体现个人的权利和自尊,反对封建教育专断性和强制性;强调儿童与成人的区别和儿童的特点,反对教育中的成人化做法和教育中无视儿童特点的现象;教育要适应儿童的心理,改造和发展儿童的道德。

儿童的自然权利就是指儿童的自然发展的权利,而这种自然权利应当说与启蒙思想家们所理解的自然权利具有一定的相关性。在启蒙思想家看来,自然法是神圣不可变异的,自然权利自然也是神圣的。那么什么是自然权利呢?格劳修斯(Hugo Grotius,1583—1645,又译格老秀斯)对自然权利(自然

---

① [法]卢梭:《爱弥儿:论教育》上卷,李平沤译,5页,北京,人民教育出版社,1985。

法）的理解是："自然权利是正当理性的命令，它根据行为是否和合理的自然相谐合，而断定其为道德上的卑鄙，或道德上的必要，并从而指示该一行为是否为创造自然的神所禁止或所命令。"①格劳修斯在自然法问题上的划时代的贡献是大胆地把自然法从中世纪的神学束缚中解放出来，认为自然法是固定不变的，甚至神本身也不能改变。他强调的是理性的自然法，道德的自然法，凡有理性的人类都会接受自然法的支配。另外，格劳修斯对自然法的一个重要贡献是将财产所有权定为自然法的重要原则。"自然法规定，不得侵犯他人的财产，应归还不属于自己的东西和由此而来的利益；应履行自己的诺言；应赔偿因自己的过错所引起的损害等。"②这种财产权的观念为近代许多资产阶级思想家所遵循，成为资产阶级天赋人权论的主要原则。自然权利具有如下三个特点：一是公道；二是具有道德性质；三是指一种强迫人们去做正当事情的道德行为的规则，人们必须遵守这种规则。洛克认为，自然状态是和平而美好的，充满平等、善意与互助，每个人都按照自己的意愿，采取合适的办法来决定他的财产与人身；一切权利和管辖权都是平等的，人们享有无限的自由，但人们不能用这种自由去任意侵害别人。自然状态能维护这种秩序，因为存在着自然法。他说："理性，也就是自然法，教导着有意遵从理性的全人类：人们既然都是平等和独立的，任何人就不得侵害他人的生命、健康、自由或财产。"③自然权利的内容实际上也是自然法的内容。洛克把人的自然权利归结为四项内容，即生命、自由、财产和惩罚权。突出个人权利，是其自然法思想的显著特征。

看来，卢梭根据自然权利的理论理解儿童的自然权利，就是儿童的天赋

---

① 周辅成编：《从文艺复兴到十九世纪资产阶级哲学家政治思想家有关人道主义人性论言论选辑》，222~223 页，北京，商务印书馆，1966。

② 法学教材编辑部西方法律思想史编写组编：《西方法律思想史资料选编》，144 页，北京，北京大学出版社，1983。

③ ［英］洛克：《政府论》下篇，瞿菊农、叶启芳译，6 页，北京，商务印务馆，1987。

的自然权利。确切地说，儿童的自然发展权利是天赋的，强调儿童个人权利。凡是出于自然的要求，所有的儿童都是相同的，儿童的自然发展是其基本权利之一，维护这种权利的基本途径就是运用自然法则。卢梭从儿童的天性"自由"的思想来确定儿童的自然发展权利，也就是人生来就是自由的，儿童的最重要的自然发展权利就是自由。在教育中，应排除顺从和命令的词汇，还儿童以个性自由、思想自由和活动自由。

包含儿童发展的自然法则和自然权利的内在自然规定对于理解儿童之所以具有"哥白尼式的革命"，首先是因为卢梭的儿童内在的自然发展观念的提出表明"儿童中心"的思想得到确立。其主要内涵是儿童是教育的主体，儿童的"自动"或"内在力量"是儿童发展的内在动因；儿童的主动和自动的发展提供了儿童中心地位的内在依据；教育应创造让儿童主动发展的条件。儿童的发展是主动发展，而不是被动发展；是积极发展，而不是消极发展；不是通过强制、压制、命令等手段来实现儿童发展，而是通过尊重、理解合理的要求和科学的方法来实现儿童发展。

其次，儿童自然发展的内在规定揭示了教育要以儿童为出发点。卢梭指出："儿童是有他特有的看法、想法和感情的；如果想用我们的看法、想法和感情去代替他们的看法、想法和感情，那简直是最愚蠢的事情。"①这种出发点意味着要尊重儿童的特点。儿童天性是善良的、纯洁的，把儿童放在儿童的位置上，不要把儿童当成小大人对待。"在万物的秩序中，人类有它的地位；在人生的秩序中，童年有它的地位；应当把成人看作成人，把孩子看作孩子。"②这就是儿童的人生秩序。同时更不要让恶劣环境摧残儿童的天性，"要尊重儿童，不要急于对他作出或好或坏的评判。让特异的征象经过一再地显示和确实证明之后，才对它们采取特殊的方法。让大自然先教导很长的时

---

① [法]卢梭:《爱弥儿: 论教育》上卷，李平沤译，84 页，北京，人民教育出版社，1985。
② 同上书，67 页。

期之后，你才去接替它的工作，以免在教法上同它相冲突"①。

儿童的自然发展的内在规定还表现在教育要以儿童为出发点，适合儿童的接受能力。儿童有自己的观察和感觉的方法，有其独特的思维方式和活动特点。卢梭对教师说过，假如教师不知道依照儿童能如何和不能如何的自然律来领导儿童，那么就别当教师。

再次，儿童自然发展的内在自然规定使我们在对儿童进行教育之前，必须对儿童的个别性向加以彻底研究，也就是研究儿童的心理，因为每个儿童的心灵都有其个别的形式。要控制儿童的心灵，必须符合其特有的形式。因此卢梭反对教育者按照自己的主观臆断去推测儿童，甚至把自己的好恶当作儿童的好恶的做法。相反，他要求经常观察儿童，研究儿童。卢梭甚至提出教师儿童化，即教师教导儿童之前，要使自己变成儿童，以一颗童心去关心、热爱儿童。

儿童自然发展的内在自然规定提出了要满足儿童需要的要求。卢梭认为，需要是儿童的本能，"一切身体的需要，不论是在智慧方面或体力方面，都必须对他们进行帮助，弥补他们的不足"②。

最后，儿童的自然发展的内在规定意味着教育要适应儿童发展的年龄特征，也就是说，要遵循儿童的自然发展秩序和儿童的自然发展进程。在卢梭看来，儿童的教育应严格按照儿童发展顺序进行。他说，大自然希望儿童在成人以前就要像儿童的样子，如果打乱了这个次序，将造成一些年纪轻轻的博士和老态龙钟的儿童。卢梭的儿童自然发展秩序或自然进程是以儿童的年龄发展阶段来理解的，他把儿童自然发展进程划分为如下四个阶段。

① ［法］卢梭：《爱弥儿：论教育》上卷，李平沤译，111 页，北京，人民教育出版社，1985。
② 同上书，53 页。

表 7-1 儿童自然发展过程的四个阶段及其特征

自然发展进程	特 征
0~2 岁	儿童完全处于长身体的自然状态,教育任务是体育和保健。应坚持使用大自然赋予儿童的一切力量,让儿童自由活动,自由发展。
2~12 岁	儿童的言行多受感性支配,缺乏适当的理性力量。教育任务是注意儿童感觉器官的发展,进行感官教育,使儿童获得丰富的感觉经验。属于"理性睡眠期",要以"消极教育"方法,在自然状态下,利用适合儿童特点的事物去影响儿童,而不用理性去教育儿童。
12~15 岁	具有较强健的体格,发展较好的感觉器官。教育任务是智育和劳动教育,让儿童学习生活所必要的和实用的知识,培养儿童的学习兴趣,教给儿童学习的方法;让儿童通过劳动发展自己的体力,掌握专门的手艺。
15~20 岁	接受了"自然状态"下的良好教育,体力和智力得到较好发展,着重发展儿童时期萌芽的情感和意志。教育任务是道德和社会教育,形成良好的德行。

因此教育要遵循儿童的自然发展原则,即依据儿童发展的自然进程和儿童发展的年龄特征。卢梭指出,把自然发展作为教育目的,其意义在于使人注意儿童的身体器官和健康的需要。自然发展的目的就是把健康作为一个目的,于是把自然发展的目的转化为尊重身体活动的目的。杜威引用卢梭的话说:"儿童总是不停地动;久坐的生活是有害的。""自然的意思是先强身体,后练心智。"①也就是说,通过锻炼身体的肌肉来发展心智。换言之,遵循自然的教育目的就是注意儿童在探索、处理各种材料、游戏和竞赛中运用他们的身体器官所起的实际作用。从逻辑上说,自然的教育目的是一般的目的,但它可以转化为关心儿童个别差异的目的,这样,不同的儿童,其天赋能力各异。尽管杜威认为,卢梭的"自然"概念是一个含糊和隐喻性的名词,但是它所产生的革命性的影响在于:人类认识到了儿童之间的天赋能力的多元性。卢梭说:"每个人生来具有特异的气质……我们往往不加区别,使具有不同爱

---

① [美]约翰·杜威:《民主主义与教育》,王承绪译,122 页,北京,人民教育出版社,1990。

好的儿童从事同样的练习；他们的教育毁灭特殊的爱好，留下死板的千篇一律的东西。"①同时，遵循自然的教育目的，要注意儿童爱好和兴趣的起源、增长和衰退。实际上，卢梭提出了裴斯泰洛齐和福禄培尔(Friedrich Wilhelm Angust Froebel，1782—1852)等教育家遵循的自然发展原则，杜威将此理解为儿童生长的原则。

自然的生长是不规则的，其意思是儿童生长发育过程中，在身体和心智方面都是不平衡的，在运用各种教育方法时要认识到天赋能力的巨大差异，认识到生长中自然的不平衡的能动价值。要利用这种不平衡性，不要一刀切。尤其要注意，儿童的自然生长是在不受束缚的条件下表现出其自然的倾向的，对自然的倾向不要成人化，也就是卢梭所指出的，成人往往容易把他们自己的习惯和愿望作为标准。因此，"遵循自然的观念，主要是对人为造作的反抗，而人为造作，乃是企图直接强使儿童符合成人标准的模型的结果"②。

按照杜威的理解，卢梭的儿童自然发展思想具有政治学意义。因为遵循自然的学说也是当时政治上的一个信条。这个信条反抗当时的社会制度、风俗习惯和理想。腐败的政治制度是使人不自然的制度。有关政治制度与人的性格形成之间的关系问题，在爱尔维修的思想中是重要的，在欧文的思想中是处于核心地位的。卢梭从自然主义教育逻辑中走上了殊途同归之路。在卢梭看来，腐败的制度和风俗习惯几乎自动地给儿童一种错误的教育。

(二)儿童自然发展的外在自然规定

儿童自然发展的外在自然规定，就是儿童的教育环境自然化，让儿童到大自然中学习有关大自然的一切知识，强调大自然对儿童的存在和发展的影响。卢梭明确指出，一切知识都是通过人的感官进入人脑的。

外在自然意味着，教育应如何帮助儿童处理好与周围环境的关系，特别

① [美]约翰·杜威：《民主主义与教育》，王承绪译，123页，北京，人民教育出版社，1990。
② 同上书，124页。

是与他人的自然关系，使其得到健康自然发展。反过来说，即"人的教育"如何有助于儿童的自然发展。在卢梭的儿童自然发展教育思想中，家庭教育或自然教育是其逻辑起点。卢梭在讨论儿童自然发展教育时认为，家庭中的成员是主要的，在逻辑上，保姆是第一位的。卢梭说，我们的第一个教师是我们的保姆。而母亲是最重要的，父亲是需要承担起三重责任的。教师则是一位自然教师。

爱的母子关系是外在自然的第一种表现。卢梭主张教育要从儿童发展的最自然的关系入手，于是他提出了家庭环境中父母对儿童的爱的自然教育。父母亲自养育儿童，特别是母亲要亲自哺育幼儿，这是最自然的外在规定。卢梭明确指出，从儿童的身心发展来看，儿童的身心健康发展离不开爱，需要爱。为了使儿童从一出生就能得到母亲的爱，卢梭强调母亲对儿童的哺育。他主张，母亲应亲自哺育婴儿，这不仅是母亲的重要职责，也是对婴儿进行母爱教育、增进母亲和婴儿之间关系的重要途径，也就是儿童发展的外在自然首先是以母亲为主导去营造爱的自然环境。卢梭甚至大声地向母亲们呼吁：为了保护儿童这棵幼小的嫩苗不被恶劣的环境所压倒，"在你们的孩子们的心灵周围筑起一道护墙吧"。很显然，对于幼小的儿童，对于恶劣的环境(实际指文明社会)中的儿童，母亲有保护的义务，应承担起对儿童教育的义务。同时，这种爱的教育是母亲和儿童之间相互承担的共同的责任，"他们之间的责任是相互的，一方不尽责任，另一方也将忽视责任。孩子应当在知道对母亲有责任之前爱他的母亲"①。如果这种共同的责任没有在儿童身上形成习惯或得到加强，那么这棵刚出土的爱的幼苗将会枯萎、死亡。当然，母亲对儿童的爱并不是过分地照顾或溺爱儿童。溺爱的教育表面上是保护儿童，以免使儿童感到软弱，实际上只能助长儿童的软弱。卢梭说："延长孩子的软弱性这

---

① 张焕庭主编:《西方资产阶级教育论著选》，95 页，北京，人民教育出版社，1979。

是一种残酷的慈祥。"①

自然教师是卢梭的儿童自然发展的外在规定的第二种表现。在卢梭的全部教育思想中，教师的地位显得非常突出。在《爱弥儿》中，卢梭塑造了一个自然教师的形象。所谓自然教师就是按照儿童身心发展的规律，在自然秩序中培养儿童的自然天赋的导师。第一，卢梭认为这样的教师应当履行把儿童从社会束缚中解脱出来而使其率性发展的职责。这反映出卢梭痛恨专制制度的反封建性。第二，这样的教师应当对儿童怀有母爱之情。因为卢梭看到在封建社会中，母亲的失职、父亲的渎职和保姆的敷衍使儿童受到了严重的身心摧残，因此只有母亲之爱、家庭之乐才是抵抗败坏风气的毒害的良剂。第三，卢梭把教师规定为聪慧、年轻的人。"如果可能的话，我希望他本人就是一个孩子，希望他能够成为他的学生的伙伴，在分享他的欢乐的过程中赢得他的信任。"②第四，卢梭认为教师应当是导师，所谓导师就是指导儿童怎样做人的人。"他的责任不是教给孩子们以行为的准绳，他的责任是促使他们去发现这些准绳。"③第五，卢梭视教师职业为一种高尚的职业，教师所从事的职业与军人的职业一样，不是为追求金钱而从事的职业。教师职业的高尚，要求教师本人是做父亲的或者是更有教养的人，也就是"教师必须受过教育，才能教育他的学生"④。

从儿童自然发展的权利角度来看，卢梭认为教师绝不可成为儿童天性的敌人，不可成为儿童畏惧厌恶的对象，而应当成为儿童天性发展的辅助者，成为值得儿童信赖和热爱的朋友。因此，卢梭对教师们呼吁，"儿童是首要的，你必须竭尽全力来为了他"，"经常研究他"，为儿童着想。

在卢梭的儿童自然发展思想中，内在自然和外在自然相统一。教育，在

① 张焕庭主编：《西方资产阶级教育论著选》，100页，北京，人民教育出版社，1979。
② ［法］卢梭：《爱弥儿：论教育》上卷，李平沤译，25页，北京，人民教育出版社，1985。
③ 同上书，26页。
④ 同上书，23页。

卢梭看来是指三重教育中的人的教育，也就是外在自然，这种自然从属于内在自然。因此，内在自然和外在自然构成的关系就是教育适应自然，实质就是教育要适应儿童的自然本性和自然倾向，促进儿童的身心自然、自由地发展。这也就是教育必须遵循的自然法则。

教育教学方法要适应儿童身心的自然发展，为儿童的自然发展提供自然、和谐的环境，如直观教学、实物教学、户外教学等。外在事物的发展都要顺应儿童的发展需要，教育应建立在儿童的自然发展的基础上。

四、儿童的自然发展状态和途径

卢梭的《爱弥儿》的遭遇所引发的问题是：法国巴黎高等法院下令焚毁《爱弥儿》，不准在法国出版和传播，并将卢梭置于法律制裁之下。在日内瓦，当局也下令焚烧此书，一时间似乎全欧洲都响起了向卢梭攻击的诅咒声。卢梭似乎成了一个基督教的叛逆者，一个无神论者，一个疯子，一头凶猛的野兽。使处于欧洲封建专制主义制度没落时期的专制政府如此极度惊恐和同声讨伐的原因何在呢？是因为《爱弥儿》猛烈攻击了破坏人的善良和美德的封建教育制度吗？如果是，那么，卢梭眼里的封建教育制度又是什么呢？如果我们按现代意义的教育制度去理解18世纪的封建教育制度，那么我们遇到的困难比想象的要大得多。从对《爱弥儿》的考察中，我们发现卢梭并没有明确地提出过封建专制教育的命题，相反他在此书的开篇中"出自造物主之手的东西，都是好的，而一到了人的手里，就全变坏了"的语句，在区分逻辑上与他一贯的思想逻辑是一致的，也就是与他在《论科学与艺术》《论人类不平等的起源和基础》和《社会契约论》等著作中对"自然状态"和"社会状态"的区分是一致的。看来，卢梭所指的"造物主"是自然状态，而他所指的"人"即"社会状态"下的人。因此，对卢梭的"自然状态"和"社会状态"思想的把握对于理解卢梭的整个教育思想是至关重要的，甚至可以说它们也是卢梭教育思想的基础和出发点。卢梭是根据其"社会状态"和"自然状态"理论，即自然法理论，尤其是对人类社会的"自然状态"的崇拜来认识儿童的自然发展状态的。在卢梭看来，人类的"自然状态"是最完美的、最自然的状态，是人性发展的最佳环境。卢梭崇拜"自然状态"而反对封建制度社会。

（一）自然状态学说与卢梭的教育思想

在欧洲近代，自然状态学说是众多思想家们关注的对象。格劳修斯认为，人类在形成国家和社会以前，处于一种自然状态，在这种状态下，人人处于一种平等的、自由的状态。每样东西都是共有的、不可分割的，财产权是人类自然权利的一个组成部分。自然状态中的人类过着非常纯朴、非常和谐的生活，每个人都怀有非常善良的愿望。私有制的产生破坏了自然状态，私有制主要是财产私有。这种观念产生了惧怕别人侵占自己财物的不安心理，人们便开始寻求互相保护的办法，以防止外来侵袭和重新过安定的生活。他们还被人的完善的理性所驱使，按照盛行于自然状态的自然法而行动，彼此订立契约，联合起来，建立"人为的社会"。人们通过契约形式，把他们的权力交给一个人或一个集团，由他或他们组成政府，行使权力，这样国家就建立起来了。"国家是在法律上有效力的、独立的自由民的集合体，以享有法律的利益和共同的利益为目的的联合。"①在格劳修斯看来，国家建立的目的就在于保护人民的自然权利，保护公民的私有财产，谋求公正，以达到共同福利。这种国家目的论被几乎所有的启蒙思想家所接受。但他在主权问题上主张君主主权论，主权在国王那里，而不是在人民手里。

霍布斯也将人类社会划分为两个状态：一个是自然状态；另一个是社会状态。在人类进入政治社会和国家以前的自然状态中，人类天生是平等的，自然使人在身心两方面的能力都趋于相等，虽然有差别，但体力或脑力方面

① 法学教材编辑部西方法律思想史编写组编：《西方法律思想史资料选编》，143 页，北京，北京大学出版社，1983。

的差别绝没有大到一个人能够有其他人所不能要求的利益。由于人们的体力和智力大体相等，因而人们的欲望和欲求达到的目标也大体相等；但由于人的本性存在着贪婪的欲望，再加上物质财富的某种贫乏，因此霍布斯认为，自然状态是战争和狼的自然状态，人对人像狼一样竞争和戒备；它是一切人反对一切人的战争，人们的生活孤独、贫困、卑污、残忍而短寿。这与卢梭认为自然状态是自由、平等，并享受自然阳光普照的和平状态截然相反。霍布斯将自然状态描写成可怕的战争状态，其目的就在于论证摆脱战争状态、建立强大权力和君主专制的合理性。

尽管霍布斯为君主专制辩护，遭到洛克和卢梭的反对，但他抛弃了君权神授的理论，从人的本性、需求、理智和利益的角度探讨了君主的权力、政治权力和政治义务、国家的形成等问题。

洛克运用二分法将人类社会分为自然状态和社会状态。洛克认为，自由、平等、和平和友爱的自然状态与霍布斯将人类的自然状态描绘成自私、残忍、人对人是狼的可怕的战争状态不同。他认为，在自然状态中，人是完全自由的，人们可以在自然法的范围内，自由地处理财产和人生事宜。人人是平等的，但有一种人人遵守的自然法在发挥作用："自然状态有一种为人人所应遵守的自然法对它起着支配作用；而理性，也就是自然法，教导着有意遵从理性的全人类：人们既然都是平等的和独立的，任何人就不得侵害他人的生命、健康、自由或财产。"①洛克还认为，在自然状态下尚有缺陷，自然状态缺少一种确定的、明文规定和众所周知的法律，以作为普遍同意的是非标准和解决人们之间一切纠纷的共同尺度；自然状态缺少一个有权按照既定的法律来解决一切争执的公正的裁判者；自然状态往往缺少权力、实力来支持正确的判决。洛克清楚而准确地划分了社会和国家这两个概念。洛克认为，从发生学的意义上看，社会和国家不是共时发生的，而是历时发生的，先有社会，

_____

① [英]洛克：《政府论》下篇，瞿菊农、叶启芳译，6 页，北京，商务印书馆，1987。

后有国家。他把社会称为自然社会，而把国家称为政治社会。自然社会由夫妻之间的社会、父母与儿女之间的社会、主仆之间的社会这三者组成，它具体体现为一个家庭，主人有某种统治权。"真正的和唯一的政治社会是，在这个社会中，每一成员都放弃了这一自然权力，把所有不排斥他可以向社会所建立的法律请求保护的事项都交由社会处理。"①这一政治社会实质上是国家。

研究政治制度的起源，首先要探讨自然状态，那么这是否也意味着研究教育思想首先要探讨自然状态呢？洛克说："为了正确了解政治权力，并追溯它的起源，我们必须考究人类原来自然地处在什么状态。"②自然状态是自然法理论中的一个非常重要的概念。卢梭关于自然状态的假设和野蛮人的研究同他对政治问题的研究是密切地结合在一起的。他明确提出这样一条根本原则："必须通过人去研究社会，通过社会去研究人；企图把政治和道德分开来研究的人，结果是这两种东西一样也弄不明白的。"③卢梭正是通过对自然状态和社会状态的区分，通过对野蛮人和社会的人的区分，提出了他的一系列政治、法律和教育观点。

卢梭是以自然状态的假说来阐明人的权利的。他赞美人的自然状态，以此用纯朴批判虚伪，以美好的自然状态鞭笞文明社会的弊病。他颂扬人的"天性"，认为自然法应该是"天性法"，不包含理性的成分。卢梭认为，人类在私有制和国家产生之前，经历了一个原始野蛮的自然状态时期。

在自然状态下，每个人都自由、独立、平等，没有奴役与被奴役、统治与被统治、压迫与强制服从的情况，人们过着纯朴的道德生活。在人们的观念中，无所谓善，也无所谓恶；无所谓美德，也无所谓邪恶。在自然状态下，人们互相同情，彼此关怀，亲密无间，和平友好。在这点上，卢梭与洛克是

---

① ［英］洛克：《政府论》下篇，瞿菊农、叶启芳译，53 页，北京，商务印务馆，1987。

② 同上书，5 页。

③ ［法］卢梭：《爱弥儿：论教育》上卷，李平沤译，327 页，北京，人民教育出版社，1985。

一致的。他把自然状态看成人类的真正青春，是人世间真正的"黄金时代"。

在自然状态下，人们没有私有财产，丝毫没有"你""我"的观念，没有虚荣、尊崇和轻蔑，人类谈不上什么理性。支配着自然状态下人类活动的原则是："我们热烈地关切我们的幸福和我们自己的保存……我们在看到任何有感觉的生物，主要是我们的同类遭受灭亡或痛苦的时候，会感到一种天然的憎恶。"[①]

卢梭的自然状态学说具有两种意义，一是他的"反理性主义"。因为在他看来，人类的自然"天性"是支配人类活动的两条原则，一切美好的东西都来源于人类善良的天性；而理性萌发之后，便逐渐窒息了人类的天性，开始产生邪恶。二是他的隐喻意义。卢梭赞美自然状态，只是想借歌颂野蛮状态下人的善良的天性，平等、自由的生活，人与人的关心和相爱，来对照、批判当时法国社会的伪善、冷酷、罪恶和尖锐的贫富对立，为构想一个平等、自由的理想社会提供理论基础。卢梭的本意并非主张重新回到原始的自然状态中去，这不过是他的隐喻而已。

可以说，卢梭的教育思想是建立在他的自然状态学说基础之上的。

(二)自然状态向社会状态过渡

对自然状态如何过渡到社会状态的问题以及社会状态下的不平等如何产生的问题的研究是近代西方自然法学派的理论基础，法国第戎学院的征文题目"人类的不平等是否为自然法所认可"就表明了这个事实。卢梭关于自然状态的假设和野蛮人或自然人的研究，同他对政治问题的研究是密切地结合在一起的。

但是自然状态是否是最理想的状态呢？卢梭认为，人类随着技术和生产力的进步而刚刚脱离自然状态、进入社会状态的那个时期是人类历史的黄金时代。卢梭认为："人类能力的这一发展阶段是恰恰处于介乎原始状态中的悠

---

① [法]卢梭：《论人类不平等的起源和基础》，李常山译，67页，北京，商务印书馆，1994。

闲自在和我们今天自尊心的急剧活动之间的一个时期，这应该是最幸福而最持久的一个时期。""这种状态是人世的真正青春，后来的一切进步只是个人完美化方向上的表面的进步，而实际上它们引向人类的没落。"①

所以，自然状态要向社会状态过渡。卢梭曾反复诉说，简单地回到自然状态下去做野蛮人是不可能的，而由自然状态过渡到社会状态既是一种必然，也是一种进步。"回到自然状态的原始阶段，是无法实现的，历史是不会倒退的。纵使人类能够退回到野蛮人的状态，他们也不会因此就更幸福些。"②《社会契约论》第一卷第八章指出：

> 由自然状态进入社会状态，人类便产生了一场最堪注目的变化；在他们的行为中正义就代替了本能，而他们的行动也就被赋予了前所未有的道德性。……虽然在这种状态中，他被剥夺了他所得之于自然的许多便利，然而他却从这里重新得到了如此之巨大的收获；他的能力得到了锻炼和发展，他的思想开阔了，他的感情高尚了。他的灵魂整个提高到这样的地步，以至于——若不是对新处境的滥用使他往往堕落得比原来的出发点更糟的话——对于从此使得他从此脱离自然状态，使他从一个愚昧的、局限的动物一变而为一个有智慧的生物，一变而为一个人的那个幸福的时刻，他一定会是感恩不尽的。③

卢梭说："人愈是接近他的自然状态，他的能力和欲望的差别就愈小。"④

---

① ［法］卢梭：《论人类不平等的起源和基础》，李常山译，120 页，北京，商务印书馆，1994。

② 卢梭致波兰国王斯坦尼斯拉夫的信，转引自伍厚恺：《孤独的散步者：卢梭》，118 页，成都，四川人民出版社，1997。

③ ［法］卢梭：《社会契约论》，何兆武译，29~30 页，北京，商务印书馆，1980。

④ ［法］卢梭：《爱弥儿：论教育》上卷，李平沤译，69 页，北京，人民教育出版社，1985。

(三)卢梭对自然状态学说条件下的教育的理解

但是，自然和社会在卢梭看来是矛盾的，因为它们的教育目标不一样，"由于不得不同自然或社会制度进行斗争，所以必须在教育成一个人还是教育成一个公民之间加以选择，因为我们不能同时教育成这两种人"。显然，自然的目标是"教育成一个人"，而社会制度的目标是"教育成一个公民"。在卢梭所处的社会制度中，后一个目标是不可取的，可取的只能是自然的目标，即"教育成一个人"。而这个"人"就是"自然人"，"自然人完全是为他自己而生活的"。①

卢梭认为，在社会秩序和在自然秩序中，教育的作用和教育的培养目标是不同的。在社会秩序中，教育是命定的，依地位而进行的，命定和地位是与父母的职业一致的。在自然秩序中，所有人都是平等的，其共同的天职是取得人品。教育的培养目标，首先是人。大自然叫他认识人生，一个人应该怎样做人，他就知道怎样做人。卢梭说："在社会秩序中，所有的地位都是有标记的，每个人就应该为取得他的地位而受教育。"显然，社会秩序是一个等级制的秩序，"在自然秩序中，所有的人都是平等的，他们共同的天职，是取得人品；不管是谁，只要在这方面受了很好的教育，就不至于欠缺同他相称的品格"。自然秩序是一个平等的秩序。两种秩序中的教育显然是不同的，社会秩序中的教育是分等级的，而自然秩序中的教育所培养的"既不是文官，也不是武人，也不是僧侣；他首先是人：一个人应该怎样做人，他就知道怎样做人"。②

五、自然科学的发展与经验主义哲学和感觉主义的经验论

在西方近代科学的发展过程中，自然科学的研究成果对社会各个领域影

---

① [法]卢梭：《爱弥儿：论教育》上卷，李平沤译，5页，北京，人民教育出版社，1985。
② 同上书，9页。

响很大。在教育领域，适应自然的思想就是这一时期接受自然影响的成果之一，"依据自然"成为科学家的行动和工作法则；依据自然必须服从自然、认识自然、承认自然的一般规律。其基本假设是：由于宇宙的发展和存在受一般的规律所制约，自然的全部生活和人的活动都要从属于这种一般规律性，教育也应从属于这种一般规律性。随着自然科学的深入发展和对社会科学的渗透，以及社会科学自身的发展，用自然科学来解释社会发展及运动规律已显不足，许多思想家更是从人类社会自身发展的特点出发来解释社会现象，这里就包括教育问题。在探讨过程中，一方面思维模式上深受自然科学规律的影响；另一方面思想家们开始摆脱用自然界规律来论证教育的模式，转而从影响教育发展的内在因素上来论证，于是儿童的自然发展过程或途径问题成为这种论证的首要对象。思想家们对儿童教育的研究实现了从向外部大自然的模仿到内部人的身心发展的转变。卢梭就是实现这种思想认识转变的杰出思想家之一。卢梭在三重教育说中所理解的"自然的教育"中"自然"内涵的变化本身标志着卢梭摆脱了依据自然规律论证儿童发展和教育进程的模式，也就是说这里的"自然"是指作为具有自然体的儿童的天性特征。

(一)卢梭的儿童感觉经验论内容

人的一切认识都必须从感官的知觉开始。要认识自然、解释自然，首先必须接受自然。感觉经验是人类认识的基础，知识是感觉经验的产物。作为自然的产物的人是一个感觉体，其认识过程是人的先天的"肉体感觉能力"与外界事物相互作用产生感觉的过程。卢梭提出，人的最初的感性经验是理性知识的基础，人的教育首先是感官教育，感官教育是感性和理性发展顺序的基础。为此，卢梭称人是一部机器。这在18世纪启蒙运动的思想家中是一种流行的话语。拉美特利的一部影响颇大的著作就名为《人是机器》(1747年)，他主张人和动物都是机器。霍布斯断言人是一部非常复杂、由大量物质构合而成，随着各种性质、比例、活动方式而变化的机器。卢梭袭用了这一说法，但他对人的感觉、感情和心灵极为强调，不仅认为"在最初的思想的活动中，完全是以感觉为指导的"①，而且人的心灵的能力能够存在于人的身上而不存在于事物的身上。尽管只有在事物给人以印象的时候人才能产生这种能力，但能够产生它的，唯独人自己。人有所感觉或没有感觉，虽不由人做主，但人或多或少可以自由判断人所感觉的东西。所以，人并不仅仅是一种消极被动的、有感觉的生物，而是一种主动的有智慧的生物；不管哲学家们对这一点怎么说，人都要以我能够思想而感到荣耀。他甚至说："思考的状态是违反自然的一种状态，而沉思的人乃是一种变了质的动物。"②看来，卢梭的感觉论哲学表现了他对于当时那种机械唯物论和唯理主义的消极方面的抵制，这与他肯定自然状态和自然人的基本思想是一致的。

卢梭的感觉经验论包含了两方面的内容，一是感觉经验是知识的来源和理智教育的基础；二是感觉经验是人的发展的重要组成部分。在他看来，进入人类心灵的知识以感觉为门户，所以人类最初的理性是由感觉经验而得的理性。这种由感觉经验而得的理性，便是智慧理性的根基，因此最初的物理教师便是手足和眼目。显然，人的理性通过观念产生，观念又依靠感觉产生，而理性是否正确主要取决于依靠怎样的感觉来形成观念。无疑，要发展儿童的观念和儿童的理性，就必须使儿童获得感觉经验，培养儿童的感觉能力，以保证感觉认识的充实和正确性，为理性的形成打下基础。

（二）在感觉经验基础上的儿童自然发展

在卢梭的儿童自然发展内容中，儿童的思维发展、智力发展和道德发展具有重要地位。当然，卢梭重视儿童发展的早期基础，把儿童的体格发展、情感发展和感官发展放在重要地位，重视儿童的全面发展。卢梭认为，儿童的自然发展是身心结合、协调发展，教育的方向就在于使儿童的身心活动相

---

① ［法］卢梭：《爱弥儿：论教育》上卷，李平沤译，205页，北京，人民教育出版社，1985。
② ［法］卢梭：《论人类不平等的起源和基础》，李常山译，79页，北京，商务印书馆，1994。

互促进，共同发展。协调发展的儿童在体力和心智方面是一同增进的，两者相互促进。在自然和谐的教育过程中，卢梭的"爱弥儿"在健康和体力上日渐增强，智慧和理性日益提高，既有农夫和运动员的身手，又具有哲学家的头脑。因此卢梭构建的教育制度，应当是体育、知识教育、道德教育、劳动教育和一定的职业教育并重的制度。

卢梭重视感觉经验对儿童自然发展中的思维发展的作用。在卢梭看来，感觉经验是构成儿童思想的原料，因此儿童的感觉经验应有适当的秩序，这样，记忆在将来也会以同样的秩序将那些经验提供于他的悟性。感觉经验是知识构成的要素，感觉有秩序，悟性也会有秩序，因此在教育过程中，尤其在教育过程的最初阶段，应当从感觉经验入手，并为获取感觉经验提供有利的条件。在儿童自然发展的秩序或阶段中，他划分的感觉经验的获取阶段时间是从 2 岁到 12 岁。在这一阶段中，应让儿童通过亲自观察、体验、比较各种事物，获取感觉经验来学习知识。

卢梭在研究儿童自然发展的智力发展时也强调应以感觉经验为基础，培养儿童的感觉能力，促进儿童理性的发展，注重从外界事物中获取知识，通过儿童的主动活动发展能力。在卢梭的思想中，只有对事物有了直接的接触和观察，才能真正了解事物的意义，并掌握其概念。因此卢梭才会说，儿童真正的教师是经验和感觉，而不是文字和书本。卢梭主张，凡是儿童能从经验中学习的事物，都不要使他由书本中去学习，所以在教育中，抽象的符号和具体的实物之间首先要选择实物。儿童通过对事物的实际考察来探索事物的规律。

卢梭以感觉经验论证儿童自然发展中的道德发展，就是说，道德教育要从人的发展的最初的、最自然的情感开始。他认为只有把自爱之心扩大到他人，成为人心中必需的东西，才可以把自爱变成美德，使儿童爱一切人。所以道德教育应从道德的示范和善良的行为开始，通过观察人类的苦难、贫困和饥饿，了解社会的罪恶，启发儿童内心的良知和同情心，培养善良的情感。卢梭主张用"自然后果法"来制止儿童的过失，让儿童根据自己的经验体会他所受到的惩戒是他自身不良行为的自然后果。

卢梭的儿童自然发展的内容是以感觉经验为基础的，实际也表明：感觉经验是儿童思维、智力和道德发展的基础。当然，卢梭重视感觉器官的发展，但并没有把感官的发展和智力的发展结合起来。在他的思想中，两者是相互独立的阶段。同时，卢梭绝对地否认书本知识也有悖于人类掌握知识和积累知识的规律。

六、卢梭的自然神论及其对教育思想的意义

在理解卢梭的"自然人"和"回到自然"的命题时，还要把握它们所具有的道德意义。《爱弥儿》中萨瓦省的牧师说："理性欺骗我们的时候是太多了，我们有充分的权利对它表示怀疑；良心从来没有欺骗过我们，它是人类真正的向导；……按良心去做，就等于是服从自然，就用不着害怕迷失方向。"①卢梭也是遵循自然神论的思想来理解道德意义的。

(一)18世纪的自然神论

18世纪的自然神论是17世纪的自然神论的延续和发展。自然神论发端于英国，随后传播到欧洲大陆上的国家，后来又跨洋过海播撒到新大陆。这种思潮与人文主义、泛神论、机械唯物主义一样，本质上是一种反对传统宗教神学的新宗教观。它试图把传统的天启宗教改变为理性主义的自然宗教。

自然神论标榜理性，主张建立一种以理性主义为基础的自然宗教去代替传统的燃起狂热信仰的天启宗教。主张树立理性的权威，要求把宗教信仰建立在人类理性的基础上，以冷静的理智代替狂热的信仰；试图以普遍性的人类理智作为一切宗教的共同基础，以此来结束宗教改革以来的教派战争和纷

---

① [法]卢梭:《爱弥儿：论教育》下卷，李平沤译，394页，北京，人民教育出版社，1985。

争迫害，实现信仰的宽容和社会的和平。看来，自然神论思潮的社会背景存在于宗教自身。

但在 17 世纪，以伽利略、笛卡尔、波义耳、牛顿为代表的自然科学家的研究工作为自然神论的产生提供了科学根据。通过科学研究发现的一系列重要的自然法则，不仅证明了人类理性的权威，也证明一切自然进程是合乎规律、合乎理性的。宗教信仰也应该建立在自然理性的基础上，但此时的自然科学主要是一种机械力学，无法说明何为物体运动的最初动因，于是"上帝"是"第一推动力"的科学神性自然地表现为"自然神论""自然宗教"。

18 世纪自然神论的代表人物，在英国有大卫·哈特莱（David Hartley，1705—1757）、约瑟夫·普利斯特莱。普利斯特莱在 25 岁时创办了一所私立学校，在课程表上设置了物理和化学实验，这对学生的科学教育和他自己的科学研究都是大得其益的重要一步。他曾经是反国教的学院里的一位教师，1766 年与富兰克林结识并撰述科学著作。他在化学上的发现对近代化学的发展具有重大的价值。他以科学精神来对待传统的宗教信仰，并对基督教的信条产生了理性的怀疑，从而走向了自然神论。在他看来，灵魂不过是物质的一种，灵魂与肉体实际上是同一种物质，必会一起死亡。普利斯特莱相信人类未来的幸福，在政治上主张人道主义，把大多数人民的利益和幸福当成国家最高标准和政府的目的。普利斯特莱于 1794 年迁居美国，宣传自然神论思想，结成了一个反正统的、实质上为自然神论的教派"唯一神论者会社"（Unitarian Society）。

18 世纪上半叶是自然神论思潮蓬勃发展的时期，之后自然神论传播到欧美大陆，成扩张之势。当英国自然神论思潮蓬勃发展、猛烈冲击基督教的传统信仰的时候，法国启蒙思想的泰斗伏尔泰正被法国当局流放至英国，他接受了在牛顿的自然科学和洛克的经验唯物主义哲学基础上发展起来的宗教哲学——自然神论，并把它带回法国，在法国知识界燃起了启蒙运动的燎原之火。法国启蒙运动的先驱孟德斯鸠、卢梭、狄德罗(早期)、达朗贝尔⋯⋯差不多都是自然神论者。①

(二)卢梭的自然神论思想及其对教育思想的意义

卢梭与其他自然神论者一样,反对任何宗教、教会、仪式、宗教信条及牧师,提倡"自然宗教",即自然神论。在自然神论者中,卢梭是个重感觉胜于重理性的人。伏尔泰、孟德斯鸠着重通过理性推出上帝的存在,那么对卢梭而言,上帝的存在是人们对神奇世界充满惊奇而又找不到其他解释的结果。卢梭的自然神论的哲学基础是一切清楚明白的东西,不是基于理性的推理,而是基于人内心无法抗拒的体验的印证。这是一种感觉主义的结论,其特点是依靠内心的体验强烈地感受到意志推动着宇宙,鼓动着自然,并把这个结论作为自己的第一信条。在卢梭看来,物质的运动是意志的结果,由于物质的运动服从一定的规律,所以这个意志一定是充满智慧的,因为唯有智慧才能产生秩序与法则,才能进行行动、比较与选择。在卢梭看来,上帝就是一个具有意志而又充满智慧的能动力的思维实体。这个思维实体与基督教的上帝不同,他并不远离世界或高居世界之上以主宰世界,他的意志与智慧就体现在人所感觉到的一切之中。既然自然的一切都具有神圣的原因,即都是上帝意志与智慧的结果,那么人天性的善良与对自身同类的同情,无疑也是上帝意志与智慧的体现。这样,卢梭就以人性本善的观点有力地抨击了基督教的人性本恶的观点。

卢梭坚信存在着一个创造本源和最高智慧,那就是上帝。"我在它创造的万物中到处都看见上帝,我觉得它在我的心中,我发现它在我的周围。"②卢梭的上帝并非人格化的偶像或君临万物的统治者,他的上帝是与其创造物同一的,是与大自然同一的。另外,他所崇拜的自然和他所信仰的上帝,乃是

---

① 吕大吉:《西方宗教学说史》,293页,北京,中国社会科学出版社,1994。
② [法]卢梭:《爱弥儿:论教育》下卷,李平沤译,378页,北京,人民教育出版社,1985。

"完美""善良""公正""仁慈"的象征，而人却为自己制造了千百万种的不公和罪恶。

卢梭从自然神论出发，指出在现代社会中，人充满了道德上的罪恶，人是腐败堕落的，但这一切都是由于文明和私有制本身，而不是人的天性的原因。出自上帝之手的东西都是好的，而一到人手里却都是坏的。看来上帝是善的，人的堕落和罪恶是由人自己造成的，但罪恶的承担者却不是个人，而是社会。

出自自然的人本无所谓善恶，他们只遵循自身的自然保存的天然本能，并且在这种本能中体现出一种纯朴善良的天性。是社会激起了人的自私自利，保护自己的个体，培养了人的贪婪与虚荣，但人在善的自然与恶的社会之间何去何从呢？是摆脱社会返回到自然中去吗？

卢梭所要做的是，以人的自然本性为标本，在社会中重塑人的善良天性，使人重新拥有平等、自由。卢梭虽然持自然神论的宗教观，但与荷兰的格劳修斯、自然法理论的代表斯宾诺莎不同。他不承认是神的意志使人类从"自然状态"进入"社会状态"的。在自然人性和自然生活状态的问题上，卢梭与自然法理论家们，如霍布斯和洛克等的观点存在着严重的分歧。

自然神论也反映在卢梭的教育思想中。他认为，儿童出生以后，有其自身存在和发展的规律，教育者不必对儿童强行灌输，强制儿童学习和发展，而应进行"消极教育"，让儿童使用自己的感官，使能力得到锻炼和发展。由于"自然神论"的核心在于强调每一事物有其自身存在、发展的规律，反对外在力量的过分强调，因此在教育上，人的发展就是自然的、自由的。教育应遵循人的自然发展进程，促进儿童的自然发展，而不是起阻碍作用。

第五节　卢梭的民族主义教育思想

卢梭在《关于波兰政治的筹议》中，一方面具体运用了《社会契约论》的思想，另一方面"成为第一个系统阐述有识有谋的民族主义的理论家"。① 卢梭在《社会契约论》中归纳了小城邦共和国人民的心理特征。这些心理特征是：具有成员资格感，具有团体感和伙伴感，具有认真负责的公民感和密切参与公共事务的共事感，实际上就是具有共同民族意志感。现代民族国家的发展表明，无论是民主国家或者是非民主国家，无不设法向本国人民传授这种心理上的团结感和共同意志，也就是民族主义理论和民族理论中所阐明的民族意识。在对卢梭的民族主义教育思想进行考察之前，有必要阐明他的民族主义思想。

一、卢梭的民族主义思想

卢梭从公民与祖国的关系中深刻地论述了民族主义理论，把握了早期民族主义的本质，即祖国只存在于公民之中，热爱祖国就是要热爱民主、热爱共和，两者相互交融，密不可分。

(一)卢梭的祖国观念

在卢梭心目中，祖国并不仅仅是一个地理区域的概念，而是有着更为广泛的内容。他是这样给祖国下定义的："组成祖国的不是城墙，不是人，而是法律、道德、司法、政府、宪法和由这些事物决定的存在方式。祖国存在于国家与其民众的关系之中。当这些关系发生了变化或者没有了，祖国也就成

---

① [美]帕尔默、[美]科尔顿：《近现代世界史》上册，孙福生等译，406页，北京，商务印书馆，1988。

为子虚了。"①卢梭是从国家与其公民的关系中关注祖国的政治意义的，这就是，只有当组成共同体的人们成为公民，拥有自由、平等、权利和获得幸福时，祖国才会存在；如果人民身为专制统治下的臣民，则祖国全然无存。这样一种相互的二元关系构成了卢梭民族主义理论的基本出发点，也是他用以摧毁旧王朝国家、构建现代民族国家的理论支点。

(二)卢梭的民族共同体观念

在王朝国家中，人民身为专制国王的臣民，没有自由、权利和幸福，国王与臣民构成了王朝国家的基本因子。他们之间的统治与服从的关系也是王朝国家的基本关系。卢梭认为，这违背了人的目的，违背了自然法的目的。在他看来，国王与臣民的结合并不构成一个紧密的民族共同体。只有当臣民成为公民，成为国家主权的一个成员时，民族共同体才会存在，祖国才会存在。在卢梭那里，祖国并不是一个仅由土地、河流、山川等构成的自然共同体，而是具有政治意义的一种政治共同体，是一种全新的民族国家，而不是王朝国家。这样，卢梭已把"法国人"和"公民"结合成了祖国。

在卢梭看来，人民的爱国热情只是在他们成为公民，并获得自由、权利、幸福时才会产生，否则，祖国对他们来说就失去了意义。卢梭向往的是一个人人均为祖国公民的新型国家。他说，假如出生的地方可以选择的话，他一定会选择一个民主的国家作为自己的祖国。在那里，主权者和人民有着唯一的共同利益，整个国家政府机构的一切活动永远都只是为了人民的共同幸福，而这只有当人民和主权者是同一的时候才能做到。在这里，人们对祖国的热爱，与其说是热爱土地，毋宁说是热爱公民。这是一个自由、幸福和安宁的共和国。这是一个立法权属于全体公民的国家，一个既不屈服于别国，也不遭受被别国征服的恐惧的国家。只有在人民获得自由、平等、幸福的国家里，

---

① 何祚康、曹丽隆等编译：《走向澄明之境——卢梭随笔与书信集》，274~275 页，上海，上海三联书店，1990。

只有当人民成为公民时，他们才能拥有一个祖国。卢梭在社会契约理论中经常使用"共同体"这个概念。在社会契约中每个结合者都是共同体的成员，他们的意志形成了共同体的公共意志，并成为最高主权。卢梭说："我们每个人都以其自身及其全部的力量共同置于公意的最高指导之下，并且我们在共同体中接纳每一个成员作为全体之不可分割的一部分。"①卢梭在这里没有使用"民族"概念，但他所使用的"共同体"实际上是建立在一个民族基础之上的政治体，即民族国家。卢梭说，各个民族将根据自己的民族特性来为自己创立法律、建立政府，把政治共同体建立在既已存在的民族之上。这个政治共同体即民族国家，也就是每个民族成员的社会。

民族国家是所有国家成员的一种约定，即个人意志的产物，是人们摆脱自然状态，趋向于过社会生活的一种意向所联结而成的。人们结合成为民族国家是依据理性的召唤，自由的指引。构成民族国家的基础不是不平等的阶级，而是具有相同权利的独立公民，因而每一个个体的自由和幸福便成为国家存在的基础和目的，并且，人民主权成为促进共同体牢固结合的中心，它使所有的人紧密团结在一起。在这个共同体中，人民主权原则下的公民需要普遍参与管理公共事务，公民的公共利益得到实现和保障。

(三)卢梭论公民和爱国者

卢梭曾经说过，要使公民们热爱祖国，就必须"要让我们的国家成为它的公民的公共母亲；要让公民在国家中享受的种种利益能使他们热爱这个国家；要让政府在公共事业中留给人民足够的地位以使公民感到像在自己家里一样；要使法律在公民的心目中只是一种保障公共自由的东西。这些权利，如此巨大，都是属于全体人民的"②。也就是说，国家利益和公民利益应一致，国家的职能是保障与增进民族的利益与公民的自由、平等和幸福，这样这个新共

---

① [法]卢梭:《社会契约论》，何兆武译，24~25页，北京，商务印书馆，1980。
② [法]卢梭:《论政治经济学》，王运成译，19~20页，北京，商务印书馆，1962。

同体才会以人民主权为中心，形成民族团结、国家稳固的基础。卢梭说："这是民族的宪政培养一个人的能力、特质、爱好和道德，这使他们成为与别人相区别的自我，这激励他们怀有建立在根深蒂固习惯基础上的对祖国的热烈之爱。"①在卢梭那里，公民的本质在于他们享有不可剥夺的自由和权利，可以参与到国家的一切事务中去，公民是作为臣民的对立面而存在的。这种思想对法国大革命产生了直接而重大的影响。在大革命中，"公民"和"爱国者"成为同义语，"爱国公民""公民爱国者"成为流行的称呼。这些"爱国公民"代表着民族，组成了新型的民族国家。专制国家的"朕即国家"变成了"公民即国家"。卢梭正是通过人民主权学说为构建一种新型的民族国家提供了理论支持，而这个民族国家是一个全新意义的民族共同体。

(四)卢梭的爱国思想观念

卢梭的民族主义理论还包括他对新型共同体，即民族国家中的重要伦理原则——美德的论说。这种美德的核心和本质实际上就是公民的爱国思想。在社会契约理论中，美德是个人的个别意志与公共意志的协调，但实质上爱国思想是使公民做到尽自身义务与责任，协调小我和大我；公民的这个小我要从祖国这个大我出发，要保全国家这个大我。卢梭说："爱国思想的确产生了美德的最伟大的奇迹。"②他呼吁每个公民都应当热爱国家。爱国美德是每个公民应有的品质，公民与爱国美德两者之间是一致的，没有爱国美德，也就不能算作祖国的公民。卢梭在构建新型民族国家理论的同时，也在考虑要使共同体中的每个公民都成为爱国者，公民爱国者就是卢梭所追求的一种新型的人格，理想的人格。他深切体会到，一旦每个公民都具有爱国"美德"，成为爱国者，他们会为祖国而生，为祖国而死，那么这个民族共同体就会处

---

① 转引自李宏图：《西欧近代民族主义思潮研究——从启蒙运动到拿破仑时代》，94页，上海，上海社会科学院出版社，1997。

② [法]卢梭：《论政治经济学》，王运成译，15~16页，北京，商务印书馆，1962。

于良好的运转状态，并将永久存在。

总之，卢梭与同时代的启蒙思想家相比，他的民族主义思想充满着民主共和的内容，是一块真正的现代民族主义理论的里程碑。他的理论以巨大的心灵震撼力激起了法国大革命中全体人民高昂的爱国热情。

二、卢梭的民族主义教育思想的主要内容

卢梭在国家、公民和爱国思想上的逻辑是"没有自由就不会有爱国思想；没有道德，何来自由；没有公民，就无所谓道德；培养公民，你就有你所需要的一切东西；没有公民，则自国家的统治者以下，除了一些下贱的奴隶之外，你一无所有"①。也就是说，国家依赖于公民，公民必须具有爱国美德，这种逻辑结论就是培养公民。培养公民爱国者是新型民族国家任重而道远的使命。卢梭认为，必须建立一整套教育体系，通过教育来强化和加深公民对祖国的热爱，培养自由祖国的公民，把对祖国的热爱与热爱民主共和紧密地联系起来，这就是卢梭的公民和爱国者教育的思想。

法国启蒙运动时期的思想家们，如拉夏洛泰等强烈主张教育要民族化，其主要目标是培养公民。为此拉夏洛泰说："我向全国大声疾呼，教育必须依靠国家，因为，一、教育是属于国家的；二、教育公民是政府义不容辞的责任；三、儿童应由国家成员来教育。"②他的话实际上构建了教育与国家的现代关系，而教育自从现代民族国家建立之后一直是在这样的框架下运作的。

首先，卢梭的这种思想受制于他对民族概念的理解，但这种理解基本上是从孟德斯鸠那里借鉴过来的。卢梭民族学说的特点是特别强调"公意"，亦即个人之间的社会契约在形成民族国家方面的作用。孟德斯鸠认为各国政治

---

① ［法］卢梭：《论政治经济学》，王运成译，21页，北京，商务印书馆，1962。
② ［美］约翰·S.布鲁柏克：《教育问题史》，吴元训主译，71页，合肥，安徽教育出版社，1991。

体制的特点是由各民族特有的"普遍精神"规定的，这种"普遍精神"体现为民族全体成员共同的习俗、语言、传统、意愿等，它在很大程度上又是由各民族所处区域的特定的气候、地理和历史的环境造成的。卢梭也谈到了气候特别是共同的语言、习俗、道德价值观等对民族特征的影响。看来卢梭的"公意"和孟德斯鸠的"普遍精神"有明显的亲缘关系。在卢梭看来，民族不仅是主权的源泉，而且其本身还应当是主权的直接行使者，这种观点蕴含了卢梭政治哲学的全部激进性。

其次，这种思想与卢梭的"祖国"观念密切相关。卢梭的"祖国"观念浸透着对民族主权或人民主权的迷恋。在 18 世纪的法国，"祖国"这个极富感情色彩的政治词语是通过孟德斯鸠的《论法的精神》开始为人们所理解的。这在对孟德斯鸠的研究中已经看到了。卢梭在使用这个词时，常常认为它就是"共和国"特别是"民主共和国"的同义词。英国史学家诺尔曼·汉普森（Norman Hampson）评论说：

> 尽管卢梭以其日内瓦公民身份而自豪，当他和孟德斯鸠写到共和国的时候，他们心中首先想到的却是斯巴达、雅典和帝制前的罗马。当时整个西欧的教育（哪怕是教会掌管的教育）都是古典式教育，而古史专家们则几近数典忘祖，对希腊罗马的事情比对他们本国的历史还要清楚。法国人尤其喜欢以罗马文化的继承人自居，而这也不无理由，因为法国的语言和文化已传遍全欧。当法国人要向专制王权挑战的时候，他们自然会向罗马历史寻求榜样。高等法院尤其热衷于摆出罗马人的姿态，热衷于使用一种"共和的"语汇，那里没有王国只有民族，没有臣民只有公民。①

---

① 转引自郭华榕、徐天新主编：《欧洲的分与合》，161~162 页，北京，京华出版社，1999。

孟德斯鸠将共和政体的原则概括为"美德",即"爱祖国"。而卢梭终其一生念念不忘的也正是这个"美德"问题。他认为,美德的核心即一种爱国精神,这种爱国精神既是公民自觉地将祖国利益置于个人利益之上的一种牺牲精神,也是公民对国家事务的关心和积极参与的一种热情。在《社会契约论》中,卢梭说:"国家的体制愈良好,则在公民的精神里,公共的事情也就愈重于个人的事情。私人的事情甚至于会大大减少的,因为整个的公共幸福就构成了很大一部分个人幸福,所以很少还有什么是再要个人费心去寻求的了。"①但如果"有人谈到国家大事时说:这和我有什么相干? 我们可以料定国家就算完了"②。换言之,牺牲精神和参与热情只有在共和制度下才有可能培养高尚情操,因为只有能保障公民自由与幸福的共和制度才能得到公民的认同和拥戴。封建专制统治下的法国,人们之所以"爱国心冷却",根本原因就在于那里的人民被公然称为"第三等级"。卢梭在为《百科全书》写的"政治经济学"条目中,明确地阐明了人民只有在成为"公民"时才会爱国的道理。他说:

> 如果国家对于他们和对于外国人一样,如果国家只是给他们对任何人都不能不给的东西,他们又怎么会爱国呢? 假如他们甚至连社会安全的权利也享受不到,生命、自由和财产都任凭有权力的人们摆布,不能(或者说,不允许他们)得到法律的保障,那就更糟糕了。他们要尽文明的社会状态的义务,却连自然状态中的一般权益都享受不到,也不能用自己的力量保护自己。在这种情形下,他们会陷入一个自由的人所能设想的无可再坏的境况。这时,在他们看来,"国家"二字就是纯然可憎而复可笑的东西了。③

---

① [法]卢梭:《社会契约论》,何兆武译,124 页,北京,商务印书馆,1980。
② 同上书,124~125 页。
③ [法]卢梭:《论政治经济学》,王运成译,17 页,北京,商务印书馆,1962。

看来，法国大革命将"爱国主义"作为一面重要旗帜，是受到了孟德斯鸠和卢梭的思想的深刻影响。

最后，卢梭对民族认同的思想具体体现在"为争取波兰独立，卢梭为波兰的民族主义者们写过类似的文章"①，即《关于波兰政治的筹议》。

第一，卢梭所要培养的波兰人是"爱国者"。卢梭在《爱弥儿》中说："凡是爱国者对外国人都是冷酷的：在他们心目中，外国人只不过是人，同他们是没有什么关系的。"②卢梭在他的《关于波兰政治的筹议》中把教育放到了最重要的地位，认为教育是以民族的形式塑造具有民族心灵的爱国者。他说，教育"是最最重要的一条。教育之事必须给予人民的心灵以民族的形式，又这样形成其意见和嗜好使得他们不但由于必要而且也由于性向和愿望而成就其为爱国者"③。也就是说，教育应该把民族的印记烙在人的心坎上，要指导人们的见解和爱好，使其成为爱国者。应在儿童出生时，就必须让他重视他的祖国，而且自始至终，每一个人对祖国的关怀是无限的。每一个人的全部生命就是对国家的爱。"他只想到他的国家而不及其他。他生着只是为他的国家。至于他自己个人，那是不值得什么的。"④只有身怀对国家的热爱才能成为人，个人自己是微不足道的。每一个人的生命生息皆以国家的存亡而定。按卢梭的话说，国家如果不再生了，那么他也就死亡了，否则纵使不死，却还不如死。这充分体现了在国家、民族面临危亡时刻卢梭的那份强烈的爱国主义情感。"可以肯定，道德的最伟大奇迹一向是由爱国主义造成的：这一美好而强烈的感情赋予自爱的力量以一切德行的美，赋予它以活力而不损害其形象，使它在所有的热情之中最富于英雄气概。"⑤卢梭的这种思想既是对近

---

① ［英］保罗·约翰逊：《知识分子》，杨正润等译，21 页，南京，江苏人民出版社，1999。

② ［法］卢梭：《爱弥儿：论教育》上卷，李平沤译，5 页，北京，人民教育出版社，1985。

③ 张焕庭主编：《西方资产阶级教育论著选》，138 页，北京，人民教育出版社，1979。

④ 同上书，138 页。

⑤ 转引自［美］乔治·霍兰·萨拜因：《政治学说史》下册，刘山等译，657 页，北京，商务印书馆，1986。

代民族国家的呼唤，也是世界历史发展的永恒主题。应该说，在西方教育史上，卢梭是第一个把培养民族爱国者的重要作用赋予教育的思想家。

第二，培养"波兰人"。近代教育家的思想意识中都有强烈的民族观念，这是以往时代所无法比拟的。实际上他们在阐发一般理论时，最终都会触及民族的利益。"民族的人"的观念已深入人心。卢梭说："法兰西人、英吉利人、西班牙人、意大利人、俄罗斯人，都是一样的……当二十岁时，一个波兰人应该是个波兰人；而且不是别的，只是一个波兰人。"[①]卢梭在"民族的人"这种普遍性中更加强调"特殊性"。他指出，波兰人之所以为波兰人，是因为波兰具有波兰人的特点，波兰人是由波兰独特的物质和精神文化浸染、培养、熏陶的产物。卢梭把在《爱弥儿》中按一般人的自然特点和年龄阶段的教育要求具体运用到"特殊"的波兰人身上，走上了由"一般之人"转变为"特殊之人"的思想道路。他说，当波兰人开始阅读学习时，就让波兰人阅读波兰"国家"。这个"国家"已绝对不是他在《社会契约论》里所说的那种抽象的国家，而是一个具体的国家，包括国家的所有物产，一切省区、道路和城邑，国家的历史和国家的法规。10岁的波兰儿童应该熟悉它所有的产物；12岁时，熟知一切省区、道路和城邑；15岁时，波兰儿童应知道它的全部历史；16岁时，波兰儿童应知道波兰国家的一切法规。这与卢梭在《爱弥儿》中谈到青春期就应该读历史了，"这是开始讲授历史的时期了"的思想是一致的。总之，卢梭从波兰的利益出发，从维护波兰民族的独立出发，要求波兰儿童学习波兰历史上曾经产生的美好事物和为波兰民族奉献生命或为波兰人民作出过杰出贡献的伟大、光辉的人物，使波兰儿童在学习后深受感动而铭记在心，"熟知而永不遗忘"。这实际上反映了卢梭关注民族文化的精神作用。卢梭认为这样的儿童学习不是一般的教师所授的学业，而且要由法律来规定"教材的

---

① 张焕庭主编：《西方资产阶级教育论著选》，138页，北京，人民教育出版社，1979。

正确的排列，他们学业的先后的顺序及其方式"①。

第三，教师应具有民族性特征。从卢梭的培养"波兰人"的目标中，我们看到了卢梭的文化民族主义思想，而民族文化最终要通过教师来传授，于是在逻辑上要求教师具备民族性特征。卢梭在《关于波兰政治的筹议》中赋予教师以波兰民族的属性。他认为教授波兰民族文化的教师不应是外国人，只有波兰人才允许批准为波兰人的教师。卢梭在教师的年龄问题上存在着一定的矛盾。他在《爱弥儿》中强调教师应是年轻的，而在《关于波兰政治的筹议》中却要求是已婚男子，但这一点又与"教师本应是做父亲的"之间存在一定的吻合性。卢梭一如既往地坚持教师必须具有良好的知识修养和聪颖的智慧头脑、优良的品德和高尚的精神，而且是人们所信赖的。卢梭认为教学不能成为一种专业，一方面，在波兰只有公民的身份而没有终身永久的职业；另一方面，教师的职业是考验德才的"职司"，因为从这里可以显示出真才实德的品质，从而可以"拾级而登"。卢梭说："我愿劝波兰人特别注意这一原则。我相信这是国家一种伟大力量的秘密之所在。"②

卢梭在《关于波兰政治的筹议》中表达了他的心声，即他撰写这个"筹议"的目的在于给"现代人"提出一种引导人们具有一种坚强的心力和爱国的热诚的"路径"。在卢梭看来，坚强的心力和爱国的热诚是人格中的品质所在，理应受到尊重。这些品德在人们中间已化为乌有，不过并没有泯灭发酵起酿的人心酵素。卢梭深刻地认识到波兰国家的危机，为了使这个国家能从那个可怕的危机中得到拯救，获得"再生"，就需要"一种深思熟虑过的教育制度"③。国家再生以后，卢梭期望在一个新时代里，国家将得到一个城邦所有的活力。由此，我们发现近代思想家在关注民族存亡的危机时，普遍地把视线转向了

---

① 张焕庭主编：《西方资产阶级教育论著选》，138~139页，北京，人民教育出版社，1979。
② 同上书，139页。
③ 同上书，142页。

教育。教育成为民族再生、国家再生的手段。"培养人民的才能、性格、兴趣和道德，并使波兰人民不同于其他国家的人民的，正是国民教育机关……想把波兰人永远变成俄罗斯人，那是不可能的。我将保证俄罗斯永远不能征服波兰。"①博伊德教授在谈到这一点时指出："关于这一点，值得注意的是卢梭在《爱弥儿》出版后的十年有机会详尽地阐明了教育在改革现代国家所起的作用。"②"培养波兰人，而不是法国人、德国人、俄罗斯人"的呼声显示了近代教育的培养目标，而培养民族的人也是近代民族国家产生以后最显著的教育特征。

我们从卢梭早期跟随唯物主义的教育思想经自然教育理论到《关于波兰政治的筹议》中的"民族国家教育"观的发展历程中，可以看到卢梭教育思想的前后继承性和一致性。我们认为，可以从根本上否定卢梭教育思想中的"自然教育"和"国民教育"的矛盾。因为当卢梭在撰写《爱弥儿》的时候，《社会契约论》已经问世。后者描绘的是一个理性的国家，卢梭的社会契约理论在实践中表现为而且只能表现为资产阶级的民主共和国。但在现实中，这种"理想国家"在任何地方都不可能找到，只能在古希腊的城邦和在他曾经生活过的日内瓦城中找到其理想的历史踪影和现实标本。因此，卢梭在《爱弥儿》中盛赞柏拉图的《理想国》是自然的。卢梭在《关于波兰政治的筹议》中比较系统地阐述了自己的国民教育理论和民族国家教育思想。马克思曾称赞说："卢梭曾为波兰人草拟过最好的政治制度。"③这种政治制度所要求的波兰人已不是"自然人"，而是"爱国者"和"公民"。卢梭能够在《社会契约论》和《爱弥儿》发表十年后再次阐发他的政治和教育理论，应归功于他所处历史时代的需要和他的

---

① William Boyd, *The Minor Educational Writings of Jean Jacques Rousseau*, London, Blackie & Sons Ltd., 1911, p.149.

② [英]博伊德、[英]金：《西方教育史》，任宝祥、吴元训主译，291页，北京，人民教育出版社，1985。

③ 《马克思恩格斯全集》第4卷，348页，北京，人民出版社，1958。

理论素养。实际上早在 1765 年的《科西嘉宪法草案》中，他就已谈到了民族性的问题。他说："我们必须遵循的第一条规则就是民族特性。一切民族都有或者应该有民族特性；如果他们缺少民族特性，就必须先着手赋给他们以民族特性。"卢梭在《关于波兰政治的筹议》中实现了《爱弥儿》的"民族化"。在《关于波兰政治的筹议》中，他提出了更坦率的告诫："应该小心翼翼地保存那种好处（民族性——译者）；对于那样傲慢的沙皇的所作所为，我们恰好应该是反其道而行之。"①无疑，卢梭强调民族性问题是为了在波兰人民中培养民族性，而在民族性中，爱国的品质、波兰人的特征尤其重要。萨拜因指出："实际上，卢梭把爱国主义定为最高道德，并把它作为其它一切道德的源泉。"②

在卢梭看来，"自然人"与"公民"之间是有差别的。"自然人完全是为他自己而生活的；他是数的单位，是绝对的统一体"，而"公民只不过是一个分数的单位，是依赖于分母的"。他们与社会的关系显然是不同的，前者只同他自己和他的同胞才有关系，而后者的价值在于他同整体，即同社会的关系，也即与共同体的关系。卢梭提出："必须在教育成一个人还是教育成一个公民之间加以选择，因为我们不能同时教育成这两种人。"原因在于教育成公民必须以社会制度作为依托。在卢梭的眼里，"好的社会制度是这样的制度：它知道如何才能够最好地使人改变他的天性，如何才能够剥夺他的绝对的存在，而给他以相对的存在，并且把'我'转移到共同体中去，以便使各个人不再把自己看作一个独立的人，而只看作共同体的一部分"。③ 在卢梭的眼里，公民应当是真诚的，公民应当是爱国的，因此母亲不为五个儿子在战场中牺牲而难过，而为战事胜利而跑到庙中去感谢神灵。自然人的教育和公民的教育分属两种不同的教育制度：一种是特殊的和家庭的；另一种是公众的和共同的。

---

① 转引自［法］卢梭：《社会契约论》，何兆武译，62 页注②，北京，商务印书馆，1980。

② ［美］乔治·霍兰·萨拜因：《政治学说史》下册，刘山等译，657 页，北京，商务印书馆，1986。

③ ［法］卢梭：《爱弥儿：论教育》上卷，李平沤译，5~6 页，北京，人民教育出版社，1985。

杜威在谈到国家的教育目的，即塑造公民时，指出卢梭在思想上有这个倾向，但为人们所忽视。他解释说："卢梭(之)所以反对当时的现状，是因为当时既不塑造公民，又不塑造人。在当时的情况下，他宁愿尝试塑造人而不去尝试塑造公民。但是，他有许多话指出塑造公民是更高的理想，而且在《爱弥儿》一书中，表明他自己的努力不过是当时的腐败情况允许他描绘的最好的权宜之作。"①

　　杜威认为，顺应自然的教育理论在建设方面的弱点是明显的，"仅仅把一切事情都让给自然去做，毕竟否定教育的本意"；"教育过程的进行，不仅需要有某种方法，而且需要某种积极的机构，某种行政机关"②。一切能力的完全而和谐的发展要求有明确的组织，无论裴斯泰洛齐尝试何种实验，他都认识到要有效地实现新的教育思想，需要有国家的支持。卢梭说："公共的机关已不再存在了，而且也不可能存在下去，因为在没有国家的地方，是不会有公民的。""那些可笑的机构，人们称之为学院，然而我是不把它们当成一种公共的教育制度来加以研究的。"③很显然，卢梭一方面在否定现存的公共机关；另一方面却采取了复古主义的倾向，赞扬柏拉图的"理想国"实施的乌托邦式的教育制度。

第六节　卢梭的道德理想国和国家教育论

一、卢梭的道德理想国

　　启蒙时代的思想家们反映出的崇高的理想和向往不仅是要建立理想的国

---

① ［美］约翰·杜威：《民主主义与教育》，王承绪译，100页注①，北京，人民教育出版社，1990。

② 同上书，99页。

③ ［法］卢梭：《爱弥儿：论教育》上卷，李平沤译，7页，北京，人民教育出版社，1985。

家，而且还要通过教育以塑造全新的适合资本主义政治和经济发展的新人。伏尔泰、孟德斯鸠、狄德罗等启蒙思想家们提出了通过教育以塑造新人的观点，而卢梭则提出了完备、系统的重塑新人的教育理论，并与他的道德理想国理论相连接。道德理想国的理论是卢梭造就新人的教育理论的前提，也是统率造就新人的教育理论的核心和目的。那么，何谓道德理想国？卢梭是基于对现实社会的道德义愤和道德理想来建构未来社会的。由于它不是严谨的科学理性的产物，而是道德理想的产物，因此它只唤起民众加入革命洪流中去，却无法在旧社会制度的废墟上建立起一个新的社会，到达道德理想国。因而，法国大革命中的罗伯斯庇尔会在建构新社会、通往道德理想国的路上迷失了方向。

1771 年，卢梭在《关于波兰政治的筹议》中明确表达了他的道德理想国的思想："你希望公共意志得到实现吗？那就是使所有的个人意愿与之同化。既然道德不是别的，就是个人意志与公共意志的一致，那末同样的事情可以换句话说，那就是创造了一个道德王国。"①这里提到的公共意志即公意，就是人民的意志。在卢梭看来，超越众意、克服个人利益的社会公意至高无上，公意的外在化就是主权者。人们在缔结社会契约时，转让了自己的全部权利，而构成了一个政治共同体、道德共同体或主权者。"公意永远是公正的，而且永远以公共利益为依归。"②在卢梭眼里，所谓公意就是共同的利益，即公共幸福，治理社会应当完全根据共同的利益。公意产生的过程就是克服众意和个人利益的过程，因为公意只着眼于公共的利益，而众意则着眼于私人的利益，众意只是个别意志的总和。卢梭认为，公意社会是公共利益唯一的社会，而不是私意多元并存的社会。在道德王国里，公意是至高无上的绝对权威，

---

① 转引自朱学勤：《道德理想国的覆灭——从卢梭到罗伯斯庇尔》，79 页，上海，上海三联书店，1994。

② ［法］卢梭：《社会契约论》，何兆武译，39 页，北京，商务印书馆，1980。

任何人都必须服从公意。公民必须服从道德王国的公意。

卢梭的政治学是一种道德、伦理、神性化了的政治学，他将政治学概念道德化，共和国、共同体、政治体、主权者、国家、人民、公民、臣民等政治学最基本的概念都受到了道德的浸染。他将培养有道德、淳朴的国家公民作为道德拯救的重要目标，主张政治道德化、政治神学化。卢梭将所有的道德要求寄希望于国家和道德共同体，由国家或道德共同体承担过去由教会承担的责任，为社会道德立法。要求政教合一的国家，再由神化了的国家控制个人意志，消除个人利益，禁绝社团学派，建立公民宗教，使公民过上高尚道德的生活，从而实现道德的理想国。

在卢梭看来，人类的历史进程就是道德沦丧的过程，既然人类的道德已经沦丧，那么道德救赎、重建道德的理想国就成为历史发展的必然逻辑；而道德理想国的重建奠定在美德的基础上。

道德理想国的建立需要有道德的公民，这是卢梭的逻辑。所以他认为，道德理想国的建设，需要有道德的公民，这就需要新型的教育来完成，因为教育的目标是培养道德公民。卢梭在论述这种思想时首先对教会教育和封建教育进行了剖析。在他看来，以往的教育培养的是人们的一些恶劣的品质，它使人们的发展与道德公民的光明大道离得越来越远，也离人们的原始的善的本性越来越远。"我们把这一点作为不可争辩的原理，即：本性的最初的冲动始终是正确的，因为在人的心灵中根本没有什么生来就有的邪恶，任何邪恶我们都能说出它是怎样和从什么地方进入人心的。"①旧的教育制度和教育方法是邪恶进入人心的主要通道。旧的教育渗透着邪恶的理念，旧的书本也无益于科学研究、知识积累和道德公民的培养，因为它阻碍了人们从世界这本大书中获取知识和道德。

关于知识与道德的关系，卢梭认为，知识的增长之所以无助于人性的转

---

① ［法］卢梭：《爱弥儿：论教育》上卷，李平沤译，88页，北京，人民教育出版社，1985。

变，是因为在社会不平等的状况下，知识不能使各阶级、各阶层的人普遍获利，人们在现实生活中真实体验到的却是财富、权势以及精神方面存在的巨大差异。卢梭在《论科学与艺术》中指出，知识的发展不但不能纯化风俗，反而会造成社会的奢侈、伪善和虚荣。卢梭并不是简单地否认知识的价值，而只是反对将知识与进步等同起来的观念。他认为知识的价值必须从伦理、政治制度方面来衡量。他以艺术为例说："在一种不再是基于社会不平等而建立起来的制度下，艺术在道德方面是会起良好作用的，艺术应该有伦理的和政治的内容。"①社会进步的标志是人性的道德完善，但人们无法在不平等的社会状态下找到道德的根据，那么道德的根据、道德感的源泉又到何处寻找呢？卢梭仍然求助于他的"自然状态"理论。他以为，在"自然状态"中，自爱心和怜悯是两项先于理性的原则，前者是一切道德行为的根源，但它尚不是道德概念；后者是一种自然的情感，它调节着每一个人自爱心的活动，对于人类全体的相互保存起着协助作用。"正是这种情感，在自然状态中代替着法律、风俗和道德。"②卢梭设定的两项原则的意义在于：一是指对人性的理解，情感不仅先于理性，而且比理性更重要；二是要说明自然律和道德律之间存在着内在的一致性，而这种一致性又是"自然状态"的范型意义上的一个逻辑运用。看来，卢梭讲的道德是就一种政治秩序观意义而言的。他把道德与正义视为理想政治秩序的不可或缺的条件，两者紧密结合。"正义和善是分不开的，换句话说，善是一切无穷无尽的力量和一切有感觉的存在不可或缺的自爱之心的必然结果。""我们所谓的'善'，就是由于爱秩序而创造秩序的行为，我们所谓的'正义'，就是由于爱秩序而保存秩序的行为。"③

---

① ［法］勒赛克尔：《让·雅克·卢梭（1712—1778）》，见［法］卢梭：《论人类不平等的起源和基础》，李常山译，14页，北京，商务印书馆，1994。

② ［法］卢梭：《论人类不平等的起源和基础》，李常山译，103页，北京，商务印书馆，1994。

③ ［法］卢梭：《爱弥儿：论教育》下卷，李平沤译，386～387页，北京，人民教育出版社，1985。

卢梭之所以崇尚道德、贬损知识，是因为他认为知识会导致财富分配的过分悬殊，而道德却能维护财产的均等，确保平等的实现。

成为有道德的人，仅是成为新人的前提；要培养和造就真正的新人，就必须使有道德的人成为道德理想国的道德公民。所谓道德公民，就是以道德共同体的共同意志作为自己的意志，而个人意志完全消解在公共意志的海洋之中，个人不再是独立的存在，而是道德共同体的有机组成部分。卢梭指出，好的社会制度和教育制度，应当培养道德理想国的道德公民，因为"它知道如何才能够最好地使人改变他的天性，如何才能够剥夺他的绝对的存在，而给他以相对的存在，并且把'我'转移到共同体中去，以便使各个人不再把自己看作一个独立的人，而只看作共同体的一部分"[①]。这样的人，就是道德公民；也唯有这样的人，才能建设道德理想国。当然道德理想国的公民不仅与道德共同体融为一体，而且与一切合乎自然的顺序和法则融为一体，与丰富多彩的大自然融为一体，并使自己成为自然界的有机组成部分。

二、卢梭的国家教育论

对卢梭而言，教育与国家之间的逻辑关系在于："对于社会道德的改善，教育是关键，既然如此，教育就是国家的事。国家必须造就所有人的思想，不仅仅是儿童……而且也包括成年的公民。"[②]因此，对于卢梭而言，首先国家为儿童设立练身场，目的在于施加道德影响。从儿童共同的游戏中培养未来政治家的国事管理才能。卢梭在《爱弥儿》中苦心经营的教育理想在《关于波兰政治的筹议》中得到了充分而具体的体现。他认为在学校中设立一个练身场，是为了让儿童进行身体训练，这是教育中最重要的一部分。理由是：可

---

① ［法］卢梭：《爱弥儿：论教育》上卷，李平沤译，5～6页，北京，人民教育出版社，1985。
② ［英］保罗·约翰逊：《知识分子》，杨正润等译，33页，南京，江苏人民出版社，1999。

以"使儿童健康而强壮，尤其是为了对道德的影响"①。为此，他不厌其烦地再三重申良好的教育应当是消极的。这是卢梭在《爱弥儿》中提出的儿童 2～12 岁时期的主要教育方法。卢梭认为，人生当中最危险的一段时间是从出生到 12 岁。在这段时间内应采取祛除种种错误和恶习的手段，否则，来自社会的那些错误和恶习就会发芽滋长，以致以后采取手段去改的时候，它们已经扎下了深根，而且永远不可根除。有鉴于此，卢梭提出，按照自然的进程而言，儿童所需要的教育同现在社会所实行的正规教育恰恰相反，人生"最初几年的教育应当纯粹是消极的。它不在于教学生以道德和真理，而在于防止他的心沾染罪恶，防止他的思想产生谬见"②。因此，必须对儿童进行非道德说教。卢梭在《爱弥儿》中提出了非道德说教的一系列要求和措施。卢梭一反常规，认为这种消极的教育在公共教育制度中是极容易做到的。

如果说卢梭的"消极的教育"体现了他的教育思想的独特性，那么他的"共同游戏"思想更是别具一格，独具风采。他认为游戏不应该放任个人意志而单独进行，相反，必须让儿童共同参与，因为这是"公共目的"所需，也是相互竞赛所求。游戏是一种运动竞技，也是一种体育练习，它应当经常在公共场所进行，并且要由大家参与，这不仅是儿童应该做的事，而且是为儿童培养一个强健的身体，更重要的是"使他们从早年起便习惯于训练，平等待人，友爱，比赛，又常习惯于生活在公民同胞们的众目之下而企求群众的赞许"③。这种思想与《爱弥儿》中的思想一脉相承。卢梭还要求那些选择在自己家里教育子女的家长们也应该送儿童去做这种体育练习。卢梭看到，在瑞士首都伯尔尼市，这种训练作为一种制度"为最高政府所许可并在其羽翼之下，是未来政治家的培养场所，他们将以其现代游戏所得的经验"④来进行国家大事的

---

① 张焕庭主编：《西方资产阶级教育论著选》，140 页，北京，人民教育出版社，1979。
② ［法］卢梭：《爱弥儿：论教育》上卷，李平沤译，89 页，北京，人民教育出版社，1985。
③ 张焕庭主编：《西方资产阶级教育论著选》，140 页，北京，人民教育出版社，1979。
④ 同上书，141 页。

管理。

卢梭建议设立一个最高行政院作为教育的最高管理机构。这个行政院院长有黜陟变更校长的权力，也有管理运动教练的权力。他希望形成一种管理教育的制度，"这些制度为一个共和国家将来的希望与一个国家的荣华和命运所攸关"①。卢梭坦率地认为这具有"极大的重要性"，但他非常惊异地发现，没有一个国家有过这种制度；同时他也感到痛心，因为人类从没把这良好而有用的制度付诸实施。可见，卢梭恐怕是近代第一位提出国家教育管理制度的教育思想家。

卢梭在《论政治经济学》中写道："塑造公民，你就拥有你需要的一切。"也就是说，"塑造公民并不是日常的工作；而为了拥有他们，当他们还是儿童时就教育他们是必需的……从生活一开始，人应当开始向生活学习；正像出生一刹那我们就拥有公民资格的权利，那一刻应当是履行我们责任的开始"。因此，公民教育就是"国家最重要的事"，而且应当在国家的直接控制之下。②

卢梭在《关于波兰政治的筹议》中提出了公民身份的认同与教育的关系问题。他说：

> 正是教育赋予个人心灵以民族意识，形成个人的爱国观念……当他第一次睁开眼的时候，一个婴儿应当看到祖国，直到他死的那一天，他必须从未看到其他任何事情。每个真正的共和者挚爱着国家，也就是说热爱法律和自由，还有他母亲的乳汁。这种爱是全部的存在；他看到的只有祖国，他为她可以单独地生活；当他孤独的时候，他什么也不是；当他停止拥有祖国，他不再存在；如果他没

---

① 张焕庭主编：《西方资产阶级教育论著选》，141 页，北京，人民教育出版社，1979。

② Kerry J. Kennedy, ed., *Citizenship Education and the Modern State*, London, The Falmer Press, 1997, p.40.

有死，那么他比死还糟糕。①

卢梭这段类似于说教的话实际表明了公民认同和公民美德的重要性，这正是卢梭在构建公民社会时所考虑的。

总之，"卢梭思想的核心是：公民是孩子，国家是父亲，他坚持政府应全盘掌握所有子女的抚育工作"。卢梭写道："谁控制了人们的思想，谁就可以控制他们的行动。"这种控制的确立，要从婴儿期开始就将公民当作国家的子女对待，训练他们；要使国家被人接受和达到成功，就需要文化工程，教育的进步便成为文化工程成功的关键。"这是卢梭的学说带来的真正的革命——这样，他就把政治程序引入人类存在的中心位置。"②

---

① Jean-Jacques Rousseau, "Considerations on the Government of Poland and Its Proposed Reformation," in J. Watkins, ed., *Rousseau: Political Writings*, New York, Nelson, 1953, p.176.

② ［英］保罗·约翰逊：《知识分子》，杨正润等译，36页，南京，江苏人民出版社，1999。

第八章

18 世纪法国的空想社会主义教育思想

历史上任何一种思潮的产生和发展，都有其深刻的社会经济根源，但归根结底都是一定阶级利益的理论表现。空想社会主义作为延续几个世纪的一种社会思潮，作为科学社会主义产生以前的一种进步思想，是资本主义生产力还不够发达、资本主义矛盾还不尖锐时期的产物。

18 世纪法国空想社会主义是空想社会主义的一个重要发展阶段。如果说 16、17 世纪的空想社会主义基本上还处于空想地描述理想社会制度阶段的话，那么，18 世纪的空想社会主义则已经开始对共产主义进行理论探索，并且取得了一定的理论成果。

18 世纪空想社会主义者把理性论从启蒙学者那里接了过来，将已往的历史看成偏见和谬误的历史，认为违背人类理性的不仅是宗教，也不仅是封建制度和中央集权君主专制制度，资本主义同样必须在理性的法庭上受到审判。他们认为只有公有制才是唯一符合理性的制度。"平等"的口号也在 18 世纪空想社会主义者的著作中占有突出的地位。但是 18 世纪空想社会主义者所要求的平等远远超出了启蒙学者的政治权利平等的要求，他们要求社会的平等，要求消灭阶级。

虽然 18 世纪的空想社会主义者都不是教育家，没有形成系统的教育理论，但是，他们非常注重教育的作用，将教育作为社会改革和实现理想社会的重要手段。一些空想社会主义者对教育问题还有不少独到的认识和见解，这一切都极大地丰富了当时的教育思想，并影响了后世许多教育家的教育理论和教育实践活动。

第一节　让·梅叶的空想社会主义教育思想

让·梅叶是 17 世纪中期至 18 世纪初法国杰出的空想社会主义者和无神论者。他的反对教会和暴政的学说，在法国资产阶级革命前一直是鼓舞人民同封建专制制度和宗教的愚昧黑暗进行斗争的思想武器；而他的财产公有和人人生而平等的理论，对法国后来的空想社会主义者巴贝夫（Gracchus Babeuf，原名 François Noël，1760—1797）等人产生了深刻的影响。

一、生平及著述

1664 年，梅叶出生在法国香槟省离梅济埃尔城不远的马泽尔尼村，父亲是乡村纺织工人。由于家境贫寒，他在家乡接受过初级教育后，就被迫到兰斯（Reims）的教会学校学习神学。

梅叶主要生活在路易十四时代，这一时期法国社会阶级矛盾错综复杂、异常尖锐，但主要的矛盾是地主和农民的矛盾。尤其是梅叶所在的偏僻落后的香槟省，这种矛盾更是达到白热化的程度。虽然当时资本主义经济已经在封建社会内部发展起来，但封建专制制度仍然占统治地位。僧侣、贵族这两个特权等级构成社会的统治阶级，他们虽然人数不到全国人口的 1%，但却占有高达 30% 的土地，还享有种种特权。农民、无产者以及资产阶级，是没有政治权利的等级。他们在政治上受特权等级和封建国家的压迫，其中占全国人口80%左右的农民受苦最深，处于被剥削、被压迫的最底层。当时以路易十四为首的封建王朝对内横征暴敛、残酷统治，使法国仍处于中世纪的黑暗愚昧状态；对外侵略扩张，连年战争使国家财力消耗殆尽。那时的农民负担很重，除了向封建领主交纳地租以外，还要向教会和国家交纳各种苛捐杂税，如什一税、人头税、盐税等。此外，农民还负担各种封建义务，如为贵族和地主服劳役等。当时的法国农民处于水深火热之中。

梅叶常年生活在乡村，同贫苦农民接触很多，因而对农村的贫困以及农民的悲惨境况了如指掌，并表示深切同情。他尽其所能，减轻人民的负担。他自称："我不重视教堂做礼拜的酬金，常常做礼拜而不要别人的酬金，虽然本来可以要求酬金的。我从不追求优厚的进款，从不参加宴会或接受礼物。如果我能顺从自己的心愿，那我宁愿施与，而不想收受。在我的施与物中我总愿意让贫人所得多于富人。"①他虽然蔑视和痛恨宗教，但迫于父命，不得不违心地终生从事神甫之职。因而，作为神甫的他对宗教的荒谬和愚昧认识颇深，但意识到公开揭露宗教的虚伪、荒谬和政教勾结及迫害人民的罪行，势必招致教会和政府的迫害，故而直至生命的最后时刻才写成其重要著作——《遗书》。

《遗书》共三卷，大部分是揭露宗教的空幻、虚伪；此外，用了大量的篇幅证明天主教和封建专制国家互相勾结，愚弄和欺压人民的卑劣行径。在《遗书》中，梅叶还对私有制作了深刻的批判，并主张推翻暴君统治，以财产公有制的理想社会取代封建专制社会。梅叶的《遗书》以犀利的文笔，抨击了封建专制统治和宗教的虚伪性，从而使之成为法国18世纪的一部反封建、反宗教的出类拔萃的著作。正因如此，早在18世纪30年代，梅叶的著作便以手抄本的形式流传于一些哲学家、作家以及学者之间。1762年，伏尔泰将《遗书》编成摘要本，广泛散发。但他将侧重点放在评论基督教主要根源和批判基督

①　[法]让·梅叶：《遗书》第1卷，陈太先、眭茂译，15页，北京，商务印书馆，2009。

教教义两方面，至于梅叶的社会政治思想并不曾引起伏尔泰的共鸣。1772年，另一位启蒙思想家霍尔巴赫出版了《梅叶神甫的健全思想》一书。此书是霍尔巴赫摘取《遗书》的思想内涵，自由地将原稿改写成的，所以其影响也很大。由于伏尔泰、霍尔巴赫等人的积极传播，梅叶的《遗书》及其思想几乎家喻户晓。正如梅叶的传记作者波尔什涅夫指出的："在启蒙时代和18世纪法国大革命时期，几乎没有一个受过教育的人不知道让·梅叶其人的。"[①]这一切引起了封建统治者的极大恐慌和仇视，《遗书》的手抄本及摘要本屡次被判决焚毁。直至1864年，即梅叶逝世135年后，《遗书》才在荷兰的阿姆斯特丹第一次全部出版。

二、宗教观、社会观以及教育思想

梅叶很少直接论述学校教育问题，但他对教育的认识和看法是和他的宗教观及空想社会主义思想紧密联系的。他的宗教观及社会政治思想折射出他的教育思想。

（一）梅叶对宗教的批判

虽然经历了文艺复兴的洗礼和启蒙思想的冲击，但是18世纪初叶的法国仍然是天主教占据统治地位。学校教育虽不像中世纪那样完全被教会垄断，但在很大程度上仍受制于教会。学校教育的宗教色彩依然十分浓厚。因此，梅叶对宗教的揭露和批判，也就是对当时学校教育中的宗教性的批判。在《遗书》中，为了说明世界上的一切宗教（尤其是基督教）都建立在错误、错觉、欺骗的基础之上，梅叶提出了八个方面的论据。主要包括从宗教的起源、教义中存在的诸多谬误、暴政与政教相互勾结以及灵魂不死等宗教一般愿望来论证宗教的空幻和虚伪。

首先，梅叶从宗教的起源及本质论证了宗教的虚伪性和空幻性。梅叶一

---

① ［苏］Б. 波尔什涅夫：《梅叶传》，汪守本、李来译，1页，北京，商务印书馆，1990。

针见血地指出:"任何宗教仪式、任何敬神行为都是迷误、舞弊、错觉、欺骗和奸诈行为。所有利用上帝和诸神名义以及利用他们的声威发布的规则和命令都不外是人捏造出来的东西。"并进一步指出:"那些捏造宗教的人,其所以冒用神的名义及声威,只是为了更容易贯彻他们自己的法律及规则,同时迫使人民更加尊敬、崇拜和害怕自己。他们需要靠这种阴谋诡计来统治人民,也希图靠这种阴谋诡计来欺骗人民。"①

其次,梅叶指出一切宗教都建立在盲目信仰的基础之上,而这种盲目的信仰不仅是迷误、错觉和欺骗的根源,而且也是人们之间发生纷争和永久分裂的决定性原因。他认为:"无论任何战争就其血腥性及残暴性而论,都不能和宗教战争或在为宗教而战的幌子下进行的战争相比拟,因为每个人总是带着盲目的热情和疯狂的心理投入到这类战争中去,用诗人的话来说,每个人都是以捉拿敌人献给神灵作为自己的任务。"②

另外,博学多识的梅叶引经据典,指出基督教的各种神迹是虚构的,圣经是不可靠的,其中的大量预言都是不能成立的。这些预言的虚构者主要是想借此诱引人民注意,诱惑人民敬仰自己,以便欺骗和愚弄人民。梅叶否认上帝的存在,他认为:"没有什么上帝,过去没有,将来也永远没有。"③尤其是对耶稣基督的认识,梅叶通过圣经对耶稣的言行记载的分析,指出:"他是一个微不足道、卑劣可鄙,没有智慧、才能、知识的人,最后,他还是一个疯子,下贱的宗教狂热病者和受绞刑者。"④梅叶还特别驳斥了基督教让人们容忍恶人甚至扶持恶人的说教。他指出:"宗教本身就常常教导人们作恶并唆使他们在笃信宗教的幌子下做出无理的和不正直的事情。"⑤他认为基督教的

---

① [法]让·梅叶:《遗书》第1卷,陈太先、眭茂译,19、22页,北京,商务印书馆,2009。
② 同上书,50页。
③ [法]让·梅叶:《遗书》第3卷,陈太先、眭茂译,159页,北京,商务印书馆,2009。
④ [法]让·梅叶:《遗书》第2卷,何清新译,29页,北京,商务印书馆,2009。
⑤ [法]让·梅叶:《遗书》第1卷,陈太先、眭茂译,154页,北京,商务印书馆,2009。

那种"为那些诅咒我们的人祝福，对我们作坏事的人作好事，当别人想夺我们的财产的时候却让他抢夺，要永远心平气和地忍受欺侮和不好的待遇"①训示，都与自然权利、健全理性、真理和天赋的正义相悖。

根据以上几个方面的论证，梅叶得出结论：基督教是虚伪的和荒谬的。"其作用只不过是限制愚者和无知者的智慧而已"②，为统治者愚弄和欺压人民提供便利条件而已。梅叶旁征博引的论证过程及由此而得出的大胆结论对于天主教会不啻晴天霹雳，对于人民则是一副清醒剂，有力地打击了教会的嚣张气焰，及时拨去了笼罩在人民头脑中的宗教迷雾。

可见，梅叶是位坚定的无神论者，而16世纪和17世纪的空想社会主义者的思想往往以泛神论的形式出现，本身并没有摆脱宗教。同他们相比，梅叶则摆脱了神学，摆脱了宗教。他在对神学和宗教的直接斗争中，阐明了自己的无神论观点。

(二)梅叶对封建专制制度的抨击

任何社会的政治体制都有整体性。18世纪法国的封建社会也以特殊的内容和形式表现了自己的整体性。国王是统治集权的总代表，是绝对权力的化身。支持这种权力的是教会。以国王为中心，围绕它而活动的是贵族和僧侣以及佞臣和酷吏。这些人与国王狼狈为奸，压迫人民。

在《遗书》中，梅叶用大量篇幅批判了以国王为首的封建专制制度。梅叶愤怒地指出，使大多数人终生不幸的祸害，就是"世上几乎到处都可以看到的大人物的暴政，即几乎统治了整个世界、对其他一切人有无限权力的国王和诸侯的暴政"。"这一切国王和诸侯是真正的暴君，他们以最残酷的方式不断地蹂躏着可怜的人民，他们用很多苛刻的法律和经常压榨人民的义务来使这

---

① [法]让·梅叶：《遗书》第2卷，何清新译，89页，北京，商务印书馆，2009。
② [法]让·梅叶：《遗书》第1卷，陈太先、眭茂译，20页，北京，商务印书馆，2009。

些可怜的人民服从他们的统治。"①梅叶特别谈到了国王为掠夺人民的财产而征收的苛捐杂税以及为征收这些苛捐杂税，国王派军队用暴力强迫人民缴纳，拒缴者遭到逮捕，被迫服劳役，甚至被处死。国王的扩张战争也是人民的极大灾难，直接的掠夺不说，士兵、金钱、粮食都取之于民。梅叶历数了法国的几代国王的暴虐和野心，特别提到了当时的统治者路易十四的暴政和对外扩张。梅叶认为任何一个国王都比不上路易十四那样，"使人流这样多的血，杀这样多的人，使寡妇孤儿流这样多的眼泪，没有摧残和破坏过这样多的城市和省区(他号称大王当然不是因为作了任何伟大而值得赞扬的事业，他根本没作任何配得上这个称号的事，而只是因为他的极不公正的行为，在陆地和海上到处进行的大抢劫、大侵略、大毁灭、大破坏、大屠杀)"②。他一再用"大"字指斥路易十四罪恶活动的程度，真是淋漓尽致，使人感到这位暴君罪大恶极。同时，梅叶认为，贵族也是封建统治阶级的一支残暴力量。他指出，那些吹嘘自己的高贵并以此骄傲自大的贵族们的始祖，"都是些嗜血的和残酷的压迫者、暴君、阴险的叛徒、社会法律的破坏者、窃贼和弑父者"③。在梅叶看来，贵族只是一群暴徒，为维护自身的社会地位和利益，往往在政权的支持下，极尽欺骗之能事，并善于把强暴的掠夺行为用个人正义和道德的幌子掩盖起来。

在 18 世纪的法国封建社会中，宗教和政府明目张胆地狼狈为奸。梅叶对这些情况的理解是极为深刻的。他形象地将宗教和暴政比喻成两个互相庇护和支持的小偷："宗教甚至支持最坏的政府，而政府也同样庇护最荒谬的最愚蠢的宗教。神甫们在咒骂和永世痛苦的恐吓下号召自己的信徒服从长官、公爵和国王，如同服从上帝授予的权力一样。国王也同样关心神甫的威望，给

---

① [法]让·梅叶：《遗书》第 2 卷，何清新译，138 页，北京，商务印书馆，2009。

② 同上书，144 页。

③ 同上书，95 页。

以优厚的圣俸和丰裕的进款，支持他们行使做礼拜的空洞无谓的卖假药式的职能，并强迫人民承认他们所做的和所教导的一切都是神圣不可侵犯的，——所有这一切都是用笃信宗教和顶礼上帝的漂亮的幌子掩盖起来的。"①由此可见，国王和政府垂青于宗教，依仗宗教；宗教也通过政权的扶持而获得重要地位。"暴政使世间这么多的人民在痛苦地呻吟着，而外表堂皇、内容虚伪的令人憎恨的宗教竟胆敢为暴政打掩护。"②梅叶大胆地揭露以国王为首的政权与以教会为代表的宗教相互勾结、欺压人民的罪恶行径。总之，梅叶对封建专制制度的批判要比 18 世纪初法国的其他许多思想家激进得多，深刻得多。

梅叶并不仅仅停留于对暴政的批判。由于对封建专制制度的深刻认识，他号召人民用革命手段推翻封建暴政。他列举了历史上杀死暴君的勇士，悲叹他们不活到当时，"来驱除世上所有国王，打倒一切压迫者，把自由还给人民"③。梅叶坚定地认为，只要人民团结起来，即可以将暴君变成自己的仆役。他不遗余力地教导人民推翻封建专制统治，建立理想社会，这在当时那种严峻的政治气氛下是一种很大胆的设想。

(三)梅叶对理想社会的教育的设想

作为杰出的无神论者，梅叶在论证基督教是虚幻的、虚伪的这一结论的过程中坚信："宗教的伪善行为绝不能在科学和艺术方面提高人民，伪善行为也绝不能使人民发现自然的奥妙，它也不能启发人民产生伟大思想。……因此，人们要在科学方面取得成就，要对社会风俗有所改进，并不需要宗教迷信和伪善行为。"④同时，梅叶也分析了宗教的迷误千百年来盛行不衰的原因。他认为：除了强者的权力、吹牛拍马之徒的卑躬屈节、骗子的阴谋诡计之外，

---

① [法]让·梅叶：《遗书》第 1 卷，陈太先、眭茂译，9 页，北京，商务印书馆，2009。
② [法]让·梅叶：《遗书》第 3 卷，陈太先、眭茂译，230 页，北京，商务印书馆，2009。
③ 同上书，232 页。
④ 同上书，235 页。

人民的懦弱无知也是偶像崇拜和迷信得以流传和发展的重要原因，即无知导致盲目信仰。因为人民"没有知识和势力，不能认清用以哄骗他们的谬误和谣言，也不能抗拒在他们提出异议时用以诱惑他们的强大潮流"①。因此，他积极主张应尽一切努力使人民接受教育。与18世纪的其他启蒙思想家一样，梅叶极其推崇理性的作用。他认为："唯有自然的理性能祝福人民，充实知识、提高智慧、改进技艺，它不仅能够使人民获得道德品质上的成就，而且能引导人民做出毕生中最卓越和最崇高的事业来。"②可见，梅叶认为宗教及宗教教育并不能提高人民的知识水平和道德水平，不能促进科学的发展；唯有理性和教育才可以使人民获得知识和享受美好生活。

但是，在私有制下，人民不可能受到教育，所以梅叶在猛烈抨击封建专制的同时，也清醒地认识到私有制是万恶之源，进而对私有制提出了批判。他认为，人类的最大的祸害就是"把财富和生活方面的设备分归私有"③，"一些人把土地资源和财富据为私有财产，而这些东西本来是应当根据平等权利归全体人民公有的，应当根据平等地位归他们共同享用的"④。这样不可避免地产生了不平等，而这种不平等现象"曾把整个权力、一切福利、一切享受、一切使人愉快的东西、财富、甚至游手好闲都交给世上的强者、富人和贵族，而把一切最不快的和难堪的东西：依附、忧虑、不幸、不安、惊惶，一切劳动和一切累人的工作都交给贫民"⑤。并且由于不平等，人们之间产生仇恨、嫉妒、冲突乃至反抗。因此，梅叶在论述教育问题时首先将受教育权与私有制相联系。他指出，由于贫苦农民及其子女没有土地和财产，不得不为封建主服劳役，过着很困苦的生活，所以他们根本不可能受到教育，永远处于愚

---

① [法]让·梅叶：《遗书》第1卷，陈太先、眭茂译，8页，北京，商务印书馆，2009。

② [法]让·梅叶：《遗书》第3卷，陈太先、眭茂译，234～235页，北京，商务印书馆，2009。

③ [法]让·梅叶：《遗书》第2卷，何清新译，138页，北京，商务印书馆，2009。

④ 同上书，121页。

⑤ 同上书，99页。

昧无知状态。梅叶指出，贫苦农民"自己都没有受到良好培养，没有受过教育，营养很坏，过着贫困生活；他们没有钱也没有能力使自己的子女受到比自己更好的培养、教育和得到更好的营养。结果子女不得不永远成为无知、忍辱和龌龊的人"①；而封建贵族和僧侣阶层的人物拥有大量财产，能受到良好教育。这是多么不平等啊！

梅叶认识到私有制的危害性以后，主张推翻封建统治，实行公有制。梅叶认为土地资源和财富是"应当根据平等权利归全体人民公有的，应当根据平等地位归他们共同享用的"。他主张："住在同一地点或同一地区的人；同一城市、同一乡镇、同一教区的全体男女，应当构成一个家庭，彼此看作兄弟姐妹，同父母的儿女，他们应当像兄弟姊妹般互爱，从而彼此和平共处，共同享用同一种食物或相似的食物，有同样好的衣服，同样好的住所，同样好的寄宿处，同样好的鞋子；另一方面，人人应当同样做事情，即从事劳动或作其他某种正当的、有益的工作……"②显然，这是梅叶对未来理想社会的设想，这也是梅叶的原始共产主义思想的体现。在梅叶的理想社会中，不容许寄生虫存在，绝对禁止恶人作威作福，欺压好人；正直的人应该享有幸福，坏蛋必须受到惩罚。但他还没有完全摆脱宗教思想的羁绊，主张要存在一种具备崇高属性的宗教。在这样的社会中，给一些主教、教区神甫及其副手留有地位。"因为他们除了宣传虚伪的宗教的谬误和迷信之外，设置他们也是为了教导善良的风俗和道德生活中的各种美德，不应当把他们看作完全无益的；在一切设施良好的国家里，必须有教导者，像教导科学和艺术一样教导人们具有美德和善良的风俗。"③在他看来，主教及牧师在教导人们养成良好德行及培养美好社会习俗中发挥着重要的作用，这也反映了当时由于教师缺乏而

---

① ［法］让·梅叶：《遗书》第 2 卷，何清新译，127 页，北京，商务印书馆，2009。
② 同上书，121 页。
③ 同上书，103 页。

一般由牧师担任教育者的社会普遍现象。

在梅叶的理想社会中，他为教育设计了这样一幅蓝图："所有的儿童都同样能受良好的教育，同样吃得好，得到一切必要的东西，因为他们全都是由社会公款来抚养和教育的。""如果儿童都受到同样良好的教育，获得同样良好的营养和扶养，受到善良性格、科学和艺术的教育，对他们就会好得多。"可见，梅叶认为每一个儿童都应受到同等的教育，这是他的人人天生都是平等的这样一种天赋人权理论在教育上的反映。梅叶主张："在培养善良的性格和正当的生活习惯方面，在学术和技艺方面受到教育，根据每个人的需要和目的，也就是根据这些学术知识对他们是否有用，是否必要来受教育。"①

诚然，在《遗书》中，梅叶对未来理想社会教育的论述并不多，但他的人人平等地受教育，强调科学和艺术教育的重要性，注重儿童良好德行和生活习惯的培养的见解，都是很难得的。

作为18世纪法国空想社会主义的先驱，梅叶坚定地反对宗教，反对暴政，反对私有制。他的这种激进思想是他那个时代的许多启蒙思想家所不及的。当然，作为空想主义者，梅叶的思想也有其局限性，如平均主义倾向。虽然他对教育的直接论述不多，但他的反宗教、反封建以及他的空想社会主义的思想体系针砭时弊，开阔了人们的视野，起到了重大的启蒙作用，极大地影响了当时的思想界，并为以后，特别是对巴黎公社时期学校教育的改革提供了有力的思想武器。正如苏联历史学家维·彼·沃尔金所指出的：

在十八世纪的法国思想家中间，有不少人赞成社会平等和财产公有的思想。但是只有在梅叶身上，这些思想才和呼吁被压迫者联合起来同压迫者进行斗争的号召结合在一起。在十八世纪的法国思想家中间，有不少人坚决反对基督教会和宗教的世界观。但是只有

---

① ［法］让·梅叶：《遗书》第2卷，何清新译，132页，北京，商务印书馆，2009。

在梅叶身上，战斗的无神论才成为反对阶级社会基本原则的直接的斗争武器。①

第二节　摩莱里的空想社会主义教育思想

摩莱里(Étienne-Gabriel Morelly，1717—1778)是18世纪法国著名的空想社会主义者。作为法国大革命准备时期的思想家，其主要著作包括《人类理智论》(1743年)、《人心论》(1745年)、《君主论》(1751年)等。后期的有《巴齐里阿达》(*Naufrage des isles flottantes ou Basiliade du célèbre Pilpai*，1753年)和《自然法典》(*Code de la nature ou le véritable esprit de ses lois*，1755年)。他的空想社会主义理论曾得到恩格斯的高度评价，被认为"在18世纪已经有了直接共产主义的理论(摩莱里和马布利)"②。

一、哲学观和社会政治观

18世纪法国启蒙运动思想家的政治理论中普遍采用自然、自然法、自然状态等概念，与这些概念相联系的理论大都探索自然人或原始人的社会状况，借以支持自己的论点。摩莱里也不例外。借助这些流行的"自然权论"的唯理论哲学观点和方法，摩莱里分析社会的政治现象，论证理性和自然法则的一致性。

自然法是18世纪启蒙运动哲学家们常用的一个概念，这个概念也常常出现在《自然法典》中。摩莱里认为："自然是一个整体，恒久不变；自然法也是

① ［苏］维·彼·沃尔金：《十八世纪法国社会思想的发展》，杨穆、金颖译，297页，北京，商务印书馆，1983。
② 《马克思恩格斯选集》第3卷，357页，北京，人民出版社，1995。

不变的，总的来说，举凡给有生物带来和平倾向并决定其活动的东西都属自然法；相反，一切背离这种温和倾向的东西都是违反自然的，亦即越出自然的。"①他认为，自然法是宇宙间的根本大法，它教导人们和平共处，并以此为前提来确定他们活动的趋向。

"自然"的思想是摩莱里社会哲学思想体系的重要组成部分。摩莱里认为，自然是公平合理的，它使一切人平等，都有同样的权利来满足自己的需要。他认为："自然界却让每个人拥有出产其赠品的土地，它使所有的人和每个人都利用它的慷慨赠与。世界是一张大饭桌，配备足够全体进餐者需要的一切，桌上的菜肴，有时属于一切人，因为大家都饥饿，有时只属于某几个人，因为其余的人已经吃饱了。因而，任何人都不是世界的绝对主宰者，谁也没有权利要求这样做。"②他肯定人生来是平等的，自然赋予人的财富需要进行平等分配；自然赐予人类以土地作为不可分割的财产，所有的人都有平等的权利来享受它所生产的果实，没有任何人拥有私人财产。但是，摩莱里的自然思想也像18世纪的许多启蒙学者一样，是和"上帝"的思想相联系的。在宗教问题上，他和伏尔泰比较接近，是位自然神论者。他认为："上帝对于人的行为，正如对于世界的自然秩序一样，定下了总规律，定下一种不随任何运动变化的原则；所有事物一旦按照因其单纯性和成果的广泛丰富性而令人赞叹的计划进行安排时，一切就都会异常协调地前进和运动。"③换言之，上帝的规律和自然的恒常的规律是同一的，二者都规定了人的本性。摩莱里认为，"自然"的秩序便是"合理"的秩序，因为它的逻辑过程的出发点是"人的天性"。摩莱里认为，人的天性从古至今一直都是合乎"自然状态"的，合乎理性的。在摩莱里看来，尽管人类习俗在变化，野蛮民族和文明民族也在变化，

---

① [法]埃蒂安-加布里埃尔·摩莱里：《自然法典》，黄建华、姜亚洲译，22页注①，南京，译林出版社，2014。

② 同上书，10页。

③ 同上书，60~61页。

但这并不表明人的天性发生变化。立法者的理性任务就是真正理解自然规律，理解人的天性，并依据自然规律和人的天性判定法律。他强调凡是和自然、理性、人的本性相符合的社会便是理想的社会。

在《自然法典》中，摩莱里提出并论证了原始社会的共产主义公有制是怎样发展为私有制的。摩莱里认为，在原始社会里，人们受制于自然规律，过着共同劳动、共同占有、共同享受的平等而幸福的生活。但是，后来由于两方面的原因，公有制逐步瓦解，私有制逐步取而代之。一方面是人们认识上的错误。摩莱里认为当时人们没有自觉地认识到这种理想社会是合乎理性的、合乎人的本性的以及合乎自然法则的，因而没有自觉地去维护它；同时，人们也没有认识到摆脱自然状态可能带来的灾难，没有预想到它的后果会引起野蛮和掠夺行为，这样，私有制就不知不觉地产生了。另一方面，摩莱里认为家庭户数增加、人们不断迁徙以及新秩序的难以建立等客观上的三个方面的原因促成原始共产主义的衰落和私有制的出现。

摩莱里在《自然法典》中不仅分析了私有制产生的原因，而且对私有制进行了猛烈的抨击。他指出："私有制是万恶之源，而罪恶则是绝望和极度贫困的产物。"[①]在这种制度下，几乎全体人民肩负着使少数富人享受幸福的重担，而牺牲自己的幸福。人民终日劳作，却过着饥寒交迫的生活；富人不劳而获，饱食终日，消遣享乐。摩莱里认为，私有制使人脱离自然和理性指引的轨道，走向罪恶的深渊。私有制产生利己主义，利己主义又滋生出贪婪、残酷和无情三大社会罪恶。摩莱里进一步指出，私有制不仅使人产生贪欲，而且它的危害作用渗入政治领域，改变政体的性质。他认为："这种使共和国变成君主国又使君主国变成暴君政体的偶然，根本不是真正的天命；这其中没有任何出乎意料的东西；原因是十分明显的，是私有制和私利，它们时而把人们联

---

① ［法］埃蒂安-加布里埃尔·摩莱里：《自然法典》，黄建华、姜亚洲译，122 页，南京，译林出版社，2014。

合起来，时而又役使和控制他们。"①因此，摩莱里主张取消私有制，建立新社会。在《巴齐里阿达》中，摩莱里描述了一个富饶的国家，在那里住着一个幸福的民族，"他们风尚高洁，使他们有资格占据这块富饶的土地。这个民族不知道万恶的私有制，私有制是世界的罪恶渊薮。他们认为大地是所有人的乳母，她对待自己的孩子一视同仁，首先向她最饥饿的孩子张开胸脯。在这里，人人都认为自己有责任使土地丰收，没有一个人说，这是我的田地，这是我的黄牛，这是我的房屋"②。这是摩莱里对人类原初历史的解释，同时也是摩莱里心之向往的理想社会。在《自然法典》的第四篇中，摩莱里为未来的理想社会制定了一部系统的共产主义法典，他将之定名为"合乎自然意图的法制蓝本"。在这里，摩莱里用法律条文的形式清楚地表述了他的空想社会主义思想。

首先，摩莱里在"可以从根本上消除社会的恶习和祸害的基本和神圣的法律"，即基本法的前三条中指出："社会上的任何东西都不得单独地或作为私有财产属于任何个人……""每个公民都是依靠社会供养、维持生计和受到照料的公务人。""每个公民都要根据自己的力量、才能和年龄促进公益的增长。据此按分配法规定每个人的义务。"③这实际上宣布了以生产资料公有制来代替生产资料私有制，规定了公民的劳动权、生存权以及各尽所能的理想社会的最基本的原则。其次，在这三条基本法的指导下，摩莱里又制定了将基本法具体化的各种单行法，主要有分配法、土地法、城市规划法、公共秩序法、行政管理法、婚姻法、教育法、科学法、刑法等11项，从政治、经济和文化三方面对未来社会作了生动的概括。纵观这些法律条文，可以得出以下结论：摩莱里心目中的理想社会，是消灭私有制、实行公有制的社会。在这样的社

---

① [法]埃蒂安-加布里埃尔·摩莱里：《自然法典》，黄建华、姜亚洲译，50页，南京，译林出版社，2014。

② 同上书，142~143页。

③ 同上书，89~90页。

会里，一切不动产和劳动产品都为社会所有，由社会进行平均分配。人人都必须参加劳动，尤其是农业劳动很重要。人人都要在 20 岁至 25 岁从事农业劳动，根除脑力劳动和体力劳动之间的对立。在这样的理想社会里，领导者具有高尚的品格，关心全体人民的幸福生活，"能够按纯朴的自然的和平法律来管理人民"①，丝毫不牟取私利，深受人民爱戴。法律面前人人平等，即使身为元首的人，如果犯有罪行，特别是图谋废除神圣的法律，引进私有制的罪行，也要经受审判，绳之以法，处以终身禁闭的惩罚。总之，摩莱里的中心思想就在于论证共产主义制度是符合自然法则的，是符合人的天性的，并坚信私有制必将为公有制所代替。

二、教育思想

摩莱里的教育思想是和他的唯理论哲学观以及空想社会主义的社会观密切联系的。从某种程度上来说，摩莱里的教育思想是他的哲学观和社会观的产物。

摩莱里重视教育，并将教育作为其空想社会主义理论的重要组成部分。他极其关注教育问题，其早年的两部著作——《人类理智论》和《人心论》都有一个共同的标题：《教育的自然原理》。同时，作为一位曾担任过教师之职的空想社会主义者，他的教育理论更具有操作性。

作为 18 世纪的空想社会主义者，摩莱里深受这个世纪盛行的理性主义因素的影响，主张用理性重新审视和裁决一切。他认为，谋求幸福生活，必须听取自然和理性的教诲，消灭私有制，建立公有制的社会。在他看来，"理性最能启发人们去防止变恶"②，只要传播理性的观点，用理性之光去消除无

---

① [法]埃蒂安-加布里埃尔·摩莱里：《自然法典》，黄建华、姜亚洲译，3 页，南京，译林出版社，2014。

② 同上书，88 页。

知、偏见和私心，改变错误认识，恢复理性，恢复自然状态，就可以进入合乎人的天性的理想社会。即理性的力量高于一切。正因为理性和教育不够，决定了第一批确立私有制的立法者的错误。同样，通过理性和教育的作用可以纠正错误，恢复合理的自然制度。因此，在摩莱里看来，教育的任务便是培养人的理性，推翻私有制社会，并巩固私有制推翻后改革的成果。可见，摩莱里从唯理论出发，肯定了教育的必要性。

摩莱里从他的人性论出发，也对教育的可能性作了肯定的回答。他的人性论是和他的唯物主义认识论相联系的。他认为，从遗传方面看，人的本性在道德上是中性的，生来如此，既不好，也不坏。他指出，"人既没有天赋的观念，也没有天赋的倾向"[1]；并认为，"人从自然界脱胎出来时都不带有任何形而上学观念或道德观念，而只具备接受这些观念的能力"[2]。所有的人在本质上具有相同的心智能力，彼此间的差别是由感官感受性的不同或者人们所感受的经验不同造成的。人是可以塑造的，其中教育和社会环境起举足轻重的作用。因此，他十分重视教育，他为未来社会制度制定的法制蓝本中包括教育法，该法共 12 条，包含很丰富的内容。概括起来，有以下几点。

（一）儿童教育理论

1. 强调母乳喂养的重要性

摩莱里所处的时代，法国上层阶级的妇女一般不重视婴儿的喂养和教育。贵妇们都将孩子寄送乡下或请保姆喂养。由于照顾不周或营养不良，幼儿体弱多病甚至落下残疾。因此，摩莱里在教育法第一条中便主张，如果母亲的健康条件允许，"应亲自给自己的子女哺乳；如无身体不适之证明，不能免除这项义务"。并在第二、三条中规定，有婴儿要哺乳的妇女，即使离婚后也应

---

[1]　［法］埃蒂安-加布里埃尔·摩莱里：《自然法典》，黄建华、姜亚洲译，8 页，南京，译林出版社，2014。

[2]　同上书，6 页。

继续喂养婴儿一年，而且部族的族长也要"注意检查作父母的是否关怀自己的年幼子女"①。由此可见摩莱里对母乳喂养的重视。

2. 主张儿童平等受教育

摩莱里认为在未来的理想社会中，儿童应受到很好的教育。他为儿童教育设计了这样一幅蓝图：全体儿童五岁时搬到为他们专设的房舍，不加区分地受到完全一样的初等教育，而且他们的饮食和衣服也都完全一样。扮演教师角色的一定数量的家庭的父母"对全体儿童要一视同仁"②。以法律形式规定每一位儿童都有均等的受教育权。

3. 主张教育与劳动相结合

摩莱里主张："十岁以前的儿童，如身体已经相当强壮，可以学习认为对他们适合的职业的初步知识时，则每天到公共作坊数小时，进行学习。"他指出："凡达到十岁的儿童，都应该离开公共保育院，进作坊学习。"③各作坊的坊主要耐心指导他们，他们也要像尊敬父母那样尊敬工长和行业首长。男女儿童在作坊中分别学习适合于他们的技艺。由此可见，摩莱里主张教育与生产劳动相结合，这是他的教育思想中很有价值的理论。

4. 重视道德教育

摩莱里很重视对儿童进行道德教育。他在法令中规定，十岁前的儿童在一定数量的家庭的父母的轮流照顾下进行学习。"他们要努力教导自己的学生学会节制和顺从"，这些教师要用温和的劝说和轻微的责备来"防止任何不和、任性和沾染恶习"。十岁以后到作坊学习时，男女工长和行业首长还要对儿童进行道德教育。教育要以社会团结和友爱为宗旨，"告诫的主旨是实现个人幸福与公益的紧密结合"，上级首长或参议员检查工作时，"特别要检查是否很

---

① ［法］埃蒂安-加布里埃尔·摩莱里：《自然法典》，黄建华、姜亚洲译，109 页，南京，译林出版社，2014。

② 同上书，110 页。

③ 同上书，110 页。

好地纠正和预防儿童时期可能产生私有观念的缺点。他们也要防止儿童的心灵从幼年时期就受某种稀奇古怪的寓言、童话和谎言的熏染"。① 而且，摩莱里在刑法中对于未能很好履行教师之责任，使儿童养成不良习性的教师的处罚也有明确的规定。他指出："凡负责教育和照管儿童粗心的人，由于显然的管教不严，使儿童沾染上某种违反公益精神的恶习或不良习惯时，将根据其情节的轻重，暂时或永远剥夺他们从事这项工作的荣誉。"②可见，摩莱里极其重视对儿童进行道德教育，并对教师在培养学生良好德行中的作用以法律的形式给予明确的规定。

(二)成人教育理论

摩莱里非常重视成人教育。他提出，20 岁至 25 岁的成人必须从事某种农业工作，30 岁以后可以从事科学和艺术工作。同时，他又指出，那些献身于科学和艺术的人的敏锐性、洞察力、灵巧、技艺和天才要高于体力，他们的人数在每种行业和每个城市都要作出规定。"天资聪慧的公民的教育应提前开始。"③他强调科学研究和发明的重要性。在治理法中明确规定，对于有重大发明的，应给予很高的荣誉，"在每一行业里，凡是有重大发明的人，都要向本行业全体成员报告；这样，他即使没有达到规定的年龄，也可以担当工长，并在次年出任行业首长"④。虽然摩莱里规定"除了研究法律的方案和体系之道德哲学外，没有任何其他道德哲学"，但是，他对于自然科学以及技术科学方面的研究却给予充分的肯定。他指出："应定出一部所有科学的公共法典，其中规定形而上学和道德学任何时候不得超过法律所规定的界限；只有经过实验证明和推理确定的物理学、数学或力学的发明，才可以载入法典。"⑤对

---

① ［法］埃蒂安-加布里埃尔·摩莱里：《自然法典》，黄建华、姜亚洲译，110 页，南京，译林出版社，2014。
② 同上书，116 页。
③ 同上书，112 页。
④ 同上书，97 页。
⑤ 同上书，113、114 页。

于"重建艺术和科学是否有助于风俗的淳化"这个问题，摩莱里完全不同意卢梭的否定回答。他认为："如果各民族未受到私有制败坏的话……毫无疑问，知识广博只会使人变好。""艺术和科学使人懂得社会的真正乐趣、驱除野蛮行为、增进我们的快乐。"①由此看来，摩莱里对科学有浓厚的兴趣，他的科学观与当时资产阶级的认识是一致的。

综观上文，我们发现摩莱里的教育思想是十分丰富的。他的幼儿教育理论、教育与生产劳动相结合的理论以及重视成人教育、强调自然科学及科学研究的重要性的见解都是十分可贵的。这些思想都极大地丰富了空想社会主义的理论，并促进了教育理论的发展。但是，相对来说，他的教育理论还是比较粗浅的。他的教育理论由于受唯理论哲学观的限制和影响，因而不可避免地带有唯理论的局限性，即过分夸大教育的作用。同时，摩莱里作为主张平等的空想社会主义者，往往有粗陋的平均主义倾向，在教育上表现为过分强调所有儿童受同样的教育，而对儿童的个别差异视而不见。然而，瑕不掩瑜，摩莱里的教育理论的进步性是值得肯定的，他的教育思想也是值得研究和肯定的。

第三节　巴贝夫的空想社会主义教育思想

巴贝夫是 18 世纪末法国著名的空想社会主义理论家和革命活动家。在空想社会主义发展史上，其思想及教育理论产生了深远的影响。

作为 18 世纪法国伟大的空想社会主义理论家和革命活动家，巴贝夫一生积极投身于反封建、反大资产阶级的革命事业，并在长期的斗争中形成其政

---

① ［法］埃蒂安-加布里埃尔·摩莱里：《自然法典》，黄建华、姜亚洲译，80 页注①，南京，译林出版社，2014。

治主张和共产主义理论。他的主要论文收录在《巴贝夫文选》中,该书比较全面地反映了他的理论成就和革命活动。同时,作为平等派密谋运动的核心人物、巴贝夫主义的忠诚捍卫者邦纳罗蒂(Filippo Michele Buonarrotti, 1761—1837)的著作《为平等而密谋》(又名《巴贝夫密谋》)也对巴贝夫所领导的平等派密谋及其理论学说给予了论述。此书分上、下卷,上卷以法国资产阶级革命为背景,追述了平等派密谋的产生、发展和失败的全过程;下卷记述了对这次密谋事件的审判过程以及收集的有关这次密谋的珍贵资料,即 30 个文件。巴贝夫的政治主张、共产主义理论及其教育理论主要反映在以上这部著作中。

一、政治主张和共产主义理论

巴贝夫认为,"全体人民的平等权利""全体人民的福利"是最崇高的原则。根据这一原则,首先,他主张国家的一切制度都必须为人民谋利益,否则就应当用革命推翻它。他提出制定一部为人民谋利益的宪法,建立一个为人民谋利益的国民议会。他认为宪法必须是全国人民的公共宝库,是人民的精神生活和物质生活的全部条件。宪法里不但必须有明确具体的规定,而且还必须用物质资源加以保证。他希望国民议会站在人民的立场上,深刻认识和理解人民的苦难,坚决采取有效的手段解决人民的倒悬之厄。热月政变后,巴贝夫清楚地看到,法国大革命是以一种剥削制度代替另一种剥削制度,革命果实完全被资产阶级窃取了。因此,他主张进行旨在为人民谋利益的新的革命。其次,他认为必须坚决相信和依靠人民的伟大力量。巴贝夫认为:"任何一桩伟大的无愧于人民的事情,只有通过人民才能办到,如果不是通过人民,那是永远不能实现的。"①人民的伟大力量在于团结,这是巴贝夫非常卓

---

① [法]G. 韦耶德、[法]C. 韦耶德合编:《巴贝夫文选》,梅溪译,61 页,北京,商务印书馆,1962。

越的见解。他用法国革命的经验教训教育人民说："我们的不团结是只图升官发财之辈镇压人民利益的维护者的最可怕的武器。"①巴贝夫深知，共同的行动纲领对于加强人民的团结来说，是非常重要的。有了共同的行动纲领，人民才能在行将发生的伟大事件中有所遵循。他提出以温和的 1793 年宪法作为共同行动的纲领和团结的基础。最后，他指出，只有用革命的暴力推翻少数人的政权，才能实现全体人民的幸福。他从革命的经验教训中认识到，要使人民革命取得胜利，必须使用暴力，打破把所有一切利益都集中在少数人手里，几乎使所有的人都成为一小撮特权人物的奴隶的秩序。他对罗伯斯庇尔、圣鞠斯特(Louis Antoine Léon Saint-Just，1767—1794)的领导很是赞赏。巴贝夫把人民的自由和幸福视为人世间最神圣的事业。他宣誓自己要庄严地维护人民的事业，不惜为人民的事业献身。他在给妻子和孩子的遗书中说："我是为了最伟大的和最崇高的事业而牺牲自己的；如果我为这个事业作出的一切努力都是白费，我终究是尽了我的天职……"②

巴贝夫的共产主义理论主要包括对资本主义制度的批判和对共产主义社会的论述。巴贝夫对资本主义制度进行了尖锐的批判。他明确指出，旧制度是暴政的根源，必须彻底铲除。他看到，在资本主义制度下，四体不勤的人，却是什么东西都不短缺的人；而无数劳动者，辛勤劳作，结果却是两手空空，人家留给他们的一点东西，无非是残羹剩饭而已。所以，他认为，资本主义制度是一种极不合理的、应当被消灭的制度。

巴贝夫的共产主义思想建立在"绝对平等"的基础上。他认为，每个人在生下来的时候是绝对平等的，"没有一个人比他周围的任何人富些或穷些，贵些或贱些"③。而现实社会中存在的极端的不平等，是违背自然法则和永恒正

---

① ［法］G. 韦耶德、［法］C. 韦耶德合编：《巴贝夫文选》，梅溪译，66 页，北京，商务印书馆，1962。

② 同上书，96 页。

③ 同上书，86 页。

义的社会制度所造成的。因此，他希望人民彻底击毁一切陈旧的、野蛮的制度，建立自然和永恒的正义所规定的制度。法国资产阶级大革命以前，巴贝夫设想的社会制度是：土地不是个人的私产，而是属于所有的人；所有的一切东西，都是公有财产。任何人都不应独自占有任何东西，而应该共同支配一切；所有的物品都实行绝对均等的分配。在这个社会里，不论是国家行政人员还是手工业者，不论是作家还是理发匠，都是具有同等权利的人，同样享受各种利益。法国资产阶级大革命以后，巴贝夫的共产主义思想有了进一步的发展，他对未来的社会制度又有了以下一些论述：第一，它将消灭生产和消费对立的现象。在未来社会里，一切人都同时是生产者和消费者，一切生活需要都可以得到满足。第二，每个人的社会地位都是绝对平等的，不再有剥削者和被剥削者，"到处是公正、自由、责任感和正义感"①。第三，必须实行"均等分配"的原则。福利必须均等分配，大家普遍享受，让每一个人都享受到丰衣足食的乐趣。第四，实行公有制和计划经济。巴贝夫所设想的未来社会是公有制社会，一切都按计划进行。第五，在未来的社会制度里，技术和劳动者的对立将消除，技术将得到更大的发展。第六，人人都必须无条件地参加工作。第七，未来的新社会，是科学和文化高度发展的文明社会。巴贝夫指出，在新的社会里，"艺术、科学、贸易和工艺不但不会衰落，完全相反，它们会得到新的强大的推动力，不断向前发展，为全社会的利益服务。它们的实践应用的可能性将具有崭新的面貌，使社会福利继续不断增长"②。文化将变成为全人类创造幸福的真正文化。

总之，巴贝夫主张依靠人民的力量来推翻资本主义制度，建立一个理想社会。他的思想更多的不是从观念出发，而是从法国大革命的现实出发；主

---

① [法]G.韦耶德、[法]C.韦耶德合编：《巴贝夫文选》，梅溪译，89页，北京，商务印书馆，1962。

② 同上书，94页。

要的不是对未来社会图景的描述和方案的设计，而是关于在现实的法国如何为实现理想社会而斗争的理论。由此可见，其理论水平远远高于 18 世纪其他的空想社会主义者。

二、教育思想

巴贝夫重视教育问题。他特别推崇卢梭的教育方法，并曾以之为依据亲自教育自己的孩子，照顾他们的生活。虽然《巴贝夫文选》中直接涉及教育的论文不多，但是，作为杰出的空想社会主义者，巴贝夫不可能不关注和探讨教育问题。邦纳罗蒂在回忆录《为平等而密谋》中，真实而全面地记录了以巴贝夫为核心的平等派密谋运动的参加者对于教育问题的阐述。因此，从某种程度上来说，这些教育理论也便是巴贝夫对于教育的认识。当然，巴贝夫的这些教育主张是和他的政治主张以及共产主义理论密不可分的。

巴贝夫对于教育的认识主要有以下几个方面。

（一）主张教育应当是国家的、公共的和平等的

主张教育是国家的、公共的和平等的是巴贝夫关于教育的最主要、最基本的思想。所谓教育是国家的，有两层含义：一是教育在法律的指导下和公职人员的监督下进行，"应当成为改革的辅助手段，应当起支持和巩固共和国的作用"；二是"教育的主要目的应当是把博爱的感情深深地铭刻在所有人的心里"，而不同于"排他性的和利己主义的家庭制度"[①]。巴贝夫清醒地意识到："掌握在改革者手中的教育，能够彻底改变民族的面貌，使热爱祖国和自由平等成为神圣不可侵犯的原则。这种伟大的制度一旦建立起来，就能够进一步通过教育而臻于完善、巩固以至万古长存。"[②]可见，作为革命理论家和活动家的巴贝夫深刻地认识到，取得政权的共和国必须将教育大权牢牢地掌

---

① ［法］菲·邦纳罗蒂：《为平等而密谋》上卷，陈叔平译，224 页，北京，商务印书馆，2009。
② 同上书，223 页。

握在共和国手中的必要性。为了保证教育是国家的,巴贝夫认为教育应由高级机关来领导,这个高级机关由担任过共和国要职的元老们组成。机关通过其下属的公职人员来领导全部教育机构,并从中选派检察员来保证法律和它的指示的执行。巴贝夫主张社会完全有权力直接对凡是一切可能对其成员的教育产生任何影响的事务进行监督。他之所以这样强调教育是国家的,是因为他把教育看作社会平等和共和制度的最巩固的基础。教育是公共的,是指同时让所有儿童在公共教育机关的同样纪律的条件下生活。这是巴贝夫公有制思想在教育上的反映。教育是平等的,这一主张同样是巴贝夫的人人生而平等的思想在教育上的折射。同时,他又将教育的平等作为实现政治平等的重要手段,并坚信"从教育的平等当中应当产生最广泛的政治上的平等"①。总之,教育应当是国家的、公共的和平等的,这是巴贝夫的最根本的教育指导思想。

(二)重视道德教育

以巴贝夫为核心的平等派密谋者非常重视道德教育,他们提出:"置于共和国的直接监督之下的公共教育,乃是道德的铸模;因此,道德在社会里将会得到巩固,因为年轻人在社会上所接触到的,正是他们从幼年起就学会热爱的那种感情、观点和习惯。"②巴贝夫等人认为,道德教育的主要目的是教育儿童热爱祖国和真正的荣誉,以及对平等和正义的热爱,即通过道德教育培养年青一代热爱共和国,尊敬和爱戴共和国并作为它的管理者的品质,对平等、正义等原则有正确的认识和把握。在巴贝夫看来,道德教育的途径较多。首先,国家教育机关"不断地以可爱的祖国的名义"向年轻人灌输平等、正义的观念,使这些观念自小扎根于青年的心中;其次,通过为高尚人物建立的纪念碑及英雄人物的墓地等实物直接地让年轻人感受到伟大人物的事迹,

---

① [法]菲·邦纳罗蒂:《为平等而密谋》上卷,陈叔平译,225页,北京,商务印书馆,2009。
② 同上书,183页。

启发他们对优秀人物的敬仰之情，培养爱国主义精神；最后，通过纪念活动、游戏和戏剧等多种艺术活动形式表彰勇敢、敏捷、节制、谦虚等优良品质，使青年得到熏陶。总之，巴贝夫关于道德教育的内容是丰富的，其途径也是多种多样的。

(三)强调劳动教育

劳动教育也是以巴贝夫为核心的平等派密谋者的教育思想的重要组成部分。巴贝夫主义者认为："人人都有幸福生活的权利，人人都有劳动的平等义务。"[1]在理想社会里，"所有的人都能够按照自己的体力和所担负的劳动的繁重程度，平等地担当起劳动的义务"[2]。因而，他们主张在教育院里，管理人员让受教育者从事法律所规定的各种各样的劳动，而且相信"由于养成劳动的习惯，由于对祖国的热爱，由于劳动的乐趣，以及由于社会舆论对劳动的赞赏，所有的人都会受到感召和激励而去从事劳动"[3]。在所有的劳动中，巴贝夫特别强调农业和手工业，主张青年应当学会从事最繁重的农业劳动和各种手艺，以便"养成能够适应最艰苦的活动的习惯，以及能够过最朴素的生活"。在教育院里，"设置各种工场，每一个学生都能够在工场里学习他所爱好的技能"；并且主张在教育院里，有广大的农业场地，使青年从事农业劳动。巴贝夫主义者之所以强调劳动教育，其目的不外乎以下几点：首先，通过劳动教育使青年人习惯于劳动，使他们学会从事农业和必要的手工业，使他们获得有益的知识。其次，通过劳动，使青年的身体得到锻炼，因为"公民的健康和体力，是共和国的幸福和安全所主要依靠的条件"[4]。最后，通过劳动教育培养青年平等、劳动的观念和对祖国的热爱之情，即通过劳动教育最终培养健康的共和国公民。

---

[1] [法]菲·邦纳罗蒂：《为平等而密谋》上卷，陈叔平译，167页，北京，商务印书馆，2009。

[2] 同上书，170页。

[3] 同上书，169页。

[4] 同上书，227页。

(四)重视军事教育

巴贝夫等平等派密谋者认为,只有全体公民"参加制定法律,能够肩负管理社会的任务,并且随时准备拿起武器保卫祖国,社会才能有自由和平等"①。"国内制度再好,也无法使无战斗力的人民免受不讲信义、好战成性的邻国的侵犯。"②因此,他主张每个公民都是一名士兵,所有的人都能够善于使用武器,这样共和国可以免遭侵略;同时可以使他们忍耐疲劳,不怕苦和不怕死,充满对祖国的热爱和热切地愿意为祖国服务。鉴于此,巴贝夫等主张"一旦儿童成长起来,就让他们习惯于军事训练"③,并主张青年从教育院毕业后,就要转到靠近边境的营地去。"在那里,他们应当不断提高军事技术,随时准备击退外来的侵犯。"④总之,军事教育的目的是使青年学会使用武器,保卫祖国的安全;同时,通过军事训练,培养年轻人服从纪律、敢于吃苦、勇于为国献身的品质和情感。

(五)主张文化科学知识的学习

巴贝夫等人重视对年青一代进行文化科学知识的传授,认为公民的知识应当促进他们热爱平等、自由和祖国,应当使他们能够为祖国服务并保卫祖国;并认为"社会的完善秩序,要求其成员具有各方面的知识"⑤。由于语言文字是各地之间人们进行交流的一种工具,同时可以由此而获得别的知识,因此,他们主张必须使每一个法国人都会讲、读、写本国的语言;主张"必须使每个人都懂得数学,因为每个人都可能被指定去保管和分配国民财富";"必须让所有的人都懂得历史和法律,其所以要懂得历史,是为了了解共和国所结束了的苦难和它所带来的幸福;而学习法律,就是为了使每个人了解自

---

① [法]菲·邦纳罗蒂:《为平等而密谋》上卷,陈叔平译,184页,北京,商务印书馆,2009。
② 同上书,189页。
③ 同上书,190页。
④ 同上书,232页。
⑤ 同上书,228页。

己的义务，并且有能力担任公职和在国家大事上发表自己的见解"①。巴贝夫等人还主张使所有的人都懂得地形测量、共和国的自然史和统计学方面的有关知识。他们为共和国的学校教育所设计的课程包括本国语、数学、历史、法律、地理、自然史和统计学在内的许多课程，并且这些课程的确立原则是课程与生活相联系，学以致用，建设国家。巴贝夫等人还明确提出要坚定不移地取缔任何神学的探讨，废除令人失望的卷帙浩繁的法学。另外，对于工艺和科学，以巴贝夫为主的起义委员会认为："在科学的帮助下，疾病时而得以治愈或是防止；科学教导人们认识自己；科学防止人们陷入宗教狂热，鼓舞人们起来反对专制制度，使人们的业余生活丰富多彩，使人们具有高尚的情操。"②在私有制下，虽然工艺和科学带来种种恶果，但只要公有制建立起来，"真正能够促进社会的幸福与巩固的那些科学研究和工艺，不但不会受到排斥，反而会在人们的共同关心之下，在社会舆论的赞扬以及人们有空闲时间来从事这些工作的情况下受到鼓励"③。可见，巴贝夫等人并不像别的空想社会主义者那样排斥科学技术。他们充分肯定科学技术在社会进步中的作用，进而强调对科学技术学习和研究的必要性。

（六）注重教育的性别差异

巴贝夫等人认为两性之间存在差异，男子天性活泼好动，女子在体力上弱于男子，有怀孕的不适反应和分娩的痛苦，于是，他们主张"不能不加区别地对不同性别采取同样的教育方法"④。他们认为，男子应当学会从事繁重的农业劳动和各种手艺，养成能够适应最艰苦的活动的习惯以及能够过最朴素的生活。男子除了本国语、数学、历史、法律等课程的学习外，还要参加军事训练、跑步、骑马、打猎、游泳等，拥有健康的身体，从而为保卫祖国做

---

① ［法］菲·邦纳罗蒂：《为平等而密谋》上卷，陈叔平译，230 页，北京，商务印书馆，2009。
② 同上书，234 页。
③ 同上书，238 页。
④ 同上书，223 页。

好准备。对于女子而言，她们应当为祖国提供健壮的公民，所以必须使她们的身体受到劳动和体育的锻炼，从而使她们具有良好的体格。他们主张让女子从事最轻微的农业劳动和工艺劳动；女子还要参加学习，并学会唱民族歌曲；等等。从以上这些论述看来，巴贝夫等人主张对男女施以不同的教育，其出发点并非男女之间智力水平的不同或社会地位的不平等，而是两性之间的自然差异。承认自然差异，并针对这些差异施以不同的教育，这种认识无疑是很可贵的。

由上观之，以巴贝夫为核心的平等派密谋者的教育思想是十分丰富的。他们重视国家对教育的领导，主张人人平等受教育，并提出让受教育者受到德、智、体、劳等各方面的教育。巴贝夫虽然主张人与人之间的绝对平等，但同时又主张对于特别优秀的具有杰出才能的青年给予继续受教育的机会，并针对两性间的不同施以不同的教育。这一点完全不同于早期粗浅的平均主义空想家的思想。另外，他们还主张让年轻人学习舞蹈和音乐，让女孩学唱民族歌曲；在公共节日里，让年轻人有令人愉快和动人心弦的娱乐，抛弃了先前的空想社会主义者的禁欲主义思想。这一切都极大地丰富了空想社会主义的教育思想。但是，我们应看到巴贝夫的共产主义理论是建立在唯心史观基础之上的。这个历史观的错误，不仅决定了巴贝夫学说的空想性质，也导致了建立在这样基础之上的教育理论的局限性。当然，我们不能求全责备，任何一个天才人物，都不能超越自己的历史时代。他只能发现在他那个时代的条件下所能发现的真理。因此，在那个时代的条件下，他能提出不少的教育主张，已是十分可贵的了。

空想社会主义是人类思想史上进步的思想体系。18世纪法国的空想社会主义思想作为空想社会主义思想的重要组成部分，曾起了极大的作用。当然，作为其重要组成部分的教育思想同样对当时及后世产生了积极的影响。虽然18世纪空想社会主义者的许多思想超越了他们的时代，但毕竟受时代的局限，他们的空想社会主义思想仍没摆脱以往空想社会主义的平均主义和禁欲主义。相反，普遍的平均主义和粗浅的禁欲主义仍然是 18 世纪空想社会主义的一个重要特点，并且 18 世纪的空想社会主义者在历史观上表现出唯心主义倾向，这一切使他们的教育思想不可避免地受到影响。

第九章

18 世纪瑞士的教育实践

　　尽管瑞士的政治体制历时弥久，但它在演变过程中一直都是一个异类。早在 14 世纪初，没有人能够预料到，在普通城镇和人口稀少的山谷形成的不同联盟，竟然能够取代贵族和神圣罗马皇帝的天赋秩序。统一瑞士居民的从来不是王朝，也不是宗教或语言。唯有历史——这个人类接受共同的故事和对共同体想象的能力——随着现代瑞士身份的呈现和壮大，成为它的主要基础。① 从大的脉络来看，瑞士国家历史可以分为两个阶段：第一个阶段是从 1291 年"老三州"（最初结盟的瑞士三个州，即乌里州、施维茨州和翁特瓦尔登州）为抵御外敌侵犯而成立"永久同盟"，随后卢塞恩州、苏黎世州、格拉鲁斯州、楚格州和伯尔尼州等陆续加入，于 1353 年形成"八州联盟"。至 16 世纪初期，老八州和新五州组成一个政治行动者，即旧瑞士邦联。尽管内部成员仍有不同利益，但邦联作为一个整体已经成为欧洲范围内的重要力量，同时越来越多的同代人开始将瑞士视为一个正在形成的身份独特的共和国，直到 1798 年在法国大革命影响下旧邦联崩溃。第二个阶段是从 1798 年瑞士开始尝试彻底的国家政体重组，成立作为法国傀儡的"海尔维第共和国"，经过一系

---

　　① ［英］克莱夫·H. 彻奇、［英］伦道夫·C. 海德：《瑞士史》，周玮、郑保国译，2 页，上海，东方出版中心，2018。

列的摸索，再到以 1848 年联邦新宪法的实施为标志建立现代国家。我们可以看到第一阶段 18 世纪的瑞士保持基本平稳，有自己独特的发展情境，一直是一个自治的农民共和国与城邦的松散复杂的联盟。① 1712 年新教州的胜利标志着长达两个世纪的宗教斗争已告结束，新教州的胜利也使联邦内部力量的对比转而对工业蓬勃发展的城市有利。诚然，至 1798 年为止，这个国家政治上的变化很少，各种反动思想以及贵族的等级观念一如既往地居于统治地位。② 也正因为如此，中外学者对于瑞士 18 世纪的教育研究相对较少。然而，瑞士始终是欧洲的一分子。欧洲的 18 世纪启蒙思想风云激荡，整个社会暗潮汹涌，瑞士这片平静的湖水终起波澜，标志着它将从传统走向现代，最突出的表现就是从神化到世俗化的转变。

“现代”本身首先是时间概念，同时也承载着区别于中世纪的新时代精神与特征。③ 在西方，现代概念伴随着资本主义的萌芽与发展过程，并得到理性主义与启蒙运动的巩固与发展。过去完整统一的宗教世界出现了矛盾冲突，不同人群组成的社会共同体以及个体的世俗生活得到关注，登上世界历史的舞台。从共同体角度来说，我们看到世俗政体与现代民族国家的形成；从个体角度来说，生活从宗教中心转向以世俗物质文化为中心，公民意识得以形成。有研究者认为，“这漫长的 18 世纪即便不能被称作‘现代世界的创世记’，也至少是演变出现代‘意识’（consciousness）和产生‘现代自我’（modern self）的关键时期”④。我们既可以把这种现代意识与现代自我看作现代资本主义社会形式，具有独立主权和领土完整的现代民族国家的产生，同时也可看作个体

① Ulrich Helfenstein and Ellie Weilenmann, “Swiss Archives,” *The American Archivist*, Vol.37, No.4, 1974, pp. 565-571.

② ［瑞士］迪特尔·法尔尼：《瑞士简史》，刘文立译，39 页，武汉，华中师范大学出版社，1987。

③ 罗荣渠：《现代化新论——世界与中国的现代化进程》，5~6 页，北京，商务印书馆，2004。

④ ［美］伊赛·沃洛克、［美］格雷戈里·布朗：《现代欧洲史第 3 卷：18 世纪的欧洲，传统与进步 1715—1789》，陈蕾译，12 页，北京，中信出版社，2016。

公民意识的形成。随着瑞士从传统邦联形式的松散联盟走向现代国家形式，教育领域也完成从神学化到世俗化的转变。神学、贵族教育转向世俗、平民教育，特别是青少年进入社会的职业技能教育得到发展，高等教育的学科也从神学逐步扩展到法学教育，继而走向更大范围的综合化。

第一节　18世纪瑞士的社会变迁与文化发展

1648年《威斯特伐利亚和约》的签署标志着欧洲宗教战争的结束。依据和约规定，神圣罗马帝国皇帝斐迪南三世最终放弃要求旧瑞士邦联各州成为神圣罗马帝国成员的所有主张。虽然在名义上旧瑞士邦联仍然是神圣罗马帝国的一个"帝国行政区"，但神圣罗马帝国统治势力在旧瑞士邦联已经所剩无几。至此，可以说旧瑞士邦联的自由得到了欧洲的承认。但是，旧瑞士邦联内部的战火并没有平息，先是1653年以农民为代表的下层阶级组成联盟掀起起义，接着，由天主教州和新教州煽动的宗教仇恨的熊熊烈火再次燃起。18世纪初，托根堡人民揭竿而起，卢塞恩市市长呼吁各天主教州平定叛乱，伯尔尼市市长则号召所有新教教徒支持起义军。1712年8月，天主教州和新教州在阿劳缔结一项有利于得胜方新教州的全面和平协定——《阿劳和约》。在《阿劳和约》签订之后的86年中，旧瑞士邦联既未参与对外战争，也未爆发国内战争。[1] 新教州的胜利也使邦联内部力量的对比转而对工业蓬勃发展的城市有利。可以说，18世纪初瑞士的政治演变已经完成，或者说它起码停了下来，奠定了瑞士在18世纪余下时间中的政治轮廓。事实上，和平的状态允许贵族们来巩固所谓"瑞士旧制度"：一种混合了稳定的城市和农村寡头的统治，相

---

① ［英］哈里特·D.S.麦肯齐：《瑞士史》，刘松林译，263页，北京，华文出版社，2020。

对繁荣，但日益僵化压抑。① 所有这些助长了停滞的局面，直到 1789 年法国大革命爆发，并在其影响下于 1798 年成立海尔维第共和国。

一、1798 年前的瑞士旧邦联：波澜不惊但暗潮涌动

18 世纪虽然瑞士社会自身经历工业化发展，对贵族统治提出挑战，社会异见的声音也越来越强大，暴露了旧秩序的问题，但是在寡头政权的强硬控制下，体制仍然具有凝聚力。然而这种暂时稳定的背后却酝酿着欧洲启蒙思想引发的缓慢、平稳的变化。

首先，18 世纪的瑞士经历了十分重要的工业化阶段，社会自身发展迅速，到 1798 年海尔维第革命爆发时，瑞士邦联已经成为欧洲大陆上工业化程度最高的国家。② 从大约 18 世纪 80 年代开始，瑞士经历了工业革命，起初以外包制为基础，后来很快扩大为工厂化生产。到 1790 年，瑞士四分之一的人口（总人口将很快达到 170 万）以制造业为生。其中四分之三从事纺织业。棉布和手表的产量大幅提高，仅日内瓦一地每年就能制造五万块表。纳沙泰尔（Neuchatel）到 18 世纪末已拥有 3500 名制表匠。纺织业的扩张大多是由富有的织工投资，而不是银行。贸易也兴旺起来，并且向新的区域转移。内地及其新奶酪制造商渐渐主宰了农业。这种转变给贵族统治带来双重挑战。一方面，经济动力正从寡头所在的首都城市向乡村和偏远城镇转移，后者在规模和数量上都发展迅速，以至到 90 年代末，至少 42 个城镇的人口已超过 2000人，偏远城镇的作用因此比过去重要得多。另一方面，工业化造就和鼓励新的中产阶级。他们更富有，教育水平更高，也更具有政治意识，同时也发挥

---

① ［英］克莱夫·H. 彻奇、［英］伦道夫·C. 海德：《瑞士史》，周玮、郑保国译，93 页，上海，东方出版中心，2018。

② ［瑞士］迪特尔·法尔尼：《瑞士简史》，刘文立译，40 页，武汉，华中师范大学出版社，1987。

出日渐重要的政治影响，比如楚格和苏黎世的反腐败运动。1780年，苏黎世还创办了第一份批评性质的报纸——《苏黎世报》。七年之后，《日内瓦日报》创办。

其次，寡头政权强力控制瑞士社会的稳定。无论是天主教州还是新教州，权力都由贵族阶层掌握。他们通过控制可能的代议机构，对雇佣兵、经济活动、土地和政府机关实行垄断。事实上，贵族阶层变得更加排外，阻碍人们获得经济的机会、市民权利和公共职务，也固化了寡头政权。在弗里堡，1627年到1782年间，只有三个家族被贵族阶层接纳。到1734年为止，日内瓦的"二百人议会"中有三分之一的人来自仅仅十个家族。而伯尔尼的"恩主"统治也和备受压迫的日益增长的农村人口愈发隔绝。这种发展趋势并非风平浪静。当寡头统治企图强化控制并敛取人民的资源时，其行为常被视为滥用权力，破坏了大众心目中的古老规矩。精英和大众之间的分歧在日内瓦的同盟城市中最为尖锐。大权在握的是所谓"公民"或"贵族"，一小撮与普通资产阶级不同的特权人士日益垄断了政治权利和职业渠道。1770年后，面对分歧与挑战，瑞士的贵族阶层从防御为主的立场转向更有目的的巩固地位的努力，通过更激烈的方式来稳固自己的地位和利益，以牺牲弱势群体为代价。

最后，欧洲启蒙思想推动瑞士知识界的变化。18世纪瑞士的精英统治总是成功地压制异议，但他们对于知识界的变化却有惊人的开放态度。[①] 由于当时的瑞士只有一所大学，因此很多贵族被迫转向德国接受高等教育。他们具有文化素养，是高深的思想者，非常符合欧洲文化的主流，其中就包括启蒙思潮。瑞士的学者们在神学、哲学、自然科学、医学、国际法和史学领域都很领先。巴塞尔拥有伯努利兄弟（Bernoulli brothers，即 Jakob Bernoulli，1654—1705；John Bernoulli，1667—1748）和欧拉这样的大数学家；苏黎世有

①　[英]克莱夫·H.彻奇、[英]伦道夫·C.海德：《瑞士史》，周玮、郑保国译，101页，上海，东方出版中心，2018。

后来成为现代心理学奠基人之一的拉瓦特（Johann Kaspar Lavater，1741—1801），还有布莱丁格（Johann Jakob Breitinger，1701—1767）和博德默尔（Johann Jakob Bodmer，1689—1783）两位在德国文学和历史领域的佼佼者。同时，瑞士社会各界的政治意识发展起来，随着审查制度的衰落，公共辩论逐渐兴起。更重要的是出现了越来越多知识性的学会，比如1737年成立的公用事业学会，1760年成立的经济和统计学会，还有不少农业学会。

然而，这种宽容并不能完全阻止贵族压制那些对他们的统治具有颠覆性的思想，启蒙思想中确实有很多侵蚀着寡头统治的基础。因此那些被视为逾越常规的人会被解职和流放，其中就包括著名的教育理论家裴斯泰洛齐。瑞士知识分子冒着风险思考自己的瑞士身份，问询究竟是什么在语言和宗教差异的情形下将他们聚集在一起。18世纪50年代晚期，很多反思性著作出版了，"比如卢塞恩的弗朗茨·乌尔斯·巴尔塔萨（Franz Urs Balthasar）和巴塞尔的艾萨克·艾斯林（Isaak Iselin），两人都著有《爱国之梦》（*Patriotic Dreams*），后者是历史学家，哲学家，以及对卢梭思想与瑞士的重商主义及贵族精神的批评家"①。巴尔塔萨等学者对邦联的批判更加尖锐。他提议建立邦联大学，建立统一的军队，以及征收邦联税来弥补其弱点。与以往相比，知识分子更多地将瑞士视为一个独立的国家，虽然它在政治上还非常不统一。

这一时期，三位欧洲启蒙运动著名代表人物的名字将永远与旧瑞士邦联联系在一起。在法国大革命的暴风雨来临前，伏尔泰、让-雅克·卢梭和爱德华·吉本（Edward Gibbon，1737—1794）正在日内瓦湖畔生活和写作。18世纪50年代，爱德华·吉本被派驻洛桑，1787年他在洛桑完成并出版他的《罗马帝国衰亡史》。让-雅克·卢梭出生在日内瓦。16岁时，卢梭逃离日内瓦，在萨伏依（Savoy）和法兰西王国颠沛流离。1756年，卢梭返回故乡，并开始接受

———————

① ［英］克莱夫·H.彻奇、［英］伦道夫·C.海德：《瑞士史》，周玮、郑保国译，103页，上海，东方出版中心，2018。

加尔文主义。1757年卢梭在蒙莫朗西（Montmorency）开始创作《新爱洛漪丝》，并于1761年出版，1762年卢梭在日内瓦创作出版《爱弥儿》和《社会契约论》。巴黎高等法院宣布《爱弥儿》为禁书并加以焚毁。日内瓦当局认为《爱弥儿》和《社会契约论》是"旨在推翻基督教和一切政府的恶毒著作"，因此将这两本书焚毁。知识分子和很多当地人士表示反对，在1763年对当局发布正式的抗议或演说。政府拒绝接受抗议，也不允许联合委员会处理。因此很多中产阶级人士开始要求提交此类请愿的法律权利，并发起一场新的反对运动，俗称"抗议者"运动（Représentants）。接着是一场针对贵族阶层的政治小册子之战，伏尔泰也开始为小册子发布公告。伏尔泰作为瑞士的仰慕者，先是旅居日内瓦，后于1762年定居在日内瓦边境，在日内瓦出版了很多著作。瑞士由此成为新的宗教和思想争议的中心。18世纪70年代在伊弗东（Yverdon）印刷出版的《百科全书》及许多其他的启蒙主义文学作品，表明瑞士在传播法国思想上也起到了重大的作用。日内瓦、洛桑和纳沙泰尔也成为重要的出版中心。瑞士在欧洲思想界的地位逐渐变得重要起来。启蒙思想的重要原则已经不可遏制地在瑞士传播，人民主权思想已经深入人心。存在于瑞士地区数百年之久的封建社会政治结构和社会结构的道德基础已经瓦解。

二、1798年的瑞士海尔维第共和国：中央集权的短暂尝试

1789年的法国大革命致使法兰西王权摇摇欲坠，旧秩序岌岌可危。革命精神以迅雷不及掩耳之势传遍四方，很快便蔓延到旧瑞士邦联及其盟国。起初，寡头统治还能控制因此而起的知识界的骚动，但是法国极端行动的影响渐渐扩大，瑞士议会也因过于保守和分裂，无法采取本可防止旧制度被推翻的革命行动。

革命的消息促成新的阅读社团的成立。这些阅读社团由校长和乡村牧师带领在施泰法（Stäfa）、韦登斯维尔（Wädenswil）这样的边远小镇和苏黎世的格

拉特(Glatt)山谷涌现，激发了农民的政治觉醒。知识分子和流放者的表现也造成了很大的压力。

1782年，一支法兰西王国军队占领了日内瓦，并开始向日内瓦人积极宣传人权新思想。由此，法兰西王国爆发的每一次新动乱都在日内瓦引起了相应的运动。1790年，当参与法国大革命的革命派代表和巴黎平民一起宣誓结成联盟时，日内瓦爆发了一场骚乱。1792年日内瓦农民和下层市民完全效仿法兰西共和国，通过国民公会和公共安全委员会进行统治，并做出种种矫枉过正的行为。1794年7月，在攻占巴士底狱胜利一周年之际，日内瓦上演了一幕惨剧，日内瓦革命法庭判处七人死刑，唯一的理由是，这七人是当时最杰出的公民，这淋漓尽致地诠释了法国大革命时期的恐怖统治。

拿破仑成为法兰西第一共和国的灵魂人物以后，共和国军队开进了旧瑞士邦联的领土。各州政府在大军压境的情形下终于意识到了改革的必要性，并匆忙着手进行改革。短短四个星期内，旧瑞士邦联各州议会曾经嗤之以鼻的改革工作便大功告成。可惜的是各州的改革开始得太晚了，并且晚了整整一百年。① 1798年3月伯尔尼军队向法兰西共和国军队投降，随后，伯尔尼遭到洗劫。1798年5月阿洛伊斯·冯·雷丁(Aloys von Reding, 1765—1818)领导的反法斗争失败，旧瑞士邦联投降。法兰西第一共和国宣布废除旧瑞士邦联，同时在旧瑞士邦联的基础上成立"海尔维第共和国"，战败各州无奈在瑞士施维茨州阿尔特(Arth)签订《阿尔特条约》，加入"海尔维第共和国"。就这样，已有490多年历史的旧瑞士邦联被法兰西第一共和国强大的力量所摧毁。法兰西第一共和国将整个旧瑞士邦联领土分割成18个差不多大小的州，旧瑞士邦联各州的旧秩序一去不复返。

在"海尔维第共和国"，所有公民都享有平等权利，由公民大会选举法官和立法委员会，由立法委员会选出海尔维第共和国中央政府，并由中央政府

① [英]哈里特·D.S.麦肯齐：《瑞士史》，刘松林译，306页，北京，华文出版社，2020。

任命各州州长和其他官员。然而"海尔维第共和国"这个以中央集权为特征的统一的官僚行政体制是由法国武力强加的,一开始就没有扎根于瑞士社会。从13世纪初期开始,将近500年来,瑞士一直是各邦自主发展,在许多地方,自治与民主已成为牢固的传统,人们显然难以接受中央集权的官僚体制。同时,在随后被法兰西第一共和国占领的四年里,瑞士人饱受了无法想象的苦难。一位大议会议员惊呼道:"与其享受这样的自由,不如在暴政下呻吟。"1802年第二次反法联盟失败后,大不列颠及北爱尔兰联合王国同法兰西第一共和国签订《亚眠和约》后,法兰西人终于离开了瑞士。1803年拿破仑提出《调停法案》,并将其作为瑞士的基本法,这满足了希望各州独立自治的大多数人的愿望,同时彻底推翻了1798年建立的海尔维第共和国。根据《调停法案》的规定,瑞士新邦联将由19个州组成。各州实现自治,仅在年度各州全体议会之前讨论与新邦联有关的全部事务。瑞士各州不能再拥有臣民,所有家庭也不能享有任何特权。所有瑞士人都享有平等的贸易和从业权利,并有权不受任何限制地在任何一州生活。

1829—1831年,深化自由主义、改革新闻界和公共机构的要求导致各州一系列准革命性的动荡,彻底终结了旧制度复辟的希望。这种重建并未结束冲突,一方面,国家层面的改革压力在持续;另一方面,对激进的社会和政治变化的要求引发了与天主教保守主义之间时而暴力的冲突。最终,矛盾激化为1847—1848年的内战,起因既有宗教和经济冲突,也有政治争议。激进的自由派得胜,他们起草了第一部瑞士国家宪法,从很多准主权州中首次创建了一个单一主权的联邦共和国。①

---

① [英]克莱夫·H.彻奇、[英]伦道夫·C.海德:《瑞士史》,周玮、郑保国译,6~7页,上海,东方出版中心,2018。

第二节 18 世纪瑞士的世俗与平民教育

一、神学、贵族的教育走向世俗、平民的教育

瑞士一如其他欧洲国家,中世纪时人口大部分是文盲。教育由教会掌管,学校隶属于教堂或修道院,各教区的神甫或修道院修士就是教师。最初教育也只局限在特权阶层,只在于培养教会人士、贵族子弟。中世纪的瑞士已经有好几所著名的修道院学校。例如,9 世纪在欧洲已经极负盛名的圣加仑修道院就拥有两所学校:一所在院内,培养修道士;一所在院外,专为贵族子弟开设。学校用拉丁文教学,包括七个科目:语法、辩证法、修辞学、几何、算术、天文、音乐。中世纪晚期,越来越多的世俗人家要求开办学校教育,不仅男孩子,有时也有女孩子进入修道院、教堂开设的学校。12 世纪时起瑞士各处已经出现一些小型学校,来满足当时城市资产者的特殊需求,如教授外国语言以代替拉丁语,教授计算学、地理学等新学科。

宗教改革时期,新旧两派都加紧开办公共学校,为宣传各自的教义而努力。在苏黎世,茨温利(Huldrych Zwingli, 1484—1531)在 1525 年建成第一所"师范学校",被尊称为"学校大师";在日内瓦,加尔文等于 1559 年开办一所有七个班的学校——"日内瓦学校",即日内瓦大学的前身。已经接受宗教改革的各州甚至努力在农村推行教育,使最普通的百姓也能够掌握基本的读和写,以便各家各户都能阅读圣经。在信奉天主教的各州,一方面,创办神学院培养神职人员,如成立于 1574 年的卢塞恩神学院,成立于 1580 年的弗里堡神学院等;另一方面,开办由教士领导的学校,向普通百姓灌输宗教思想。

17—18 世纪时,在耶稣教区生活的瑞士人是很有知识的。在那里,阅读圣经是虔诚的基础之一。巴塞尔主教甚至考虑到要统治下去,就有必要在

1784 年建立义务教育制。① 伴随着工业化进程，以及社会经济的迅速发展，瑞士城市公共教育越来越受到重视，公立学校在城市里的影响越来越大，一种新的办学观念开始形成。学校逐渐谋求摆脱教会的管理，拉丁文的课时逐渐减少，新开设了自然科学的课程，学校教育更适应社会的需要。与此同时，农村教育遭到忽视，特别是天主教城市州的乡村和一些共同管辖地。这些地方教会更加重视培养自己的接班人。

另外，由于当时的师范教育尚未成形，大多数教师是由外行人兼职，缺乏应有的文化素养。为了让孩子学会简单的读写算知识，人们常把孩子托付给一个退伍士兵或一个无业者，有时候一些手工业者也会通过当兼职教师来增加收入。在乡村志愿从事教学的教师远离外界，缺少足够的基本知识，而且收入微薄，往往不得不兼职维持生活，如种地、做裁缝、鞋匠等。村社办学，条件很差，往往没有校舍，而不得不借用教师的住所，同时教师资格要求低。裴斯泰洛齐曾经描述当时瑞士选择教师的标准：

> 我们几乎没有发现有一个像样的教室。选择教师往往不看他的能力，而只是看他有没有房子。房子做了教室后，教师的全家仍然居住在里面，在上课时照样干他们的家务。邻居们也常常带着他们的手纺车来这儿干活，他们觉得这儿比家里更暖和、更热闹有趣。②

下面是有关 1793 年一位瑞士教师入职考试的一段记载，进一步佐证了裴斯泰洛齐的说法：

---

① [瑞士]威廉·马丁、[瑞士]皮埃尔·贝津：《瑞士史》，李肇东等译，148 页，沈阳，辽宁人民出版社，1989。笔者注：实际上，到了 1874 年义务教育制才真正得以实施。

② 杨汉麟、袁传明：《裴斯泰洛齐画传》，84 页，济南，山东教育出版社，2018。

【赫尔曼·克鲁西（Hermann Krusi, 1775—1844）18 岁做教师，25 岁时加入裴斯泰洛齐的工作，成为裴斯泰洛齐主要的亲信和助手达 16 年，他留下了以下报导，叙述他是怎样碰巧成为教师的，以及为了获得这一职务而要求他通过的考试的性质。它也鲜明地展示了 18 世纪末讲德语的瑞士地区的国民教育的特征。】

在高山上的关口所在地，前往特洛根（Trogen）的山路转向了，我的生活也从此走上了另一方向。那是在 1793 年，我当时为维持生活在做零散工和跑差，在一个天气温暖的日子，我前往策尔韦格（Zellweger）的一个企业，背着一大捆纱线从山上走来，真未料到在这里竟使我后来交上了完全不同的事务。正当我在山顶上大汗淋漓地停下来休息时，遇上了一位亲戚，他名叫赫尔·格鲁伯，当时是市镇的财会员。我们先是通常的寒暄，接着便进行了我至今仍记忆犹新的如下交谈，这是有关我的生活的转折的交谈。

格鲁伯："天气真暖和呵！"

我："真是风和日暖。"

格鲁伯："目前教师霍勒正离开了盖斯学校，这为你提供了一个稍微容易谋生的机会。你不想去取得他的这个位置吗！"

我："愿望不会对我有多大帮助。做一个教师必须有知识，而我无知无识。"

格鲁伯："像我们之中的教师所需要懂得的东西，在你这样的年纪，你一定能很快学会的。"

我："可是怎样学习？去那里学习？我看这是不可能的事。"

格鲁伯："只要你想干，途径是容易找到的。请你认真考虑一下，下决心干吧。"

他离我而去。当时我思考了许多问题。虽然大自然的阳光明亮地和温暖地环抱着我的身体,但没有一线希望之光射进我的心坎里。我沿着山坡和陡峭的山路继续前进,而且几乎没有感到我仍背负着沉重的纱线。我把由于和这位亲戚相遇的时刻而降临到我命运中的一切,都看成是这次谈话的结果。

我在日间学校只学习和练习过阅读,然而是死记硬背地学习,机械地抄写。所以从我离开学校之后,当我长大成人时,便全都忘了,甚至连大写字母也不再能全部写出来。因此,我的朋友桑得利格便帮我从阿特斯坦丁一位闻名书法教师那里弄来一本字帖。为了改进我的手书,我曾一百遍一百遍地临摹这本单调的字帖。我没有为这个职务作别的专门准备;然而尽管如此,当教会布道坛发出告示时,我大胆地去争取成为这一教师职位的候选人。我怀着对取得这一职务希望不大的心情,但也想至少不要羞容满面地离开考场,并以此来安慰自己。

考试日期来到了,一位年纪较大的应考者首先被叫到考试委员会前面。主考人叫他朗读"新约全书"中的一章,并写出其中的几行,他花了整整一刻钟。接着便轮到我。主考把一本系统的记事册,从亚当到亚伯拉罕,由第一本编年史开始,交给我朗读。以后,主考斯克拉普弗便给我一支未加修剪的鹅毛笔,并要求我写出几行。我说:"要我写什么?"回答是:"写出主祷文,或者你所喜欢的什么。"由于我不懂写作和缀字法,可以想象得出我所写的东西是怎么一回事。尽管这样,却叫我退出考场。主考们经过简短的考虑后,我又被叫回屋里,这使我感到惊异和得意。这时,主考斯克拉普弗告诉我说,全体考试委员认为,两位应考者都知识浅薄;但我在书写方面较好,而另一位则在朗读方面较优。

虽然,那一位是40开外的人了,而我才18岁,但考试委员们却得出结论：我目前是比他更加需要学习，然而由于我所住的屋子比他的住所更适合作为学校的校舍（当时村社没有他们的校舍），我应该得到这个职位。由于朋友式的忠告和如果我的努力能使他们感到满意就可以增加收入的令人鼓舞的希望，于是我便离开了。

然而引起人们极大注意的事情是，8天之后，和我一起应考的那个人竟得到了警察职位，每周可挣得3个盾的收入，而做教师的我，却不得不提供自己的屋子作校舍，并以挣得2.5盾为满足。

（K. 赫尔曼《我的教育生涯回忆》，斯图加特，1840年。英译文，巴纳德《美国教育杂志》，第5卷，162~163页）①

尽管如此，这些乡村教师坚持的教学活动实际上是教育世俗化的开端，这个时期也是摆脱教会对教育垄断的新意识产生之时。1794年，苏黎世湖畔的施泰法人起草了一份请愿书，他们的要求之一就是：农民的儿子应当同样得到较高程度教育的机会。②

二、海尔维第共和国的制度改革与裴斯泰洛齐的教育实践

瑞士教育思想的真正转变是在18世纪启蒙运动大潮的影响下发生的，特别是卢梭提出的人的自由和尊严、权利的平等思想。在瑞士现代教育思想和实践中，一个不容忽视的关键阶段是短暂的海尔维第共和国时期（1798—1803年），其中最主要的代表人物就是苏黎世人裴斯泰洛齐。③

海尔维第共和国作为中央集权统一制的国家，在文化教育事业发展方面进行了短暂的制度改革，促成了国家意识的形成，首次为瑞士这个制度各异

---

① ［美］E. P. 克伯雷选编：《外国教育史料》，华中师范大学教育系等译，413~416页，武汉，华中师范大学出版社，1991。

② 他石：《瑞士联邦700年(1291—1991)》，59页，北京，中国国际广播出版社，1990。

③ 端木美：《瑞士文化与现代化》，109页，沈阳，辽海出版社，1999。

的旧邦联的中小学基础教育结构奠定了至今尚存的基线。在共和国存在的短短五年中，新资产阶级革命者们试图建立全国性教育制度，以培养新人。他们为小学教育的普及所作的努力，后来由国家逐渐实现，其思想甚至到共和国失败后仍得到延续。当时的艺术科学部长施塔普费尔(Philipp Albrecht Stapfer, 1766—1840)主张统一全国的教育。他主张建立一所国立大学，为全国才智之士提供一个活动中心，并由此促成国家的统一。他的这一理想由于种种原因而未能实现。然而他通过教育把操各种语言的瑞士人统一起来，互相学习，融为一体的主张却有着很大的影响。海尔维第共和国时期，瑞士由操三种语言而又在法律面前一律平等的人组成，这就使人民对瑞士这个国家的概念有了全新的理解。虽然此后，这个联邦制国家依然各州有各自的教育制度，但是原则性的立法是基本一致的。许多州颁布的教育法把青少年教育作为国家的主要目的之一，看成是政权的神圣义务。

裴斯泰洛齐是瑞士新教育思想的奠基人和实践家。他生活在启蒙运动时代，经历海尔维第革命，他对瑞士的教育改革、培养新人倾注了全部心血。他的教育思想基础是彻底改善人民大众的教育状况，他的教育目的是培养时代需要的新人。1746年裴斯泰洛齐出生于瑞士苏黎世的一个中层市民家庭，家庭信仰新教虔信派。当时的苏黎世有14万人口，而享有公民权的只有5000人，其余的都是非公民，地位低下。[1] 裴斯泰洛齐目睹底层贫困民众的凄惨生活，他们遭受富人压迫，生产力低下，农业技术落后，有的甚至连基本生存条件都很难保证。特别是在乡村遇见的贫困现象深深触动了他，他暗下决心："长大后，一定要帮助穷人。"这一愿望成为裴斯泰洛齐终身奋斗的目标。他指出，"穷人之所以穷，绝大部分原因是他们没有受教育"，所以不能挣钱以维持生计。从此，裴斯泰洛齐开始了通过教育来帮助穷人的事业。[2] 裴斯泰洛齐

① 杨汉麟、袁传明：《裴斯泰洛齐画传》，1~2页，济南，山东教育出版社，2018。
② 同上书，33页。

是卢梭政治和教育思想的忠实崇拜者。1767年，在对旧邦联当局及加洛林学院法律专业的学习失望后，在卢梭自然主义思想的影响下，裴斯泰洛齐中断苏黎世大学的学业，决定到农村自然生活中去，试图通过自己的亲身实践来改变落后、贫穷的村庄面貌。

1768年裴斯泰洛齐建立自己的农庄——"新庄"，尝试通过新知识、新技术来经营自己的农场，但由于与当地农民之间的矛盾日益恶化，新庄改革试验以失败告终。裴斯泰洛齐反思这种帮助贫民的直接手段——提供先进技术和改变传统劳作方式是否能真正改变村民的贫困生活。他们抵制这种变革的原因是什么？是思想或认识上的保守主义还是其他原因使然？他的答案是村民们抵制农场改革实验的原因在于贫民的思想尚未受到启蒙，对新事物缺乏认识，因此因循守旧，不愿意尝试变革和创新，归根结底是贫民的文化教育水平低。也就是说他把贫苦民众贫穷的根源归结为教育，这是他后来毕生致力于贫民教育事业的重要原因，也是他由农业改革实验（或社会改革实验）转向教育实验的肇始。①

因此，裴斯泰洛齐在濒临倒闭的新庄实验农场开办贫儿教养院，教育贫民的子女，改变他们下一代的命运。这是他的第一次教育实验。通过辛苦努力，裴斯泰洛齐把新庄逐渐变成了穷孩子的家和学校。1776年，已有22名从穷街陋巷、村头地尾招收的儿童生活在裴斯泰洛齐的新庄贫儿教养院中。1778年增加至37名儿童。最多时达到80名。他和妻子精心照顾这些贫民子弟，给他们吃喝，对他们开展基本的文化、道德教育和劳动教育。这是史无前例的一场教育实验。② 裴斯泰洛齐是西方教育史上第一位提出教劳结合的思想并付诸实践的教育家，其教劳结合的实践就来源于他在新庄的第一次教育实验。然而最终由于办学经费不足、恶劣气候造成的天灾以及村民们的不理

① 杨汉麟、袁传明：《裴斯泰洛齐画传》，32~33页，济南，山东教育出版社，2018。
② 同上书，36页。

解、不合作，新庄的教育实验失败了。

新庄的贫儿教养院关闭后，裴斯泰洛齐接受友人建议，在1780—1798年这18年中从事创作，先后发表了《隐士的黄昏》（1779—1780年）、《林哈德和葛笃德》（1781年、1783年、1785年、1787年）、《我对人类发展中的自然进程的追踪考察》（1797年）等著作。这些作品为他赢得了极大的声誉。

1789年法国爆发资产阶级大革命。深受启蒙运动影响的法国人民高喊民主、自由、平等的口号，采用暴力手段，推翻了统治法国多个世纪的波旁王朝的专制统治。1792年革命高潮中的法国国民公会鉴于《林哈德和葛笃德》的影响，为表彰裴斯泰洛齐献身于下层百姓的精神，授予他"法兰西共和国公民"的荣誉称号。这促使他内心摆脱贵族阶级的束缚，更多地接受民主思想和同情法国人民。

因此，裴斯泰洛齐认同在法国影响下建立的海尔维第共和国的大部分改革愿景，同意为新政府服务。当时，以斯坦兹（Stanz）为主要地区的尼瓦尔登州拒绝服从海尔维第共和国新政府，并发动叛乱。平叛战争的结果是留下了大量孤儿，他们四处游荡，处境堪忧。裴斯泰洛齐基于一向关心弱势群体特别是孤苦儿童的立场，向内阁大臣施塔普费尔建议：在斯坦兹建立一所孤儿院，收容战争孤儿。政府经研究同意并任命他担任孤儿院院长，并提供了一座位于阿尔卑斯山中因战争废弃的修道院作为办学场所。由此，裴斯泰洛齐在斯坦兹开始了他的第二次教育实验。1798年12月创办伊始，斯坦兹孤儿院就招收了40名5~15岁的孩子，6周后接纳的孤儿及流浪儿童达到80名。孤儿院的条件极为艰苦，不仅物质条件贫乏，工作人手严重不足，学童的健康及道德状况很差，而且裴斯泰洛齐作为新教徒还遭到当地信奉天主教的市民的强烈反对。面对恶劣的环境，裴斯泰洛齐并没有丝毫的厌恶和退缩，他以一颗慈父的心对待每一个人。他没有确定的课本，而是以起居室教育的方式，以慈父般的感情来教育这些儿童。这一次实验的重要动力与基础首先是源于基督教教义的博爱精神。他声称："教育的主要原则是爱。"此外，他还萌发了初等教学法的新观念，即教育要依据儿童心理发展的特点进行教学，他率先倡导教育心理学化。裴斯泰洛齐认识到教学要从感觉经验开始，要围绕儿童日常的生活进行教育，为他们今后的职业生活准备一技之长，劳动教育要成为培养心智的手段。

裴斯泰洛齐在斯坦兹工作七个月后，以法国为一方，以奥地利和俄国为一方的战火蔓延到孤儿院所在地。孤儿院被法国占领军强制要求改为战地军队医院，不得不在1799年6月遣散儿童，不久后被迫关闭。裴斯泰洛齐受到很大打击，接受朋友的建议去阿尔卑斯山区休养。但当进步官员、慈善人士希纳尔（Schnell）法官建议他去布格多夫（Burgdorf）工作时，他立即结束休假匆匆赶到布格多夫。布格多夫当局把裴斯泰洛齐派到城外的一所郊区学校任教。这所学校其实就是在一个鞋匠家里开设的贫儿识字班。教师兼鞋匠塞缪尔·迪斯利（Samuel Dysli）不论在业余时间还是在教孩子们识字时，都从不放下手中的活儿。孩子们只是机械乏味、鹦鹉学舌般跟他朗读，听他照本宣科地讲解《新教教义问答》。[①]

裴斯泰洛齐抛开书本，注重感觉教育。他认为阅读之前应理解，即先思考，而所有的思考都以感性经验为基础。在上语言课和直观课的时候，他教孩子画线条、长方形、圆形及各种图画。裴斯泰洛齐采用实物教学的方法，激发学生独立思考和自主活动，尊重儿童个性和兴趣爱好。裴斯泰洛齐的教学一改往日课堂上那种死气沉沉的现象，学生们都怀着极大的兴趣听他讲课。这一切却引起鞋匠的不满。鞋匠认为裴斯泰洛齐的新颖教学方法会使自己失去原有的地位、职业和收入，因而强迫裴斯泰洛齐改用他的那一套陈旧教学方法，同时还煽动学生家长反对裴斯泰洛齐。裴斯泰洛齐不得不离开。

离开鞋匠掌管的学校后，多亏希纳尔等进步官员的推荐及对裴斯泰洛齐

---

① 杨汉麟主编：《外国教育实验史》，123页，北京，人民教育出版社，2005。

的教育心理学化实验的支持，他有机会到布格多夫城北的一所初等学校任职。裴斯泰洛齐开始在一个低年级班任教。八个月后，因所教学生的成绩突飞猛进，他被改派到一个高年级的男生班。在这期间，费希尔(Fischer)在布格多夫开办的师范学校开学。但费希尔于1800年5月因病去世，裴斯泰洛齐应邀接管该校，因为发展师范教育以改善小学师资现状是他长期以来的心愿。该校后来发展成为一所培养小学师资的著名的教育学院。1800年10月，在伯尔尼政府的支持下，裴斯泰洛齐又在布格多夫创办了一所初等公立学校，后发展为集小学、寄宿学校、师范于一身的综合性学校。吸取了斯坦兹孤儿院单枪匹马的教训，裴斯泰洛齐招募一批志同道合的青年教师，共同参与学校的建设发展。如克吕希(Krusi)担任读写和算术课的教学，托布勒(Tobler)承担历史和地理课的教学，布斯(Buss)承担音乐和绘画课的教学，内夫(Naef)承担体育课的教学等。他们通力合作，发展新的教学法，实行班级授课，使裴斯泰洛齐的教学心理化实验取得了极大的成功。①

1804年新宪法取消了海尔维第共和国，贵族在伯尔尼州又占了上风。布格多夫所属的伯尔尼州政府下令，要求裴斯泰洛齐的学校不迟于1804年7月1日腾空校舍，交还政府。裴斯泰洛齐的第三次教育实验就这样被迫戛然而止。虽然裴斯泰洛齐的办学地点被新任行政首脑收回，但他的教学方法还是得到了当局的认可。布格多夫教育委员会在给裴斯泰洛齐的信中写道：

　　你使能力不同的小学生取得令人惊讶的进步，清楚地表明，如果教师懂得如何了解学生的能力，并且按照心理学的规律去发展这些能力，那么，每个儿童都能有所作为。你已经证明，如何采用你的教学方法奠定教学的基础，以便学生在这些基础上进一步学习新的东西。过去5~8岁的儿童，在严格的管束下，只学会字母、拼写

---

① 杨汉麟主编：《外国教育实验史》，123~124页，北京，人民教育出版社，2005。

和阅读。你的学生不仅以前所未有的成绩完成了这些学习，其中最优秀的学生还在写作、绘画和计算方面获得了优异的成绩。你引起了他们对历史、博物、测量、地理等知识的兴趣。未来的教师只要懂得如何善于利用儿童已经走过的准备阶段，他的教学一定会容易得多。①

战后新成立的瑞士沃州政府仰慕裴斯泰洛齐的名声，获悉他在布格多夫的遭遇后，邀请他去瑞士东部的伊弗东办学。1804年底，裴斯泰洛齐带领三位助手来到伊弗东，着手创办新学校。他把在布格多夫取得的教育教学成果在这里进一步推广和实践，很快，伊弗东成为欧洲最著名的初等教育改革中心。伊弗东学院设有小学、中学和师范部，招收7~15岁儿童入学。由于学院只收取其他同类学校大约三分之一的学费，免费招收贫穷家庭的孩子，因此学院的办学经费比较拮据。裴斯泰洛齐依据学生的水平分成四级，再分成各班，实行小组授课和导生制，实行分科教学。他还根据学生的要求开设一些选修课，以实践的方式学习，通过谈话、提问、解释等来发展学生的各种能力。伊弗东学院还建立了良好的家校联系。裴斯泰洛齐欢迎学生家长对学校教育教学与管理公开提出批评建议，同时要求每位班主任必须定期向每个学生的父母报告孩子在学校的表现和学习进步情况，但不得对学生的成绩进行相互比较。学校非常重视体育。按照裴斯泰洛齐的要素教育原理，教师以关节活动为要旨，开展各种体操训练，将所有的关节都按编排好的、有节奏的顺序进行系统的锻炼，力求整个机体得到全面的锻炼。体育活动种类多样。徒步旅行也是学校生活的重要组成部分，它是学生直观体验生活情境的重要方式之一，因此学校把它当作自然科学与地理学教学的一部分。为了更好地推行教劳结合的思想，裴斯泰洛齐还在伊弗东学院附设印刷厂、装订车间以

① 杨汉麟、袁传明：《裴斯泰洛齐画传》，103页，济南，山东教育出版社，2018。

及小动物饲养场和植物园，并不时开展活动。裴斯泰洛齐希望学生在学校里就像在一个大家庭里生活，因此他推行"起居室"教育，也就是家庭式教育。一次，一个农民参观了伊弗东学校后惊奇地说："哈！这不是一个学校，简直是一个家庭。"裴斯泰洛齐听后非常欣慰，并对他说："这是你给我的最大赞许。……我要让世人相信，家庭和学校是没有界限的。"①

伊弗东学院真正兴旺时期是在1807—1809年，它的巨大成功超越了国界，引起广泛关注。各国王公贵族、社会名流、政治家、教育家纷至沓来，慕名参观或访师求学，其中包括德国教育家福禄培尔、赫尔巴特（Johann Friedrich Herbart，1776—1841）、英国教育家欧文、贝尔（Andrew Bell，1753—1832）、兰卡斯特等。许多参观者回去后仿效裴斯泰洛齐的方法办学，裴斯泰洛齐也因此被世人称为"教师的教师""人类教育家"。

三、职业教育与女子教育的发展

瑞士是职业教育发展较早、较好的国家，其特点是历史悠久、普及社会、成效显著。② 裴斯泰洛齐关于不仅"脑"（和"心"）必须受教育，而且手也要受教育的观点，在瑞士得到了广泛的认同。对于手的教育训练，瑞士一直给予了极大的重视。条件先天不足使瑞士很早就认识到科学技术的重要，认识到规范行业质量的重要，而且在全社会达成共识。瑞士缺少足够的可耕地，山区农村有剩余劳动力。工业化兴起之时，并不缺少劳动力，尤其是廉价劳动力。但是推动工业化发展需要的是更训练有素的劳动力，这在瑞士比在其他欧洲国家更为重要。这是因为瑞士缺乏资源，没有重工业和大工业，更多的是进口原材料加工业，所以产品比竞争对手的要昂贵。为了生存，参与竞争的实力要求比别国高，即通过人力加工，使产品的质量达到比别的竞争产品

---

① 杨汉麟、袁传明：《裴斯泰洛齐画传》，110页，济南，山东教育出版社，2018。
② 端木美：《瑞士文化与现代化》，149页，沈阳，辽海出版社，1999。

更高的水平。由此决定了瑞士对劳动力的素质要求更高。因此经济学家认为，在其他国家"工业资产经济能相信从工人阶级的无知中获利。而在瑞士则相反，要从对它的教育中得利"①。在瑞士，职业教育几乎是青少年进入社会所必须接受的技能、道德的基础教育，它的完成最初是以学徒制形式出现的。

瑞士学徒制的职业教育源于中世纪的行会。到13世纪，瑞士的手工业行会已经发展到一定规模，并开始对手工行业进行强制监管。行会将这种师傅与徒弟间传递生产经验的模式定义为"学徒制"，并逐步出台完善一系列相关管理细则。行会对本行业的从业人员的职业技能、职业道德都有严格的规定，以保证行业的健康发展。随着机器大工业时代的到来，手工式作坊逐步被大型的手工工场所取代，以师徒为纽带的社会关系也发生了深刻的变革，由师徒关系转变为雇佣关系。② 此时，行会出现了内部腐败、监管无能等问题，导致学徒制市场一片混乱，最终学徒制逐渐由国家进行统一管理。

18世纪末，由于学徒制其自身的缺陷，如参与人数少，学习期限长等，在很大程度上不能满足经济发展需求，迫切需要建立适应现代社会经济发展的职业教育模式。因此，一些城市就出现了专门培养专业技术劳动者的学校，如1773年在苏黎世，1779年在伯尔尼。1820年后这类学校在瑞士多地开办，学校不仅教授专门技术，而且根据当时新兴资产阶级的需要进行道德规范教育，如爱国、虔诚、效忠企业等职业道德的教育。培养出来的技术工人到工作单位后，仍然要不断接受技术培训，以保证他们不会在技术的不断发展中落后。这种在竞争中保持超前的忧患意识的思想，在教育上下功夫，是瑞士经济成功的重要经验。

18世纪晚期，在启蒙思潮的影响下，瑞士社会变得更加宽容，对异端和

---

① 端木美：《瑞士文化与现代化》，111页，沈阳，辽海出版社，1999。
② 方绪军：《瑞士职业教育现代学徒制的历史脉络、本土特色以及启示》，载《教育与职业》，2018(5)。

巫术分子的处决渐渐停止。这种宽容的态度通常对女性有利，使她们能够更多地参与社会生活。1774年在苏黎世成立了第一所瑞士女子学校。

第三节 18世纪瑞士的高等教育

整体而言，18世纪瑞士的高等教育学科从神学扩展到法学教育，逐渐走向更大范围的综合化，同时这种综合化反映的是社会整体的世俗化和专业化趋势。

一、高等教育学科从神学扩展到法学教育，为形成现代瑞士联邦打下法律的基础

16世纪茨温利和加尔文的宗教改革推动了高等教育的发展，新旧两教派为了推行自己的宗教主张，积极进行教育改革。在瑞士境内，巴塞尔大学于1459年由教宗庇护二世颁布敕令创立，1532年后成为新教神学中心，到19世纪30年代以前，它一直是瑞士唯一的一所大学。洛桑神学院、伯尔尼神学院与日内瓦神学院(19世纪均升格为综合性大学，开设更多的专业)在16世纪成立之初，与路德派的学院，甚至耶稣会的学院相比，在组织上都更为严格。它们由当地政府和教会制定详细的制度，规范大学生活，使之与教会的准则相一致，但同时也允许保留相对开放的人文主义的追求。特别是加尔文在1558年创设的日内瓦神学院，在以后的三个世纪中，以它狂热的偏执的态度和资产阶级的狭隘性，一直是加尔文主义的支柱。① 该校虽传授加尔文学说，同时也开设极佳的古典文学课程，也为日内瓦的各级学校培养了许多优

---

① [苏]康斯坦丁诺夫主编：《世界教育史纲》第一册，邵鹤亭等译，78页，北京，人民教育出版社，1954。

秀的教员——经费全由政府负担，到了 18 世纪它已经成为全欧最佳的教育机构之一。但同时随着启蒙运动的临近，这些神学院的重要作用迅速下降，退化为一种"教士学院"。①

从整体欧洲的角度来说，宗教改革的结果导致神学院失去了其主导地位，到了 17 世纪，法学成为最重要的科学。17 世纪末，现代公法诞生。现代公法研究宪法和行政效率的效能，并有效地刺激了 18 世纪的大学改革。由此，法学取代神学成为主要学科。国家实施君主政体的过程导致法学的政治化程度日益提高；同时，政治法学也确立了国家凌驾于教会之上的统治权，这在启蒙运动早期导致宗教的私人化。② 公法学科涉及国家的法律和统治当局与人民及外国力量的权利问题。法律课程扩张最显而易见的根本原因在于 1600 年以后近代早期政府的发展。③

在瑞士国内的法律发展中，最为基本的一点是，罗马法并未被瑞士"接受"。④ 瑞士有些政治家或学者主要致力于邦联的公法研究，以乔塞亚斯·西蒙勒（Josias Simmler，1530—1576）的《论海尔维第共和国两卷》为代表，它的使用极其广泛，而且还被译成德语、法语和荷兰语，成为旧邦联的公法的代表。1529 年以前，巴塞尔大学的"法学家"和"教令法学家"与德国、法国、意大利等国大学中的学者一样，也从事罗马法和教会法的注释工作。1532 年以后，学校设置了学说汇纂、优士丁尼法典、法学阶梯、教会法及封建法方面的教席。学校后来还引入了公法及万国法等课程。到 1706 年，法学教授还要讲授自然法、国际法、思想道德等课程。巴塞尔大学的历史主要反映德国法发展的历程。

---

① ［比］希尔德·德·里德－西蒙斯主编：《欧洲大学史第 2 卷：近代早期的欧洲大学（1500—1800）》，贺国庆等译，156 页，保定，河北大学出版社，2008。

② 同上书，539 页。

③ 同上书，631 页。

④ ［英］梅特兰等：《欧陆法律史概览：事件，渊源，人物及运动》，屈文生等译，391 页，上海，上海人民出版社，2015。

在苏黎世和瑞士东部,18 世纪末,加洛林学院兴起了法学教育:政治学、地方史及自然法等课程早在 18 世纪早期就已设立(1713 年、1724 年)。约瑟夫·安东·费里克斯·巴尔萨泽(Josef Anton Felix Baltasar, 1737—1810)的《论海尔维第教会法》(1768 年)一书是瑞士教会法方面最早的著作。在私法方面,以约翰·杰考布·刘(Johann Jakob Leu, 1689—1768)的《邦联城乡法》为代表,这部著作对许多制定法的手稿或印刷本进行了抽象概括,这些制定法包括城镇法、"乡村书"以及德国、法国和意大利等国家的地方法。

在伯尔尼,法律的发展特别能够体现出民族特征,甚至是地方性的特征。① 从 16 世纪起,这里就一直存在一家所谓"学校"(Gymnasium)。到 1679 年,这里设置法学教席。1748 年以来,这个教席由西格蒙德·路德维希·冯·勒伯(Sigmad Ludwig von Lerber)长时间担任,正是从他开始,大学对于法律文献及立法发生卓有成效的影响。勒伯将罗马法的价值缩减到最小,他声称伯尔尼的法律来源于日耳曼法,并于 1761 年留下了一部里程碑式的《司法法典》。戈特利布·沃尔瑟(Gottlieb Walther, 1738—1805)是一位历史系教授,他致力于在历史的基础上建立和诠释瑞士自己的民族法。伯尔尼的法学史自他的作品开始。他以满腔的热情,辛辣地讽刺和抨击了法学家们拙劣的教育。1787 年,市政府投票决定建立一所政治学院,用来培养公务人员。在这所学院开设有国家法、地方法、罗马法及国家历史等课程。学校的发展境遇并不乐观,并未取得多大的效果。

日内瓦基本以受法国影响为主。与 18 世纪时期巴塞尔和伯尔尼的情况一样,学院中充满这一时期流行的各种思潮,学院中"哲学法学系"的学者们忙于研究那一时期的各种政治和社会问题,它们曾在 18 世纪的后半期强烈地震动过欧洲大陆。卢梭、伏尔泰、百科全书派、孟德斯鸠、洛克,以及英国的

---

① [英]梅特兰等:《欧陆法律史概览:事件,渊源,人物及运动》,屈文生等译,392 页,上海,上海人民出版社,2015。

保皇党人，这些人的思想在日内瓦得到了精准的理解、热情的支持与广泛的传播。1611 年，洛桑学院开设了法学教育，到 1708 年后，还设置了法学教授职位。日内瓦学院则在 1565 年创立法律系。

可以说，18 世纪瑞士的法学是自然法和政治学说的时代，法哲学和公法的研究与教育占据主导地位，为形成现代瑞士联邦打下了法律的基础。

二、高等教育进一步走向更大范围的综合化，反映社会的世俗化和专业化趋势

高等教育进一步走向更大范围的综合化，其背后反映的是社会整体的世俗化和专业化趋势。第一个非常重要的变化是大学的世俗化。在启蒙思潮和法国大革命的推动下，国家观念在瑞士开始出现。大学主要被视作培养政府机关文职人员和牧师的"工厂"，这些人的培养受国家功利主义规范的支配。同时，政府对原先几乎是自给自足的大学所实施的干涉和管理，不可避免地带有社会利益和条件的影响，这种影响是持久的。因此大学的社会性质只得改变，屈服于掌管资金的政府的要求，并放弃它的社会豁免权。尽管牧师的领域仍然得到继续的肯定，但是教师层次的重大变换在一定程度上导致了大学世俗化的趋势。由于文职人员阶层的发展，大学里引进了非教派人士担任教授。先前那些占优势的神学教师开始与法律教师竞争，然而，法律教师对国家而言变得更为重要。法学逐渐成为中坚学科。它对贵族和资产阶级的吸引力，在行政和法律公务员训练中的功能，以及它对公众利益的重要性，都反映在法学注册人数上，这就使大学的社会构成发生了永久性的变化。那些世俗的和文雅的学生取代了哲学或神学学生的牧师风格和行为，在大学里占支配地位。世俗化的另一个也是十分重要的特征是社会经济形势迫使学生们在学术训练中接受新职业的训练。学习时间的长短和学习的标准日益由职业的要求决定。学科资格变得与社会越来越有关。尽管学科的学习仍然遵循理

论原则，但实际需要影响了学科的课程(尤其是法律和医学)。①

　　总体上，大学帮助了那些低等或上等中产阶级出身的学生进入教会或政府部门工作。对于贵族和高级牧师而言，大学首先完成了这一阶层及其文化的复制。然而，在政府部门内也有一种明显的职业流动的倾向。在17世纪，大学造就了大量低级牧师和教师，同时也附带地提高了军官的文化水准。但是到了18世纪初则出现明显变化，教会的吸引力部分地转移到了政府。后来便出现一种职业抱负的世俗化，这对国家是有益的。在18世纪初还可以看到，贵族尤其是城市新兴贵族的比重在增加。人们的职业相应地从牧师职业向世俗职业转移。此外，牧师的过剩在近18世纪教育学讨论中也占据一席之地。②

---

　　① ［比］希尔德·德·里德-西蒙斯主编：《欧洲大学史第2卷：近代早期的欧洲大学(1500—1800)》，贺国庆等译，343～344页，保定，河北大学出版社，2008。

　　② 同上书，425～426页。

第十章

裴斯泰洛齐的教育活动与思想

第一节　裴斯泰洛齐的生平和著作

裴斯泰洛齐是具有世界影响的瑞士教育家、教育改革家。他为教育改革和教育科学的发展贡献了毕生精力。

裴斯泰洛齐于 1746 年 1 月 12 日出生于瑞士苏黎世。裴斯泰洛齐五岁时，父亲英年早逝，多亏善良的母亲和一位忠心耿耿的女仆精心持家，才使家庭免于饥饿。

裴斯泰洛齐的童年有很多时间是在他当乡村牧师的祖父那里度过的。在贫困的农村，他目睹了衣衫褴褛的农民孩子，他目睹了在自然生活中朝气蓬勃的孩子如何在纺织作坊的劳作中变得苍白瘦弱。所有这一切震撼了他纯真的心灵，"我长大以后，一定要帮助穷人"①的愿望成了裴斯泰洛齐终生奋斗的目标。

怀着对穷人的深厚同情，裴斯泰洛齐立志改变不平等的教育现象，拯救

---

① 梁实秋主编：《斐斯塔洛齐——名人伟人传记全集之 24》，张平和译，11 页，台北，名人出版社，1980。

令儿童身心衰弱的教育弊病。他写道："从年轻时代起，我的心就像一条奔腾的激流那样，孤独而寂寞地向着我唯一的目标前进：消除苦难的根源。"①

中学毕业后，裴斯泰洛齐进入加罗林学院学习。在求学期间，他受到具有人本主义倾向的一些教授的影响，如博德默尔，受到法国启蒙学派的影响，反复探讨了卢梭的《爱弥儿》《社会契约论》等著作。他通过自己办的刊物《回忆者》发表文章，抨击统治阶级，揭露、谴责统治阶级的丑行，要求政府进行民主改革，在瑞士建立合理的和大公无私的社会。政府借口裴斯泰洛齐是一篇讥讽政府文章的作者，将其拘捕，后因该文章的真正作者已逃往国外并暴露，裴斯泰洛齐才被当局释放。

年轻的裴斯泰洛齐面临着多种职业的选择。在读了卢梭的著作后，他的理想倾向被"这部美梦般的书籍""激发到非凡热忱的高度"。他说："我把我在家庭、学校所受的教育，同卢梭对《爱弥儿》的要求作了比较，我便觉得我所受的教育太不充分了。"②受卢梭的"回到自然"口号和重农主义的影响，他转而寻求"拯救农村，教育救民"的途径，开始了长达60余年的艰难的教育生涯。

裴斯泰洛齐首先建立"新庄"示范农场，继而又开办"贫儿之家"，转向教育活动。他在斯坦兹、在布格多夫、在伊弗东进行教育和实验，进一步丰富和发展了自己的理论。伊弗东学校的实验处于他事业的辉煌时期。

裴斯泰洛齐一生经历坎坷，事业艰难，精神感人。他为实现他的理想，为建立全新的教育制度和教育理论，进行了艰苦的奋斗和不知疲倦的工作，直至生命的最后一息。在裴斯泰洛齐100周年诞辰、逝世20周年之际，瑞士当地人民为了纪念这位几十年如一日为贫苦劳动人民的教育事业而献身的伟

---

① [美]S.E.佛罗斯特：《西方教育的历史和哲学基础》，吴元训等译，409页，北京，华夏出版社，1987。

② 转引自[英]博伊德、[英]金：《西方教育史》，任宝祥、吴元训主译，315页，北京，人民教育出版社，1985。

大教育家，重建了裴斯泰洛齐的墓地，新碑上的铭文写道："这里安息着亨利赫·裴斯泰洛齐，新庄和斯坦兹穷人的救星，布格多夫和伊弗东国民学校的创建者，一个人道主义教育家、基督徒、优秀公民和真正的人，毫不利己、专门利人之人。"

裴斯泰洛齐一生不仅从事伟大的教育活动，而且还潜心研究教育问题。他撰写的著作为世界教育留下了宝贵的遗产。

1780 年，裴斯泰洛齐出版了《隐士的黄昏》，他把它看作将要写的所有书的前言。这是一本以格言文体写成的格言集，包含了裴斯泰洛齐教育思想的雏形。同年，裴斯泰洛齐的一部轰动一时的教育小说《林哈德和葛笃德》第一卷问世。此书是他的主要教育著作，既是对新庄教育实验的总结，也是他对未来教育的一种构想。此书为裴斯泰洛齐赢得了巨大的声誉。

在布格多夫新学校工作期间，裴斯泰洛齐完成了他的另一本教育名著《葛笃德如何教育她的子女》。该书于 1801 年 10 月出版。之后，裴斯泰洛齐声名大振，蜚声国内外。这本著作成为 19 世纪初等教育的经典之作，在理论上和实践上都具有深远的影响。

1825 年，伊弗东学院关闭之后，裴斯泰洛齐回到了他早年从事社会教育事业的起始地新庄，写下了《天鹅之歌》和《生命归宿》，反思和总结了他一生的教育工作、教育思想和经验。

1827 年 2 月 17 日，裴斯泰洛齐逝世于布鲁格(Brugg)，享年 81 岁。

第二节　裴斯泰洛齐的教育思想的哲学、心理学和政治学基础

一、裴斯泰洛齐的哲学观(含宗教观)

裴斯泰洛齐对人的研究和人的观念体现了他的哲学观和宗教观，是他教

育思想的哲学基础。裴斯泰洛齐在给海德堡教堂管事、牧师约翰·费里希·
米格的信中说道:"我多年来一直在研读的唯一的一本书就是人,我全部的哲
学都是建立在人和关于人的经验基础上的。"

裴斯泰洛齐关于人的哲学观及与此相关的基本宗教观有一个发展的过程。
1780年出版的《隐士的黄昏》一书,反映了他的基督教观念和信仰。"上帝乃
人类的父亲,人则是上帝的孩子,这是纯正的基本信念,信仰上帝将会使人
受益匪浅,他们的生活环境将会赐福予他们。"①信奉这一真理是全部现世幸
福的根本基础。人类的全部繁荣就在于人能够认识到这一代表人的本性特征
的根本的和最深层的关系。他将这种宗教观运用于哲学来看待人和世界,认
为人的本性是崇高的,是美德的本质。他对人类本性、人的自然属性的认识
也带有理想化的色彩。人与人之间就像上帝和他的孩子一样,是父子关系,
对上帝慈父般的爱充满了信任的认识就能形成有序的人类关系。"我们人类是
上帝的孩子,这种思想培养我们成为兄弟,培养兄弟情和爱,这是产生人类
之真正正义的唯一源泉。"②所以,裴斯泰洛齐把基督教教人去爱、把耶稣的
教义看成一种人生哲学。这种哲学构成了正义;这种观点使他将社会理想化
和乐观化。

新庄实验失败后,现实生活中的残酷现实迫使他去探讨复杂的受多种因
素影响的世人生活秩序和规则,以指导人们去解决生活中的实际问题。他对
人和宗教的看法反映在1787年出版的《林哈德和葛笃德》一书中的"少尉的哲
学"里。这里描述了人的两种特性,一方面是动物的本性,另一方面是堕落的
人性。如书中的前任少尉、现任校长格吕菲所说的,人是不道德的和罪恶的。
裴斯泰洛齐强调格吕菲的态度和观点就是自己的态度和观点。这表明裴斯泰

---

① [瑞士]阿图尔·布律迈尔主编:《裴斯泰洛齐选集》第1卷,尹德新组译,200页,北京,教
育科学出版社,1994。

② 同上书,190页。

洛齐作为一个受了人性中恶的一面和利己主义所给予的痛苦经历和命运打击的人，放弃了理想主义的看法，而以"少尉的哲学"来看待人，这是他对人的本性认识的转变。

对于宗教的观点，他也放弃了最初的信念。在《隐士的黄昏》中，裴斯泰洛齐认为宗教是人与上帝的一种表现，它存在于人的天性中，并且是天赋的。但此时，他认为人在自然状态下没有宗教，只有人以社会形式聚集在一起时才产生宗教，随着所有权的出现，宗教产生了。它指导人们服从法律，尊重他人的财产所有权。但他并没有摆脱和背叛宗教。

裴斯泰洛齐的哲学代表作是 1797 年出版的《我对人类发展中自然进程的追踪考察》。此时，他对人的观念和宗教的理解有了全新的认识。书中提出的重要观点就是他把对人性的基本思考相互联系起来了。而在此之前，"由于多年来在我脑海中一直萦回着单方面的思索——没有秩序，没有联系，对整体没有一个清楚的概貌"①。而现在他以存在于人类本性中的矛盾为出发点，把这些单方面的思索联系起来思考和分析，提出了关于人类三种状态的学说。除了人的发展的自然状态和社会状态之外，还有一种自律的道德状态。裴斯泰洛齐在《我对人类发展中自然进程的追踪考察》中表明了他关于人的基本观念。他把人理解为原则上在自然状态、社会状态、道德状态三种状态中生存的生物。在自然状态中的人"具有本能的纯洁"，纯粹为自我而生存。在社会状态中的人，是"作为堕落的自然人进入社会状态，也从根本上变成一种冷酷无情的生物"②。人作为与其同胞处于联系和契约中而存在的产物去行事。在道德状态中的人，能摆脱动物本性的自私和社会关系去行事。这三种人本质上是具有相对独立性和矛盾性的。自然状态中的自然人与社会状态中的人实

---

① [瑞士]阿图尔·布律迈尔主编：《裴斯泰洛齐选集》第 2 卷，尹德新组译，28 页，北京，教育科学出版社，1994。

② 同上书，84 页。

际处于一种矛盾状态之中,"作为社会的产物,我摇摇晃晃地、受着双重折磨站在大自然产物和我自己的产物之间"①,"即在我的动物性要求同我的良心之间摇摆"。存在于人性的矛盾的解决,要么沉沦下去,"要么败于大自然的产物,要么作为社会产物而超越自己"。② 这就要社会人反省自己,并在本身寻找一种力量,避免自己的堕落。这种力量就是与宗教相符的情绪和独立自主的力量。只有作为道德人,才能解决自身存在于本性中的矛盾。三种状态是人所具有的三种不同的属性。它们之间不是对立的,而是相互联系的、逐步过渡的必要环节。大自然造就的人不是完美的人,人必须实现他自身的人性化和自身的完美,由自然人过渡到社会人,再过渡到道德人。

在《我对人类发展中自然进程的追踪考察》中,对裴斯泰洛齐来说,真正的宗教与真正的道德是一致的,只有在人的社会道德状态下,人才可获得和认识真正的宗教;而在自然和社会状态下,没有真正的宗教。裴斯泰洛齐与卢梭关于人性的看法的不同点是,卢梭认为自然人性本善,是社会把自然人给糟蹋了;而裴斯泰洛齐指责卢梭认定人生下来本质是好的这一观点。裴斯泰洛齐的观点更多地倾向于人的恶劣倾向是与生俱来的。

在个人与社会的关系方面,卢梭相信,人的道德观念是在人的社会存在之中和由于人的社会存在而实现的;裴斯泰洛齐则认为,道德观念原则上不可能是社会现象,而唯一可能的是出于"个人"的。要改善社会,只有使个人道德化才有可能。因而裴斯泰洛齐放弃了人与自然的绝对关系,而追求人自身的能动性和主体性。人不断地通过克服自我的自私观念,而成为道德人。

二、裴斯泰洛齐的心理观

裴斯泰洛齐对人的最简单的一种心理现象——感觉,作了较深刻的阐述。

---

① [瑞士]阿图尔·布律迈尔主编:《裴斯泰洛齐选集》第2卷,尹德新组译,118页,北京,教育科学出版社,1994。

② 同上书,122页。

他认为感觉和直观对人的认识和思维的发展具有重要的作用。他指出：认识的基础是我们人体感官的活动，一件物体放在人的感官之前，人们通过看、听、触、闻、尝等感知事物的外形、数量，由此，儿童产生了"模模糊糊"的"迷惘"的直觉，这是动物也有的。但是，人能用思维理解事物，加以整理、解释和给事物以名称，最后用语言把它叫出来。语言、外形和数目是把感官的直觉经验确定下来的三个基本要素，并使人从模糊不清的直觉过渡到定直觉阶段。这时人的感觉已跳出了动物的直觉范围，进而人们通过人体各种不同的感官，尽可能地分清事物的特性、颜色、温度、音响、味道、气味、重量、坚固性等，人的感觉从定直觉进到了透直觉阶段。人们把物体放在更大的范围内进行观察，不断地对某方面的知识做进一步的解释和补充，这时感觉进入了透概念阶段。这个过程从模糊直观发展到透直观经历了四个阶段，这是根据外部感官的活动而提出来的。它是人们认识的基础，是思维和能力发展的基础，也是裴斯泰洛齐教学理论的依据。

裴斯泰洛齐的思想接触到了感觉的种类。他说人有五种感觉，并相信人也有"内部感觉"，内部感官使人获得内部观念，帮助人们提高单纯从感官得来的知识，使人们更深刻地认识世界，揭开和找到事物的真谛。裴斯泰洛齐把感觉初步分为外部感觉和内部感觉两大类。这一思想基本反映了当今心理学对感觉的分类，但是他对内部感觉的认识是模糊的、唯心的。

裴斯泰洛齐的心理学的基本理论是关于能力的分析和论证。他把人的能力分成脑(头)、心、手三部分。裴泰洛齐所指的"头"或"脑"，常常是指"精神"。"精神"上的或"个人的"能力，也就是人认识世界、理智判断一切事物的所有内在精神的官能，包括感觉、记忆力、想象力、思想和语言。"心"指伴随着全部知觉和思想而来的一切感情范围，包括基本的道德感情；还包括"内在感官"的种种表现，如良心的活动、预感能力或评判力等。"手"指的是人的实践活动的能力，如"手工能力""艺术能力""职业能力""家务劳动能力"

等。这三种基本能力应协调发展。裴斯泰洛齐认为,人本身的和谐一致也是人生来就具有的,是大自然所创造的。这三种能力中起主导作用的是"心"的能力,只有脑和手的能力顺从于高尚的心时,三者才会协调一致。裴斯泰洛齐指出:"如果人得到高尚、满意的教育,人就肯定会为信仰和爱而培养和发展自己的德、智、体。"①显然,一旦思想行动服从人的道德、意志和爱,人就能够真正取得自身的协调一致;相反,人的行动和感情不一致,就是分裂的、不一致的个人。裴斯泰洛齐从心理学角度提出人具有三种基本能力和这些心理能力的特性及发展心理能力最基本的原则,这为人的和谐发展和创立教育学理论奠定了心理学基础。

裴斯泰洛齐长期寻求一切教学艺术的共同心理根源。在 1800 年的题为《方法》的报告中,他提出:"我正在试图将人类教学过程心理化;试图把教学与我的心智的本性、我的周围环境以及我与别人的交往都协调一致起来。"②他认为教育应当提高到一种科学水平,教育科学必须起源于并建立在对人类本性最深刻的认识的基础上。为此,他要求教学以人的心理为依据,寻找和认识教学的心理根源。裴斯泰洛齐理解的人的心理就是人类的本性。从心理学的含义来说,包括了两个方面:"一是就教育的目的或结果的意义而言,要求教育教学应使人固有的、内在的能力得到培养和发展;二是就教育教学活动或过程的意义而言,要求教育教学应与儿童心理发展的特点和规律协调一致起来,使儿童在获取知识、发展智慧和道德情感诸方面,都处于自然主动的地位。"③裴斯泰洛齐指出:"我们面前的世界好像是一个各种混乱的直觉交融汇合的海洋",一个感觉印象杂乱无章的大海,而"教学和施加影响的任务

---

① [瑞士]阿图尔·布律迈尔主编:《裴斯泰洛齐选集》第 1 卷,尹德新组译,128 页,北京,教育科学出版社,1994。

② 《裴斯泰洛齐教育论著选》,夏之莲等译,189 页,北京,人民教育出版社,1992。

③ 同上书,中译本前言,18 页。

是消除这些混乱现象"①。把各种事物分门别类，并把相似的和有关的事物归并起来，用这种方法使所有对象都清晰地呈现到我们面前，使我们的心智由模糊的感觉印象上升到清晰的概念，而"教学就本质而言，是阐明我们的概念的一种手段"②。这就是裴斯泰洛齐所理解的一个完整的心理过程和教学过程。依据这一过程，他提出了"直观"原则。尽管他的直观内涵不够明确，令人难以确切把握，但他反复表述了这样一种思想：教学必须尽力促进儿童的内在认识能力和外在实物结合，使儿童在主观能力与客观事物相统一的过程中不断发展各种能力。他还从人的认识的心理过程和规律中，推出了抓住事物的简单要素进行学习和教学的要素教育论。根据人的心理能力的发展特性，他提出发展人的各种能力的方法，这就是他的教学心理化的内容。

三、裴斯泰洛齐的政治观

裴斯泰洛齐是一个赞成资产阶级革命，同情劳动人民，争取国家独立、人民自由的爱国主义者，具有资产阶级民主、人道的社会政治观。

裴斯泰洛齐反对社会财富掌握在少数人手里，人民贫富不均，但不主张剥夺私有者的财产。他认为私有财产是合法的、不可侵犯的，但如何使用财产则是很重要的问题。如果社会财富掌握在单个人手中，就会导致牺牲弱者，使弱者陷入贫困。裴斯泰洛齐要求制止这种情况发生，并且应由法律加以限制，同时，国家有责任制定出明智的法律，迫使富人使用财富时，也使穷人得到好处，关心从属于其财富的那些人的幸福并承担起责任。他预见和希望有这样的社会：大量的资本不属于任何个人，对资本进行合理分配，穷人和富人不再有具体的区别。

裴斯泰洛齐对国家的任务和作用极为关注。他认为国家首要完成的直接

---

① 《裴斯泰洛齐教育论著选》，夏之莲等译，345 页，北京，人民教育出版社，1992。
② 同上书，345 页。

任务是保证安全, 设法使每个成员不想也不能使用暴力解决冲突, 同时也能保证个人安全。这就意味着未来发生的一切冲突都不再诉诸拳头和武力, 而是在法律的范围内解决。所有可能参与冲突的人都得服从法律, 但是总有受自私观念驱使而掠夺他人财产的人, 因此国家的主要任务是制定、颁布法律和维护权利与法律, 使个人在国家中获得安全, 使生命和财产不受威胁。

但是拥有权力的人可能滥用权力, 利用手中的权力不是为人民造福而是作为奴役和剥削人民的工具, 因此使用权力必须受法律约束。裴斯泰洛齐认为, 一旦由某个人掌握并运用一切权力, 社会常常就会出现另一种局面, 权力就不是神圣的, 而仅仅成为集权统治的工具。这时国家就得分权, 使统治者的权力在人民获得的权力和人民的力量中得到均衡。

国家的间接任务是合理满足个人需求和教育。裴氏认为, 如果国家不重视人民的教育问题, 那么国家的法律就会徒有虚名, 解决不了国内的实质性问题。原因在于: 要求合理地掌握权力, 合理地行使公民权, 法律条件是通过教育使人的天性得到充分发挥, 才能正确地掌握政权, 公民才会正确运用自己的权力。这就需要掌权者与国家公民都必须受教育, 对所有的人实行教育, 同时才能保障法律的合理公平, 而教育仅是国家的任务。国家只能通过立法来间接促进个人的积极性、责任感和道德观的形成。

政权应该由什么样的人掌握? 裴斯泰洛齐认为:"掌权人和统治阶层忘记了自己的使命和义务是国家不幸的主要原因。"[1]掌权人能从内心产生善性, 国家就有希望, 而善又来自每个受过正确教育的人, 因此他认为受教育是参政议政必不可少的先决条件。政权应掌握在受过教育的优秀大人物手中。他们应该是上层人民中最优秀者, 而不是没有受过教育的人。裴斯泰洛齐认为, 民主的形式集中表现在人民能够选举政府官员, 而不在于参政议政。可见裴斯泰洛齐是一个对劳动人民高度同情的民主主义者, 同时他对人民的权利与

---

① 《裴斯泰洛齐教育论著选》, 夏之莲等译, 102页, 北京, 人民教育出版社, 1992。

国家的关系的认识是很明确的。

四、裴斯泰洛齐的社会改革理论与教育改革理论

　　裴斯泰洛齐对人民特别是穷苦农民抱有强烈的同情。他看到农民挣扎在贫困线上；贫困是一种普遍现象；农民贫困，不能受教育。他长期思索这些现象是怎样产生的，怎样才能使贫苦农民摆脱这一境况。但他并不了解产生这种状况的真正原因，而认为这是由于他们没有接受教育而造成生产能力低，不会合理安排农业生产劳动。所以他说："穷人为什么总是贫穷，是因为他们没有接受过谋生技能的教育。我们必须从根本上改变这一点。"①为此，他一方面试图从教育入手，普遍提高农民的智力和教育水平，帮助农民推广新的农作物和改进耕作方法，提高农业生产技能，进而提高农业生产水平，以克服贫困；另一方面，他认为解决这一问题，还必须从上层社会开始，这是作为当权者的责任和每个有理智的富裕公民的责任。他在《林哈德和葛笃德》中表达了这样的思想：拯救穷人只能通过上层，通过贵族执政官、好心的大臣，甚至开明的君主，让他们发善心，同情和帮助农民，改善农民的生活。他预言能够通过贵族内部革新来改善社会状况。他还特别寄希望于有社会进步倾向的皇帝约瑟夫的维也纳皇宫；他利用一切可能的机会来说服统治者。1813年，为了请求驻扎在伊弗东的沙皇军队不要危害他的学校，他去找逗留在巴塞尔城的沙皇，沙皇亚历山大召见了他。裴斯泰洛齐为了说服和恳求沙皇取消农奴制、实施民众的普遍教育而忘了自己的请求，他还提出一系列经济改革措施：为每个人找到有意义的工作，使人人有能力谋生；同时能在劳动中实现人的存在，并把牧场均匀地分配给所有农民耕作。在法国大革命时期，他还要求废除封建的什一税，实行新税收和保险等新措施，提出一系列有关法律措施的建议，特别是提出一项新的诉讼程序。他提议以教育刑事罪犯为

---

　　①　卓晴君、方晓东主编：《教育与人的发展》，10页，北京，教育科学出版社，1996。

出发点，使刑法和判决的执行合乎人道，取消死刑。他对当时因未婚生育而
杀害婴儿被判死刑的一系列案件进行整理，并刊登在他的作品中，描写了那
些杀害自己孩子的不幸的年轻母亲的精神痛苦和绝望，对隐藏在那些社会风
俗、道德后面的虚伪和残忍以及虚假的法律进行揭露和控诉；指出了当时宗
教认为是犯罪的未婚同居问题是属于道德和宗教准则范围内的事，不是社会
准则；而国家是社会的公共机构，不应该把道德规范内的行为用惩罚来干涉，
国家的任务只限于培养合乎道德的生活。他认为，道德法庭的惩罚是造成杀
害婴儿的主要根源，必须取消，而代之以一项道德革新措施，通过一个公正
的立法和以一个好统治者为范例，培养人民获得建立纯洁幸福家庭生活的虔
诚和智慧，这是制止犯罪的唯一手段。裴斯泰洛齐还通过一系列寓言故事，
来曲折地表明自己对政治问题的看法和意见。

裴斯泰洛齐对社会改革的思想和观点，更多的是想通过教育改革来实现
他的理想。他的教育改革理论，主要体现在小说《林哈德和葛笃德》和他的书
信集《葛笃德如何教育她的子女》中。前者是在1781—1787年写的一部四卷本
教育小说，宣传了他的教育理想。书中的主人翁即农妇葛笃德是一位集母亲、
教师、教育改革者于一身的妇女典型。她亲自教育子女及邻家的儿童。她的
行为和教育方法影响了全村，村里的学校也仿效她采取与大自然发展秩序相
切合的教育方法来发展儿童的自然能力，在学习和训练中充分利用儿童的感
官，把教育和生产劳动结合起来。这种结合是裴氏的社会改革理论和教育改
革理论与实践相结合的产物。书中还阐述了他的"教学心理化""简化教学机
制""要素教育"等方面的理论和探索，论述了智慧、教学原则、教学方法、活
动能力的培养，以及道德教育、宗教感情的培养。这些都反映了裴斯泰洛齐
以教育为基础引导人民前进并改革社会的观点和教育改革的理论。为实现自
己的理想，他建立孤儿院、贫民教养院，致力于贫民教育。他力图收教贫苦
人民的子弟甚至为他们提供免费入学。当他可望在出版他的全部著作后得到

一批款项时，他就要着手他的教育计划，开办贫民学校，实验他的教育和教学方法，为培养教师建立模范学校。裴斯泰洛齐为实现他的社会改革、教育改革的理想进行了长期艰苦的探索，提出了大量的、新的有建树的理论。

第三节　裴斯泰洛齐的民众教育思想

一、论民众教育

裴斯泰洛齐在他 72 岁生日庆典时发表了一篇长篇讲话。他说："人的教育，整个人民的教育，尤其是穷人的教育在我脑海中萦回。""恳请你们参与我开创的大众教育和贫民教育事业！更好地论证大众教育和贫民教育吧！我恳请你们在我百年之后继续我的事业，保证我的事业延续下去。"①民众教育是他一生为之奋斗的事业，但令人遗憾的是，当时人们对此并没有清醒的认识，低估了这一人类崇高的事业。他认为整个欧洲党政均处在人为的、黑暗的迷雾之中，民众的教育事业和济贫事业完全堕落了。堕落的原因是对当今生活僵化的看法、观念、倾向和习惯，只有通过采取对我们时代和生活见解、思想、爱好、欲望和习惯有深刻影响的措施，教育和济贫事业才能得到真正改善。为消除阻力，他对大众教育、贫民教育的理论和实践进行了阐述，对错误看法进行了批驳。有人误认为裴斯泰洛齐的教育方法是与贫民地位相适应的、特殊的贫民教育方法。裴斯泰洛齐多次批驳了这些错误，指出了大众教育、贫民教育与一般教育的一致性，它们的本质是相同的。"各阶层的人的教育，不管他们是穷人还是富人，农民还是市民，其内在的本质是相同的。构

---

① ［瑞士］阿图尔·布律迈尔主编：《裴斯泰洛齐选集》第 2 卷，尹德新组译，204、216 页，北京，教育科学出版社，1994。

成教育实质的，不是传授一些知识和技能，而是培养人本性的各种力量。"①
如果仅仅教给穷人们掌握一些手段和技能，可能会对贫民大众有好处，但不
能从根本上解决问题。他坚信能"从人性的本质中找到帮助穷人的办法"②，
根据人性的需要摆脱贫困或消除贫困的根源。因此，他认为大众教育要坚定
地承认和重视人的各种力量结构上的中心点，以及人的高度自由的本性意志。
它也是我们各种力量的人性的中心点。他之所以认为自由意志为各种力量和
基本能力的核心，是因为只有意志自由才能显示力量和才能，充分揭示人们
内在的人性。裴斯泰洛齐早在《林哈德和葛笃德》一书中就阐述了首要的事情
是人民缺乏独立性。书中揭露了富裕阶层爱好奢侈虚华，却给广大的乡村人
民带来毁灭，他们成为那些富有阶级的道德败坏的替罪羊，反过来富有阶级
还假惺惺地怜恤这些穷苦大众。所以，为了改变穷人的卑微的生活，首先要
改变穷人那种胸无大志、缺乏目标和主动性、缺乏人类尊严的状况；就是要
通过信仰和爱使意志获得自由，并通过这种自由引导人们的力量和能力的发
展；通过教育和诚实的劳动获得人的尊严，培养人的个性和道德，从而使人
能自我帮助，并通过信仰和爱使意志升华为一种无私地献身于真理和正义事
业的力量。裴斯泰洛齐在《改进教育的观点、经验和手段》(1806年)一书中写
道："我的第一批研究成果虽然萌发于我对本国穷人的同情，为他们寻找帮
助，但我的研究并不是停留在为满足这一阶层人的需求的狭隘范围内。我的
一切努力，帮助穷人从人的天然本性加以引导……我相信，人永恒不变的天
性得到后天的足够培养，常常就有能力结合自身发展起来的力量，控制住外
界环境不时带来的偶然因素。"③同时，教育艺术的科学也是在深刻认识人性

① [瑞士]阿图尔·布律迈尔主编：《裴斯泰洛齐选集》第2卷，尹德新组译，213页，北京，教育科学出版社，1994。

② 同上书，202页。

③ [瑞士]阿图尔·布律迈尔主编：《裴斯泰洛齐选集》第1卷，尹德新组译，123页，北京，教育科学出版社，1994。

的基础上产生和发展人的力量和能力的，也要遵循人性发展的神圣秩序和法则。

民众和平民教育的实施是成熟的初级教育的思想体系，其基本思想是简化人的教育；以作为大众教育的手段和原则，以便使教育方法能在每个人的起居室里应用，发展人的各种能力。关于民众教育的实施，裴斯泰洛齐阐述了起居室的作用。他强调民众教育不仅要通过实验学校进行，而且更多地应在起居室里实施。他认为，起居室是信仰和爱的圣地；初级教育应重视起居室的人性作用，它同基督教的精神相吻合。因为在起居室里，有信仰和爱，通过父母对孩子的照料，联系父母和孩子的感情，在家庭成员中产生爱和感激、信任之情。同时通过家务劳动和生活，使儿童的心、脑、手感性地结合起来，一起服务于生活。起居室是人民文化的基础，通过母亲和父亲传授文化。总之，可以通过起居室普及民众教育。

裴斯泰洛齐在他那个时代提出了穷人可以受教育的口号，并要求政府和社会注重大众教育，并为大众教育寻找方法与途径。这根源于他对贫困生活的体验和同情。他在《葛笃德如何教育她的子女》第一封信中说："我深感民众教育犹如无底的沼泽横在眼前，我在其泥潭中来回蹚涉，历尽艰辛，才弄清其污水的源头所在、受阻塞的原因和可以疏导的可能性。"[1]正因为他几十年来和穷人同呼吸、共命运，他对贫困问题和大众教育问题的认识深度，"是其他思想家和社会活动家所望尘莫及的"[2]。

二、论政府教育

裴斯泰洛齐尖锐地批评了具有等级性的国民教育制度，揭露了当时政府

---

[1] 《裴斯泰洛齐教育论著选》，夏之莲等译，12 页，北京，人民教育出版社，1992。

[2] ［瑞士］阿图尔·布律迈尔主编：《裴斯泰洛齐选集》第 1 卷，尹德新组译，116 页，北京，教育科学出版社，1994。

教育的弊端，指出教育为特权阶层所独占，广大劳动人民被剥夺了享受教育的权利，教育极不平等。他说：

> 根据我对欧洲的学校教育分析，这种教育好像是一座三层楼房。〔第〕三层楼金碧辉煌，建筑技术精湛，但只有少数人居住着。在第二层住着许多人，但这一层没有楼梯，要是有了楼梯，这一层的人是能够体面地爬到第三层的。如果他们一旦心血来潮，想凭一股蛮力向楼上爬去，则要留神他们的胳膊和大腿会给人打断。最低一层里住着许多人，他们虽然和住在上两层的人同样获得阳光和洁净的空气，在这方面享受着相同的权力；但是他们不得不留在没有窗户的黑暗陋室中，而且决不可抬头窥视从上面两层发出的亮光，否则他们就要被人挖去双眼。①

这种教育状况使他产生了这样一个信念："欧洲的这辆普通的公共车子不仅需要人很好地牵引，而且更需要换个方向行驶，拉到一条全新的道路上去。"②因此他利用一切机会，尽一切可能改变政府的这种教育状况。用他的支持者尼法德雷尔的话说："直到政治成为国家教育的手段，而不仅是统治手段时，黄金时代才会到来。"然而，裴斯泰洛齐屡遭失败，他对政府在教育事业上的作为不信任。所以裴斯泰洛齐感到："不能过多地指望政府来关心个人，关心公民的教育，以及有关公共福利的一切事情——这些事情唯独个人能完成。"③他要求彻底改变这种状况，不仅仅是减轻那导致欧洲最广大人民衰弱的学校弊病；这种变革绝不能说只是在原有制度上的修修补补，而必须从根

---

① ［瑞士］阿图尔·布律迈尔主编：《裴斯泰洛齐选集》第1卷，尹德新组译，333~334页，北京，教育科学出版社，1994。
② 同上书，334页。
③ 《裴斯泰洛齐教育论著选》，夏之莲等译，169页，北京，人民教育出版社，1992。

本上进行救治。

裴斯泰洛齐指出政府应该给个人以权力和意志，政府应该努力防止那些个人在为推动公共利益发展方面本可以有所成就、有所贡献的事务中的无权现象。政府绝不该忽视他们在智力、气质和能力的培养方面的需求，应当让每个人都能够为公共利益和公民教育出一点力。政府应该说明，公民如果具备了智慧、气质和能力，那么一方面可以通过对自身事务的精明处理而获得内心的满足，另一方面又可以方便地提供并且确保国家所需要的一切。裴斯泰洛齐认为：只有国家的公民具有良好的品德、智力和实践能力的修养，国家才能维持。所以，他希望政府致力于民众教育，普及国民教育。裴斯泰洛齐指出：深感痛心的是我们时代的政府却没有充足的力量和生机来获得实现这一目标所需要的实际技能，政府又不会推行一种可能产生公民的教育制度。

三、论家庭教育

裴斯泰洛齐提出和论证了家庭教育的重要性。孩子是在家庭中成长的，如果能在家庭中尽早地接受良好的教育，教育的成功就较容易。而在家庭中，父母是孩子的第一任教师。裴斯泰洛齐提出，要获得成功的教育，其前提是有这样的父母："他们能在一定程度上控制孩子的一切环境，排除所有不适当的影响，另一方面他们又能寻找到充分地利用特定环境所提供的那种能激发孩子的爱和活动的动力，他们不怕困难，富有耐力，甚至不惜做出自我牺牲。"[①]这是他理想中的父母形象，特别是母亲形象。裴斯泰洛齐认为母亲是天生的和伟大的教师。她最爱孩子，最了解孩子，也最能观察到孩子的需要，从而尽力使孩子的本能在自我活动中得到充分发展。母亲的影响比任何其他人都更重要、更有力量。作为孩子来说，他们也需要母亲的爱，否则他们的爱和信任的感情就得不到发展，他们的整个发展过程就会受到危害。所以，

---

① 《裴斯泰洛齐教育论著选》，夏之莲等译，294 页，北京，人民教育出版社，1992。

裴斯泰洛齐始终强调家庭影响如果以最纯洁的形式出现，就是人类教育中所能想象到的最高尚的因素。成功的教育总是建立在理想的家庭生活和父母的力量的基础之上的。家庭是培养儿童爱的情感的良好道德的场所。裴斯泰洛齐认为在家庭生活中存在着一种黏结力。这种黏结力就是爱的黏结力。它"是上帝赐予的，是用以唤醒个人爱的能力的手段"①。在充满爱和有爱的能力的家庭生活环境中，孩子每时每刻都能获得源于爱的一切美好的生活的熏陶。儿童爱的感情和能力得以发展。在这基础上，儿童的道德也随之得到良好的发展，所以裴斯泰洛齐指出，凡是有着爱和能容纳爱的家庭，可以预料，在那里一定会有成功的教育。孩子一定会变成善良的人。

要使孩子得到良好的家庭教育，必须对母亲进行教育。因为只有受过教育的母亲，才能教育她的孩子，正如有了受过良好教育的教师才能进行良好的教育一样。因此，裴斯泰洛齐一贯把教育母亲看成教师最重要的责任。他对母亲的教育，大体上有两个方面：一是用热情动人的话语温暖母亲的心，争取她们为崇高的教育事业尽心尽力；二是给母亲们以教育的实际指导。为此，他给母亲们写了不少书，如《献给母亲们》《孩子直观和说话培养指南》《致友人格瑞弗斯信札》，以及关于简化初等教育教学的方法的思想和书籍，以此来改善家庭教育，指导母亲培养和教育孩子，以便拿着书照着操作，就可以对孩子们进行教育和培训。他一直认为，当有足够的人认识到正确的教学和教育方法时，就可以在起居室进行初级教育和儿童的早期教育，并由母亲们进行这种教育。"总之，谁要是深切关心年轻一代的幸福，那么就应把对母亲们的教育看作是他的最高目标，如此而已，别无他途。"②美国学者丹尼尔·恩·罗宾逊把裴斯泰洛齐的教育思想概括为："裴斯泰洛齐具有弗洛伊德式的敏锐，始终坚持认为全部教育都发端于家庭内部，教育的最重要的特征

---

① 《裴斯泰洛齐教育论著选》，夏之莲等译，293页，北京，人民教育出版社，1992。
② 同上书，375页。

是那些最初而又最完整地掌握在家庭成员手中的——特别是母亲手中的。"①
这是对裴斯泰洛齐重视和强调家庭教育的中肯评价。

第四节　裴斯泰洛齐的要素教育思想

一、论自然教育

裴斯泰洛齐继承夸美纽斯、卢梭的自然主义思想，认为人的教育要遵循
自然教育的规律。"自然"一词，在裴斯泰洛齐的著作中首先指的是大自然本
身的活动及其规律，更多的是指人的自然本性及其发展规律。自然教育的思
想是贯穿裴斯泰洛齐教育活动的指导思想。在他看来，自然教育有两方面的
含义，其一是教育应遵循大自然的发展规律。裴斯泰洛齐认为大自然有它自
身发展的规律和法则。他以树的生长为例：树的种子在大自然的作用下发芽，
长出枝叶，不断成长，同时树根也在生长发育。而后树结出果实，果实成熟
后从树上掉到地上……裴斯泰洛齐要求人们"观察大自然在一棵树上发挥的崇
高的作用"②，用心思考大自然这种活动的规律，他认为"作为一个整体的大
自然的机制是既伟大又简单的"③。在此，裴斯泰洛齐继承了夸美纽斯的思
想，指出："从本质上说，人的本性也遵循同样的发展规律。"④进而要求人的
教育应该模仿并遵循大自然的发展规律，必须时刻保持与大自然的朴实过程

① ［美］丹尼尔·恩·罗宾逊：《〈裴斯泰洛齐著葛笃德如何教育她的子女及裴斯泰洛齐教育著作
选〉序言》，见《裴斯泰洛齐教育论著选》，夏之莲等译，473 页，北京，人民教育出版社，1992。

② ［瑞士］阿图尔·布律迈尔主编：《裴斯泰洛齐选集》第 1 卷，尹德新组译，340 页，北京，教
育科学出版社，1994。

③ 《裴斯泰洛齐教育论著选》，夏之莲等译，193 页，北京，人民教育出版社，1992。

④ ［瑞士］阿图尔·布律迈尔主编：《裴斯泰洛齐选集》第 1 卷，尹德新组译，340 页，北京，教
育科学出版社，1994。

相统一。

裴斯泰洛齐在论述教育与自然的关系时，强调教育要遵循自然；与此同时，他指出教育不能机械模仿和消极遵循自然。这是对卢梭的自然主义教育思想的发展和深化。

首先，裴斯泰洛齐指出大自然的发展具有永恒的规律，但在它的变化中，它的规律在应用于每一个个体和每一种情况时，则带有偶然性。"偶然性就其存在的结果看，它同永恒性和不变性是同样必要的"，大自然的偶然性表现在"似乎仅关注总体，而忽略它正从外部影响着的个体"①。从这方面来说，自然是盲目的。它会使人的个体在自然力的作用下的发展变得偶然，不能协调大自然与人的本性，因而不能完全盲目地模仿大自然。如果要让它满意地适用于人类的话，必须通过人类的意志和人类的本性使自己与物质世界相和谐，"摆脱自然对每个个人所持有的偶然的态度，将其置于知识、力量和方法的掌握之中"②。

其次，消极地遵循自然也是不适合于人的教育的。他在此引证了大自然中的现象进行类比。他说："在你漫不经心地将土地丢给自然的地方，土地就生出杂草和蓟。只要你把人类的教育丢给自然，它就只停留在感官的混乱印象上，如此而已。这种混乱的印象不适合人的理解能力，也不适合用最好的教育所需的方法来教育你的孩子。"③这里他已意识到教育既要遵循自然，又不能消极地服从自然，任其自然发展。

遵循自然的另一含义是教育应遵循人的自然天性的发展规律，即教育应符合人的心理发展的客观规律。裴斯泰洛齐认为人的自然本性有低级动物的本性，也有高级的人特有的天性。在婴儿出生的一段时间，"儿童的动物性能

---

① 《裴斯泰洛齐教育论著选》，夏之莲等译，154 页，北京，人民教育出版社，1992。
② 同上书，168 页。
③ 同上书，155 页。

力能够得到极大的发挥"，身体的力量和灵敏性迅速发展，这时"人类天性中的这一部分与其他动物的本能是完全并行发展的"①。但人身上的高级天性会在适当的时候通过一系列事件显示出来。"一旦他的精神方面的天性开始显露，人就必然不再允许他的动物天性来支配他了。"②人注定要遵循更高级的天性的发展。在裴斯泰洛齐的著作中，人的高级天性即人的天性，人类的本性是指人的精神意识、心智和有待发展的各种潜能。实际他理解的人类的本性就是人的心理。在论述教育与人的本性的关系时，裴斯泰洛齐认为，在儿童身上具有一种渴望发展的倾向，正如人的眼要看、耳要听、脚要走、手要握，而心要信任和爱、脑要思索一样，人需要教育才能发展和完善，能力经教育才能呈现，而自然天性的发展有它固有的规律、程序和步骤，人的教育必须与之相协调。裴斯泰洛齐把教育称为人为的影响。他指出："施加人为影响的规律是从研究本性发展过程中推演出来的。本性永远是施加人为影响最重要的基础，人为影响和本性之间的关系犹如一座房子和岩石地基之间的关系"，房子和地基不能有裂缝，必须结合成一体，否则房子终有一天会倒塌。同样，教育"违反了本性发展的规律，人就会重新回到野蛮状态"，因此，在施加人为影响时，各种教学形式也应"服从本性中一些永恒的规律"，"与人的本性发展过程相适应"。③ 裴斯泰洛齐很重视教育的作用，认为教育可以改变人性中恶的方面，而使人的自然本性得以完善和发展。因此，裴斯泰洛齐强调："人只有通过艺术，才能成其为人。"④这里的艺术是指人的教育教学艺术。在强调教育作用的同时，裴斯泰洛齐也指出了教育不能代替本性的发展。他认为教育不是往人身上塞东西，而是就人本身这块料进行塑造。也就是说，

① 《裴斯泰洛齐教育论著选》，夏之莲等译，346 页，北京，人民教育出版社，1992。

② 同上书，347 页。

③ ［瑞士］阿图尔·布律迈尔主编：《裴斯泰洛齐选集》第 1 卷，尹德新组译，339~340 页，北京，教育科学出版社，1994。

④ 《裴斯泰洛齐教育论著选》，夏之莲等译，75 页，北京，人民教育出版社，1992。

根据每个人的不同特点，尽可能实现人生下来时蕴藏在人身上的才能和天赋。教育所追求的理想存在于人本身的天性中，如同园丁种植树木，是帮助和促进树木的生长。所以人的全部教育就是促进自然天性遵循它固有的方式发展的艺术。

二、论要素教育

裴斯泰洛齐致力于教学方法的改进，使之能符合教育心理学化的原则和儿童心智发展的原则。经过苦心研究，他发现了人类通过感觉印象获得清晰概念都有它的起点——即基本的、简单的要素。"你对简单的要素完全弄清楚了，那么，最复杂的感觉印象也就变得简单了。"[①]这个思想在他的脑中盘旋了很长时间，他花费了后半生来进行研究，提出了要素教育的思想。要素教育论是裴斯泰洛齐教育理论体系中的一个重要组成部分。

要素教育的基本含义是指教育教学要掌握一些最简单的、被儿童理解和接受的"要素"，以此为出发点，逐步过渡到更复杂的"要素"。其目的在于使教育简明化，简化教学方法，以便能"遵循大自然的秩序，使人的头脑、心灵和手这些方面特有的能力得以展开和发展"[②]。裴斯泰洛齐认为在一切知识中都存在着一些最简单的"要素"，儿童如果掌握了这些最简单的要素，就能够认识它所处的周围世界。学生掌握了它，其能力就可以在此基础上获得迅速发展；教师掌握了它，就可以提高教学效果；每一个家庭的母亲掌握了它，就可以"不需要其它帮助就能够教育自己的孩子"[③]。最终能达到增加受教育的人数，实现普及教育和改善贫穷生活的目的。

裴斯泰洛齐提出了体育、劳动教育、德育、智育和教学的基本要素。体

---

① 《裴斯泰洛齐教育论著选》，夏之莲等译，80 页，北京，人民教育出版社，1992。
② 同上书，411 页。
③ 同上书，205 页。

育的基本要素是关节的运动，以此开始逐步扩展到全身复杂的体力活动。为此，学校要通过游戏和各种运动去锻炼学生的各种关节。劳动是体力活动的一个方面，所以关节的运动也是劳动教育的基本要素。道德教育的最基本要素是儿童对母亲的爱。这种爱是在母亲对婴儿的爱以及满足其身体的需要的基础上产生的。这种爱反映和表现得最早。随着这种爱的进一步发展，一个人便形成了道德力量。

裴斯泰洛齐着重对智育的要素进行了详细的阐述，他指出：智育最简单的要素是数目、形状和语言。他认为，每一条线、每一个量、每一个词，都是我们的概念一步步走向清晰的手段。既然智育的任务在于使混乱模糊的感觉印象发展为清晰的概念，那么，教学的手段就应从形成清晰概念的手段中去寻找。经过长期的探索，他明确指出："使一切通过感觉印象而获得的认识得以清晰的手段来自数、形和词。"①为了使儿童获得清晰的概念，在这一过程中，他要求儿童在观察中必须注意三件事：①在他面前的对象有多少？有哪几种？②它们的外貌、形式或轮廓是怎样的？③它们的名称是什么？如何用一个声音或一个词来称呼它们？裴斯泰洛齐认为，数、形、词是一切事物所共有的三个基本特征。儿童若要获得清晰的概念，必然要以这三个基本特征作为手段去认识事物。为了使儿童抓住事物的基本特征，必须使他们具有与数、形、词三种手段相对应的三方面能力：①按照外貌而认识出不同的对象的能力以及能讲出外貌所包含的内容的能力；②说出这些对象的数目并对自己说出它们的多或少的能力；③用语言称呼出这些对象的数目和形状并且不会遗忘的能力。

因此，智育必须从这三种能力入手，培养儿童基本的计算能力、测量能力和说话能力。裴斯泰洛齐强调指出："教学首先应致力于一切从感觉得到的

---

① 《裴斯泰洛齐教育论著选》，夏之莲等译，85页，北京，人民教育出版社，1992。

事物的确切知识为基础的计算、测量和说话的基本能力。"①在他看来，智育正是借助数目、形状和语言这三个最简单要素来实现的。在教学过程中，儿童是通过测量来掌握形状，通过计算来掌握数字，通过发展语言来掌握词的。因此，知识(学科)的教学要素，归纳为测量、计算和说话能力的培养和训练，以此为出发点，进而激发儿童的思维能力。裴斯泰洛齐确认这些基本要素是各种教育不可缺少的基础，是教育和教学的出发点。他以此为依据研究了初等教育的各科教学法。

三、论语言教学

语言教学是培养学生说话能力的重要科目。裴斯泰洛齐认为，语言的发展划分为三个阶段，因而语言教学也划分为三个阶段，即语音教学、单词教学和语言教学。"学习说话不能从学语法开始，相反，学语法要从学会说话为起点。"②而学说话首先要掌握发音能力，教学的第一个基本手段就是发音(sound)。儿童在开始看到文字形状以前，或开始阅读以前，就应该具备重复地发出各种声音的能力，应该熟悉一些简单的发音，如 ba，da，ma，la 等。从这些简单的发音开始，可以获得一般的学习能力。裴斯泰洛齐认为：这是学习单词的基础，也是学习语言的基础。语音教学和语言教学都应从语言的最简单要素——语音开始。在语音教学时，首先使儿童学习发音和听音，熟悉全部说话的发音，裴斯泰洛齐为此专门准备了一本为早期儿童写的拼音课本，即《拼与读教学的提示》，出版于1801年。这本书配以图画，为儿童描绘图画所代表的物体的每一个词，母亲们可以不需要教师，不断地让儿童聆听拼音课本中的各种语音。语音教学应遵循一个基本原则，"它的教学形式普遍

---

① 张焕庭主编:《西方资产阶级教育论著选》，182页，北京，人民教育出版社，1979。
② [瑞士]阿图尔·布律迈尔主编:《裴斯泰洛齐选集》第2卷，尹德新组译，365页，北京，教育科学出版社，1994。

从元音开始"①，由简单到复杂，循序渐进。裴斯泰洛齐采用活动字母进行教学，在画板上出示书写成红色的元音字母，在音节的前边和后边，一个一个地加上辅音，构成最基本、最容易的音节，元音字母与其他辅音相组合的不断练习，使儿童掌握最基本的语音技巧。裴斯泰洛齐指出拼读的基本规则是：所有音节由元音和辅音组成，元音是音节的基础。按照这种规则和教法，儿童可以毫不费力地学会读和发音。

语言教学的第二个阶段是单词教学。在音节的前后添加新的字母或音节，便可构成其他单词，学习单词时应先让儿童学习与周围环境有关的单词，然后通过直观图画学习与自然、历史、地理以及人们的职业和社会关系等方面有关的事物的名称和单词，这好像是建造房子之前，对各种必需建筑材料的收集，为今后儿童的阅读和语言学习做准备。

第三个阶段是语言教学。语言教学的最终目的是引导我们人类从紊乱的感觉印象达到清晰的概念。为了达到这一目的，教学应有一定的顺序，首先应该把名称和事物联系起来，然后认识所指事物的各种特性，并通过语言，改变字词本身和它们的排列方式而获得使用动词和副词来定义事物质量的能力。在教学时，先把名词挑出来，如在教"晚上"一词时，把表示它们的形容词放到紧跟其后的位置，如"晚上"：安静的、明亮的、寒冷的、下雨的。然后，反过来把形容词置于前，把体现其显著特征的名词放在其后，如"圆的"：球、帽子、月亮、太阳。这样就为教学句子做好了准备。学习造句需反复练习，由简至繁，循序渐进，逐渐加深。在教学简单句子时，从儿童身边熟悉的事物进行提问，如："父亲怎么样？""父亲是和蔼的。""蝴蝶有什么？""蝴蝶有鲜艳的翅膀。"接着练习动词和宾语之间的简单的联系。以学习"粉笔"为例：老师拿起粉笔向学生提问是什么颜色，让学生用这些事物的名称加上形容词以表示它的特征——白粉笔。学生再用动词、副词和这些事物的名称结合，

---

① 《裴斯泰洛齐教育论著选》，夏之莲等译，91 页，北京，人民教育出版社，1992。

表示它们的易变关系。例如:"我用这支白粉笔写字。""我用这支白粉笔在黑板上写大字。""我用这支白粉笔在黑板上写大字给老师看。"用逐渐增加词汇的方法使句子逐渐复杂,由此反复练习,学生就懂得了造句。这就是裴斯泰洛齐的语言教学方法。

在语言教学中,裴斯泰洛齐很重视教学与认识的自然进程,即直观—印象—认识这一进程的协调。如母亲在教儿童说话时,首先必须让儿童感觉到各种刺激(听、看及感觉到的刺激)。这种感官的刺激和儿童对事物的观察,同时加上母亲对事物绘声绘色的描绘以及不断变换声调的语气的、声音的刺激,使儿童产生了对所说事物的印象。一旦儿童意识到在吃什么、听什么、感觉什么、嗅什么和尝什么时,一种要表达这些印象的愿望就会变得强烈。此时就是教师教给儿童表达这些印象的相应方式的最好时机。这样,儿童的表达能力、认识能力就逐步获得提高。在这一过程中,裴斯泰洛齐指出教师的任务是:采用各种刺激的方法鼓励儿童,并用语言中的各种声调刺激儿童,使儿童产生兴趣。裴斯泰洛齐指出了语言与内容即直观事物的印象与儿童周围生活相联系的重要性。裴斯泰洛齐认为:"如果语言的外表形式(语音)与词义的基础(印象)没有联系,语言只是空洞的、没有内容的声音而已。只有意识到语音同直观印象的关系之后,语音才会成为真正的人类词汇。"[①]他还强调儿童获得这些直观印象的事物必须是儿童周围生活所接触的。这样的事物对儿童来说,更容易接受,而且能使儿童产生兴趣。裴斯泰洛齐特别强调,在语言教学中抓住基本要素,循序渐进地教学,是引导我们获得清晰概念的一种手段,也是一切教学的基本原则。

---

① [瑞士]阿图尔·布律迈尔主编:《裴斯泰洛齐选集》第2卷,尹德新组译,363页,北京,教育科学出版社,1994。

四、论写字教学

写字被看作形状训练，以测量、绘画为基础。绘画的练习可以锻炼儿童手腕的灵活性和力量。学习书写，应该从绘画的最简单要素"直线"开始，因为书写是一种特殊的线性绘画。写字，不仅有绘画的线作基础，而且要求字形不能有任何偏差。

学习书写分为两个阶段。第一个阶段熟悉字母形状及其组合，教学时重点讲解字母基本形状并逐步把组成字母形状的各部分连在一起，按照从简单到复杂的原则，从正确模仿一个字母开始到把几个字母组合到一起，逐步发展到组合成单词。这个阶段还不能用钢笔来写字，用石笔在石板上练习，待到能较准确地书写字母为止。第二个阶段应该引导儿童使用钢笔。书写内容及书写字母的大小应与前一阶段的教学相衔接，然后逐步复杂化。开始时，书写字母的大小和用石笔书写字母一样大，再过渡到正常书写的大小。

在书写教学中，裴斯泰洛齐强调了教学方法应进行心理学的分析，即针对不同年龄的儿童采用不同的方法，同时还指出了写字能力是在与其他学科，如测量、绘画、说话训练、语言教学等各方面能力的培养过程中的相互联系、相互促进中获得的。

裴斯泰洛齐为写字教学编写了特殊的习字帖和课本，认为按照书中指示的方法进行教学，即便是那些未受过训练的母亲，也可以在一定程度上教儿童写一手准确、漂亮的字，从而使更多的儿童有可能接受一定的家庭教育。

五、论算术教学

裴斯泰洛齐很详尽地研究了算术的教学及方法。算术教学应该从数目的最简单要素"1"开始。因为算术是"把若干个单位集合起来和拆分开来的产物"①。它的本质和基础是加减运算,以直观的感觉印象为基础,进而抽象为用点和画(表格)代替实物,儿童对数目的真实关系的认识就能巩固,而不会混乱。

为了加强直观,裴斯泰洛齐在算术教学中引进了"ABC"。关于"直观ABC",裴斯泰洛齐是这样定义的:"这个形状 ABC(直观 ABC)就是把正方形等分成确定的量格,因此,需要准确地认识这种形状的垂直线和水平线。用直线对正方形进行这些切分,便得到某些形状,用这些形状便能测量所有的角、所有的圆和弧了。我把这整个体系称为'直观 ABC'。"②通过"直观ABC",使儿童认识直线(水平线、垂直线和倾斜线)、由直线构成的角(直角、锐角和钝角),然后教儿童认识正方形、圆形和它的变扁—拉长的圆形(即椭圆形)。儿童最后通过画这些形状而形成关于每个形状的清晰的概念。裴斯泰洛齐认为,测量教学应该与算术教学紧密联系起来。他指出:"我们已经把形和数的要素达到这样和谐的程度,使我们能够把形状测量用作数的关系的重要基础;而数的关系的基础,可以用作形状测量。"③在进行分数教学时,裴斯泰洛齐采用了"直观 ABC"中的正方形。他用一个正方形代替整数"1",用不同的方法对这个正方形进行无穷的分割。然后,再把这些被分割的部分汇合起来。利用这种图形,让儿童看到整体和部分的关系及其分解比例。他还设计了"单位表""简分数表"和"繁分数表",这些都是以正方形为单位的,他的这种教学减轻了儿童学习和理解抽象的数的概念和算术教学的困难。

裴斯泰洛齐分析了读、写、算的教学和经验及心理过程之后,总结了"一个最高的教学原则,即感觉印象是一切知识的绝对基础"④。因此,直观是一切概念得以清晰起来的基本手段。

---

① 《裴斯泰洛齐教育论著选》,夏之莲等译,130 页,北京,人民教育出版社,1992。
② 同上书,116~117 页。
③ 张焕庭主编:《西方资产阶级教育论著选》,190~191 页,北京,人民教育出版社,1979。
④ 《裴斯泰洛齐教育论著选》,夏之莲等译,136 页,北京,人民教育出版社,1992。

第五节　裴斯泰洛齐的全面和谐发展的教育思想

一、论全面和谐发展

裴斯泰洛齐在《天鹅之歌》中总结他一生实践的"初级教育思想是一种关于顺乎自然地发展和培养人的德、智、体的主张"①；是发展和培养人的"各种能力"和"力量"；人的各种力量的内在联系体现在人的"脑、手、心"三者的协调、和谐、均衡的发展，以达到"追求人的完善"。

裴斯泰洛齐这一和谐发展的思想基础是卢梭的遵循自然的教育思想和莱布尼茨的"单子论""预定和谐的思想"。莱布尼茨认为：宇宙万物都是由无数的精神实体"单子"所构成的，这些"单子"是上帝所创造和安排的。它们本身要求发展，而且相互依赖。裴斯泰洛齐接受了这些观点，认为每一个人都具有发展的能力和欲望，这种永不熄灭的发展欲望"存在于人的各种力量的本质里"，其本质是"追求人的各种力量的完善"，使人的一切天赋能力得到和谐的发展。②

和谐发展的理论依据是裴斯泰洛齐的人性统一性思想。他认为：人的天赋本性具有整体性和统一性。人类才能的整体性是种族的神圣而永恒的天赋。教育成功的基本条件是人性的整体性。教育必须努力使人的能力得到完善、圆满的发展。"仅仅使人性的某一方面特殊地发展，这是不正常的、错误的"，它"将损害和毁坏人的天性的均衡。它意味着使用非自然的训练方法产生片面发展的人"③。裴斯泰洛齐指出："依照自然法则，发展儿童的道德、智慧和

---

①　[瑞士]阿图尔·布律迈尔主编：《裴斯泰洛齐选集》第 2 卷，尹德新组译，342 页，北京，教育科学出版社，1994。

②　同上书，343 页。

③　《裴斯泰洛齐教育论著选》，夏之莲等译，412 页，北京，人民教育出版社，1992。

身体各方面的能力，而这些能力的发展，又必须照顾到它们的完全平衡。"①
因此，裴斯泰洛齐提出："体力与心灵的培养要和智力培养达到和谐一致……
这样我们的各种力量达到了平衡，这种平衡生动地证明了我们的本性的统一，
由这种统一产生一种凝聚力。"②他还指出，对这种人的各种力量完善的追求，
在初级教育里实施是不可能完善的，但"对这一目标的追求普遍存在于人的天
性之中同样是确定无疑的"③。这里要求德、智、体和谐平衡地发展，实际上
反映了他那个时代对人的智力、思想、道德和生活能力的全面发展的理想。
他的理想是以人性的统一为依据的。由于时代的局限，他还不可能从大工业
社会的要求来认识人的全面发展，然而不可否认这一思想是他在教育思想发
展上的一大贡献。

脑、心、手三者的发展，如何才能协调起来呢？裴斯泰洛齐认为，大自
然所创造的人具有一种自身本体的、把全部能力统一起来的力量，但是如果
一个人所想的与行动不一致，行动与感情判断完全不符，那他就是分裂的、
不一致的个人，这表明三种能力的发展是不协调的。这时需要使他的脑子的
能力服从于高尚的心，也就是应该把爱、信仰、道德贯彻到思想和行动中去。
一旦思想和行动服从人的道德、意志和爱，人就能真正取得自身的协调一致。
因而人的教育一方面是尽可能地发挥脑、心、手的能力，另一方面又要求三
种能力相互协调发展。裴斯泰洛齐强调德育的地位，对德育在人的发展中的
重要性的认识，无疑是有重大意义的。

二、论体育

裴斯泰洛齐非常重视体育。他认为：体育是人的全部才能和潜能获得发

---

① 张焕庭主编：《西方资产阶级教育论著选》，206页，北京，人民教育出版社，1979。
② ［瑞士］阿图尔·布律迈尔主编：《裴斯泰洛齐选集》第2卷，尹德新组译，353页，北京，教
育科学出版社，1994。
③ 同上书，358页。

展的基础，是人的和谐发展教育的重要内容之一。

体育的任务是发展儿童的身体、力量和技巧。体育的最简单要素是关节的活动，它表现为最简单的活动，如打击、跳、撞、拉、转、压、振动等。它是全身复杂运动的基础，也是体力活动和体育的要素。以此为体育教学和训练的起点，从容易进行的运动开始，继而进行更为复杂、难度更高的运动。

裴斯泰洛齐对体育运动的设计提出了要求，认为应采用从易到难、自然进展的方式来设计体育，循序渐进。应根据儿童年龄和体力强度的实际需要来设计多种体育运动。进行体育运动时还要因人而异，特别是儿童早期，体育应根据实际情况选择最适合、最有益于儿童的运动。例如，身体健康的、体质虚弱的，或是患有某些疾病的，都应按照他们的情况和需要来设计和选择体育运动。他提出："体育决不应该局限于目前用'体操'这个名称来命名的那些运动。这些运动一般是运用四肢，由此增强了体质，锻炼了技巧；然而还应该为训练全部感官设计出专门的运动。"①

体育的基本方法是练习。"唯有通过练习，那些看来似乎是缺乏的能力才是可以产生的，或者至少是能够发展起来的。"②裴斯泰洛齐还认为体育动作的练习应该与感觉的训练、思维的练习协调起来；四肢的基本练习必须很自然地与感觉的基本练习协调起来，也必须与有关思维的机械练习协调起来，以便使体力、感觉、听觉和思维同时得到发展。

体育运动对于身体和道德教育同样是有价值的。裴斯泰洛齐认为："如果体操训练得当，对于促进儿童的欢乐和健康十分有用，而欢乐和健康则是道德教育的两个十分重要的目的。"此外还可以培养"团体精神"和"兄弟般的情感"。对于儿童的个性和品质的发展也有重大的作用。对儿童进行持久的体育锻炼，有利于儿童"勤奋的习惯、坦诚的性格、个人勇气、吃苦耐劳"等个性

---

① 《裴斯泰洛齐教育论著选》，夏之莲等译，363 页，北京，人民教育出版社，1992。

② 同上书，360 页。

和品质的培养。①

三、论智育

智育是全面和谐发展的重要组成部分。在智育问题上,裴斯泰洛齐花费了较多的精力和心血去研究。他竭尽全力去发展教育和研究教学方法,以期人类"能够自己帮助自己"②。

裴斯泰洛齐认为"教育的基本任务是发挥人的才能和天赋"③。围绕这一基本任务,智力教育及有关的文化教育就应该顺乎自然地发展思考能力、研究能力和判断力,学习逻辑规则。"逻辑规则是思维的方法",显然,在知识与能力的关系问题上,裴斯泰洛齐认为"初级教育的一个最基本的目标是,把人的思维能力上升为成熟的判断力"④。一切教育的目的都应围绕能力的培养而展开,绝不可以往年轻人的脑子里灌一大堆难以理解的无用的知识。他认为,一个装满知识的低能儿是教育的失败。人应该做到既掌握必要的知识,又有实际工作的能力。

在知识与智力发展问题上,裴斯泰洛齐认为只有掌握了完美无缺的专门知识,才能具备判断力。专门的知识是通过各种课程的学习而获得的,这是能力增长的基础。传授知识和技能的过程必须同智力紧密相连,不能孤立地传授知识。"课堂教育最迫切的任务是发展人性中存在的、需要进一步发展的力量。"⑤

---

① 《裴斯泰洛齐教育论著选》,夏之莲等译,362页,北京,人民教育出版社,1992。

② [瑞士]阿图尔·布律迈尔主编:《裴斯泰洛齐选集》第1卷,尹德新组译,334页,北京,教育科学出版社,1994。

③ 同上书,126页。

④ [瑞士]阿图尔·布律迈尔主编:《裴斯泰洛齐选集》第2卷,尹德新组译,351页,北京,教育科学出版社,1994。

⑤ [瑞士]阿图尔·布律迈尔主编:《裴斯泰洛齐选集》第1卷,尹德新组译,334页,北京,教育科学出版社,1994。

如何发展智力呢？裴斯泰洛齐认为，首先要了解智力发展的要素。智力发展是以各学科知识为基础的，而各学科又是以直觉为基础的。他说："每一根可以理解的线，每一个认识的尺寸，每一个有意义的词都是人们理解的结果，是由成熟的直觉产生的结果。"①他认为，"直觉是认识事物的绝对基础"②。那么，构成直觉的要素是什么呢？他发现每一个通过直觉可以理解的事物都具有数字、形状、名称等特性。他说："我认为，认识一个事物的单面性和多面性，它的形状和名称之后，对这个事物的认识是肯定的，在逐步认识这个事物的其它特性后，对它的认识是清楚的。在认识这个事物各种特征的内在联系后，对它的认识是清晰的。"③所以，数字、形式、语言（词、名称）是直觉的基本手段，每个人也具备与这三种基本手段相应的基本能力，即语言能力、对于形式的理解能力和计算能力。为了抓住基本要素、顺应自然发展三种基本能力，知识教学的内容及基本课程应该是语言、唱歌、写、画及算术。

裴斯泰洛齐认为传授知识和发展智力，还应以适合和发展人性为基础。每个人都存在着渴望发展的内在本质，它需要在同客观外界的实际接触的过程中才能得到发展。但是客观外界对年轻人的影响是盲目的、混乱的，然而要使儿童的天性获得自然良好的发展，教育就不应该是混乱的，而应当由人来精心加以引导和安排。这种人为的影响是指必须干涉自然的影响，而不是干涉孩子的天性的发展；是对外界给孩子感官的那些偶然的、杂乱的印象和影响进行清理分类。裴斯泰洛齐在《天鹅之歌》中指出："初级教育还应整理感觉印象、协调印象的应用和人的本性的需要。"④他在一篇没有发表的文章中

---

① ［瑞士］阿图尔·布律迈尔主编：《裴斯泰洛齐选集》第1卷，尹德新组译，345页，北京，教育科学出版社，1994。

② 同上书，336页。

③ 同上书，347页。

④ ［瑞士］阿图尔·布律迈尔主编：《裴斯泰洛齐选集》第2卷，尹德新组译，363页，北京，教育科学出版社，1994。

指出："各种教学都是一种用于满足天性发展愿望的人为手段。"①在强调适合人的本性时，他特别指出因材施教，即人为的影响应适合于每个孩子的理解能力，教育手段要因人而异。为了发展儿童的智力，他对智力的组成和教育进行了研究，提出认识能力、语言能力及思维能力组成了智力。认识能力，最基本的是观察力。"观察力是智力培养的起点，语言能力是中心环节，而思维能力则是其最终点。"②他说："我们利用外部器官直接观察和激发起对这些事物的印象，则是智育的起点。"③因而他很重视感官的训练和观察力的培养。这种训练应"从摇篮时代起把家庭生活中的直观对象诱人地、生动地和感人地送到孩子的感官前，对孩子施加有益的影响"④。在培养观察力时，孩子生活环境中的直观对象的范围应该是广泛的，以发展孩子所需要的各种知识。但是，应注意这个范围绝不能超过他的生活状况和他的力量的实际需要，即不要脱离儿童的生活实际和认识能力的许可。裴斯泰洛齐认为，观察力是培养语言能力的基础，而语言能力的培养也要适合于其他能力的培养，它是与培养观察力、直观能力的自然进程相结合的。语言能力的训练必须与儿童观察能力的训练同步进行。语言器官的训练同感官紧密相连，儿童观察事物后，激发起要将事物表达出来的欲望，这时就可以顺其自然地训练他的表达能力，即语言能力。教师应设法激起儿童本性中的这种欲望。在培养观察力的同时，使语言能力合乎自然地得到培养和发展。语言能力的培养是观察力和思维能力的中间环节。孩子学习语言时，一开始只是机械地练习说那些描述直观对象的词；通过练习，表达这些直观对象的性质和影响的表现方式，久而久之，

---

① ［瑞士］阿图尔·布律迈尔主编：《裴斯泰洛齐选集》第 1 卷，尹德新组译，335 页，北京，教育科学出版社，1994。

② ［瑞士］阿图尔·布律迈尔主编：《裴斯泰洛齐选集》第 2 卷，尹德新组译，364 页，北京，教育科学出版社，1994。

③ 同上书，359 页。

④ 同上书，361 页。

直观能力就自然而然地发展成思维能力。总之，"语言教育一方面要服从于永恒不变的语言能力规律，另一方面也要服从于孩子各不相同的生活环境"①。

　　裴斯泰洛齐还研究了思维能力本身的发展规律。他说："人是有智力的动物。他要把感性认识上的表象上升为清晰的概念。他要依靠自己的力量综合直观到的事物，分门别类，加以比较。……仔细、准确地学习综合、区分和比较直观到的事物，即自然地发展思维能力。"②因而发展思维能力的手段要与这种能力的自然进程相符合，"从直观认识的印象自然地过渡到强化和激发思考能力的过程，它将带来清晰的认识，它基本上是以综合、区别和比较孩子认识的直观对象为基础的"③，即以直观观察为基础，自然地培养思维。人们对直观对象加以区分比较时，这些直观对象就成为人们思维的手段。在初等教育中，裴斯泰洛齐认为，计数和形状学习是以最简单的方式激发、综合、区别和比较直观对象的基础。他指出："初级教育应最高度地简化教材，特别要把计数学习和形状学习同孩子们在生活中熟悉的知识结合起来。"④这是培养思维能力的基础。

　　总之，裴斯泰洛齐在发展智力的教育中，向教师提出了四项任务：第一，教师应该寻找产生各种复杂的自然文化现象的要素，并且通过这些要素认识自然和文化之间的严密的结构。第二，教师必须研究孩子智力发展的规律。第三，教师必须熟悉孩子智力的发展程度。第四，教师应该判断某件事总的发展程度同某个孩子的发展水平是否相适应。这四项任务是要贯彻到发展智力的各科教学中去的。

---

　　①　[瑞士]阿图尔·布律迈尔主编：《裴斯泰洛齐选集》第 2 卷，尹德新组译，365 页，北京，教育科学出版社，1994。

　　②　同上书，369 页。

　　③　同上书，369 页。

　　④　同上书，370 页。

四、论道德教育

在人的各种能力的和谐发展中，裴斯泰洛齐最注重人的道德的形成，并把它看成"整个教育体系的关键问题"。

裴斯泰洛齐认为，对幼儿进行道德教育，首先要从德育的基本要素，即儿童对母亲的爱开始。这种爱的种子生而有之，是人的自然属性。可以在它的基础上，通过母亲的激发，发展儿童的道德情感。裴斯泰洛齐认为，道德情感的发展过程是以母爱为起点而爱家庭其他成员，爱邻人，爱一切人，爱人类，爱上帝。在这里，"家庭影响诱导着他；在他内心发展一种他自己的道德力量的内在意识"[1]。裴斯泰洛齐称它为"道德的自我发展的基本原则"。这个原则是由"母亲与孩子之间的自然关系所揭开的"[2]。因此，儿童对母亲的爱是其他各种道德情感发展的基础，是道德教育的起点。

从德育的基本要素出发，裴斯泰洛齐认为，道德教育的任务就在于促进儿童的爱的种子的发展，唤起儿童的道德情感，使儿童形成道德观念和道德习惯。道德教育的最终目的就是培养儿童爱所有的人，即博爱，并扩展到爱上帝。裴斯泰洛齐把对上帝的爱和信仰看成最高境界的爱。为了实现德育的目的，裴斯泰洛齐论述了道德教育的阶段。他把整个基本的道德教育分为三个阶段。第一个阶段是唤起道德情感阶段，其基本点是用"纯感情来培训一种道德情感"[3]。在家庭中，主要在母亲满足孩子身体的各种需要的相互接触中，用母爱把母亲和孩子的心连接起来，并激发儿童的爱、信仰以及感激之类的基本的道义上的感情。在公共教育中，裴斯泰洛齐也坚信这一点。他说："教育者的力量，必须是纯父亲的力量，这种纯父亲的力量由于照料家庭生活

---

[1] 张焕庭主编:《西方资产阶级教育论著选》，208页，北京，人民教育出版社，1979。

[2] 同上书，193页。

[3] [瑞士]阿图尔·布律迈尔主编:《裴斯泰洛齐选集》第1卷，尹德新组译，323页，北京，教育科学出版社，1994。

而焕发起来，这就是我的根基。"①人心都向着善，一个孩子，他希望得到爱，得到别人的帮助，也希望自己能有所作为，"然而，这种愿望不是通过言辞在他那里产生的，而是通过感情和由于教育者的亲切关怀而在他身上鼓舞起来的力量产生的"②。在斯坦兹孤儿院，裴斯泰洛齐的道德教育首先是要赢得孤儿的信赖。他与孤儿同吃同住，满足他们的日常需要，像父亲般照顾孤儿，激起孤儿心中的爱。他致力于"用共同生活的基本感情和发展他们的心灵力量来使孩子们成为兄弟姐妹"③。在这种大家庭中，使爱在他们的内心牢固地扎下根并产生出一种亲密和谐关系和精神感情的基础，以此唤起孩子们的法律和道德情感。

第二个阶段是道德行为的训练和养成。在大家庭的感情基础上，练习做好事的活动。裴斯泰洛齐在孤儿院一边教给他们知识和生活技能，一边在道德行为上加强训练，以便他们把自己乐于助人的愿望变为行动。他培养孤儿对贫苦人民的爱、对流浪孤儿的同情，并把自己的很少的食物、衣服与别人分享。在此基础上，他把训练自我克制同培养感情结合起来，使感情体现为一种生活态度、一种良好的纪律。裴斯泰洛齐认为，这一阶段的基本点是用自我克制和力求正确与完美来进行道德训练。

第三个阶段是对道德品质问题的议论和思考。这一阶段的基本点是有意识地表达道德概念，让孩子们对他们所处的法律和道德环境进行思考和比较，从而培养对道德的理解力。同时，裴斯泰洛齐在孤儿院里劝导孩子们将对道德的理解与他们自己的经验联系起来，向他们指出什么是美、什么是丑，什么是合理的、什么是不合理的，什么是真与善，让儿童去比较、思考和议论。相反，"真理如果没有这样一个真实的背景，那它在多数情况下对孩子们来

---

① ［瑞士］阿图尔·布律迈尔主编：《裴斯泰洛齐选集》第 1 卷，尹德新组译，313 页，北京，教育科学出版社，1994。

② 同上书，314 页。

③ 同上书，318 页。

说，就像是一个不合适的和令人讨厌的玩具"①。

裴斯泰洛齐在斯坦兹实验了这个道德教育的三阶段模式，取得很大的成功。在这个实践的基础上，裴斯泰洛齐进一步论述了德育的途径和方法。

第一，应该在家庭中奠定儿童道德行为的基础。

裴斯泰洛齐认为，不能用道德的训教作为启蒙教育的内容，而心灵的培养则应该在孩子还不可能理解道德训教的年龄时打下教育的基础，而这个教育的基础应该在家庭中奠定。根据裴斯泰洛齐的道德自我发展的原则，爱的种子是在母亲的怀抱里发展起来的。儿童在母爱的熏陶下培养了爱的道德情感，而道德情感是其他道德品质发展的基础。裴斯泰洛齐曾感叹："父亲的家——你是培养道德的学校。"②

第二，学校教育必须模仿家庭式的教育，使爱的道德情感通过学校教育得到进一步的发展。

裴斯泰洛齐说："我要用实验来证明，如果公共教育对人类有任何价值的话，它必须摹仿家庭教育的优点。"③因此，他要求学校特别是幼儿学校要按照家庭中父母与子女的关系，即教师要像慈母一般关心和爱护儿童。因为，在裴斯泰洛齐看来，这种母爱"将如春天的太阳使冰冻的大地苏醒"，使儿童感到温暖，可亲可爱，并能"迅速地改变我的孩子们的状况"④。

裴斯泰洛齐自己也正是这样做的。有一个家长访问了他的学校后说："这不是一个学校，简直是一个家庭。"裴斯泰洛齐听到这种评语后非常高兴，认为自己一生的心血没有白费，把这位家长看作他的知音。因为裴斯泰洛齐的目标，就是要使学校像家庭一般，到处充满着爱，这样就可以培养出有道德

---

① ［瑞士］阿图尔·布律迈尔主编：《裴斯泰洛齐选集》第1卷，尹德新组译，326页，北京，教育科学出版社，1994。

② 曹孚编：《外国教育史》，163页，北京，人民教育出版社，1979。

③ 张焕庭主编：《西方资产阶级教育论著选》，197页，北京，人民教育出版社，1979。

④ 同上书，196页。

修养的儿童。他甚至这样说："有爱的学校，绝不会产生有问题的学生；有爱的家庭，也绝不可能出现有问题的孩子。爱才是品格陶冶的最大推动力。"他自己与孤儿相处时建立的就是类似父子的关系，以此来达到道德教育的目的。他强调，学校按家庭方式进行教育是培养儿童良好品行的一个主要途径。

第三，裴斯泰洛齐认为，教师的无原则的爱和单纯的慈爱是不能培养出有德行的人来的。

教师和父母在儿童犯错误时，要有点威严，给他们一点颜色看看，使他们认识到自己的错误。单纯靠慈爱是不可能达到教育目的的，应该把慈爱与威严结合起来。

第四，裴斯泰洛齐反对强制、规则和单纯"说教"。特别重视将教师以身作则的示范作用与儿童对道德行为的实际练习结合起来。

裴斯泰洛齐认为，如果"运用了强制、规则和说教，那么，我就不能使孩子们心服，不能使他们有高尚的胸怀"①，反而会远离教育的目的。因此，裴斯泰洛齐自己在教育实践中以身作则，与孤儿同吃同住，同甘共苦，用爱去感化孤儿，激发他们爱的情感。同时还把道德教育落实到行动上，让孤儿与路过孤儿院流落他乡的难民接触，以此唤醒孤儿的道德情感。另外，裴斯泰洛齐还注重培养儿童的自制力和忍耐精神。在裴斯泰洛齐看来，只有教师的以身作则与儿童道德行为的练习结合起来，才能形成儿童的良好道德倾向。

裴斯泰洛齐的道德教育理论不仅适用于学校教育，也适用于家庭对幼儿的教育，有一定的现实意义。尽管他把德育与宗教联系起来，显示了一定局限性，但是从道德伦理观来看，他的主张在某些方面反映了道德教育的共同规律。他以爱的教育为原则，以爱为起点，并贯穿到整个道德教育中去，要求教师用爱去关心和爱护儿童，并以此影响儿童，这正是他的儿童道德教育取得成功的一个主要条件。他在道德教育的三个阶段里，很重视情感（心）、

---

① 张焕庭主编：《西方资产阶级教育论著选》，199 页，北京，人民教育出版社，1979。

思想(脑)、行动(手)的结合，重视德育与智育的结合。他说："不管你的内心有多少同情，如果你一无所知，一无所能，你还是无助于人。"①德育、智育的训练，"在我的孩子们身上不但培养了不断发展的思维力，而且使他们的全部心灵力量普遍增长和普遍产生一种情感，在这种情感中我看到，人的智慧的基础得到多方面发展"②。他这种德育与智育相结合的主张，对于我们当今的教育仍很有意义和启示。

五、论劳动教育、职业教育和技术教育

劳动教育是裴斯泰洛齐全面和谐发展教育的重要组成部分。他所说的劳动教育，包括了身体器官的训练、日常生活能力的训练和职业训练，以及其他一切实践技能训练。

劳动教育的任务是获得谋生所需的劳动技能，养成劳动习惯，培养热爱劳动的品质。在新庄，在斯坦兹，裴斯泰洛齐都很注重劳动教育，孩子们要参加田间的劳作、纺纱、织布。虽然在一定程度上，孩子们还得靠劳动的收获来维持生活，但是他认为劳动是一种教育手段。他关注的是"以适应劳动和取得谋生本领来看待孩子们的勤劳，而较少从劳动所获方面考虑"③。

劳动教育的目的是完善人的品格，使人达到和谐发展。裴斯泰洛齐认为，只有通过劳动，才能保持和加强人的各种力量的平衡，劳动教育与体育、德育、智育等联系密切。劳动与体育相互联系。体育的任务是把潜藏在人身上的天赋生理能力发展起来，这就为劳动教育打下了基础，因为没有体力的发展，就不可能有劳动教育。体育是劳动教育最基本的初步阶段。而劳动会促使儿童身体健康、体力增长。劳动教育还可以促进儿童智力、情感与意志的

①　[瑞士]阿图尔·布律迈尔主编：《裴斯泰洛齐选集》第1卷，尹德新组译，326页，北京，教育科学出版社，1994。

②　同上书，331页。

③　同上书，329页。

发展。劳动被看成智力教育和培养接受真理的能力的最重要的基础。在劳动过程中，只要不断地进行判断和思考，人的思考能力就能获得发展。劳动还需要相互配合和协作，需要有一定的耐心和意志力的支持。同时，劳动还要遵守劳动纪律，高度集中精神，这可以促进人的纪律和道德的发展。所以，在裴斯泰洛齐开办的孤儿院和学校里的儿童都要从事劳动。孩子们在车床边学习机械知识；在学校印刷厂和装订车间帮忙；也学习木工，和锯子、锤子、刨子打交道；在农场学习农业，耕种自己的园地；还自己动手建设和整理校园，养成热爱劳动的习惯。通过实践，裴斯泰洛齐体会到对儿童进行的农业、手工业以及田园劳动的教育，是达到和谐发展儿童体力、智力和道德的良好手段。

关于劳动教育的实施，裴斯泰洛齐提倡在生活中受教育；劳动教育同时与爱的教育，心、脑、手的教育相结合。在《林哈德和葛笃德》一书中，裴斯泰洛齐赞扬了葛笃德在生活中进行的劳动和教育是心、脑、手三种基本力量和谐配合的，是充满了爱的劳动。裴斯泰洛齐认为纺纱这种单调的、无须动脑的劳动，在缺乏信仰和爱时，会损害人的身心健康，对人的本性产生有害作用。但是葛笃德的孩子们，因为爱母亲，他们认识到通过纺纱可以减轻家庭的贫穷。这种爱的认识，促使他们竭尽全力在爱和欢乐中干活，人的本性就不会变得冷漠。"相反，要是工作和劳累不是出于爱和信仰，缺乏欢乐，是强制性的，那么这种工作和劳累会使人变得虚弱、冷漠无情、降低人格、受毒害，甚至被扼杀。"[1]葛笃德的孩子们在充满爱的激情中，一方面帮母亲做饭、烧火、担柴、挑水；另一方面通过仔细的观察，深刻地认识到自然界中物理、化学的变化，以及各种事物之间的基本联系。这种劳动不是单纯的家务劳动，而是把劳动与脑的思维能力、知识的学习与爱的教育结合在一起了，

---

① [瑞士]阿图尔·布律迈尔主编：《裴斯泰洛齐选集》第2卷，尹德新组译，307页，北京，教育科学出版社，1994。

从而更富有教育意义，也使儿童的心、脑、手同时获得了能力的发展。

裴斯泰洛齐的教育活动实践了学习与手工劳动相结合，同时对学生进行职业培训和技术教育。在《林哈德和葛笃德》一书中，裴斯泰洛齐具体描绘了功课与劳作相结合的情景：葛笃德的孩子们一边纺纱，一边学习，纺车上放着课本，读书识字时，手仍在干活，孩子们的劳动与功课两不误。人们发现孩子们的功课做得很好，手脑都很灵巧。裴斯泰洛齐赞扬道："我们所追求的理想中的学校，其实就在她的屋子里啦。"镇上学校学习了葛笃德的做法，在教授文化的同时，让孩子们到镇上钟表匠那里参观学习，或向有经验的人学习园艺、农艺、手工艺。学校里也备有纺纱机、织布机，还设有磨坊、锯木厂，供学生作为学习手工劳动、进行技术教育的场地。在学习过程中，学校要从学生谋生的职业训练方面去考虑，从各方面估计孩子们将来所适应的职业，为他们的职业进行初步训练。书中赞扬了葛笃德乡村学校的"学习与手工劳动相结合"教学法，明确地提出了教育与劳动相结合的概念，甚至提出了"学习与手工劳动合一"，提倡职业训练和技术教育。他自信这是一个伟大的主张，"抓着了人生的真正需要，找到了造成幸福与保证生活的根源"。他肯定了学习与手工劳动相结合的意义，"使功课劳作合一，提倡职业训练，是提高人的工作能力，增加实际生产量的最好的途径"①。

这时裴斯泰洛齐所理解的教育与劳动的结合，主要还是为了不使贫苦儿童脱离家庭手工劳动，以免减少生活收入。结合的方式是单纯、机械的外部结合，儿童手里做的、眼里看的和脑里想的并无内在的联系。以后，他在总结斯坦兹孤儿院的教育经验时，对于教劳结合的意义，不仅考虑其经济效益，而且还从职业训练的必要性与儿童心智和心灵力量训练的角度去考虑。他"越来越相信，一旦坚决地、在心理上正确地把教育机构与劳动机构结合在一起，人们便将体会到，那时，只要用现今所用的十分之一的力量和紧张，就可以

---

① 张焕庭主编：《西方资产阶级教育论著选》，168~173 页，北京，人民教育出版社，1979。

学到现在所学的东西"①。这表明，他对教劳结合对人的身心发展的意义有深刻的认识，而且揭示了教劳结合的前景。

裴斯泰洛齐有关职业培训的思想和方式概括起来主要是：发展职业体操，训练职业的基本技能；并把这些练习和现实工作联系起来，用基础智力教育来支持这些体力活动，进行有关数字、形状、计算、测量、绘图的练习；再把知识的学习和现实工作联系起来。职业培训的总体目标是学习和训练工业教育的最基本能力和技能。

第六节　裴斯泰洛齐教育思想的影响

一、裴斯泰洛齐教育思想影响的广泛性

裴斯泰洛齐以他的教育实践和伟大精神，影响着他所生活的时代。他那宏富的文献著作广泛地传播着他的教育思想。

裴斯泰洛齐的教育思想首先影响的是瑞士尤其是他的家乡苏黎世。裴斯泰洛齐在世时，曾为推广他的教育思想和方法作出了巨大的努力。然而他的对手的势力不小；公众的舆论有赞赏，也有诽谤。他的家乡苏黎世对他的学校教育实验持怀疑态度。他逝世之后，他的家乡着手改进教育，专家们提出了许多改革方案，其中就有裴斯泰洛齐的朋友汉斯·格·涅格利于1831年以裴斯泰洛齐的教育思想为指导而提出的改革方案。1832年颁布的一项新的教育法，内容以在伊弗东工作过的卡斯帕尔·冯·奥雷利教授的教育理论，以及托马斯·舍尔的教育草案为依据。此教育法主张推行裴斯泰洛齐的思想和教学方法。至此，裴斯泰洛齐的家乡终于接受了他的教育思想，按照他于

---

① ［瑞士］阿图尔·布律迈尔主编：《裴斯泰洛齐选集》第1卷，尹德新组译，330页，北京，教育科学出版社，1994。

1801 年在《葛笃德如何教育她的子女》中所指出的方法去做。同时，裴斯泰洛齐的贫民和大众教育思想也获得了传播。今天瑞士教育制度中的师范学校以及独具特色的教育机构，如"医疗卫生教育之家"、特种儿童教养院(包括孤独性儿童、犯罪儿童等教养院)等，都在发扬着裴斯泰洛齐的教育思想和精神。

裴斯泰洛齐的教育思想在德国发展最早，产生了强烈的影响。在裴斯泰洛齐生前，普鲁士曾于 19 世纪派遣了不少见习生到裴斯泰洛齐任教的学校布格多夫和伊弗东学习。普鲁士掀起了裴斯泰洛齐运动；裴斯泰洛齐的教育方法在普通学校中获得了推广，在工业学校和军事学校里得到了应用。同时，普鲁士还根据裴斯泰洛齐的教育思想对教师的培训进行改革。普鲁士政府出面订购《裴斯泰洛齐全集》，并设立可观的基金用于推广"裴斯泰洛齐教学方式"。裴斯泰洛齐的教育思想在德国的传播跟德国教育家费希特的积极、广泛宣传有关；此后担任德国第一任教育厅厅长的洪堡(Wilhelm von Humboldt，1767—1835)，曾选派 17 名教育干才于 1808 年前往伊弗东学习了三年之久。他们用裴斯泰洛齐的教育思想和方法训练德国教师，被称为"普鲁士裴斯泰洛齐学校制度"的一种新的国民教育制度在德国形成。在图林根，19 世纪初期，裴斯泰洛齐教育学院曾有过令人鼓舞的发展；裴斯泰洛齐的教育思想曾得到过州政府的支持，州政府还组织教师进修和培训。教师们采用裴斯泰洛齐的教育方法，并用裴斯泰洛齐的教育思想指导和改进学校工作。法兰克福是 19 世纪初期推广和扩展裴斯泰洛齐教育思想的一个重要城市。裴斯泰洛齐在世时，伊弗东学校有许多法兰克福的学生，裴斯泰洛齐得到了那里的学生家长在经济和物质上的支持与帮助。在伊弗东工作过的教师和学生返回法兰克福后，在教育界、新闻界传播他的思想，一时间使裴斯泰洛齐和他的教育方法成了"法兰克福的风尚"[1]。裴斯泰洛齐去世后，其教育思想成为法兰克福学

---

① [瑞士]阿图尔·布律迈尔主编:《裴斯泰洛齐选集》第 2 卷，尹德新组译，391 页，北京，教育科学出版社，1994。

校的财产，同时也在教养教育领域得到发展，并于 1846 年成立了裴斯泰洛齐协会；同年教师们还创建了自助机构，目的是照料双亲曾从事教育的孤儿。1927 年，德国有 50 多个这种性质的协会。

在奥匈帝国，裴斯泰洛齐及其推崇者曾进行过努力，其影响虽小于德国，但也是不可磨灭的。裴斯泰洛齐的学生、同事和朋友约瑟夫·施密特，在故乡奥地利按裴斯泰洛齐原则建立了一所学校，获得了成功。裴斯泰洛齐的教育思想还进入了特殊教育领域。威廉·克莱因在维也纳贫民救济机构担任领导工作，并与裴斯泰洛齐有联系。他以裴斯泰洛齐教育原则为指南，成为盲人教育的先驱。1808 年在伊弗东学校逗留了六周的特勒泽·冯·布隆斯维克伯爵夫人，在匈牙利推广裴斯泰洛齐的教育思想，并在幼儿园事业方面作出了特殊的贡献。雅诺什·斯查波·冯·瓦拉德于 1810—1811 年到过伊弗东，回到匈牙利后，按裴斯泰洛齐的教育思想推广和开辟了劳作教学。

欧洲其他国家的教育界也极为关注和仿效裴斯泰洛齐的教育方法。在俄国，沙皇亚历山大一世的教师、瑞士人拉阿尔普于 1804 年提醒沙皇关注裴斯泰洛齐的教育思想。1814 年，裴斯泰洛齐曾同俄国沙皇亚历山大一世在巴塞尔私下会面，说服沙皇给予印刷其著作的特权，为订购裴斯泰洛齐著作资助5000 卢布，同意派见习生到伊弗东。许多来自裴斯泰洛齐学校的教师和见习生也在俄国开始了教育方法改革活动。波罗的海东岸地区的爱沙尼亚、拉脱维亚、立陶宛以及彼得堡、莫斯科，都受到裴斯泰洛齐教育思想的影响。在彼得堡，以裴斯泰洛齐的至交和同事约翰内斯·冯·穆拉尔特为首创建了一个介绍、研究和纪念裴斯泰洛齐的机构。这些首批传播者为以后俄国进一步接受裴斯泰洛齐教育思想奠定了重要基础。裴斯泰洛齐的影响通过讲德语、通晓裴斯泰洛齐教育思想的人传到了丹麦。1803 年，舍梅尔曼伯爵夫人派遣见习生斯特列姆和托尔利茨到布格多夫学校学习。回国后，他俩尽力传播裴斯泰洛齐的教育方法。裴斯泰洛齐的教育思想在西欧、南欧、西南欧都有影响,但是由于受语言的阻碍,其影响远远小于德语地区和国家。在法国巴黎,裴斯泰洛齐的忠实同事约瑟夫·施密特多年领导一个教育研究所,但是其影响仍然有限。在英国,由于在伊弗东任教的阿克曼到英国学习贝尔-兰卡斯特教学法,他向贝尔介绍了裴氏教学法,并按自己的理解在《论德国》一书中阐明了裴斯泰洛齐的教学法与贝尔教学法的本质区别:裴斯泰洛齐强调原动力的重要性,贝尔则重视树立雄心壮志的纪律性。阿克曼带领英国学生到伊弗东,并向裴斯泰洛齐介绍了英国的方法。尔后,贝尔于 1816 年到伊弗东。阿克曼宣传裴斯泰洛齐思想,推动和激发了英国人的兴趣和对裴斯泰洛齐思想的认识。英国梅佑姐弟两人曾到伊弗东学习,回国后在幼儿学校中推广裴斯泰洛齐的教学方法,收到了一定的效果。

裴斯泰洛齐的教育思想对美洲也有影响。法兰克福人格奥尔格·本森曾在伊弗东从事教学,又在法兰克福一所学校任教,1834 年移民美洲,建立了一所学校和一所师范学校,并担任国家对学校的监督员,为传播裴斯泰洛齐的教育学说发挥了重要作用。在美国,裴斯泰洛齐的老同事尼夫曾于 1809 年在费城办学,以后又在宾夕法尼亚州的肯塔基和印第安纳开办学校,但影响不大。直到 1821 年,科尔伯恩出版《裴斯泰洛齐算术基础》一书,美国教师们才第一次真正接触和了解了裴斯泰洛齐的教育思想和方法。1839 年,美国教育家斯托在普鲁士的学校中看到了裴斯泰洛齐语言教学法的使用,并为其良好效果感到惊讶。1843 年,美国"公共教育之父"贺拉斯·曼在其著名的《第七年度报告》中提到裴斯泰洛齐的教学方法。直到 1860 年,美国学校才真正开始了"裴斯泰洛齐化",并发展成为一场学习裴斯泰洛齐方法和原则的运动,即"奥斯维戈运动"。

二、裴斯泰洛齐教育思想影响的深远性

裴斯泰洛齐教育思想影响的深远性表现在对后世教育深刻的影响和对世

界教育科学领域发展的影响。

德国教育家赫尔巴特在成为一名对教育理论作出巨大贡献的教育理论家的过程中，裴斯泰洛齐的教育思想给了他很大的影响。赫尔巴特于 1798 年 22 岁时在苏黎世结识了裴斯泰洛齐，并到布格多夫学校参观，亲眼看到了裴斯泰洛齐的教学方法和学校的融洽友爱气氛，他"不由自主地忘记了自己是一个旁观者和观察者，而变成了一个学生和孩子"①。裴斯泰洛齐于 1801 年发表了《葛笃德如何教育她的子女》一书，赫尔巴特非常欣赏，认为它"比以前任何一种方法更热切勇敢地负起了培育儿童心灵的责任"②；认为它是裴斯泰洛齐思想的结晶，是最早的关于教学法的著作。裴斯泰洛齐教学心理化的思想对赫尔巴特统觉心理学的完善有深刻的影响。

德国学前教育家福禄培尔也从裴斯泰洛齐那里汲取了许多养料。福禄培尔第一次来到伊弗东是在 1805 年，他在那里参观学习了 14 天；1808—1810 年，他带着两位学生再到伊弗东，进一步研究裴斯泰洛齐的教育思想并把裴斯泰洛齐关于母爱和家庭教育的原则运用到学前教育中去。德国教育家第斯多惠(Friedrich Adolf Wilhelm Diesterweg, 1790—1866)读过裴斯泰洛齐的书，直接继承和发扬了裴斯泰洛齐的教育思想，积极投身于师范教育活动，并应聘到法兰克福模范学校去任教，把裴斯泰洛齐的教育思想和方法运用到师范教育的改革之中。

裴斯泰洛齐对教育学其他领域的创建和发展作出了重要贡献，对教育学的发展产生了深远的影响。在学前教育领域影响最大的是对幼儿园及其运动的开创者福禄培尔的影响。福禄培尔到伊弗东学校工作，了解了《母亲手册》及其思想，很赏识裴斯泰洛齐的主张，并在幼儿教育实践中实施了裴斯泰洛齐的教学原则和思想。

---

① 《裴斯泰洛齐教育论著选》，夏之莲等译，211 页，北京，人民教育出版社，1992。
② 顾明远主编：《中国教育大百科全书》第 2 卷，1449 页，上海，上海教育出版社，2012。

裴斯泰洛齐关于幼儿教育的书信集《致友人格瑞弗斯信札》，对他的英国朋友格瑞弗斯有深刻的影响。英国幼儿学校的创建者罗伯特·欧文也很熟悉裴斯泰洛齐的教育学说。格瑞弗斯在 1824 年成为英国幼儿学校协会秘书。他主张幼儿教育要重视裴斯泰洛齐的教育学说。可见裴斯泰洛齐为开辟幼儿教育的新前景和学前教育领域思想的发展作出了根本性贡献。

在社会教育学领域，裴斯泰洛齐的思想对贫民教育、大众教育、孤儿教育、特殊教育，以及家庭教育的影响是持久和深远的。

裴斯泰洛齐念念不忘贫民教育并为之艰苦奋斗终身，成为后世社会工作者的楷模。他反对恩赐的做法，为贫民救济立下了一个座右铭，即"帮助的目的在于自助"；他在孤儿院中实施的家庭式教育模式，对孤儿教育以及第二次世界大战后开展的儿童村庄运动的教育原则产生了深刻的影响。

裴斯泰洛齐对师范教育和职前教育的创建也作出了贡献。1800 年，布格多夫的初等学校附设了教师训练班，招收了 12 名学生，专门学习教学方法。这个教师训练班被认为是欧洲最早的师范教育。伊弗东也办有师范学校，1809 年，在此专门学习教学法的师范生达 32 人。裴斯泰洛齐对教师培训的宗旨是培养训练造就人的观点，其培训的基本思想就是解决方法问题，为使教师具有教育能力和本领创造最适当的条件，要求教师具备热爱教育的基本态度和情感。裴斯泰洛齐对教师的要求和教师培训的思想对欧洲师范教育的发展具有举足轻重的作用。

对于裴斯泰洛齐在斯坦兹为孤儿设立的学校，有人认为具有职业学校的性质，称之为"近代工业学校的萌芽"。裴斯泰洛齐提出的教育与手工劳动相结合和职业能力的培训思想、方法，为职业教育的发展提供了许多教益。总之，裴斯泰洛齐在教育理论和教育实践的基础上作出了大量的贡献。他的教育理论是适应当时需要的，促进了当时的教育发展。他的有些思想甚至是超前的，为世界现代教育的发展开拓了不少新的理论研究领域，对教育的发展产生了深远的影响。

三、裴斯泰洛齐教育思想影响的历史性与现实性

裴斯泰洛齐的教育思想接受了历史上和当时社会上诸多思想的影响，既学习了前人思想的精华，又进一步发展和超越了前人的思想。裴斯泰洛齐在他那个时代敏锐地感觉到了未来时代发展对教育和人的发展的要求；他在理论和亲身实践中所接触和论及的一些问题，也正是当今教育所重视和需要解决的问题。他的经验和见解与当时的社会历史条件分不开，既反映了时代的要求，又对现代教育有启发和教益。这是裴斯泰洛齐教育思想的历史性与现实性之所在。

裴斯泰洛齐接受了自文艺复兴以来的自然教育思想。夸美纽斯认为教育应模仿大自然的秩序，他考虑的是客观大自然的外部秩序；卢梭前进了一步，注意到了人本身的身心自然发展，主张回归自然，在自然条件中发展本性；裴斯泰洛齐接受了卢梭主张教育目的在于发展人的本性，教育过程必须遵循人的自然本性发展的规律的系统观念，并对卢梭思想中的积极方面给予了发展，使自然本性具体化，比较全面地论述了自然教育思想。虽然他的自然教育思想还存在许多唯心主义的认识，但他在此基础上进一步提出和完善了关于人的全面和谐发展的教育，并与初等教育的思想体系结合在一起，创造了更切合实际、更现实、更符合时代要求的教育模式。

在教育发展的历史上，在不同的历史时期和不同的教育制度下，关于劳动教育有不同的主张和实施方案。洛克、卢梭对劳动教育都有过论述，但他们只局限于劳动对教育的作用的认识。在这一问题上，裴斯泰洛齐有很大的发展。他第一次提出了教育与生产劳动相结合的光辉思想，并把这一思想与他关于人的发展的思想紧密结合起来，深刻地揭示了教育与生产劳动相结合在培养儿童能力、促进儿童全面发展上的意义，指出教劳结合是未来教育的

基本途径。他对这一问题的认识远远超过了同时代的有关见解。当时瑞士的教育家费林别尔格(Philipp Emanuel von Fellenberg, 1771—1884)曾认真接受和实践了裴斯泰洛齐的思想，开办了几所实施教劳结合的学校，也曾想与裴斯泰洛齐合作，但是费林别尔格办学的宗旨是获取劳动收入，补偿办学费用，这与裴斯泰洛齐的实施人的个性发展的目标不同。裴斯泰洛齐的思想为当时瑞士职业教育的实施提供了理论依据，对后来各国的教改实验也有直接的启示。英国 19 世纪空想社会主义者欧文，从裴斯泰洛齐那里受到启发。由于时代的局限，裴斯泰洛齐所提倡的教劳结合没有反映大工业生产发展的要求与趋势，两者的结合是机械的，而不是有机的，但是他通过长期的实践，认识逐步深化。他的思想与同时代和他之前的教育家相比，有了更大的发展。今天关于教育与生产劳动相结合的问题，虽然在内容和形式上不断地发展和变化，但仍是现代教育理论和实践上有待解决的重要课题。裴斯泰洛齐的理论至今仍有启发和借鉴意义。

裴斯泰洛齐作为教育史上的一位著名教育家，由于受时代、阶级和认识论的局限，他的教育思想和理论不可避免地存在一定的局限性和不科学的地方。他把人性和心理能力视为上帝所赐、与生俱来的东西，这是不科学的。他的方法带有一定的机械性，练习也存在着枯燥无味和形而上学的缺陷。他在认识论上也还没有弄清理性认识的本质，也没有理解感性与理性的区别和联系及其基础。他的心理学化只是提出了问题，指示了方向，远远没有解决心理学化本身的内容及教育的科学化问题。他寄希望于教育和上层统治者来改变农民和贫民的贫困生活，改变社会，这在当时的瑞士也是不可能实现的。

但是我们从裴斯泰洛齐的教育思想和教育实践中，发现了至今仍闪烁光芒的天才思想和预见。他的理论触及了现代教育的一些重大问题，开拓了现代教育研究的广阔领域，为现代教育的改革提供了理论借鉴。他的宝贵遗产对今天的教育改革与发展仍具有现实意义。他不愧为人类现代教育的伟大先驱。他的思想、精神和方法在他那个时代曾产生过世界性的影响，现在和将来也将会继续产生广泛和深远的影响。

裴斯泰洛齐的教学心理化思想反映了当时教育领域中教育教学理论的研究。他认为，要提高教育科学水平、适应教育科学化的时代要求，首倡教学心理化。由于当时心理科学不够发达的限制和唯心主义的影响，他的教学心理化理论缺乏严密的心理实验依据，这使得他的心理学理论在论证方面显得薄弱；然而，他的教学心理化思想是建立在他的丰富的教学经验的基础上的，这使他的认识超越了时代。他的思想对教育科学化的发展产生了深刻的影响，他的理论直接为赫尔巴特的"教育建立在心理学的基础上"的理论的提出做了准备。此后，人们自觉地以心理学为依据，并把心理学普遍应用于教育、教学领域，开启了19世纪遍及欧美的教育心理化运动，使教学不断地向科学化推进。时至今日，虽然按照儿童心理发展的特点和规律来进行教育教学已成为教育学公认的基本原理，但人们仍从他的光辉思想中获得启迪，这是他对现代教育发展的一大贡献。由此可见，裴斯泰洛齐的教育思想对教育科学和现代教育的发展具有不可估量的历史意义和现实意义。

参考文献

一、中文文献

北京大学哲学系外国哲学史教研室编译：《十八世纪法国哲学》，北京，商务印书馆，1963。

北京大学哲学系外国哲学史教研室编译：《西方哲学原著选读》下卷，北京，商务印书馆，1986。

曹孚编：《外国教育史》，北京，人民教育出版社，1979。

陈晓律：《在传统与变革之间——英国文化模式溯源》，杭州，浙江人民出版社，1996。

单中惠主编：《西方教育思想史》，太原，山西人民出版社，1996。

端木美：《瑞士文化与现代化》，沈阳，辽海出版社，1999。

法学教材编辑部西方法律思想史编写组编：《西方法律思想史资料选编》，北京，北京大学出版社，1983。

方绪军：《瑞士职业教育现代学徒制的历史脉络、本土特色以及启示》，载《教育与职业》，2018(5)。

高毅：《法兰西风格：大革命的政治文化》，杭州，浙江人民出版社，1991。

葛力：《十八世纪法国哲学》，北京，社会科学文献出版社，1991。

辜燮高等选译：《十七、十八世纪的欧洲大陆诸国》，北京，商务印书馆，1986。

顾明远主编：《中国教育大百科全书》第2卷，上海，上海教育出版社，2012。

郭华榕、徐天新主编：《欧洲的分与合》，北京，京华出版社，1999。

郭守田主编：《世界通史资料选辑：中古部分》，北京，商务印书馆，1964。

韩忆娟、周小粒：《18世纪英国成人教育活动探析》，载《中国成人教育》，2018(16)。

何祚康、曹丽隆等编译：《走向澄明之境——卢梭随笔与书信集》，上海，上海三联书店，1990。

洪庆明：《宗教争论与18世纪法国的政治转变》，载《上海师范大学学报(哲学社会科学版)》，2008(2)。

侯鸿勋：《孟德斯鸠及其启蒙思想》，北京，人民出版社，1992。

李斌：《科学成为"公众知识"——18世纪英国的科学与文化》，载《自然辩证法通讯》，2012(6)。

李凤鸣、姚介厚：《十八世纪法国启蒙运动》，北京，北京出版社，1992。

李宏图：《西欧近代民族主义思潮研究——从启蒙运动到拿破仑时代》，上海，上海社会科学院出版社，1997。

李兴业：《巴黎大学》，长沙，湖南教育出版社，1988。

梁实秋主编：《斐斯塔洛齐——名人伟人传记全集之24》，张平和译，台北，名人出版社，1980。

刘金源：《圈地运动与18世纪英国社会变迁》，载《英国研究》，2012(00)。

刘金源等：《英国通史第4卷：转型时期——18世纪》，南京，江苏人民出版社，2016。

刘小枫：《现代性社会理论绪论》，上海，上海三联书店，1998。

吕大吉：《西方宗教学说史》，293页，北京，中国社会科学出版社，1994。

罗荣渠：《现代化新论——世界与中国的现代化进程》，北京，商务印书馆，2004。

彭松建：《西方人口经济学概论》，北京，北京大学出版社，1987。

钱乘旦：《第一个工业化社会》，成都，四川人民出版社，1988。

钱乘旦、许洁明：《英国通史(珍藏本)》，上海，上海社会科学院出版社，2017。

任中印、李文奎主编：《外国教育通史》第3卷，济南，山东教育出版社，1990。

他石：《瑞士联邦700年(1291—1991)》，北京，中国国际广播出版社，1990。

滕大春主编：《外国近代教育史》，北京，人民教育出版社，1989。

王洪斌：《17世纪末期到18世纪中后期英国消费社会的兴起研究》，博士学位论文，华中师范大学，2014。

王觉非主编：《近代英国史》，南京，南京大学出版社，1997。

王天一等：《外国教育史》上册，北京，北京师范大学出版社，2005。

王岳川：《后现代主义文化研究》，北京，北京大学出版社，1992。

王章辉、孙娴主编：《工业社会的勃兴：欧美五国工业革命比较研究》，北京，人民出版社，1995。

吴式颖：《拉夏洛泰及其〈论国民教育〉》，载《北京师范大学学报(人文社会科学版)》，1989(4)。

吴松、卢云昆编：《西方思想家政论文选》，昆明，云南大学出版社，1997。

伍厚恺：《孤独的散步者：卢梭》，成都，四川人民出版社，1997。

夏之莲主编：《外国教育发展史料选粹》上册，北京，北京师范大学出版社，2001。

邢克超、李兴业：《法国教育》，长春，吉林教育出版社，2000。

邢克超主编：《战后法国教育研究》，南昌，江西教育出版社，1993。

许洁明、秦元旭：《近代英国社会结构变迁中的文化牵引作用》，载《四川大学学报(哲学社会科学版)》，2012(3)。

颜红菲：《论18世纪英国报刊文学与公共领域间的建构性互动》，载《译林(学术版)》，2012(1)。

杨汉麟、袁传明：《裴斯泰洛齐画传》，济南，山东教育出版社，2018。

杨汉麟主编：《外国教育实验史》，北京，人民教育出版社，2005。

易红郡：《英国教育的文化阐释》，上海，华东师范大学出版社，2009。

曾晓阳：《法国共和制与公立初等教育的连带关系研究(1789—1914)》，广州，中山大学出版社，2012。

张焕庭主编：《西方资产阶级教育论著选》，北京，人民教育出版社，1979。

赵林：《古典主义与启蒙运动》，载《法国研究》，2004(1)。

赵祥麟主编：《外国教育家评传》第1卷，上海，上海教育出版社，1992。

郑崧：《国家、教会与学校教育：法国教育制度世俗化研究(从旧制度到1905年)》，上海，学林出版社，2008。

中国英国史研究会编：《英国史论文集》，北京，生活·读书·新知三联书店，1982。

周辅成编：《从文艺复兴到十九世纪资产阶级哲学家政治思想家有关人道主义人性论言论选辑》，北京，商务印书馆，1966。

朱旭东：《欧美国民教育理论探源——教育制度意识形态论》，北京，北京师范大学出版社，1997。

朱学勤：《道德理想国的覆灭——从卢梭到罗伯斯庇尔》，上海，上海三联书店，1994。

卓晴君、方晓东主编：《教育与人的发展》，北京，教育科学出版社，1996。

[比]希尔德·德·里德－西蒙斯主编：《欧洲大学史第2卷：近代早期的欧洲大学（1500—1800）》，贺国庆等译，保定，河北大学出版社，2008。

[德]E.卡西勒：《启蒙哲学》，顾韦铭、杨光仲、郑楚宣译，济南，山东人民出版社，1988。

[德]康德：《历史理性批判文集》，何兆武译，北京，商务印书馆，1991。

[德]马克斯·布劳巴赫等：《德意志史》第2卷上册，陆世澄、王昭仁译，北京，商务印书馆，1998。

[德]马克斯·韦伯：《新教伦理与资本主义精神》，于晓、陈维纲等译，北京，生活·读书·新知三联书店，1987。

[德]马克思、[德]恩格斯：《马克思恩格斯全集》第1卷，中共中央马克思恩格斯列宁斯大林著作编译局编译，北京，人民出版社，1956。

[德]马克思、[德]恩格斯：《马克思恩格斯全集》第2卷，中共中央马克思恩格斯列宁斯大林著作编译局编译，北京，人民出版社，1957。

[德]马克思、[德]恩格斯：《马克思恩格斯全集》第3卷，中共中央马克思恩格斯列宁斯大林著作编译局编译，北京，人民出版社，2002。

[德]马克思、[德]恩格斯：《马克思恩格斯全集》第4卷，中共中央马克思恩格斯列宁斯大林著作编译局编译，北京，人民出版社，1958。

[德]马克思、[德]恩格斯：《马克思恩格斯全集》第20卷，中共中央马克思恩格斯列宁斯大林著作编译局编译，北京，人民出版社，1973。

[德]文德尔班：《哲学史教程》下卷，罗达仁译，北京，商务印书馆，1993。

[俄]A.B.古雷加：《德国古典哲学新论》，沈真、侯鸿勋译，北京，中国社会科学出版社，1993。

[法]G.韦耶德、[法]C.韦耶德合编：《巴贝夫文选》，梅溪译，北京，商务印书馆，1962。

[法]埃蒂安-加布里埃尔·摩莱里：《自然法典》，黄建华、姜亚洲译，南京，译林出版社，2014。

[法]安德烈·比利：《狄德罗传》，张本译，北京，商务印书馆，1984。

[法]保尔·芒图：《十八世纪产业革命——英国近代大工业初期的概况》，杨人楩等译，北京，商务印书馆，1983。

[法]狄德罗：《狄德罗文集》，王雨、陈基发编译，北京，中国社会出版社，1997。

[法]狄德罗：《狄德罗哲学选集》，江天骥、陈修斋、王太庆译，北京，商务印书馆，1983。

[法]菲·邦纳罗蒂：《为平等而密谋》上卷，陈叔平译，北京，商务印书馆，2009。

[法]服尔德(伏尔泰)：《老实人(附天真汉)》，傅雷译，北京，人民文学出版社，1955。

[法]伏尔泰：《哲学辞典》下册，王燕生译，北京，商务印书馆，1991。

[法]伏尔泰：《哲学通信》，高达观等译，上海，上海人民出版社，1961。

[法]霍尔巴赫：《自然的体系》，管士滨译，北京，商务印书馆，1964。

[法]霍尔巴赫：《自然政治论》，陈太先、眭茂译，北京，商务印书馆，1994。

[法]雷蒙·特鲁松：《卢梭传》，李平沤、何三雅译，北京，商务印书馆，1998。

[法]卢梭：《爱弥儿：论教育》，李平沤译，北京，人民教育出版社，1985。

[法]卢梭：《忏悔录》第二部，范希衡译，北京，人民文学出版社，1982。

[法]卢梭：《论科学与艺术》，何兆武译，北京，商务印书馆，1963。

[法]卢梭：《论人类不平等的起源和基础》，李常山译，北京，商务印书馆，1994。

[法]卢梭：《论政治经济学》，王运成译，北京，商务印书馆，1962。

[法]卢梭：《漫步遐想录》，徐继曾译，北京，人民文学出版社，1986。

[法]卢梭：《社会契约论》，何兆武译，北京，商务印书馆，1980。

[法]卢梭：《新爱洛漪丝》第5、6卷，伊信译，北京，商务印书馆，1994。

[法]路易·戴格拉夫：《孟德斯鸠传》，许明龙、赵克非译，北京，商务印书馆，1997。

[法]孟德斯鸠：《论法的精神》上册，张雁深译，北京，商务印书馆，1961。

[法]莫罗阿：《傅译传记五种·服尔德传》，傅雷译，北京，生活·读书·新知三联书店，1983。

[法]乔治·杜比主编:《法国史》中卷,吕一民等译,北京,商务印书馆,2010。

[法]让·梅叶:《遗书》第1卷,陈太先、眭茂译,北京,商务印书馆,2009。

[法]让·梅叶:《遗书》第2卷,何清新译,北京,商务印书馆,2009。

[法]让·梅叶:《遗书》第3卷,陈太先、眭茂译,北京,商务印书馆,2009。

[法]托克维尔:《旧制度与大革命》,冯棠译,北京,商务印书馆,2009。

[法]托克维尔:《论美国的民主》,董果良译,北京,商务印书馆,1988。

[古希腊]亚里士多德:《政治学》,吴寿彭译,北京,商务印书馆,1981。

[美]E. P. 克伯雷选编:《外国教育史料》,华中师范大学教育系等译,武汉,华中师范大学出版社,1991。

[美]R. Freeman Butts:《西洋教育史》,徐宗林译,台北,台湾编译馆,1969。

[美]S. E. 佛罗斯特:《西方教育的历史和哲学基础》,吴元训等译,北京,华夏出版社,1987。

[美]埃里克·方纳等:《新美国历史》,齐文颖、林江等译,北京,北京师范大学出版社,1998。

[美]艾伦·布鲁姆:《走向封闭的美国精神》,缪青、宋丽娜等译,北京,中国社会科学出版社,1994。

[美]彼得·贝格尔:《神圣的帷幕:宗教社会学理论之要素》,高师宁译,上海,上海人民出版社,1991。

[美]康芒斯:《制度经济学》上册,于树生译,北京,商务印书馆,1962。

[美]科恩:《科学中的革命》,鲁旭东、赵培杰、宋振山译,北京,商务印书馆,1998。

[美]马文·佩里主编:《西方文明史》上卷,胡万里等译,北京,商务印书馆,1993。

[美]米尔顿·弗里德曼、[美]罗斯·弗里德曼:《自由选择:个人声明》,胡骑等译,北京,商务印书馆,1982。

[美]帕尔默、[美]科尔顿:《近现代世界史》上册,孙福生等译,北京,商务印书馆,1988。

[美]乔伊斯·阿普尔比等:《历史的真相》,刘北成、薛绚译,北京,中央编译出版社,1999。

[美]乔治·霍兰·萨拜因:《政治学说史》下册,刘山等译,北京,商务印书馆,1986。

[美]斯塔夫里阿诺斯:《全球通史——1500年以后的世界》,吴象婴、梁赤民译,上海,上海社会科学院出版社,1999。

[美]威廉·葛德文:《政治正义论》,何慕李译,北京,商务印书馆,2009。

[美]伊赛·沃洛克、[美]格雷戈里·布朗:《现代欧洲史第3卷:18世纪的欧洲,传统与进步1715—1789》,陈蕾译,北京,中信出版社,2016。

[美]约翰·S.布鲁柏克:《教育问题史》,吴元训主译,合肥,安徽教育出版社,1991。

[美]约翰·杜威:《民主主义与教育》,王承绪译,北京,人民教育出版社,1990。

[美]詹姆斯·C.利文斯顿:《现代基督教思想——从启蒙运动到第二届梵蒂冈公会议》上卷,何光沪译,成都,四川人民出版社,1992。

[日]小原国芳:《小原国芳教育论著选》上卷,由其民、刘剑乔、吴光威译,北京,人民教育出版社,1993。

[瑞士]阿图尔·布律迈尔主编:《裴斯泰洛齐选集》,尹德新组译,北京,教育科学出版社,1994。

[瑞士]迪特尔·法尔尼:《瑞士简史》,刘文立译,武汉,华中师范大学出版社,1987。

[瑞士]裴斯泰洛齐:《裴斯泰洛齐教育论著选》,夏之莲等译,北京,人民教育出版社,1992。

[瑞士]威廉·马丁、[瑞士]皮埃尔·贝津:《瑞士史》,李肇东等译,沈阳,辽宁人民出版社,1989。

[苏]Б.波尔什涅夫:《梅叶传》,汪守本、李来译,北京,商务印书馆,1990。

[苏]恩·阿·康斯坦丁诺夫等:《教育史》,李子卓等译,北京,人民教育出版社,1957。

[苏]赫·恩·蒙让:《爱尔维修的哲学》,涂纪亮译,北京,商务印书馆,1962。

[苏]康斯坦丁诺夫主编:《世界教育史纲》第一册,邵鹤亭等译,北京,人民教育出版社,1954。

[苏]克鲁普斯卡雅:《克鲁普斯卡雅教育文选》上卷,卫道治译,北京,人民教育出版

社，1987。

[苏]维·彼·沃尔金：《十八世纪法国社会思想的发展》，杨穆、金颖译，北京，商务印书馆，1983。

[意]加尔维诺·德拉-沃尔佩：《卢梭和马克思》，赵培杰译，重庆，重庆出版社，1993。

[意]萨尔沃·马斯泰罗内：《欧洲民主史：从孟德斯鸠到凯尔森》，黄华光译，北京，社会科学文献出版社，1994。

[意]萨尔沃·马斯泰罗内：《欧洲政治思想史——从十五世纪到二十世纪》，黄华光译，北京，社会科学文献出版社，1998。

[英]A. 古德温编：《新编剑桥世界近代史第 8 卷：美国革命与法国革命，1763—1793》，中国社会科学院世界历史研究所组译，北京，中国社会科学出版社，1999。

[英]C. W. 克劳利等编：《新编剑桥世界近代史第 9 卷：动乱年代的战争与和平，1793—1830》，中国社会科学院世界历史研究所组译，北京，中国社会科学出版社，1999。

[英]J. O. 林赛编：《新编剑桥世界近代史第 7 卷：旧制度，1713—1763》，中国社会科学院世界历史研究所组译，北京，中国社会科学出版社，1999。

[英]W. C. 丹皮尔：《科学史及其与哲学和宗教的关系》上册，李珩译，北京，商务印书馆，1975。

[英]艾瑞克·霍布斯鲍姆：《革命的年代：1789～1848》，王章辉等译，序言，南京，江苏人民出版社，1999。

[英]安迪·格林：《教育与国家形成：英、法、美教育体系起源之比较》，王春华等译，北京，教育科学出版社，2004。

[英]奥尔德里奇：《简明英国教育史》，诸惠芳等译，北京，人民教育出版社，1987。

[英]柏克：《法国革命论》，何兆武、许振洲、彭刚译，北京，商务印书馆，1998。

[英]保罗·兰福德：《日不落帝国兴衰史——十八世纪英国》，刘意青、康勤译，北京，外语教学与研究出版社，2015。

[英]保罗·约翰逊：《知识分子》，杨正润等译，南京，江苏人民出版社，1999。

[英]博伊德、[英]金：《西方教育史》，任宝祥、吴元训主译，北京，人民教育出版社，1985。

[英]弗里德利希·冯·哈耶克:《自由秩序原理》下册,邓正来译,北京,生活·读书·新知三联书店,1997。

[英]哈里特·D. S. 麦肯齐:《瑞士史》,刘松林译,北京,华文出版社,2020。

[英]赫伯特·斯宾塞:《社会静力学》,张雄武译,北京,商务印书馆,1996。

[英]克莱夫·H. 彻奇、[英]伦道夫·C. 海德:《瑞士史》,周玮、郑保国译,上海,东方出版中心,2018。

[英]罗伯特·夏克尔顿:《孟德斯鸠评传》,刘明臣等译,北京,中国社会科学出版社,1991。

[英]罗素:《西方哲学史》下卷,何兆武、李约瑟译,北京,商务印书馆,1976。

[英]洛克:《政府论》下篇,瞿菊农、叶启芳译,北京,商务印务馆,1987。

[英]马尔萨斯:《人口原理》,朱泱等译,北京,商务印书馆,2011。

[英]梅特兰等:《欧陆法律史概览:事件,渊源,人物及运动》,屈文生等译,上海,上海人民出版社,2015。

[英]屈勒味林:《英国史》下册,钱端升译,北京,红旗出版社,2017。

[英]梯利:《西方哲学史》,葛力译,北京,商务印书馆,1995。

[英]托马斯·潘恩:《潘恩选集》,马清槐等译,北京,商务印书馆,1981。

[英]亚·沃尔夫:《十八世纪科学、技术和哲学史》,周昌忠、苗以顺、毛荣运译,北京,商务印书馆,1991。

[英]亚当·斯密:《国民财富的性质和原因的研究》,郭大力、王亚南译,北京,商务印书馆,2011。

二、外文文献

Adrien Dansette, *Religious History of Modern France*, Vol. 1, New York, Herder and Herder, 1961.

Alfred Cobban, *A History of Modern France*, New York, Penguin Books Ltd. , 1963.

Allen Oscar Hansen, *Liberalism and American Education in the Eighteenth Century*,

New York, The Macmillan Company, 1926.

Amélie Oksenberg Rorty, "Rousseau's Educational Experiments," in Amélie Oksenberg Rorty, ed. , *Philosophers on Education: New Historical Perspectives*, London and New York, Routledge, 1998.

Andy Green, *Education, Globalization and the Nation State*, London, Macmillan Press Ltd. , 1997.

Anne Edwards, *Educational Theory as Political Theory*, Burlington, Ashgate Publishing Company, 1996.

Dalek Van Kley, *The Religious Origins of the French Revolution: From Calvin to the Civil Constitution, 1560-1791*, New Haven, Yale University Press, 1996.

Daniel Bell, "American Exceptionalism Revisited: The Role of Civil Society," *The Public Interest*, 1989(95).

Daniel Roche, *France in the Enlightenment*, Cambridge, Harvard University Press, 1998.

David Hogan, "The Market Revolution and Disciplinary Power: Joseph Lancaster and the Psychology of the Early Classroom System," *History of Education Quarterly*, Vol. 29, No. 3, 1989.

Eveline Cruickshanks, *The Glorious Revolution*, London, Macmillan, 2000.

François de La Fontainerie, (ed. and trans.), *French Liberalism and Education in the Eighteenth Century*, New York and London, McGraw-Hill Book Company, 1932.

Frederick Binkerd Artz, *The Development of Technical Education in France, 1500-1850*, Boston, The Massachusetts Institute of Technology, 1966.

George H. Sabine and Thomas L. Thorson, *A History of Political Theory*, Chicago, Wadsworth Publishing Co. Inc. , 1973.

Howard Clive Barnard, *Education and the French Revolution*, Cambridge, Cambridge University Press, 1970.

James van Horn Melton, *Absolutism and the Eighteenth-century Origins of Compulsory Schooling in Prussia and Austria*, Cambridge, Cambridge University Press, 1988.

Jean-Jacques Rousseau, "Considerations on the Government of Poland and Its Proposed Reformation," in J. Watkins, ed. , *Rousseau: Political Writings*, New York, Nelson, 1953.

John Willinsky, ed. , *The Educational Legacy of Romanticism*, Waterloo, Wilfrid Laurier University Press, 1998.

Kerry J. Kennedy, ed. , *Citizenship Education and the Modern State*, London, The Falmer Press, 1997.

Mary Jo Mayens, *Schooling in Western Europe: A Social History*, Albany, State University of New York Press, 1985.

M. A. Vernon Mallinson, *The Western European Idea in Education*, New York, Pergamon Press, 1980.

Ralph Gibson, *A Social History of French Catholicism, 1789-1914*, London and New York, Routledge, 1989.

Roger Chartier, *The Cultural Origins of the French Revolution*, Durham and London, Duke University Press, 1991.

Roy Potter, *English Society in the Eighteenth Century*, London, Penguin Books Ltd. , 1982.

R. R. Palmer, "Free Secondary Education in France before and after Revolution," *History of Education Quarterly*, Vol. 14, No. 4, 1974.

Simon Schama, *Citizens: A Chronicle of the French Revolution*, New York, Alfred A. Knopf, 1990.

Sita Ram Vashisht and Ran P. Sharma, *History of Education in Eighteenth Century*, New Delhi, Radha Publications, 1997.

Steve Pincus, "Coffee Politicians does Create: Coffeehouses and Restoration Political Culture," *The Journal of Modern History*, Vol. 67, No. 4, 1995.

Ulrich Helfenstein and Ellie Weilenmann, "Swiss Archives," *The American Archivist*, Vol. 37, No. 4, 1974.

William Boyd, *The Minor Educational Writings of Jean Jacques Rousseau*, London,

Blackie & Sons Ltd. , 1911.

Willian J. O'Brien, *Splendor and Wonder*: *Jesuit Character*, *Georgetown Spirit*, *and Liberal Education*, Washington, Georgetown University Press, 1988.